FRAUDE DE EXECUÇÃO JUDICIAL

Ineficácia das alienações de bens realizadas pelo devedor, desde o início da demanda judicial

CLEDI DE FÁTIMA MANICA MOSCON

Mestre em Direito Processual Civil pela PUC/RS, especialista em Direito Civil e Tributário. Advogada. Autora de diversos estudos jurídicos. Professora de Direito Processual Civil em cursos de extensão e de pós-graduação. Professora e Diretora de Direito Processual Civil do IARGS – Instituto dos Advogados do Estado do Rio Grande do Sul.

FRAUDE DE EXECUÇÃO JUDICIAL

Ineficácia das alienações de bens realizadas pelo devedor, desde o início da demanda judicial

EDITORA LTR®
SÃO PAULO

Dados Internacionais de Catalogação na Publicação (CIP)
(Câmara Brasileira do Livro, SP, Brasil)

Moscon, Cledi de Fátima Manica
Fraude de execução judicial: ineficácia das alienações de bens, realizadas pelo devedor, desde o início da demanda judicial / Cledi de Fátima Manica Moscon. — São Paulo : LTr, 2007.

Bibliografia.
ISBN 978-85-361-0993-0

1. Execução (Direito) 2. Fraude de execução

07-3167 CDU-347.141:347.952

Índice para catálogo sistemático:

1. Fraude de execução judicial : Direito civil
347.141:347.952

Produção Gráfica e Editoração Eletrônica: **PETER FRITZ STROTBEK**

Capa: **FÁBIO GIGLIO**

Impressão: **HR GRÁFICA E EDITORA**

(Cód. 3448.1)

LTr®

EDITORA LTDA.

Rua Apa, 165 - CEP 01201-904 - Fone (11) 3826-2788 - Fax (11) 3826-9180
São Paulo, SP - Brasil - www.ltr.com.br

Setembro, 2007

Dedico este
ao Alexandre *e a* Simone,
com amor.

SUMÁRIO

Capítulo 5 – REQUISITOS DA FRAUDE DE EXECUÇÃO

Capítulo 6 – PROCEDIMENTOS PARA RECONHECIMENTO DA FRAUDE

Capítulo 7 – FRAUDE DE EXECUÇÃO E O SISTEMA REGISTRAL

Capítulo 8 – FRAUDE DE EXECUÇÃO E OS CRÉDITOS DA FAZENDA PÚBLICA

Capítulo 9 – DEFESA DO TERCEIRO

APRESENTAÇÃO

Este livro versa sobre o instituto da Fraude de Execução, do Direito Processual Civil brasileiro, o qual disciplina os efeitos do ato de disposição patrimonial realizado pelo devedor, na constância de demanda, quando este não paga a dívida nem deixa bens suficientes para satisfazer a execução. A declaração de Fraude de Execução constitui-se em sanção exercida pelo Estado. A sanção deriva da necessidade da intervenção estatal para a eficácia da prestação da tutela jurisdicional; *in casu*, a efetividade da execução. A garantia patrimonial potencial representada pelos bens pertencentes ao devedor, independente de qualquer vinculação ou oneração direta com a dívida, é analisada. A característica da fraude de execução, seu suporte basilar e as minúcias da prática jurídica são abordados no presente trabalho. A possibilidade de serem invalidados os atos de alienação de bens, realizados pelo devedor, na constância de demanda é um dos principais focos. Faz-se uma análise das semelhanças e das divergências entre o instituto da Fraude de Execução, como incidente, e a Ação de Fraude Contra Credores. São também analisados o alcance e os limites na aplicação da norma no que pertine aos critérios objetivos para configurar a fraude, bem como a possibilidade de se admitir o exame da subjetividade quando se tratar de direitos do terceiro. Boa parte do estudo dirige-se à análise das questões da ineficácia suficientes à execução dos atos de disposição realizados pelo devedor. Discorre-se procurando demonstrar o alcance do instituto da Fraude de Execução, como norma necessária à proteção executiva, no que se refere à alienação dos bens penhorados em face da inexistência de norma jurídica brasileira que impeça a venda ou a oneração do bem penhorado, pelo fato de o bem estar sob constrição judicial. Ao dissertar sobre a fraude de execução, com freqüência, é traçado um paralelo com outros sistemas legais do Direito alienígena, cujos objetivos finalísticos encontram identidade ou alguma semelhança com aqueles previstos na norma brasileira. Referida comparação é feita visando à pragmática jurídica, às exigências legais de registro para publicidade dos atos e aos efeitos produzidos pela publicidade. Em todos os itens estudados é indicada a posição da doutrina. É citada farta jurisprudência, emitida pelos Tribunais Estaduais e especialmente pelo STJ, sobre os diversos aspectos abordados. A última parte é dedicada ao estudo da capacidade probante dos registros dos atos judiciais para elidir ou não o reconhecimento da fraude de execução. Segue-se a análise da defesa do adquirente, admitindo-se o exame de sua participação subjetiva, seu direito ao devido processo legal, à ampla defesa e às oportunidades de produzir provas através da ação de embargos de terceiro.

INTRODUÇÃO

A fraude de execução, objeto do presente estudo, é o instituto jurídico que disciplina os efeitos dos atos de disposição de bens que são realizados na constância de demanda quando causarem prejuízo ao credor. A apreciação judicial da fraude se dará em sede de execução, embora possa ter ocorrido antes desta, desde o início de qualquer demanda condenatória. Destarte, é muito amplo o campo de aplicação da proteção legal conferida ao credor, oferecendo a lei importante instrumento para que este efetive sua pretensão executiva. A norma tem aplicação naqueles casos em que o devedor inadimplente não possui bens, está insolvente, embora os tivesse antes. Este devedor pode ter transferido seus bens para terceiros com o intuito de livrá-los da possível excussão judicial, ou pode não haver a presença do elemento volitivo: vontade de fraudar. Basta que a alienação tenha se dado em data posterior à demanda em curso para que a fraude de execução reste configurada. Este é o tema que será analisado com detalhamento no presente trabalho. Espera-se seja de utilidade para os operadores do Direito.

Escrever sobre o tema passa pela análise das noções gerais da fraude no Direito e, nessa linha, procurar-se-á demonstrar os pilares básicos que oferecem a sustentação pragmática da fraude de execução, quais sejam, a sanção estatal, a sujeição do devedor à execução e, como conseqüência, a sujeição patrimonial. Nesta última, analisar-se-á em que consiste a garantia patrimonial do devedor por ocasião da obtenção do crédito junto ao credor. Procurar-se-á responder a questões como: Pode o devedor alienar todos os seus bens, subtraindo-os à garantia patrimonial do credor? Quando é que passa a incidir a regra que diz que a alienação foi realizada em fraude de execução?

Abordar-se-á o conceito e a natureza jurídica da fraude, destacando-se as distinções e as afinidades com os institutos da fraude contra credores e da fraude na execução universal. Importante a distinção à medida que a legislação oferece instrumentos distintos aos credores para efetivar suas pretensões de cobrança de dívidas inadimplidas voluntariamente. Nesse diapasão, a fraude contra credores, como ação autônoma, para os casos de alienação de bens ocorridos antes do ingresso de demanda, por parte do credor; a fraude contra a execução universal em caso de processo de insolvência civil ou de falência; e, finalmente, a fraude de execução, para os casos de transferências de bens, desde o ingresso da ação judicial.

O estudo do tema, no Direito comparado, em face da quase singularidade do instituto da Fraude de Execução no Direito brasileiro, dirigir-se-á às soluções adotadas para garantia da satisfação executiva no Direito alienígena. Destarte, analisar-se-á a maior proteção conferida à penhora, especialmente nos casos da Itália e de Portugal.

A pesquisa dirigida à ineficácia das alienações de bens penhorados terá por base as respectivas legislações, as doutrinas e as jurisprudências na atualidade. Destacar-se-á a legislação de regência que trata dos aspectos dirigidos à garantia da satisfação da execução. Neste tópico, destacar-se-ão normas do Direito italiano, português, alemão, costariquenho, espanhol, inglês, e ainda alguns aspectos do Direito americano.

No Direito inglês serão analisados os diplomas legais de Elizabeth, de 1571, e da Ilha de Man, de 1736, relativos às operações presumidamente fraudulentas, diplomas esses que ainda são aplicados pelos tribunais, conforme julgamento da mais alta corte da Ilha de Man, em 1999, o qual tem repercutido no mundo jurídico da *common law*. Pela leitura dessas leis inglesas poder-se-á perceber a semelhança existente entre os efeitos obtidos pela legislação brasileira da fraude de execução e os rígidos sistemas legais anglo-saxãos, fato que comprova a origem da legislação processual pátria.

Analisar-se-ão as características da fraude de execução e os requisitos necessários para se configurar a fraude. No aspecto que se referir à fraude prevista nos incisos I e II do art. 593 do Código de Processo Civil, far-se-á um estudo pormenorizado sobre a existência de bens penhoráveis e do estado de insolvência. Da mesma forma, analisar-se-á a litispendência e o momento em que se configura a fraude. O tema requisitos da fraude de execução, embora, em princípio, pareça simples e claro, tem se prestado a constantes e instigantes debates, razão pela qual será objeto de estudo detalhado.

A questão de os requisitos objetivos serem suficientes para configurar a fraude e prescindirem de pressupostos subjetivos deverá ser objeto de estudo pormenorizado. Para que resulte em mais sentido, a análise dos pressupostos subjetivos deverá merecer enfoque destacado em que serão confrontadas a doutrina e a jurisprudência que dizem respeito a essa matéria. Este aspecto será fator relevante a ser argüido em sede de defesa, contra a tese de fraude de execução, pelo terceiro adquirente de boa-fé.

Posteriormente, serão referidos os procedimentos e comentadas as possibilidades de declaração da fraude de execução de ofício, ou mediante requerimento das partes. Procurar-se-á demonstrar a viabilidade de se admitir a manifestação do devedor, previamente à declaração de fraude, incluindo, quando possível, a oitiva do terceiro adquirente do bem alienado.

Na análise dos efeitos do ato decisório, procurar-se-á demonstrar a impropriedade de se ter, como nulo ou anulável, o negócio jurídico realizado entre o devedor e o terceiro. A ineficácia suficiente à execução dos negócios jurídicos realizados entre o devedor e o terceiro será questão relevante nesta obra. Destarte, demonstrar-se-á a importância e a justiça na declaração apenas da ineficácia da alienação, e a não-admissão da declaração de nulidade da transferência realizada em fraude, com vistas, inclusive, à proteção do terceiro adquirente.

Haja vista a previsão legal do parágrafo 4º do art. 659 do Código de Processo Civil, exigindo o registro da penhora para que se presuma de forma absoluta o conhecimento de terceiros a respeito da constrição que recai sobre o bem, faz-se necessário o estudo da norma registral no que se refere aos registros dos atos judiciais. Nesse diapasão, revela-se de curial importância a análise da legislação dos registros públicos nos aspectos que se relacionam ao Direito processual, cotejando-os, inclusive, com a legislação alienígena quanto aos efeitos produzidos pelo registro de citação da ação e da penhora.

Relativamente à ineficácia da alienação dos bens penhorados, procurar-se-á demonstrar a inconsistência da tese de que ela é ditada pelo ato de constrição em si. O estudo será dirigido com o fim de ressaltar a conexão existente entre o instituto da Fraude de Execução e os atos constritivos judiciais, bem como demonstrar-se-á a necessidade da proteção conferida pela lei, através da Fraude de Execução, para se ter como ineficaz a alienação do bem penhorado.

Diante da polêmica existente na doutrina a respeito da necessidade, da obrigatoriedade e da força probante dos registros dos atos judiciais, bem como sobre o alcance da publicidade obtido pelo processo, dado seu caráter público, revela-se essencial a abordagem do tema, especialmente no que se relaciona aos efeitos da publicidade gerada pelo registro do ato e seu valor probante na fraude de execução.

Na fraude de execução, quando do processo executivo para a cobrança de créditos da Fazenda Pública, faz-se presente e necessária a abordagem destacada do tema. Procurar-se-á demonstrar o enquadramento da fraude de execução fiscal nas normas do processo civil, sem descurar da legislação específica, especialmente a Lei das Execuções Fiscais e o Código Tributário Nacional. Incluem-se no estudo, no que forem pertinentes, as importantes alterações no Código Tributário Nacional introduzidas pela Lei Complementar n. 118, de 9 de fevereiro de 2005, em vigor a contar de 9 de junho de 2005.

Por fim, como condição para a imparcialidade técnica desta pesquisa, impõe-se o estudo da fraude de execução sob o ponto de vista do terceiro. Desta forma, analisar-se-ão sua sujeição, meios de defesa, efeitos e eficácia da decisão que julga os embargos de terceiro no que se relaciona à fraude de execução, com indicação dos entendimentos da doutrina e da jurisprudência a respeito da matéria. No aspecto da defesa, será ressaltada a possibilidade de se admitir como relevante meio de prova a subjetividade do terceiro, ou seja, o conhecimento ou a possibilidade de desconhecimento da demanda em curso ou do estado de insolvência, por parte do terceiro adquirente do bem, alienado em fraude de execução.

A apreciação do tema será feita tendo por base a legislação de regência, a doutrina e a jurisprudência. A análise crítica, sob o ponto de vista do autor, do devedor e do terceiro poderá parecer, a princípio, parcial ou tendenciosa. Entretanto, a premissa básica é a imparcialidade. A assertiva não é contraditória, porque a imparcialidade pretendida não se fulcra na ausência de posicionamentos a respeito do tema. Ao contrário, a proposta deste estudo é de análise crítica, apontando-se os aspectos positivos e negativos, independente de quem seja a parte cujo direito se examina, o que será feito de forma por vezes contundente.

O objetivo da presente análise será, pois, a identificação e a caracterização dos critérios norteadores que regem o instituto da Fraude de Execução. Todavia, buscar-se-á expandir o estudo, analisando questões inter-relacionadas que se mostrem relevantes para o esclarecimento ou para as confrontações necessárias. Nesses moldes se enquadram a aplicação da lei registral, especialmente no que concerne ao registro dos atos judiciais; a ineficácia suficiente da alienação do bem penhorado e a admissão da subjetividade como pressuposto processual para a defesa do terceiro. Da mesma forma, a análise do alcance da legislação tributária, inclusive com as alterações introduzidas pela LC n. 118/05, no que concerne à proteção conferida ao credor público, por meio do instituto da Fraude de Execução.

Esta obra tem o compromisso técnico-científico; todavia, não se destina somente aos meios acadêmicos. Poderá, inclusive, servir como instrumento jurídico aos operadores do Direito, independente da posição que ocupam. A análise oferece suporte à defesa do credor e também do devedor. Da mesma forma, é oferecida farta fundamentação infra e constitucional à defesa do terceiro adquirente de bem que venha a ser declarado em fraude de execução. Em cada situação, analisar-se-á o alcance e os limites da previsão legal da Fraude de Execução na lei, na doutrina e na jurisprudência.

Capítulo 1

FRAUDE COMO INSTITUTO GERAL

1.1. Noções gerais

1.1.1. Etimologia e significados

A palavra fraude deriva do latim *fraus, fraudis.* Seu sentido originário quer significar má-fé, engano, embuste, cilada, armadilha,(1) todos fundados na intenção de trazer um prejuízo, com o qual se locupletará o fraudulento.(2)

O termo fraude é usado como artifício malicioso, com a intenção de prejudicar o direito ou os interesses de terceiro. Esse termo é usado com algumas variações, mas está sempre ligado à idéia de comportamento tendente a enganar, seja com embustes, mentiras, ou com artimanhas,(3) de forma a causar um prejuízo a alguém em proveito do fraudador. Nessa linha, *Eduardo Couture: Es el que realiza el deudor mediante um acto de disposición, para sustraer dolosamente determinados bienes a los procedimientos de ejecución, con perjuízo de sus acreedores.*(4) Por essas razões, quando se pensa em fraude, faz-se no sentido de conduta maliciosa, tendente a prejudicar alguém. O elemento volitivo não é essencial ao ato na fraude de execução. O Direito processual, como se verá adiante, atribui significado específico ao instituto da Fraude de Execução, nem sempre coincidindo com a semântica original do termo. Para configurar-se essa espécie de fraude a intenção não é requisito, embora a intenção possa estar presente.

Entretanto, informa *Couture,*(5) o sentido etimológico era *o de dano causado a alguém,* apenas mais tarde foi introduzido o sentido *de engano.* A fraude, segundo o citado autor, trata de *una maquinación o subterfúgio insidioso tendiente a la obtención de um provecho ilicito.* A propósito, afirma *Orozimbo Nonato,* citando *Rodondi* e *de Brejon,* no Direito Romano mais antigo "fraude significava antes prejuízo ou dano do

(1) Cf. Antônio Gomes Ferreira, *Dicionário latim-português*, Portugal: Ed. Porto, 1987, p. 1.240.

(2) Plácido Silva, *Vocabulário Jurídico*, v. I, 3. ed., São Paulo: Forense, 1973, p. 719.

(3) João Melo Franco *et ali*, *Dicionário de Conceitos e Princípios Jurídicos*, 3. ed., reimpressão, Coimbra: Liv. Almedina, 1995, p. 458.

(4) *Vocabulário Jurídico*, Verbete fraude.

(5) Eduardo J. Couture, *Vocabulário Jurídico*, Buenos Aires: Depalma, 1976, p. 295.

que engano ou ardil".[6] A fraude de execução está no proveito ilícito, em prejuízo do credor, embora o ato em si — negócio jurídico — seja válido. Modernamente, não se perquire da existência do dolo na configuração da fraude, embora este possa estar presente. O elemento subjetivo, na fraude, estaria, não no fim almejado, existente no íntimo do fraudador, mas, sim, na intenção revelada pelo ato praticado. A fraude é um engano malicioso ou a ação astuciosa para promover a ocultação da verdade ou a fuga ao cumprimento do dever.[7] Na fraude, evidencia-se a ação astuciosa do devedor, o qual, para fugir do cumprimento ao dever, aliena ou onera o patrimônio, subtraindo os bens da execução, causando prejuízo ao credor. É por isso que se diz que o dolo está na astúcia do ato empregado por quem é devedor, quando age em fraude. "Fraude é um engano feito com astúcia em prejuízo de terceiro."[8]

A fraude, na acepção de *Nelson Nery Júnior*[9] e *Orlando Gomes*,[10] é vício social, não atinge a vontade na sua formação ou na sua motivação, mas torna o ato defeituoso, porque constitui uma insubordinação da vontade às exigências legais, no que diz respeito ao resultado pretendido. Para *Pontes de Miranda*,[11] trata-se de defeito do ato jurídico. Entende o autor que o vício da vontade é revelado no querer, pelo devedor, do estado de insolvência, por isso faz defeituosa a vontade do devedor.[12]

A fraude de execução, prevista no Código Processual, arts. 592 e 593, por vezes, é denominada fraude à execução, fraude contra a execução ou fraude de execução.[13] Adota-se aqui, embora sem rigorismo, a terminologia *fraude de execução*, porque esta é a forma expressa na regra processual, objeto principal do presente estudo. *In verbis*: art. 592 – inciso V – *alienados ou gravados em fraude de execução*; art. 593 *caput* – *considera-se em fraude de execução*. Não se trata de apego demasiado à letra dos dispositivos, mas apenas de se ter presente que, onde a lei expressa de forma clara, não seria correto forçar a exegese para chegar à conclusão diferente da expressa.[14] Salvo exceções, "presume-se que o legislador se esmerou em escolher expressões claras e precisas, com a preocupação meditada e firme de ser bem compreendido e fielmente obedecido".[15] Na ausência de razões suficientes para concluir diversamente, a interpretação deve ater-se ao texto expresso.

(6) Orozimbo Nonato, *Fraude contra credores*, Rio de Janeiro: Ed. Jurídica e Universitária, 1969, p. 8.
(7) Cf. Plácido Silva, *Vocabulário Jurídico*, v. I, p. 720.
(8) Verbete fraude, Cf. Joaquim José Caetano Pereira e Sousa, *Esboço de um Dicionário Jurídico, Teorético e Prático*, v. II, Lisboa: Tipografia Rollandiana, 1827.
(9) Nelson Nery Júnior, *Vícios do Ato Jurídico e Reserva Mental*, São Paulo: Rev. dos Tribunais, 1983, p. 28.
(10) Orlando Gomes, *Introdução ao Direito Civil*, 13. ed., atual., Rio de Janeiro: Forense, 1998, p. 414.
(11) Pontes de Miranda, *Tratado de Direito Privado*, 4. ed., t. IV, São Paulo: Rev. dos Tribunais, 1974, p. 420.
(12) *Tratado de Direito Privado*, t. IV, p. 422.
(13) Humberto Theodoro Jr. utiliza o termo fraude de execução, *Fraude Contra Credores*, Belo Horizonte: Del Rey Editora Ltda., 1996, p. 203 e segs. Da mesma forma, Cândido Dinamarco, *Execução Civil*, 6. ed., São Paulo: Malheiros, 1998, pp. 238 e ss.
(14) Nessa mesma linha, Carlos Maximiliano, *Hermenêutica e Aplicação do Direito*,10. ed., Rio de Janeiro: Forense, 1988, p. 100.
(15) Carlos Maximiliano, ob. cit., p. 111.

1.1.2. Previsões legais de fraude no Direito

No Direito Civil, o termo fraude é usado para qualificar o instituto que trata da fraude contra credores, conforme arts. 158/165 do novo Código Civil brasileiro, correspondendo aos arts. 106/113 do Código de 1916. A fraude é sempre fulcrada na prática de ato lesivo a interesses de terceiros ou da coletividade, ou seja, em ato no qual se "evidencia a intenção de frustrar-se a pessoa aos deveres obrigacionais ou legais".(16) Aqui, também, o significado encontra pequenas variantes no uso jurídico, mas mantém sempre a idéia de ação praticada por quem é devedor com o fito de aproveitar em prejuízo de direitos de seus credores, verificando-se então o *eventus damni.* Quando o ato de transferência ou oneração se dá a título oneroso, é necessário que exista a *scientia fraudis,* ou seja, que a pessoa com quem o devedor contratou tenha, ou de ordinário deveria ter, conhecimento do estado ou do resultado que, pelo ato, levará à insolvência o devedor.

A nova Lei de Falências(17) repete previsão da antiga Lei n. 7661/66, ao prescrever nos arts. 130 a 138 os casos de fraude contra a falência, estabelecendo duas espécies de ação para combater a fraude; a "ação revocatória falencial e a ação declaratória de ineficácia falencial".(18) A ação revocatória, fulcrada no art. 130 da Lei de Falências, deverá demonstrar a presença do *eventus damni* e do *consilium et scientia fraudis.*(19) A ação declaratória de ineficácia relativa falencial, fundada no art. 138 da Lei de Falências, visa à declaração de ineficácia dos atos elencados no dispositivo. Nesse caso, a declaração é feita judicialmente atendendo aos pressupostos previstos na própria lei. Antes a declaração era automática *ipso iure.*(20) Agora, pela nova Lei, ao que tudo indica dependerá de instrução prévia.

O Código Penal tipifica a fraude processual no art. 347, em que prescreve sua ocorrência quando o sujeito: "inovar artificiosamente, na pendência do processo civil ou administrativo, o estado de lugar, de coisa ou de pessoa, com o fim de induzir a erro o juiz ou, o perito: Pena – detenção, de 3 (três) meses a 2 (dois) anos, e multa. Parágrafo único. Se a inovação se destina a produzir efeito em processo penal, ainda que não iniciado, as penas aplicam-se em dobro."

Para o Direito Penal, a fraude processual: "é a inovação artificiosa ou manejo ardiloso, seja em processo penal ou em processo civil, promovido ou executado com o intuito de modificar o estado da coisa, da pessoa ou do lugar, a fim de que seja o perito ou o próprio julgador induzido a erro."(21) O comportamento visado pela norma penal, pode, por vezes, encontrar correspondência com a norma processual civil,

(16) Cf. Plácido Silva, ob. cit., p. 718.

(17) Lei n. 11.101 de 09.02.05 com vigência a partir de 09.06.05.

(18) Pontes de Miranda, *Tratado de Direito Privado,* t. IV, pp. 498-499.

(19) Cf. Marcos Bernardes de Mello, *Teoria do Fato Jurídico. Plano da Validade,* 7. ed., São Paulo: Saraiva, 2000, p. 175.

(20) Cf. Marcos Bernardes de Mello, *Teoria do Fato Jurídico. Plano da Validade,* p. 175.

(21) Cf. Plácido Silva, *Vocabulário Jurídico,* v. I, p. 719.

mormente quando tratar de fraude de execução na presença do elemento volitivo de fraudar o devedor. Observe-se que, embora a vontade não seja elemento do ato, na fraude de execução pode e normalmente está presente.

A fraude à execução[22] conforme previsão no Direito Penal brasileiro é aquela produzida contra o patrimônio. Tipificada no art. 179 do Código Penal, no qual se considera fraudada a execução quando forem alienados, desviados, destruídos ou danificados os bens, ou quando simular dívidas. "Fraudar a execução significa tornar irrealizável a execução de sentença judicial, pela inexistência, real ou simulada, de bens".[23] Observe-se que a abrangência da fraude do Direito penal é mais ampla. Dirige-se, além dos negócios jurídicos fraudulentos, aos casos de simulação e aos danos físicos produzidos no bem.

A fraude de execução, do processo civil, é tratada no inciso V do art. 592; no art. 593, no § 3º do art. 615-A e no § 3º do art. 672. A fraude de execução judicial é assim considerada, quando o ato é praticado pelo devedor, ao tempo em que pendia sobre os bens ação fundada em direito real ou, ao tempo em que corria contra o referido devedor uma demanda capaz de reduzi-lo à insolvência, ou, ainda, se, em conluio com o devedor, o terceiro negar o débito e passar quitação. Mais, o Código de Processo Civil, ao incluir, no inciso III do art. 593, os demais casos expressos em lei, amplia o campo de aplicação do instituto, abarcando os diplomas legais vigentes ou que venham a vigorar, tratando da fraude de execução. Importa ressaltar que a fraude de execução não se destina apenas aos atos de alienação realizados na constância do processo executivo, mas, também, durante o processo de conhecimento. O termo *demanda* inclui toda espécie de ação, assim, também as demandas condenatórias como as cautelares.

O elemento essencial que distingue a fraude de execução é a pendência de ação contra o devedor, concomitante ao ato de transferência ou oneração do bem, somado ao fato de que aquele ato que transfere ou onera o bem causa prejuízo ao credor. Subtrai, assim, a garantia patrimonial, frustrando a possibilidade do credor em ver satisfeito o seu crédito.

1.2. A sanção e a sujeição na execução

Sanção vem do latim *sancire*, que significa consagrar, santificar, respeitar a lei (*sanctio legis*).[24] É um vocábulo polissêmico, isto é, dotado de um significante e de vários significados. Assim, pode ser tido como conseqüência favorável ou desfavorável. Interessa para o presente estudo a conseqüência desfavorável ou a sanção negativa que a regra prevê para o caso de violação e para a qual reforça a sua imperatividade.

---

(22) No Direito penal a terminologia utilizada é fraude *à* execução em vez de fraude *de* execução, como o é no Código de Processo Civil.

(23) Cf. Celso Delmanto, O autor refere-se, obviamente, à execução de sentença em Direito penal. *Código penal comentado*, 2. ed., Rio de Janeiro: Renovar, 1988, p. 182.

(24) Cf. João de Melo Franco et alii, *Dicionário de Conceitos e Princípios Jurídicos*, p. 738.

Toda norma jurídica pressupõe uma conseqüência, um efeito, pelo seu não-cumprimento. A sanção jurídica é sempre disciplinada pelo Direito. Destarte, tem-se que "a sanção jurídica", como conseqüência desfavorável, é um efeito jurídico (não um fato), conteúdo de uma regra jurídica que prevê a violação de uma regra de conduta. Podem ser: "compensatórias, compulsórias, preventivas, punitivas, reconstitutivas".[(25)] As sanções civis objetivam inutilizar o ato quanto às suas vantagens jurídicas, como ocorre na nulidade ou ineficácia. Visam fazer cumprir, especificamente, o dever que foi violado ou restituir as coisas ao estado anterior. É o caso da fraude de execução, a qual tem o objetivo de inutilizar o ato somente quanto às vantagens obtidas pelo alienante, relativamente à execução em apreço, tendo por ineficazes os atos fraudulentos para os efeitos daquela execução.

A sanção, no Direito processual, distingue-se da sanção do Direito material. Neste a sanção consiste em aplicação ou modificação de penalidades pecuniárias ou não. Por exemplo: instituição de multas, agravamento das mesmas; perdas e danos; modificação do objeto, visando efetivar a execução. Na obrigação de fazer, além da multa, pode ser determinado que outro cumpra a obrigação às expensas do demandado, que se nega a cumpri-la. Ocorre que só as normas sancionatórias do direito substancial não se mostram suficientes para garantir o adimplemento da obrigação. A simples elevação das penalidades, por vezes, inviabiliza, ainda mais, a efetividade da prestação jurisdicional.

Como bem assevera *Enrico Tullio Liebman*, "nem sempre os homens cumprem suas obrigações e obedecem aos imperativos decorrentes do direito, de maneira que a ordem jurídica não seria completa, nem eficaz, se não contivesse, em si própria, aparelhamento destinado a obter coativamente a obediência a seus preceitos".[(26)] Aí reside a razão da instituição das sanções no Direito. Representam estas "meios de pressão tendentes a restabelecer o equilíbrio perturbado pelo comportamento da pessoa obrigada, bem como, para induzir as pessoas obrigadas a cumprir espontaneamente suas obrigações".[(27)]

Outro campo de atuação da norma jurídica, não mais destinada a dirigir sanções materiais à parte que resiste em não cumprir com o devido, consiste em usar meios que independam da vontade humana para atingir os resultados pretendidos. Nesse caso, a sanção visa obter, por outros meios, o mesmo resultado. Resultado esse que deve ser igual, ou o mais aproximado possível do que seria obtido com o cumprimento espontâneo pelo obrigado. "A finalidade é reparatória, satisfativa, propõe-se restabelecer e satisfazer à custa do responsável, o direito subjetivo que o ato ilícito violou".[(28)] A sanção é medida de ordem jurídica que atinge a pessoa na sua liberdade ou no seu patrimônio; ou um ato em sua eficácia, que o juiz ordena para restabelecer o equilíbrio de uma situação jurídica.[(29)]

---

(25) Cf. João Melo Franco et alii, ob.cit., p. 779.

(26) Enrico Tullio Liebman, *Processo de Execução*, 3. ed., São Paulo: Saraiva, 1968, p. 02.

(27) Enrico Tullio Liebman, *Processo de Execução*, p. 02.

(28) Enrico Tullio Liebman, *Processo de Execução*, p. 04.

(29) Orlando Gomes, *Introdução ao Direito Civil*, 13. ed., atual, Rio de Janeiro: Forense, 1998, p. 518.

No Direito antigo, o descumprimento da obrigação gerava sanções que adentravam na seara pessoal do obrigado, iam muito além da busca da satisfação da dívida pelo credor. É que o inadimplemento era tido como uma ofensa pessoal ao credor, por isso eram usados meios drásticos para buscar a compensação que, no caso, era pecuniária e pessoal. Modernamente, a civilização não consegue sustentar a idéia de ofensa e compensação pessoal, nem aceita, pacificamente, o uso de meios vingativos ou penais para cumprimento de obrigação, especialmente de cunho pecuniário.(30) A apropriada busca da satisfação da obrigação é feita através da execução em que o credor busca a satisfação do seu direito, mas nada mais do que isso.(31)

Com efeito, a atividade desenvolvida pelo Judiciário para atuação da sanção é denominada execução. É o poder que detém o Estado e que o autoriza a impor a execução. Essa medida é necessária para a efetivação do Direito, dever do Estado. A execução parte da certeza do direito, embora não seja uma certeza absoluta, é *una certezza legalmente sufficiente*(32) a embasar o processo, seja o título judicial, seja o título extrajudicial, com força executiva. A atividade estatal tem o fito de obter, através do processo, sem contar com a vontade do obrigado, a satisfação do credor, ou seja "o resultado prático a que tendia a regra jurídica que não foi obedecida".(33) No processo de execução, o que prepondera é a vontade do Estado. Como bem assevera *Cândido Dinamarco*: "ao lado da vontade substancial do ordenamento jurídico (que o pai dê alimentos ao filho, que o mutuário restitua a importância tomada em empréstimo), existe uma segunda vontade, de natureza e efeito sancionatórios, a significar que *o Estado quer que o inadimplente sofra as medidas que constituem a sanção executiva*; e isso é de seu interesse, porque confiar, exclusivamente, na observância voluntária dos preceitos jurídicos, equivaleria a renunciar, em parte, os objetivos de ordem e paz social, visados pelo próprio ordenamento".(34) (grifos nossos) "A necessidade de tutela jurídica *(ein bedürfnis nach Rechtsschtz)* tem relação com a actividade dos tribunais, que é do interesse da comunidade."(35) Na execução, o Estado busca o próprio bem, objeto do direito, o mesmo que obteria o exeqüente, se o devedor tivesse cumprido sua obrigação, voluntariamente.(36)

A vontade sancionatória *é implícita*,(37) consiste no conjunto de normas sobre a execução, e é formulada em termos abstratos e concretos. Concretiza-se quando o preceito sai do plano abstrato e genérico da lei processual e desce ao caso concreto, aceitando as medidas executivas (sanções) processuais como meio adequado para buscar a satisfação

(30) Não se pode deixar de registrar que ainda perdura em nosso sistema legal, inclusive constitucional, a possibilidade de prisão do devedor de pensão alimentícia e mesmo do depositário infiel.

(31) Cf. Enrico Tullio Liebman, *Processo de Execução*, p. 05.

(32) Cf. Carlo Furno, *Disegno sistematico delle opposizioni nel processo esecutivo*, Florença: Cya, 1942, p. 71.

(33) Cf. Enrico Tullio Liebman, *Processo de Execução*, p. 05.

(34) Vide *Execução Civil*, 6. ed., p. 241.

(35) Elício de Cresci Sobrinho, mencionando Schoenke – Schroeder – Niese. Zivilprozessrecht, 8 aufl, p. 196. *Dever de Veracidade das partes no processo civil*, ed., Lisboa: Cosmos, 1992, p. 137.

(36) Cf. Alfredo Buzaid, *Do Concurso de Credores no Processo de Execução*, São Paulo: Saraiva, 1952, p. 23.

(37) Cf. Piero Calamandrei, *Istituzioni di diritto processuale civile*, v. I, Napole. Itália: Jovene, 1970, p. 39.

da pretensão do credor. Então, "a vontade sancionatória concreta é o resultado do encontro de dados fatos com as normas processuais que regulam a imposição da sanção executiva".[38] *Cândido Dinamarco* para ilustrar cita como exemplo, na execução de título extrajudicial, o fato de o devedor opor sua assinatura, constitui fato material que reúne em si a eficácia de constituir o direito material concreto e também a vontade sancionatória concreta, em face da força executiva do título. Com isto, torna a sanção executiva meio adequado.

No que pertine ao instituto da Fraude de Execução, a declaração de ineficácia produzida pelo juízo constitui-se em sanção pelo Estado, e a ela está sujeito o devedor. Como bem assevera *Humberto Theodoro Júnior*: "Embora sob rótulos diversos, todos os mecanismos de repressão à fraude operam da mesma maneira: recolocam o bem alienado pelo devedor no acervo sobre o qual o credor irá fazer atuar seu direito".[39] Ressalve-se o fato de que o bem alienado pelo devedor retorna para o acervo do mesmo, apenas e tão-somente, para efeitos da execução, pelo credor da ação em que foi declarada a fraude. Assim, para o exeqüente, é como se o bem não tivesse saído do acervo patrimonial do devedor. Entretanto, não se pode aceitar a idéia de que o bem retorne para o acervo do devedor — *lato sensu* — e sirva a toda a gama de credores, porque, então, seria o caso de nulidade absoluta, o que a doutrina e o bom direito não aceitam, como se verá no tópico específico que trata dos efeitos do ato decisório. O que importa aqui salientar é o caráter sancionatório da decisão conferido à fraude de execução.

1.3. A sujeição patrimonial do devedor

O Código Processual, por seu art. 591, estabelece a sujeição de todo o patrimônio do devedor, sejam bens presentes ou futuros, ao cumprimento de suas obrigações. Naturalmente, os bens presentes a que se refere a norma são os bens presentes no tempo da assunção da obrigação, e nos tempos futuros a contar desta.

A sanção está vinculada à responsabilidade com seu caráter de sujeição. A sujeição do patrimônio do devedor decorre da responsabilidade patrimonial pela situação jurídica subjetiva[40] que afeta as partes. Os modelos de conduta da sociedade representam expectativas legítimas. O credor possui o seu direito, porém depende da vontade do devedor para ver-se satisfeito. Se o devedor não cumpre, o Estado socorre o credor, estabelecendo uma sanção para o devedor. A sanção, segundo *Kelsen*, "é ato de coerção estatuído contra uma ação ou omissão e determinada pela ordem jurídica".[41]

Nesses casos, como bem expõe *Emílio Betti*, na relação obrigacional existe o dever de cumprir a obrigação e há também a responsabilidade que vincula o patrimônio

(38) Cf. Cândido Dinamarco, *Execução Civil*, p. 242.

(39) *Fraude contra credores*, p. 210.

(40) Cf. Willis Santiago Guerra Filho, "Responsabilidade patrimonial e fraude à execução", *Revista do Processo*, São Paulo, ano 17, n. 65, pp. 175-181, janeiro-março, 1992, p. 178.

(41) Hans Kelsen, *Teoria Pura do Direito*, Coimbra: Arménio Amado Ed., 1962, p. 161.

do devedor para garantir a satisfação do credor. Do lado ativo está a possibilidade correspondente ao direito do credor de conseguir a satisfação do seu crédito à custa desses bens.[42] Quando o devedor não cumprir voluntariamente sua obrigação, o credor terá a sua disposição a execução forçada.

Este direito do credor não pode ser exercido na esfera privada, há de submeter sua pretensão, através da ação proposta, ao órgão estatal, visto que só o Estado pode exercer o poder sancionatório, melhor dizendo, só o órgão judiciário tem poderes para invadir o patrimônio do devedor.

Importa ressaltar que o patrimônio do devedor constitui-se em garantia do credor, como uma possibilidade, em caso de inadimplemento. Não há um congelamento do patrimônio até que a dívida seja satisfeita. Há, sem dúvida, livre disponibilidade patrimonial por parte do credor. A Constituição garante o direito de propriedade no inciso XXII do art. 5º. O Código Civil[43] assegura ao proprietário a faculdade de usar, gozar e dispor de seus bens. A disposição, na norma processual, não prejudica a livre disposição de bens, apenas sujeita o patrimônio do devedor à execução. O que a lei desaprova são os atos de disposição patrimonial, quando praticados em prejuízo dos credores. Nestas condições a lei considera fraudulento o ato de transferência ou de oneração de bens e, sendo assim, permite que a execução recaia sobre os bens alienados em fraude como se a alienação não existisse. O ato de transferência praticado em fraude é ineficaz para os efeitos da execução, persistindo ante os demais. Equivale dizer que o credor não é atingido pela fraude, sua execução é contínua, em condições de excutir o bem alienado para terceiro. Será o bem penhorado e levado a leilão/praça como se o negócio que foi realizado, em fraude, não existisse. O resultado arrecadado servirá, preferentemente, para satisfação do credor exeqüente, e o saldo, se houver, reverterá ao terceiro adquirente do bem. Portanto, o negócio jurídico entre o devedor e o terceiro não é anulado, não se restitui ao estado anterior. Se assim o fosse, o reconhecimento da fraude reverteria a favor do devedor/alienante, o qual poderia dispor do saldo. Isso não ocorre porque, em última análise, o Judiciário não poderia proporcionar ao devedor o aproveitamento de sua própria ação torpe.

Aqui, a previsão de fraude, contida na norma processual, decorre do ato lesivo praticado contra a garantia patrimonial, representada pelo patrimônio do devedor. Frise-se que, embora a configuração da fraude decorra do ato,[44] o objetivo da norma é o fato jurídico, resultante do ato de disposição, qual seja, o ato atentatório à dignidade da justiça. Destarte, sem a ocorrência do fato "fraude de execução" o ato de alienação não se enquadra na norma, não interessa ao direito. Comentando o enquadramento do ato de alienação como gerador da fraude de execução, explica *Max Kummer*, "os

(42) Emílio Betti, *Teoria Geral do Negócio Jurídico*, v. III, Trad. Fernando Miranda, Coimbra: Coimbra Editora, 1969, p. 368.

(43) V. Wilson Gianulo. *Código Civil Integrado e Referenciado*, São Paulo: Editora Jurídica, 2002. Art. 1.228 do Código Civil brasileiro de 2002: *O proprietário tem a faculdade de usar, gozar e dispor da coisa, e o direito de reavê-la do poder de quem quer que injustamente a possua ou detenha...* (O art. 1.228 do novo Código corresponde ao art. 524 do Código de 1916).

(44) Os termos *ato* e *fato* aqui utilizados o são no sentido *stricto*.

deveres processuais são para com o Estado e não para com o juiz ou à parte contrária".[45] Assim, com o ato de disponibilidade, o devedor tenta escapar da sanção judicial, representada pela ação em curso. O ato constitui-se em "verdadeiro atentado contra o eficaz desenvolvimento da função jurisdicional já em curso, porque lhe subtrai o objeto sobre o qual a execução deverá recair".[46] Nessa mesma linha têm sido as decisões dos tribunais. Transcreve-se exemplo: "A fraude de execução está tratada no Código de Processo Civil exatamente por cuidar-se de instituto de direito processual. *É ato atentatório à dignidade da justiça* e independe de processo especial, podendo o Juiz retirar a eficácia da transação em face do credor, sem que isso implique em declarar nulo o negócio. A intenção de fraudar está *in re ipsa* e resta caracterizada se a alienação se dá após a citação."[47] (grifo nosso)

---

(45) Cf. Max Kummer, Grundiss des Zivilprozessrechts nach den Prozessordnungen des Kantons Bern und des Bundes, Bern. Taempfli V, pp. 76-77, *apud* Elício de Cresci Sobrinho, *Dever de veracidade das partes no processo civil*, Lisboa: Ed. Cosmo, 1992, p. 110

(46) Cf. Enrico Tullio Liebman, *Processo de Execução*, p. 85.

(47) TJDFT, 2ª Turma Cível, Apelação Cível n. APC3475195/DF (78148), Rel. Getúlio Moraes Oliveira, DJ 23.08.95 11.697.

Capítulo 2

CONCEITO E NATUREZA JURÍDICA DA FRAUDE DE EXECUÇÃO

2.1. Conceito

Em análise da doutrina processual, verifica-se que a conceituação do instituto da fraude não está bem delineada. Alguns aspectos relevantes são aqui destacados, procurando caracterizar o instituto e destacá-lo de outros que apresentem alguma semelhança ou afinidade.

Araken de Assis ao comentar o art. 593 do Código de Processo Civil ensina: "Relacionam-se estritamente a disciplina da fraude contra a execução e a responsabilidade patrimonial".[1] Distingue, o autor, a fraude de execução da fraude contra credores, ressaltando o aspecto de que "os atos dispositivos do devedor ocorrem no curso de uma relação processual. Nesse caso, como parece curial, a fraude adquire superlativa gravidade. O negócio não agride somente ao circuito potencial de credores. Ele compromete, paralelamente, a própria efetividade da atividade jurisdicional do Estado, reclamando reação mais severa e esta, e recebe o espírito de fraude contra a execução."[2]

Yussef Said Cahali considera a fraude à execução uma especialização da fraude contra credores. É um estatuto jurídico autônomo. "Nenhum estudo da fraude à execução se tem como completo, sem o necessário contorno com a fraude contra credores. Este critério é resultado da conexidade existente entre os dois estatutos jurídicos, não obstante tratar-se de institutos de características inconfundíveis, ontológica e historicamente a fraude à execução representa um aspecto da fraude contra credores."[3] Sobre o tema manifesta-se *Alvino Lima*, "a fraude contra credores, na execução, é simples modalidade da fraude pauliana, presumindo-se, de modo irrefragável, a fraude do devedor recorrente do seu próprio ato, a intenção fraudulenta está *in re ipsa*".[4]

Ao discorrer sobre fraude de execução, *Enrico Tullio Liebman*, citado pela quase unanimidade dos autores que tratam do tema, ressalta ser esta espécie de fraude tida como mais grave porque os atos são praticados depois de iniciado o processo. "É que,

(1) Araken de Assis, *Comentários ao Código de Processo Civil*, v. VI, Rio de Janeiro: Forense, 2000, p. 223.

(2) Cf. *Comentários ao Código de Processo Civil*, pp. 224-225.

(3) Yussef Said Cahali, *Fraudes contra credores*, São Paulo: Revista dos Tribunais, 1989, p. 438.

(4) Alvino Lima, *A Fraude no Direito Civil*, São Paulo: Saraiva, 1965, p. 272.

então, não só é mais patente que nunca o intento de lesar os credores, como, também, a alienação de bens do devedor vem constituir verdadeiro atentado contra o eficaz desenvolvimento da função jurisdicional já em curso, porque lhe subtrai o objeto sobre o qual a execução deverá recair. Por isso ainda mais eficaz torna-se a reação da ordem jurídica contra o ato fraudulento."[5] Embora o autor não cite expressamente os artigos, é evidente que sua interpretação conjuga o disposto nos arts. 592, 593 com o art. 600, ou seja, examina a fraude à execução, configurada no inciso V dos arts. 592 e 593, à luz da ofensa que o fato representa contra a dignidade da justiça, previsto no art. 600, todos do Código de Processo Civil.

Cândido Dinamarco ressalta os dados objetivos da fraude de execução, "caracterizados pela insolvência e pendência de um processo, não se cogitando ao *consilium fraudis*".[6] Concorda o autor que a fraude à execução é uma espécie de fraude contra credores, acrescentada do "ato de rebeldia à autoridade estatal exercida pelo juiz no processo";[7] neste caso o estado de insolvência, resultado das alienações, tornaria "inútil o exercício da jurisdição", impossibilitando a efetividade da execução sobre o patrimônio do credor.

Na fraude de execução, diz *Mendonça Lima*, "o problema assume contornos diferentes, pois já existe ação em juízo, do credor contra o devedor. Não precisa, contudo, que tenha sido proferida sentença, pois basta a propositura de ação".[8]

Conceituar, muitas vezes, presta-se a limitar, por isto melhor é explicar, analisar o texto da lei e extrair dela o entendimento que melhor se coaduna, considerando todos os aspectos possíveis de interferir na cognição, não só inerentes ao texto literal, mas sua conexão e imbricamento com outras normas. Tudo isto, dentro de determinado contexto jurídico e social, sempre tendo-se presente que o Direito não é uma ciência exata, é um sistema complexo. Há necessidade desta complexidade, embora, por vezes, se deva, para efeito de estudos e tão-somente para tanto, enfocar os pormenores, reduzindo, simplificando, até chegar ao núcleo específico. Esse processo deve se realizar sempre, sem se esquecer de se fazer o caminho de volta, focando o sistema, de forma macro, percebendo até o seu núcleo, mas, ao mesmo tempo, examinando-o dentro de todo o contexto em que está inserido.

Considerando as premissas antes indicadas, pode-se dizer que a fraude de execução constitui-se em ato ou conjunto de atos realizados na existência de demanda por quem é devedor, afastando a disponibilidade patrimonial de possível constrição judicial quando, em insolvência ou atingindo o resultado de levá-lo à insolvência pelo ato de transferência ou oneração, causando prejuízo ao credor, frustrando a execução e com isso afrontando o poder jurisdicional.

---

(5) Enrico Tullio Liebman, *Processo de Execução*, 4. ed., São Paulo: Saraiva, 1980, p. 108.

(6) *Execução Civil*, p. 278.

(7) *Execução Civil*, p. 278.

(8) Cf. Alcides de Mendonça Lima, *Comentários ao Código de Processo Civil*, v. VI, t. II., 3. ed., São Paulo: Forense, 1979, p. 494.

Na fraude de execução, há conexão e dependência entre os fatos jurídicos; ato de alienação — negócio jurídico realizado —; estado de insolvência; existência de demanda e prejuízo do credor. Diz-se ato ou conjunto de atos realizados o negócio jurídico de alienação ou oneração promovido pelo devedor, retirando do patrimônio próprio a capacidade de representar a garantia de satisfação de suas dívidas.

Não é todo ato de alienação que vai interessar ao instituto da Fraude de Execução, somente aquele que caracterizar o prejuízo ao credor. O devedor pode já estar em estado de insolvência, com dívidas superiores ao seu patrimônio, mas isto não o autoriza a livrar o seu patrimônio da execução, alienando ou onerando seus bens.

O tempo da realização do ato de alienação deve coincidir com o processo judicial. Se o ato é promovido antes da existência da demanda, a questão deverá ser resolvida na esfera do Direito privado, com base na fraude contra credores, tratada no Direito Civil.

O prejuízo do credor é o principal aspecto a ser considerado para efeito de estudos do instituto da Fraude de Execução. Se o ato de alienação/oneração não trouxer prejuízo para o credor não há por que se falar em fraude de execução. Vale lembrar aqui não só a possibilidade do pagamento da dívida exeqüenda, pelo devedor, mas, também, a possibilidade de transferências patrimoniais necessárias ou involuntárias. Assim, por exemplo, a dação em pagamento por dívida preferencial para pagamento de tributos, alimentos, etc. Da mesma forma, os bens excluídos do patrimônio do devedor por arrematação ou adjudicação. Nesses casos, não se pode dizer que o ato causou prejuízo ao credor, porque os beneficiados gozam de preferência creditória ou possuem respaldo judicial, representado pela carta de arrematação/adjudicação, oriunda de execução regular.

Na doutrina, encontra-se o conceito exposto por *Sebastião de Oliveira*, afirmando que "a fraude à execução é um instituto de direito público inserido no direito processual civil, que tem por finalidade coibir e tornar ineficaz a prática de atos fraudulentos de disposição ou oneração de bens, de ordem patrimonial, levados a efeito, por parte de quem já figura no pólo passivo de uma relação jurídica processual, como legitimado ordinário passivo — devedor demandado — visando, com isso, impedir a satisfação da pretensão deduzida em juízo, por parte do autor da demanda — credor demandante —, configurando-se em verdadeiro atentado à dignidade da justiça, cuja atividade jurisdicional já se encontrava em pleno desenvolvimento — Código de Processo Civil art. 600."[(9)] Com efeito, apesar de a regra inserta nos arts. 592 e 593 ser capaz de produzir os resultados nela visados, o dispositivo do art. 600 reforça o instituto, à medida que classifica expressamente ser a fraude à execução um ato atentatório à dignidade da justiça.

(9) José Sebastião de Oliveira, *Fraude à Execução – Doutrina e jurisprudência*, 2. ed., atual. ampl. São Paulo: Saraiva, 1988, p. 81.

2.2. *Natureza jurídica*

Considerando fato jurídico "como gênero do qual se extraem as várias espécies de fatos ou atos que produzem efeitos reconhecidos pelo Direito"[(10)] englobando, em tal especificação, o fato jurídico *stricto sensu* e o ato jurídico *stricto*;[(11)] considerando, ainda, que fato jurídico é o acontecimento ou o conjunto de condições necessárias para a realização de um efeito jurídico, pode-se dizer que a fraude de execução é aquela dirigida ao fato jurídico, e a fraude contra credores é aquela dirigida ao ato jurídico, ambos, no sentido *stricto.*

O suporte fático e o seu efeito estão contidos na norma — arts. 592 e 593 do Código de Processo Civil. O suporte fático é resultado do ato — negócio jurídico, realizado entre devedor e terceiro, contudo, o ato não é, em si, o suporte fático que fará incidir a norma. Esse depende de condições especiais para se verificar. Na fraude à execução, *o suporte fático diz respeito ao tempo* em que foi realizado o ato: *quando corria contra o devedor demanda.* Têm-se, então, duas condições dependentes: o ato de disposição e a ocorrência de demanda. Ambas devem ser realizadas em tempo concomitante. Mas essa condição necessária não é suficiente, o suporte fático não está completo. O simples fato de correr demanda contra o devedor não é suficiente para incidir a regra que considera em fraude de execução o ato de alienação realizado ao tempo da demanda. Para completar o suporte fático é preciso que se verifique a terceira condição, a qual também deverá estar conectada com as duas primeiras — ato de disposição e ocorrência de demanda — qual seja, com o ato de disposição, o devedor seja levado à insolvência. Com isso, completa-se o suporte fático previsto na norma processual.

Verificada a ocorrência do suporte fático, o efeito jurídico será o de considerar, em fraude, o ato de disposição patrimonial. A eficácia jurídica se dará com o reconhecimento, pelo juízo, da fraude à execução. A força e o efeito emanados dessa decisão farão que seja afastada a eficácia do ato de disposição patrimonial — válido para todos os demais efeitos —, inoperante para o credor exeqüente.

O patrimônio do devedor é garantia genérica do credor. Sendo suprimida esta garantia, na constância de demanda e não adimplida a obrigação, o ato de disposição é tipificado como fraude de execução. A *fattispecie* indica "tanto o fato propriamente dito, como conjuntamente, o estado de fato e de direito em que o fato incide e se enquadra".[(12)]

Seguindo a teoria sancionista[(13)] de *Kelsen*, esta seria uma norma completa. A norma primária é a que prevê a sanção,[(14)] determinando que o ato seja tido como

(10) Luiz Edson Fachin, *Novo Conceito de Ato e Negócio Jurídico – conseqüências práticas*, Curitiba: Editora da PUCPR, 1988, p. 105.

(11) Luiz Edson Fachin, *Novo Conceito de Ato e Negócio Jurídico*, p. 05.

(12) Cf. Luiz Edson Fachin, *Novo conceito de Ato e Negócio Jurídico*, p. 07.

(13) Terminologia utilizada por Norberto Bobbio, *Teoria della Norma Giuridica*, Turim: Giappichelli, 1957, p. 66.

(14) Utiliza-se aqui o termo sanção, na acepção kelseniana, de coação necessária para a eficácia do Direito, Hans Kelsen, *Teoría General del Estado*,Trad. L. Legaz y Lacambra, México: Ed. Nacional, 1957, p. 66.

fraude. A norma secundária é aquela que prevê certa conduta para a situação existente de dívida e garantia. A conduta ditada pela norma que prescreve a fraude de execução é implícita: a primeira está oculta, é a regra que diz que o devedor deve cumprir sua obrigação, pagar suas dívidas. A segunda conduta decorre da primeira, só vai importar se a primeira regra de conduta não for observada. O devedor deve manter a garantia potencial existente, de adimplemento de suas obrigações, as quais estão sob *judice*. Garantia essa representada pelo seu patrimônio. Fazendo-se a leitura, como norma negativa de conduta, pode-se dizer que o devedor não deve suprimir os bens de seu patrimônio, pela garantia que representam à satisfação executiva judicial. Simplificando, diz-se que o devedor não deve afrontar o poder estatal, subtraindo os bens de seu patrimônio a fim de livrá-los da constrição judicial. Ressalte-se: o que visa a norma processual na fraude de execução diz respeito à relação jurídica processual e, não, à relação jurídica material. Observando-se aí "a autonomia da relação jurídica processual, comparada com a relação jurídica de direito material".(15)

As características gerais da lei processual são de direito instrumental e público.(16) A natureza jurídica da fraude de execução é, sem dúvida, instituto de Direito Público, inserido nas normas instrumentais do Direito Processual Civil. Nessa linha, *Sálvio de Figueiredo Teixeira*: "A fraude de execução, por sua vez, é instituto de direito processual, regido pelo direito público, punível penalmente, que dispensa a prova de má-fé".(17) Da mesma forma, *Mário Aguiar Moura*: "Na fraude de execução, esta é de direito público. Reside por inteiro na área do direito processual. Tem, como suporte fático essencial, a existência de processo em juízo".(18)

Como bem ensina *Amílcar de Castro*: "A responsabilidade não se confunde com a obrigação, apreciável pelos critérios de direito privado, é, sim, uma sujeição jurisdicional, apreciável pelos critérios de direito processual".(19) A relação privada entre o credor e o devedor não deve ser confundida com sujeição pública entre o executado e o Estado, representado pelo juiz. "É que a norma de direito privado supõe, essencialmente, a igualdade dos interesses particulares em conflito, enquanto a de direito público funda-se na idéia de desigualdade, e o princípio dominante é o de, em regra, prevalecer o interesse público, seja qual for".(20)

O interesse público, no caso da execução, funda-se no interesse em realizar o direito, em ser efetivo, em fazer justiça. O credor tem um direito que o devedor resiste

---

(15) Cf. Artur Anselmo de Castro, *Direito Processual Civil Declaratório*, v.1, Coimbra: Livraria Almedina, 1981, p. 34.

(16) Cf. Artur Anselmo de Castro, *Direito Processual Civil Declaratório*, p. 37.

(17) Sálvio de Figueiredo Teixeira, "Fraude de Execução", *Revista Ajuris*, Porto Alegre, Ano XIII, n. 37, pp. 224-237, Julho 1986, p. 226.

(18) Mário Aguiar Moura, "Fraude de Execução pela Insolvência do Devedor", Revista Ajuris, Porto Alegre, Ano V, n. 12, pp. 59-70, março. 1978, p. 62. Do mesmo modo Belmiro Pedro Welter em "Fraude à execução: Quando ocorre?", p. 6; Ronaldo Bretas de Carvalho Dias: *"já a Fraude de execução, que não se confunde com a primeira, é instituto de direito público, esculpido no campo processual, tendo como pressuposto o curso de processo de condenação ou, de execução contra o devedor"*, "Fraude de Execução", p. 222.

(19) Amílcar de Castro, *Comentários ao Código de Processo Civil*, v. X, 2. ed., Rio de Janeiro: [s.n.], 1963, p. 68.

(20) Cf. Amílcar de Castro, *Comentários ao Código de Processo Civil*, p. 84.

em satisfazer. O sistema legal não permite a execução privada, o caso deve ser entregue ao Estado. O Estado detém o poder, mas também o dever de prestar a tutela jurisdicional. Daí por que as normas processuais que tratam da fraude de execução, com o pressuposto de existência de demanda, serem normas de Direito público, inseridas no Direito processual. Não se pode deixar de notar que, aqui, o interesse não é proeminentemente de natureza privada, a exemplo do que ocorre na fraude contra credores. Na fraude de execução, prepondera, sem dúvida, o interesse público. Com efeito, como afirma *Amílcar de Castro*: "não se deve ver no resultado da penhora de bens alienados em fraude de execução, *exercício* de demanda pauliana, mas antes a *conseqüência* da execução da sentença proferida em demanda pauliana".(21) (grifo nosso) É que a fraude de execução visa coibir os atos atentatórios ao eficaz desenvolvimento da função jurisdicional do Estado, e não o negócio jurídico que foi realizado entre o devedor e o terceiro. O benefício do credor, uma vez declarada a ineficácia por fraude, é a conseqüência, o objetivo da norma é a salvaguarda do poder jurisdicional do Estado, questão eminentemente de Direito Público.

Em que pese grande parte dos autores tratarem do tema, no que se refere à natureza jurídica de Direito público da fraude de execução, registra-se tese discordante, a qual se funda no fato de ser a fraude à execução, prevista no Direito Penal, direito disponível, já que não prescinde de queixa do prejudicado. Nesses casos, o que predominaria seria o interesse privado, em vez do interesse público. A fraude de execução atingiria o negócio jurídico de oneração ou de alienação, tornando-o ineficaz. Inexistindo, *in casu*, prevalência do Direito público, porque os atos que contrariam o interesse público serão nulos e não ineficazes, e o ato que poderá tornar-se ineficaz é o negócio jurídico realizado entre as partes, o qual não é ato processual.(22)

Meditando sobre a questão, verifica-se que o ato, praticado pelo devedor em fraude à execução, é ato perfeito, verdadeiro. A alienação/oneração do bem é válida e eficaz para todos os efeitos. Entretanto, se o ato foi praticado na pendência de demanda capaz de reduzir o devedor à insolvência, este fato constitui-se em fraude de execução, e, frise-se, a fraude não é contra o credor, porque, se fosse, seria resolvida pela norma civil que rege a matéria fraude contra credores. Não haveria razão alguma para constar no código processual. A fraude de execução afronta a dignidade da justiça e está tipificada no art. 600 do Código de Processo Civil. O fato de, subsidiariamente, beneficiar o credor, não muda a natureza da norma que visa precipuamente o interesse público e a dignidade da justiça. "Está em jogo, agora, a própria efetividade da atividade jurisdicional do Estado."(23) Mas, ressalte-se, a interferência do Estado na fraude de execução, vai só até onde o ato interfere na prestação jurisdicional, na execução em curso. Tanto é assim que, satisfeita a execução com o produto da venda do bem, o saldo reverte a favor do terceiro adquirente do bem. A execução pode ser satisfeita também de outras

(21) *Comentários ao Código de Processo Civil*, p. 85.

(22) Cf. Gelson Amaro de Souza, "Fraude à execução e o devido processo legal", *Revista Jurídica*, São Paulo, ano 47, n. 260, pp. 30-36, junho, 1999, pp. 31-33.

(23) Araken de Assis, *Manual do processo de execução*, 4. ed., rev. atual. São Paulo: RT, 1997, p. 343.

formas, inclusive com o pagamento pelo devedor ou pelo terceiro que tiver interesse. Pode, também, o credor desistir da ação. Em todos esses casos a tutela jurisdicional cessa, seja com a satisfação da execução, seja com a desistência da ação executiva. Afastada a pretensão executiva, afasta-se a prestação jurisdicional, pela ausência de objeto a tutelar.

A fraude de execução distingue-se da fraude contra credores e, na essência, não se compara com outro instituto normativo, porque sua ocorrência constitui-se em ato "atentatório ao eficaz desenvolvimento da função jurisdicional do Estado que se encontra em curso".(24) O ato causa prejuízo ao credor mas, substancialmente, constitui-se em afronta "à sociedade como um todo em seu anseio de paz e segurança social".(25) Por isso, satisfeita ou cessada a tutela, a fraude não persiste, justamente porque é tida como contra a execução e não contra o credor.

(24) Cf. Luís Alberto Thompson Flores Lenz, "A natureza das normas processuais e o regime da penhora", *Revista dos Tribunais*, São Paulo, ano 77, v. 627, pp. 60-68, Janeiro, 1988, p. 61.

(25) Cf. Luiz A. T. F. Lenz, cit., p. 61.

Capítulo 3

DISTINÇÃO E IDENTIDADE COM INSTITUTOS AFINS

3.1 Fraude contra credores

A fraude contra credores é tratada no novo Código Civil, no livro III – Dos Fatos Jurídicos, título I – Dos negócios jurídicos; no capítulo IV dos defeitos do negócio jurídico, especificamente, nos arts. 158 a 165. A previsão assemelha-se á que já constava do Código de 1916 nos arts. 106 a 112. Transcrevem-se os arts. 158 e 159:

> "Art. 158. Os negócios de transmissão gratuita de bens ou remissão de dívida, se os praticar o devedor já insolvente, ou por eles reduzido à insolvência, ainda quando o ignore, poderão ser anulados pelos credores quirografários como lesivos dos seus direitos.
>
> § 1º Igual direito assiste aos credores cuja garantia se tornar insuficiente.
>
> § 2º Só os credores que já o eram ao tempo daqueles atos podem pleitear a anulação deles.
>
> Art. 159. Serão igualmente anuláveis os contratos onerosos do devedor insolvente, quando a insolvência for notória ou houver motivo para ser conhecida do outro contraente."

Segundo parte da doutrina,[1] a fraude contra credores está, por erro de técnica, arrolada entre as causas de anulabilidade do negócio jurídico. Embora conste do texto legal o termo anulação, os negócios jurídicos não são anulados, pois não se trata de caso de anulação e, sim, de impugnabilidade para preservação da responsabilidade patrimonial do devedor insolvente diante de seus credores. A ação pauliana produz efeitos bem particulares, assim é que não invalida nem anula os atos, estes são apenas declarados ineficazes perante os credores autores da ação.[2] Conforme ensina *Torrente* e *Schlesinger*: *La revocatória non ha dunque effeto restitutorio: il bene non ritorna nel patrimonio del debitore. La inefficacia dell'atto giova, quindi, soltanto al creditore che abbia agito, eliminando il pregiudizio che si era creato ai suoi danni.*[3]

---

(1) Cf. Orlando Gomes, *Introdução ao Direito Civil*, p. 431. Em semelhante acepção Yussef Said Cahali, *Fraudes contra credores*, p. 118.

(2) Contrariamente, Washington de Barros Monteiro, *Curso de Direito Civil*, v. I, p. 222; Leonardo Greco, *O Processo de Execução*, v. II, Rio de Janeiro: Renovar, 2001, p. 32.

(3) Andrea Torrente e Piero Schlesinger, *Manuale di Diritto Privato*, 15. ed., Milano: Dott. A. Giuffrè Editore, 1987, p. 463.

Na fraude a credores, o negócio jurídico, realizado entre devedor e terceiro, é válido para todos os efeitos, só importando ao Direito se, com o ato de alienação/oneração realizado, o devedor tenha se tornado insolvente, subtraindo à garantia patrimonial. Nesse caso, o negócio será tido por fraudulento e será retirada a sua eficácia em proveito dos credores do insolvente. Equivale dizer: *el acto de enajenación realizado no es quitado de en médio en su integridad, sino únicamente es declarado ineficaz en la medida em que perjudica al acreedor que ejercita la accion... aunque sea válido entre las partes.*[4]

O estado insolvente é requisito para configurar a ação pauliana, ainda que o seja por presunção, diante do desconhecimento pelo credor de bens que sejam suficientes a garantir as dívidas do devedor. Tratando-se de fato negativo e de difícil prova, é aceita a afirmação do credor diante de seu desconhecimento de que existam outros bens livres e desembaraçados disponíveis, restando ao réu, se for o caso, para elidir a alegação de insolvência, provar que esta não existe. Quer dizer, para afastar a presunção de insolvência, o ônus da prova é do devedor, incumbência que não apresenta dificuldade para ser realizada. Quem tem sabe que tem, e facilmente pode provar.

A dívida deve ser anterior à data da alienação, ou seja, importa o patrimônio como garantia, assim considerado, na data em que o ato ou fato originou a obrigação. É garantia potencial, representada pelo patrimônio, no momento em que o sujeito tornou-se devedor. Dessa forma, os bens alienados, antes da existência da dívida, não fazem parte da garantia, não podem ser tidos como realizados em fraude contra credores. A regra vale, mas pode ser excepcionada em alguns casos, quando, por exemplo, o devedor aliena seu patrimônio concomitantemente à ultimação do negócio em que assume a obrigação.

Na transmissão gratuita, a fraude contra credores é presumida diante da insolvência do devedor, conforme prescrição no Código Civil brasileiro, art. 165, com seu correspondente no Código de 1916, art. 113. A disposição gratuita causa lesão aos credores, que vêem, na subtração do bem do patrimônio do devedor, a frustração da garantia natural de seus créditos. Nesse caso, o terceiro beneficiário não sofre prejuízo, porque recebeu sem ônus.

Segundo conceito de *Marcos Bernardes de Mello*, a fraude contra credores é "todo ato de disposição e oneração de bens, créditos e direitos, a título gratuito ou oneroso, praticado por devedor insolvente ou por ele tornado insolvente, que acarrete redução de seu patrimônio, em prejuízo do credor preexistente".[5]

O prejuízo é o principal requisito da fraude contra credores. Esse ocorre em face do estado insolvente do devedor, em cujo patrimônio não se encontram suficientes bens para satisfação da sua obrigação junto aos credores. — *l'eventus damni* —, *ossia un pregiudizio per il creditore, consistente nel fatto che, come conseguenza dell'atto di disposizione compiuto, il patrimonio del divenga insufficiente a soddisfare i creditori.*[6]

---

(4) Cf. Emilio Betti, *Teoría General de las Obligaciones*, t. II, Madrid: Ed. Rev. Derecho Privado, 1970, p. 408.

(5) *Teoria do Fato Jurídico*, p. 163.

(6) Cf. Andrea Torrente e Piero Schlesinger, *Manuale di Diritto Privato*, p. 461.

A fraude contra credores deve ser objeto de ação própria com instrução adequada, não podendo ser argüida em simples contestação ou em incidente dentro de outro processo.[7] Do julgamento da ação será proferida sentença. O instituto da fraude contra credores é tema que se oferece a largo exame e a profundas meditações, o que refoge do objetivo do presente estudo. A sintética apresentação que aqui se faz tem o fito de situar a questão, visando ao tema principal que se analisa: fraude de execução. Nesse diapasão, serão analisados os pontos convergentes ou divergentes entre os institutos.

3.1.1. Identidade entre os institutos

Embora a fraude à execução seja de natureza distinta da fraude contra credores e objetive, precipuamente, a manutenção da tutela jurisdicional do ponto de vista do credor, pode-se dizer que existe forte identidade entre os objetivos privados a serem alcançados pelos institutos. Ambos visam, em última análise, à satisfação do credor, seja na execução, seja na ação própria. Na execução, o credor busca a satisfação de seu crédito através do Estado. Na ação pauliana, o credor visa a provar a fraude para, com isto, garantir a satisfação de seu crédito na execução que virá depois. Em ambas as modalidades, o devedor alienante visa a livrar seu patrimônio da garantia que este representa ao credor para a satisfação do crédito. Contudo, embora se diga que há a intenção do devedor em subtrair os bens, o elemento volitivo, vontade de fraudar, não é requisito para configurar ambas as fraudes.

A fraude contra credores, assim como a fraude à execução, pressupõe a preexistência de credores, ou seja, o estado de insolvência do devedor no momento da transferência do bem ou decorrente dela, o prejuízo causado — *o eventus damni* — ao credor, seja pela alienação, oneração ou mesmo pela transferência, realizada a título gratuito, livrando o bem ou o direito da constrição.

A fraude de execução, segundo *Yussef Cahali*, é um estatuto jurídico autônomo, entretanto, afirma o autor, o estudo da fraude de execução para se ter como completo deve abranger os contornos com a fraude contra credores, pois existe conexão entre as duas espécies de fraude. Embora "institutos de características inconfundíveis, ontológica e historicamente, a fraude à execução representa um aspecto da fraude contra credores".[8]

Para *Lafayette*, a fraude de execução "não é senão a própria ação pauliana exercida diretamente, por via de penhora, independentemente do processo ordinário".[9] Como acentuado, a fraude à execução seria uma forma indireta de aplicação da fraude contra credores. Nessa, a fraude ocorre na esfera do direito privado, naquela, além da ofensa ao direito do credor, há outra ofensa mais grave contra o Estado, porquanto acontece

(7) Cumpre registrar a existência de entendimentos contrários quanto à admissibilidade de alegação de fraude contra credores na defesa, contra embargos de terceiro o tema será tratado no capítulo 9º do presente texto.

(8) *Fraudes contra credores*, pp. 97-105.

(9) Rodrigues Pereira Lafayete, *Direito das Coisas*, 6. ed., Rio de Janeiro: Freitas Bastos, 1956, p. 213.

quando a tutela jurisdicional já está sendo prestada. Nessa linha, ensina *Enrico Tullio Liebman*, "a fraude de execução é um dos casos de fraude contra credores, com aspectos mais graves".(10)

Conforme *Pontes de Miranda*,(11) a fraude à execução exige requisitos que, por vezes, podem coincidir com os pressupostos exigidos para a fraude contra credores e que está prevista no Código Civil. Por sua vez, *Yussef Cahali*, com muita propriedade, afirma que a fraude à execução representa uma especialização da fraude contra credores. Ambas originam-se e evoluem com o fito de proteger o credor das medidas fraudulentas do devedor. As duas visam a conservar o patrimônio para responder pelas dívidas de seu titular, para garantia e efetividade da execução.(12) Em semelhante acepção, sustenta *Mário Aguiar Moura* que nas duas ações há identidade de fundamento, qual seja: a lesão causada ao credor do alienante.(13) Com acerto, o autor, no aspecto de que ambas são lesivas aos credores, embora deva-se ressaltar que na fraude de execução o principal fundamento é a afronta ao poder estatal, a lesão ao credor é conseqüência do ato de disposição. Na fraude de execução, indiretamente, a norma protege o credor diretamente, visa a prevenir a afronta ao poder jurisdicional.

Para os que entendem seja o *consilium fraudis* elemento do tipo na fraude contra credores — consistindo na presença do elemento volitivo do terceiro, em conjunto com o devedor, com a intenção(14) de frustrar a pretensão dos credores do alienante —, seria esta uma diferença entre os institutos, porque não é relevante na fraude à execução. Todavia, há autores, como *Yussef Said Cahali*,(15) que atribuem a ambas as espécies de fraude a presença do *consilium fraudis* para configurar a fraude. Cumprindo ressaltar que o citado autor se refere à eventualidade do *consilium fraudis* em ambos os institutos não como requisito ou pressuposto, mas como presença ínsita às fraudes. De fato, o *consilium fraudis* só pode ser tido como subjacente ao ato de disposição, especialmente, quando ciente as partes do prejuízo que advirá da alienação procedida. Contudo, a intenção de fraudar, não sendo elemento essencial, torna despicienda sua análise, para efeito de prova, nas fraudes em comento.

Exigindo a presença do prejuízo, a regra está a garantir os direitos do devedor, o qual, *a priori*, pode livremente dispor de seus bens. Assim, somente causando prejuízo ao credor é que se pode falar em fraude, seja na execução, seja antes desta. Sendo, então, o estado de insolvência o pressuposto inarredável, comum para ambas as modalidades de fraude.

A ação que visa a provar a existência de fraude contra credores, a princípio, buscaria a anulabilidade do ato,(16) segundo previsão contida no antigo Código e renovada

---

(10) *Processo de Execução*, p. 173.

(11) Pontes de Miranda; Francisco Cavalcanti, *Comentários ao Código de Processo Civil*, t. XII, Rio de Janeiro: Forense, 1977, p. 428.

(12) *Fraudes contra credores*, p. 89.

(13) "Fraude de execução pela insolvência do devedor", pp. 12-61.

(14) Nesse sentido, Marcos Bernardes de Mello, *Teoria do Fato Jurídico*, p. 165.

(15) Vide *Fraudes contra credores*, p. 457.

(16) Cf. Alfredo Buzaid, *Do Concurso de Credores*, ..., p. 275.

no novo Código Civil brasileiro, no que é expresso, *ex vi* do arts. 158 e 159, com texto idêntico nos arts. 106 e 107 do Código de 1916. Todavia, a doutrina e a jurisprudência inclinam-se a reconhecer que, apesar do texto legal também na pauliana, o que resulta é a ineficácia ou inoponibilidade do ato diante do credor. Nessa linha, assinala *Alvino Lima*: "a sentença que julga provada a fraude na execução, tem o mesmo efeito da proferida na ação pauliana: proclamar a ineficácia do ato fraudulento".(17) Em que pese discordar-se de que se trate de sentença a decisão que reconhece a fraude na execução, a menção é feita com o fito de ressaltar que a decisão, proferida em ambas as fraudes, resulta em ineficácia do ato, para efeitos da execução do crédito. *Nessa senda*, decisões dos tribunais. Transcrevem-se alguns exemplos: "Ação pauliana — Aplicação dos arts. 106 e 147,(18) inciso II ambos do Código Civil — Hipótese de declaração de ineficácia do ato, com relação ao credor, e, não, de anulação";(19) "impõe-se a procedência da revogatória, tornando ineficaz o ato fraudulento frente ao credor";(20) "fraude a credores — a declaração de nulidade do ato é bem mais abrangente que a declaração de ineficácia, na Ação Pauliana ou ação objetivando a declaração de fraude contra credores a que alude o art. 106 do Código Civil brasileiro, ainda que se exija ação própria, somente o credor preterido é que tem legitimidade para pleitear a proclamação judicial e a declaração aproveita somente alguns credores".(21)

Yussef Cahali também, expressa nesse sentido, quando diz "em um, como no outro caso, a sentença nada desconstitui, simplesmente, declara a ineficácia do ato de alienação em fraude à execução, como em fraude contra credores, de modo a permitir que os bens, ainda que assim alienados a terceiros, respondam pelas dívidas do alienante."(22) Como se verifica, o citado autor discorda de *Pontes de Miranda*,(23) quando este destaca as diferenças dos institutos pelo resultado da anulabilidade do ato, na fraude contra credores e da ineficácia existente no ato da fraude à execução. Aferindo à primeira o caráter desconstitutivo e à segunda o caráter declaratório.

Em que pese a prescrição no Direito Civil, referindo, expressamente, à anulabilidade do ato realizado em fraude contra credores, é forçoso reconhecer que tem razão boa parte da doutrina e da jurisprudência ao reconhecerem, interativamente, tratar-se de ineficácia do ato. Essa acepção não é novidade, inclusive, no Direito italiano,(24) berço da ação revocatória; é esse o entendimento corrente. Nesta senda, traz-se a lume as

---

(17) *A Fraude no Direito Civil*, p. 275.

(18) O julgado refere-se ao Código Civil de 1916, os art. s citados correspondem aos art. s 158 e 171 do novo Código Civil.

(19) TJSP, 7ª Câmara de Direito Privado, Apelação Cível n. 65.268-4, Rel. Des. Zélia Maria Antunes Alves, j. 10.02.1999. Vide *in site* <www.tj.sp. gov.br>, Acesso em 16.07.03.

(20) TJRS, 2ª Câmara Especial Cível, Apelação Cível n. 599444916, Rel. Des. Matilde Chabar Maia, j. 30.03.2000. Vide *in site* <www.tj.rs.gov.br>, acesso em 18.07.03.

(21) TJRS, 6ª Câmara Cível, Apelação Cível n. 597135896, Rel. Des. Décio Antônio Erpen, j. 03.12.1998, DJ 14.12.98. [*Site* e d. cit.]

(22) Yussef Said Cahali, *Fraudes contra credores*, p. 106.

(23) Pontes de Miranda, Francisco Cavalcanti, *Comentários ao Código de Processo Civil*, t. IX, 3. ed., Rio de Janeiro: Forense, 1997, p. 463.

(24) Nesse sentido, Andrea Torrente e Piero Schlesinger, *Manuale di Diritto Privato*, pp. 282 e 460.

palavras de *Maierini*: *La revoca adunque non há che un´efficacia relativa, essendo limitata, sia dalla qualitá delle persone contro le quali può ottenersi, sia dalla misura del pregiudizio derivante dall'atto fraudolento.*[25] Em que pese dissensões doutrinárias, a jurisprudência reconhece que a sentença, procedente da ação pauliana, não anula e sim afasta a eficácia do ato de disposição em proveito dos credores. Dessa forma, a exclusão da eficácia dos atos realizados em fraude contra credores e da fraude de execução são comuns a ambos os institutos.

Para melhor ilustrar o pensamento exposto, pense-se na hipótese em que a dívida é de valor inferior ao bem alienado, objetivado pelo credor. Se o negócio jurídico realizado entre o devedor e terceiro fosse anulado, o bem voltaria ao acervo do devedor. Nesse caso, quando da venda judicial do bem, o valor que superasse a dívida teria que ser entregue ao devedor. Ao terceiro caberia apenas a ação de indenização ou restituição, conforme o caso, o que significaria condená-lo, de plano, a absorver os prejuízos, uma vez que o devedor-alienante, como se sabe, encontra-se insolvente, portanto, não possui bens para satisfação executiva do terceiro prejudicado. Esses argumentos são suficientes para afastar a tese de anulação, uma vez que o resultado obtido é inaceitável pelo bom Direito, porém outros argumentos existem. Pense-se, agora, num caso em que o devedor alienou um lote de dez terrenos e a dívida do credor equivale somente a cinco lotes. É evidente que, nesse caso, o devedor só poderá alegar a fraude contra credores relativamente à venda de cinco lotes. Os demais lotes permanecerão incólumes, com o terceiro. Ora, se é assim, nada justifica que, no primeiro caso, a alienação de todo o bem seja anulada. E, como não existe possibilidade de anulação parcial da venda do bem, outra solução jurídica não há, a não ser aceitar-se a tese de que se trata de ineficácia e não de anulação. Na verdade, pode-se dizer que a ineficácia relativa equivale a uma anulação parcial, porque, sem anular o negócio realizado, atinge os objetivos que seriam alcançados se fosse possível uma anulação parcial de um negócio jurídico.

Outro argumento relevante contra a tese de anulação da alienação no caso de fraude contra credores é o de que, embora conste expressamente no Código Civil o termo *anulação*, esse termo, assim como outros, não pode ser interpretado de forma literal e isolada. Como exemplo, veja-se a expressão: *concurso de credores* contida no art. 161. Como é cediço, o concurso de credores ocorre nos casos de processo de insolvência civil. No entanto, não se cogita de se exigir o processo de insolvência civil para ser declarada a fraude contra credores, nem se restringe os casos de fraude a pessoas físicas ou a específicas espécies de sociedades civis, destinatárias dos processos de insolvência civil. Outro exemplo bastante ilustrativo refere-se aos termos: *credores quirografários*, constantes dos arts. 159 e 162 do Código Civil. Usando-se a interpretação literal e isolada do sistema normativo, tem-se que a fraude contra credores só poderia ser alegada por credores quirografários. Assim, os credores que gozassem de privilégios ou preferências não poderiam ser autores da ação. Por exemplo, os credores tributários, os credores trabalhistas, os credores por alimentos. Evidentemente a tese é absurda. Logo, aqui, como em todo o Direito, não é a interpretação literal e isolada que deve ser aplicada.

(25) Cf. Angelo Maierini, *Della Revoca Degli Atti Fraudolenti*, 4. ed., Firenze: Casa editrice libraria Fratelli Commeli, 1912, p. 378.

Por outro lado, há mais um forte argumento contra a tese de anulação do negócio jurídico: a partir do momento em que o credor é satisfeito com parte do bem alienado, o estado de insolvência deixa de existir. Portanto, o que excede à dívida do devedor para com o credor não se enquadra na exigência legal para ser reconhecida como fraude porque aí, então, o devedor nada mais deve. Ora, se o devedor nada mais deve, pode alienar para quem quiser e o Estado não tem poderes para desfazer o negócio jurídico realizado, que é válido para todos os efeitos. Portanto, eventual saldo pertence ao terceiro adquirente do bem. Não se olvide que a previsão legal de fraude contra credores está inserida no Código Civil, no Capítulo IV, em que trata dos defeitos do negócio jurídico, e não no Capítulo V, em que trata da invalidade do negócio jurídico. De efeito, o negócio jurídico realizado entre o devedor e o terceiro é válido para todos os efeitos, só não produz efeitos contra o credor fraudado. Isto é, a ineficácia do negócio realizado alcança na medida suficiente para a satisfação do crédito do credor. É só até essa medida que o Estado está autorizado a interferir. Destarte, no momento em que o credor é satisfeito, não existe mais subtração à garantia patrimonial, não existe mais o prejuízo do credor. Portanto, o ato jurídico realizado entre o devedor e o terceiro não integra mais a *fattispecie*, o devedor não é mais insolvente. A fraude é descaracterizada, deixa de existir razão jurídica para interferência judicial no patrimônio do devedor. Daí por que se trata de ineficácia relativa e não de anulação do negócio jurídico. Entendimento contrário promoveria o enriquecimento sem causa do devedor,(26) em detrimento do terceiro adquirente do bem.

Nesse diapasão, a ineficácia relativa verifica-se em ambas as fraudes. Destarte o resultado obtido com a venda do bem em hasta pública seja direcionado ao credor, até o limite do seu crédito, havendo saldo, este reverterá ao terceiro adquirente e não ao devedor ou aos demais credores que não hajam participado da ação. Interpretação contrária significaria beneficiar o devedor fraudulento, em prejuízo do terceiro adquirente do bem, inclusive aquele de boa-fé e a título oneroso. O princípio que veda ao agente aproveitar-se do resultado de seu ato torpe autoriza o intérprete a coibir esse resultado ignóbil. O critério que admite a ineficácia relativa dos atos de disposição, direcionando os resultados aos credores e, por fim, ao terceiro adquirente, para os atos realizados em fraude contra credores, é antigo, assim já ensinava *Maierini*, *in verbis*: *Ora, il mezzo più semplice e più sicuro per determinare il contenuto di questa riparazione, consiste nel ristabilire le cose nella stessa situazione, in cui si sarebbero trovate, se l'atto fraudolento non fosse stato posto in essere, se la diminuzione del patrimonio del fraudator non fosse avvenuta.* E, justifica o autor, o restabelecimento das coisas no estado *prístino não* deriva de vício inerente ao ato fraudulento, porque, se assim fosse, o ato perderia a eficácia jurídica, mas é apenas um efeito da obrigação atribuída àqueles que participaram do ato de ressarcir aos credores todo o prejuízo sofrido em conseqüência da fraude. Essa explicação é oferecida para se compreender que o ato de disposição deve continuar a existir a despeito do fraudador e dos credores não fraudados.(27)

(26) A respeito do tema veja-se Cledi F. Manica Moscon, *O enriquecimento sem causa e o Novo Código Civil Brasileiro*, Porto Alegre: Ed. Síntese, 2003.

(27) Angelo Maierini, *Della Revoca Degli Atti Fraudolenti*, p. 379.

Da mesma forma, o instituto da fraude de execução incide para atender, *na medida necessária, para reparar o prejuízo causado.* É o que se pode chamar de *ineficácia suficiente*, porque seus efeitos são estendidos, enquanto úteis, a sanar os efeitos nocivos causados pelo ato fraudulento.

3.1.2. Diferenças entre os institutos fraude de execução e fraude contra credores

A fraude de execução é presumida; a fraude contra credores deve ser provada. Exceção é feita nas transferências a título gratuito, quando opera a presunção em favor do credor, prescindindo de prova.

Na fraude prevista no Direito privado, evidencia-se a *scientia fraudis* na transmissão a título gratuito, por presunção; entretanto, na transferência onerosa, será necessário provar que o transmitente e o beneficiário tinham ciência do estado de insolvência do transmitente, conforme o art. 159 do novo Código Civil brasileiro. Na fraude processual, não há menção normativa prescrevendo a ciência da fraude ou do estado de insolvência, pelo adquirente, como elemento a integrar a *fattispecie.*

Assim, também, com relação ao elemento volitivo, na fraude à execução, não se há de perquirir se houve ou não o propósito fraudulento; as questões quanto à subjetividade das partes não são pressupostos, o que releva é o resultado do ato. Atendidos os demais pressupostos, o *consilium fraudis* não integra a *fattispecie.* Na fraude contra credores, há previsão legal somente para considerar se o terceiro adquirente sabia ou tinha condições de saber do estado de insolvência do devedor transmitente. O disposto no art. 159 do Código Civil brasileiro considera igualmente em fraude os contratos onerosos, realizados pelo devedor insolvente, quando a insolvência for notória ou houver motivo para ser conhecida do outro contraente. Então é possível concluir que, embora o *consilium fraudis* — *intenção de fraudar* — não seja elemento do tipo, a lei presume a subjetividade do terceiro envolvido na fraude quando exige, para ter como fraude nas transferências onerosas, a ciência do terceiro — *scientia fraudis.* Isto ocorre quando o art. 159 refere o estado notório de insolvência ou quando houver motivos para ser conhecida a insolvência do transmitente pelo contratante. Logo, a lei considera essencial o fato de ser o estado de insolvência notório, equivale dizer, de conhecimento geral, ou, quando existem motivos para que seja conhecido pelo terceiro o estado de insolvência do devedor-alienante, portanto, quando houver motivos para se concluir que o terceiro poderia saber do estado de insolvência do devedor. Se o terceiro sabe, porque é notório o estado de insolvência, ou se tem condições de saber e, mesmo assim, pratica o ato, está, na verdade, configurada a prática em conjunto com o devedor. Nesse ponto, a ciência dos fatos entre as partes dá suporte, no mínimo, para a configuração do *concilium.*(28) Não obstante o afirmado, conforme já se viu

(28) O termo *concilium*, derivado de reunião, assembléia, é aqui utilizado significando a participação consciente do terceiro adquirente com o devedor alienante, sem que exista a *intenção* específica e consciente de fraudar. Isto é, as partes têm ciência do estado de insolvência do alienante e mesmo assim praticam o ato. Porém, o que os motiva a agir não é o elemento volitivo: intenção de fraudar.

antes, há autores que entendem que o ato praticado com conhecimento do prejuízo que causaria a credores, pelo estado de insolvência do devedor, se traduz em intenção de fraudar.[29] Essa intenção estaria ínsita ao ato consciente. Isto é, integraria a ciência do ato, embora seu agente fosse movido por outras razões que não a vontade de fraudar, não devendo ser tido como distorção do significado de *consilium fraudis* (este termo significando intenção determinante, como vontade consciente no agir para fraudar). Esse entendimento, embora ainda encontre dissidentes, já era adotado há quase um século, conforme afirmava *Maierini*, "para considerar o requisito da fraude contra credores na pessoa do adquirente, deve haver a ciência da fraude. Não se requer que o terceiro tenha intenção de prejudicar os credores, *tale intenzione, non é necessaria nemmeno nel debitore, e sarebbe perciò assurdo l'esigerla nell'acquirente.* Basta que esse tenha conhecimento da fraude e tenha concorrido ao ato fraudulento". Explica o citado autor que *consilium fraudis*, pelo devedor, se resolve na consciência de que é devedor e de que o patrimônio é insuficiente para saldar as dívidas. A ciência da fraude, pelo adquirente, resultaria do conhecimento do estado de insolvência do devedor.[30]

Nessa linha, modernamente manifestam-se *Torrente* e *Schlesinger*. No *consilium fraudis, non occorre la specifica intenzione di nuocere (animus nocendi) da parte del debitore, ma basta che egli abbia la consapevolezza di nuocere ai creditori, ossia di divenire insolvente o di rendere più difficile ed incerta l'esecuzione a causa dell'atto posto in essere.*[31] O que releva para o Direito é o conhecimento do estado de insolvência, abstraindo-se de considerar o conluio das partes, persistindo no tópico a distinção entre as fraudes no que se refere à previsão legal, exigindo a ciência do terceiro, apenas nas alienações onerosas, na fraude civil. Nesse sentido, decisão judicial, ressaltando a distinção entre as fraudes de execução e contra credores. *In verbis:* "Em sede de julgamento de fraude à execução, a condição do credor mostra-se mais favorável, amparada em presunção absoluta, o mesmo não ocorrendo em sede de ação pauliana, em que a atividade do credor é mais difícil, pela prova que lhe cumpre fazer."[32] Noutro caso o Tribunal julgou procedente a ação porque o estado de insolvência do devedor poderia ser conhecido, uma vez que existia contra o mesmo títulos protestados. Transcreve-se: "Alienação ocorrida ao tempo em que a mesma apresentava títulos cambiais protestados. Insolvência caracterizada — desnecessidade da prova de que tenha havido adrede conluio entre a devedora e o terceiro adquirente, com o propósito de prejudicar credores da mesma, bastando que tenha ela, através de seus representantes legais, consciência de que o ato de transmissão do imóvel será prejudicial a eles. Sentença de procedência da lide mantida".[33] Em caso análogo, o Tribunal afastou a alegação de desconhecimento

(29) Nesse sentido, Yussef Said Cahali, *Fraudes contra credores*, p. 536.

(30) Angelo Maierini, *Della Revoca Degli Atti Fraudolenti*, pp. 191-192. Observe-se que o autor reconhece no *concilium* (união, conluio), a presença do *consilium* (propósito) de fraudar.

(31) Andrea Torrente e Piero Schlesinger, *Manuale di Diritto Privato*, p. 461.

(32) TJDFT 3ª Turma Cível, Agravo de Instrumento n. AGI834797/DF (101024), Rel. Wellington Medeiros, DJ 04.02.98, p. 56.

(33) TAPR 5ª Câmara Cível. Apelação Cível n. 131919900, Ac.: 10427, Rel. Juiz Duarte Medeiros, DJ 24.03.00, V. *site* <www.tj.pr.gov.br>, acesso em 16.07.03.

porque era evidente a ciência do adquirente, já que esse era o advogado do devedor. Transcreve-se: "Terceiro adquirente que, por tratar, exatamente, do advogado procurado para defender o devedor, não poderia invocar desconhecimento da sua situação. Circunstâncias do caso, outrossim, a indicar insolvência, cometendo ao terceiro a contraprova, não produzida."(34)

O dispositivo civil protege o credor quando prescreve a solução, diante da possibilidade latente de o terceiro envolvido na fraude vir a alegar desconhecimento do estado de insolvência do transmitente. Assim, se o desconhecia, mas poderia conhecê-lo, é inoponível esse fato como defesa. Naturalmente, a possibilidade de se ter conhecimento da insolvência é fato passível de inúmeras discussões; inclusive, nesse sentido, os tribunais têm aceitado, como defesa a favor do terceiro, quando este prova que realmente não sabia do estado de insolvência do devedor, embora, em tese, pudesse saber. No caso de fraude de execução, a norma processual não exige a ciência ou a intenção na participação do terceiro adquirente. Ocorrendo a alienação ou a oneração durante a constância de demanda, a lei presume a fraude. A possibilidade de admissão da prova de que a demanda e a insolvência do devedor sejam, ou não, do conhecimento do terceiro, na fraude de execução não decorre da norma, é, sim, construção doutrinária e jurisprudencial com base em outras normas e princípios, conforme mencionado, inclusive tratado com especificidade no item 5.5. do presente.

A principal diferença entre os dois institutos é o fato de que uma ocorre durante o processo, como *incidente processual regulado pelo Direito público,*(35) enquanto a outra se dá antes do ingresso da ação. A fraude à execução é tida como mais grave que a fraude contra credores, porque a ofensa é contra os ditames do direito de ordem pública; acontece depois do processo instaurado, enquanto a fraude contra credores ocorre na esfera privada, dirigida somente contra credores — *não prescinde da existência de demanda para ser reconhecida* —,(36) aí a ofensa não é dirigida ao Estado. Nessa linha, pacífica a jurisprudência. Transcreve-se decisão: "Não obstante a fraude de execução e a fraude contra credores tenham como ponto de convergência proteger o credor contra as artimanhas do devedor que busca esquivar-se do cumprimento da obrigação, são os dois institutos bem distintos. *A fraude de execução reclama reação mais vigorosa porque mais grave*, na medida em que, além de lesar o credor, ainda atenta contra o eficaz desenvolvimento da função jurisdicional. A fraude de execução é instituto de Direito processual, regido pelo Direito público é penalmente punível, dispensa a prova de má-fé e pressupõe ação em curso, e ciência pelo terceiro da existência da demanda demonstrada ou presumida pelo registro."(37) Com efeito, em que pese as semelhanças dos institutos, não há como conferir-lhes identidade absoluta.(38)

---

(34) TARS 6ª Câmara Cível, Apelação Cível n. 197050693, Rel. Marcelo Bandeira Pereira, j. 07.08.97, DJ 16.09.97. [*Site* e d.cit.] <www.tj.gov.br>, acesso em 16.07.03.

(35) Cf. Washingtom de Barros Monteiro, *Curso de Direito Civil, ... Parte Geral*, v. I, 29. ed., atual. São Paulo: Saraiva, 1990, v. I, p. 222.

(36) Cf. Washingtom de Barros Monteiro, p. 223.

(37) TJMG – AC 71.548, Rel. Juiz Sálvio de F. Teixeira, V. *in site* <www.tjmg.gov.br>, acesso em 21.07.03.

(38) Cf. Yussef Said Cahali, *Fraudes contra credores*, pp. 89-105.

Sintetizando, pode-se destacar as seguintes diferenças fundamentais entre os dois institutos: Quanto à natureza dos institutos; quanto ao momento da prática do ato; quanto ao elemento subjetivo; quanto à forma de impugnação; e, por último, quanto à natureza da decisão.[39]

Na fraude de execução, o instituto é de natureza processual e o interesse tutelado é de ordem pública, porquanto violado em função da execução processual. O Estado tem interesse na efetividade da execução "em nome de seu próprio prestígio e de sua própria autoridade",[40] enquanto a ação pauliana trata de direito material, visa ao ato jurídico, que causa lesão só aos interesses privados. No Código Civil, a previsão é de que o ato seja anulado. Esta questão será mais bem abordada no tópico relativo aos efeitos da decisão, porque, embora refira o Código Civil à anulabilidade do ato, trata-se de ineficácia. O que releva salientar aqui é a diferenciação dos institutos, sendo inegável o caráter de direito privado da fraude contra credores, previsto no Código Civil brasileiro, em contraponto ao caráter processual-público da fraude de execução.

A segunda distinção a ser realçada diz respeito ao momento da prática do ato em fraude. A alienação, em fraude à execução, se verifica quando a demanda condenatória de conhecimento, execução ou mesmo uma ação cautelar, já foi instaurada, ou seja, no curso de processo do credor contra o devedor, enquanto a fraude contra credores exige ação própria do credor contra o devedor. Enfim, não havendo litispendência, será o caso de fraude contra credores e não de fraude de execução. Nesse sentido, a jurisprudência é tranqüila, conforme assentos que se transcrevem: "Nos termos da orientação deste Tribunal, para que se configure a fraude de execução, não basta o ajuizamento da demanda, sendo necessária a citação válida. Transferidos bens após ajuizamento da causa, mas *antes da citação, admissível, em tese, a fraude contra credores*, a pressupor a demonstração da má-fé e a reclamar ação própria(revocatória/pauliana)";[41] "se, quando da alienação do imóvel, inexistia ação ajuizada, *não há que se falar em fraude à execução. Somente pode alegar fraude contra credores* quem já o era ao tempo da alienação" (grifos nossos).[42]

No caso da fraude contra credores, também ocorre a presunção de fraude, afastando a necessidade de provas no sentido de demonstrar a participação do terceiro, quando a transferência do bem é feita a título gratuito ou na remissão de dívida. Restando necessária a produção de provas da *scientia fraudis*, somente nos casos de fraude contra credores por disposição de bens a título oneroso.

No que se refere à forma de impugnação do ato fraudulento, no caso de fraude à execução, a penhora poderá ser procedida sobre os bens que foram objeto de transferência a terceiro, como se inexistisse a transferência, independentemente de ação prévia para

(39) Nessa linha, Yussef Said Cahali, *Fraudes contra credores*, pp. 92-105.

(40) Cf. Mendonça Lima, *Comentários ao Código de Processo Civil*, p. 495.

(41) STJ, 4ª Turma, Recurso Especial, n. 268259, Rel. Min. Sálvio de Figueiredo Teixeira, DJU 11.12.00, p. 211.

(42) STJ, 1ª Turma, Recurso Especial, n. 257954, Rel. Min. Garcia Vieira, DJU 04.09.02, p. 132.

desconstituir o ato ou declará-lo anulado, podendo, inclusive, ser declarado ineficaz, de ofício. Entretanto, "a recíproca não é verdadeira".[43] Não é possível reconhecer e declarar a fraude contra credores quando a alegação é somente de fraude à execução; sendo assim, há impossibilidade de ser apreciada de ofício a fraude contra credores. O impedimento se dá porque a ação pauliana deve ser instaurada como processo de conhecimento, atendidas todas as suas condições, inclusive de instrução do processo, não como incidente na execução, como ocorre com a fraude de execução. Evidentemente, só cabem embargos de terceiro na fraude à execução, nunca na fraude contra credores, porque aquela trata de processo executivo, e esta, de ação autônoma de conhecimento.

A natureza do ato, a princípio, diferenciada nos dois institutos como sendo ato anulável e ato ineficaz, é hoje mais tranqüila, no sentido de harmonizar entendimentos sobre os efeitos dos institutos. Conforme se verifica na Jurisprudência e na Doutrina, na fraude contra credores, há também um juízo de ineficácia do ato relativamente ao credor prejudicado, à semelhança do que ocorre na fraude de execução. Nessa linha, a título de exemplo, decisão do STJ: "De qualquer sorte, admitindo-se a hipótese à fraude contra credores, *como de ineficácia, essa, ao contrário do que sucede com a fraude de execução, não é originária*, demandando ação constitutiva que lhe retire *a eficácia*. A fraude à execução só se caracteriza quando existe uma lide pendente e, para que isso ocorra, mister a citação. O simples ajuizamento da ação não induz a litispendência."[44] (grifo nosso)

Conforme *Mário Aguiar Moura*,[45] a sentença, na fraude contra credores, é constitutiva negativa, desconstitui o ato declarado ineficaz, gerando efeitos aos credores em geral, enquanto na fraude à execução, a decisão é declaratória e opera *ex tunc*, aproveitando somente ao credor da execução. Já, *Yussef Cahali*,[46] diferentemente, diz que, em ambas, o provimento judicial é de ineficácia com natureza declaratória e, em ambos os casos, geram efeito *ex tunc*. Segundo o citado autor, a sentença da ação pauliana não é desconstitutiva do ato fraudulento, remanesce o vínculo entre as partes devedor-credor-terceiro, e os efeitos permanecem, se, eventualmente, for satisfeito o crédito de outra forma, que não seja através dos bens, objeto da ação pauliana, o vínculo se desfaz e o negócio jurídico se mantém.

Os meios são distintos, num a ineficácia é declarada através de ato que aprecia, incidentalmente, a fraude de execução, noutro, através da ação revocatória ou, pauliana. Contudo, o objetivo buscado é o mesmo, qual seja, a garantia de cumprimento da obrigação. Nessa linha, *Yussef Cahali* afirma que o *remedium iuris* é que difere, pois, na fraude à execução, a fraude pode ser reconhecida incidentalmente ou mesmo declarada de ofício, enquanto na fraude contra credores, a ação corre à parte, em ação própria.

(43) Cf. Yussef Said Cahali, *Fraudes contra credores*, p. 106.

(44) STJ, 3ª Turma, Recurso Especial n. 122523/SP, Rel. Eduardo Ribeiro, DJU 08.03.99, p. 217.

(45) "Fraude de Execução", *Revista Ajuris*, ob. cit., pp. 12-67.

(46) *Fraudes contra credores*, p. 100.

Na primeira, o credor é amparado pela presunção legal, encontra-se, assim, numa posição processual mais confortável, pois está sob tutela judicial, enquanto, na segunda, deve provar a malícia da parte, sua posição é menos cômoda.[47]

3.2. Fraude contra a execução universal

3.2.1. Execução Coletiva[48]

O processo de insolvência aplica-se a pessoas físicas e a sociedades civis. Com a declaração de insolvência, abre-se o concurso universal de credores. O pressuposto geral para a insolvência é a existência de dívidas que excedam o valor dos bens[49] do devedor, *ex vi* do art. 748 do Código de Processo Civil.

Sendo o devedor comerciante individual ou sociedade empresarial,[50] assim constituídas ou equiparadas por lei,[51] a execução reger-se-á precipuamente pela Lei de Falência n. 11.101 de 09.02.05. No caso de o insolvente ser pessoa física ou sociedade simples,[52] não se lhes aplica a lei falencial, submetem-se ao concurso universal de credores, regrados pelas leis processuais.

A execução universal do processo civil identifica-se em muitos pontos com o processo de falência. Nessa, arrecadam-se todos os bens e convocam-se todos os credores, nomeia-se um administrador e promove-se a habilitação de todos os credores, leiloam-se os bens etc. O devedor civil insolvente recebe uma grande vantagem que antes só o comerciante falido tinha: a redução do prazo para extinção das obrigações remanescentes.[53] "É, em última instância, a falência do devedor civil."[54]

Da mesma forma que na execução singular, o estado de insolvência, na execução universal, se verifica quando o passivo for superior ao ativo, sendo o ativo composto de todos os bens e direitos existentes no patrimônio do devedor. Incluem-se no ativo as disponibilidades em moeda nacional ou estrangeira, em mãos ou em depósitos

---

(47) *Fraudes contra credores*, p. 103.

(48) Execução coletiva é aqui usada para designar aquela em que participa o universo de credores, universalizando-se a execução para efeitos de concurso de créditos.

(49) Cf. Julgados *RT*, ano 64, v. 479, São Paulo, setembro, 1975, p. 123; *RT*, ano 72, v. 570, abril 1983, São Paulo, p. 78; RT ano 73, v. 588, São Paulo, outubro, 1984, p. 192. Entre outros: "Se o devedor não tem bens a serem penhorados, é incabível a decretação de sua insolvência, mesmo porque esta não tem o caráter de penalidade contra o devedor". *RT*, ano 74, v. 601, São Paulo, novembro, 1985, p. 58. As razões esposadas no *decisum* são discutíveis, porque a insolvência civil marca termo prescricional para as obrigações, podendo resultar em benefício para o devedor. Todavia, o exemplo é aqui registrado visando o aspecto em que trata de caso de insolvência plena.

(50) Para os efeitos da Lei de Falência, n. 11.101/05, só os empresários e sociedades empresárias podem falir. Pela antiga Lei de falências, de n. 7.661/66, só o comerciante e a sociedade comercial poderiam falir. Com a revogação do Código Comercial a matéria passou a ser disciplinada pelo Código Civil brasileiro de 2002.

(51) *Vide* Rubens Requião, "Curso de Direito Falimentar", V J 15. ed. atual. São Paulo: Saraiva, p. 40.

(52) Considera-se aqui as sociedades simples, conforme prescritas no CCB de 2002.

(53) Cf. Alfredo Buzaid, *Do concurso de credores no processo de execução*, p. 210.

(54) Cf. Cândido Dinamarco, *Execução Civil*, p. 354.

bancários; os direitos líquidos relativos a aplicações financeiras, nestes considera-se o valor da aplicação mais os rendimentos ou os prejuízos das aplicações; os direitos de créditos que o devedor tenha com terceiros; bens móveis e imóveis. O que releva salientar é que tudo que exista no patrimônio do devedor, que seja passível de valoração econômica-financeira, deverá entrar na conta para se verificar a possibilidade de satisfação dos direitos dos credores e não só os bens, como pode alguém ser levado a pensar, pela rápida leitura do art. 748 do Código de Processo Civil. Enfim, o ativo engloba todo o patrimônio do devedor. Entretanto, para efeitos de verificação do estado de insolvência, deverão ser excluídos da conta os bens impenhoráveis. Por exemplo, o imóvel residencial e os bens móveis que o guarnecem de acordo com a proteção conferida pela Lei n. 8009/90.(55)

O passivo, da mesma forma que o ativo, é composto de todos os bens e direitos constantes do patrimônio do devedor com a diferença elementar de que esses bens e direitos pertençam a terceiros. Isto é, o acervo negativo. Tudo o que o devedor adquiriu sem pagar, consumiu sem ter, ou, de qualquer forma, se comprometeu com terceiros. No passivo, ingressará toda a obrigação exigível capaz de ser valorada econômica e financeiramente, de responsabilidade do devedor. Insolvência, em suma, "é o estado patrimonial consistente em desequilíbrio econômico-financeiro, sendo o ativo insuficiente para responder por todo o passivo do devedor".(56)

Necessariamente não é preciso que as dívidas estejam vencidas para habilitação no processo de insolvência, a declaração de insolvência produz o vencimento antecipado de todas as dívidas. A insolvência pode ser presumida, se o devedor não possuir outros bens para nomear à penhora ou se forem arrestados os bens do devedor nos termos do art. 813 do Código de Processo Civil. "O ônus da prova da insolvência do devedor cabe normalmente ao credor, pois se trata de fato constitutivo do direito por ele alegado como fundamento do pedido".(57) Segundo *Leonardo Greco*: A sentença que declara a insolvência não põe fim ao processo.(58)

Com a insolvência, todos os bens passíveis de penhora,(59) pertencentes ao devedor, são arrecadados. A execução será feita pelo concurso universal de credores. Os bens

---

(55) A Lei n. 8009/90 dispõe sobre a impenhorabilidade dos bens de família:

Art. 1º. O imóvel residencial próprio do casal, ou da entidade familiar, é impenhorável e não responderá por qualquer tipo de dívida civil, comercial, fiscal, previdenciária ou de outra natureza, contraída pelos cônjuges ou pelos pais ou filhos que sejam seus proprietários e nele residam, salvo nas hipóteses previstas nesta lei.

Parágrafo único. A impenhorabilidade compreende o imóvel sobre o qual se assentam a construção, as plantações, as benfeitorias de qualquer natureza e todos os equipamentos, inclusive os de uso profissional, ou móveis que guarnecem a casa, desde que quitados.

Art. 2º. Excluem-se da impenhorabilidade os veículos de transporte, obras de arte e adornos suntuosos.

Parágrafo único. No caso de imóvel locado, a impenhorabilidade aplica-se aos bens móveis quitados que guarneçam a residência e que sejam de propriedade do locatário, observado o disposto neste artigo.

Há exceções à regra da impenhorabilidade, as quais foram listadas nos diversos incisos do art. 3º da referida lei.

(56) Cf. Cândido Dinamarco, *Execução Civil*, p. 352.

(57) Veja-se em *O processo de Execução*, v. II, Rio de Janeiro: Renovar, p. 564.

(58) Nesse mesmo sentido, Cândido Dinamarco, *Fundamentos do Processo Civil Moderno*, v. I, 5. ed., São Paulo: Malheiros, 2000, p. 224; Humberto Theodoro Júnior, *Insolvência Civil*, Rio de Janeiro: Forense, 1980, p. 33.

(59) Do texto legal infere-se que os bens impenhoráveis não farão parte da massa, o que é certo, visto que os mesmos são protegidos pela norma.

impenhoráveis não serão arrecadados ao juízo da insolvência. A conseqüência imediata do trânsito em julgado da declaração de insolvência é o fato de o devedor perder a administração e a disposição dos seus bens até a liquidação da massa.

Dispõe o Código de Processo Civil que a insolvência pode ser requerida por qualquer credor quirografário, pelo devedor, ou pelo inventariante do espólio do devedor.

O devedor pode requerer a declaração da própria insolvência, mas continuará como executado, conforme afirma *Buzaid*:[60] "provoca a execução coletiva mas não a dirige. Pede o reconhecimento de seu estado de insolvência a fim de que os credores compareçam e deduzam seus direitos". Então, embora provocada pelo devedor, a execução coletiva terá como sujeito ativo o credor ou os credores. Conforme *Araken de Assis*: "O devedor exerce o direito de ação, mas, uma vez atendida sua pretensão de ver declarada a insolvabilidade, assumem os credores a condição de exeqüentes no processo já então cumulativo".[61]

O concurso de credores é nomeado em caráter voluntário ou necessário. Será voluntário quando o promova o próprio devedor e será necessário quando formado por iniciativa de qualquer credor. A insolvência pode se dar por ação de credor singular, a condição é de que exista dívida superior ao patrimônio do devedor.[62]

"A declaração de insolvabilidade é pressuposto geral para a execução coletiva concursal".[63] Somente os credores quirografários podem requerer a declaração de insolvência do devedor — art. 753 inciso I do Código de Processo Civil. Quando o crédito "gozar de algum privilégio ou garantia real não terá o seu titular legitimidade para proceder na ação de insolvência".[64] Deverá o credor, nesse caso, promover a alienação do bem gravado ou exercer sua preferência sobre ele. "Existindo mais de um credor da mesma classe, a divisão se fará por rateio, conforme previsão do art. 1.562 do Código Civil, devendo ser proporcional ao crédito, *ex vi* do art. 1.561 do citado diploma. Destarte, somente os credores quirografários participam do concurso universal, os demais exercem seus direitos de garantia, de preferência ou de outro privilégio".[65]

O credor exeqüente pode requerer a insolvência do devedor ou pode a insolvência ser requerida por um credor que ainda não ingressou com a execução, desde que atendidos os pressupostos para insolvência.

Conforme disposto no art. 762, no juízo da insolvência concorrerão todos os credores do devedor comum. As execuções singulares em curso serão remetidas ao juízo da insolvência. Entretanto, a remessa das execuções individuais ao juízo da

---

(60) Alfredo Buzaid, *Do Concurso de Credores* ..., p. 208.

(61) *Manual do Processo de Execução*, p. 818.

(62) Cf. art. 1.554 do Código de Processo Civil.

(63) Cf. Araken de Assis, *Comentários ao Código de Processo Civil*, v. VI, Rio de Janeiro: Forense, 2000, p. 246.

(64) Cf. Ovídio A. Batista da Silva, *Curso de Processo Civil*, v. I, 2. ed., Porto Alegre: Fabris, 1991, p. 119.

(65) A respeito, veja-se Cledi de Fátima Manica Moscon, "Concurso de preferências e privilégios na execução", *Revista Forense*, v. 366, março-abril, São Paulo: Forense, 2003, p. 31.

insolvência não supre a necessidade de habilitação de cada credor através de petição própria,[66] excetuando-se o caso da Fazenda Pública. Depois de arrecadados os bens, será feita a classificação dos créditos habilitados e será proferida sentença sobre o quadro geral de credores.

Se, após a liquidação da massa, existirem saldos pendentes, o devedor insolvente continua com a obrigação. Qualquer bem que o devedor vier a adquirir no curso da liquidação, ou após, responderá pelo saldo devedor do insolvente. Os bens posteriormente adquiridos pelo devedor também serão arrecadados nos autos do processo de insolvência e considerados alienados a este. O resultado será distribuído entre os credores proporcionalmente aos seus créditos.

A natureza jurídica da decisão é declaratória. Da sentença declaratória de insolvabilidade, segue-se a própria execução concursal. Ressalte-se que diferentemente da execução, que é comum nesse caso, o estado de insolvência é apreciado pelo juízo e, somente após o reconhecimento da sentença declaratória, é que se seguirão os demais procedimentos. Ocorrendo impugnações, pelo exercício de ação incidental, inclusive alegações de fraude à execução, vinculadas ao processo de execução, será proferido julgamento sujeito à apelação.

Do quadro geral de credores organizado, conforme previsto no art. 771, poderão surgir reclamações quanto à ordem de preferência ou observação de privilégios. Após ouvir o contador, que é o organizador do quadro de credores, conforme determinado pelo art. 769, o juiz proferirá sentença, contra a qual é cabível o apelo. No julgamento do pedido de declaração de insolvência, os limites do julgamento deverão dizer da situação de insolvabilidade do devedor, capacidade e condições das partes.

No julgamento do incidente de impugnação do quadro geral de credores, os limites a serem observados dizem respeito a questões de nulidade, simulação, fraude, ou falsidade de dívidas em contratos, além de tratar das preferências, dos privilégios e da ordem dos créditos, sendo este organizado pelo contador que, a *priori*, deve conhecer a ordem. Não se olvide que o Código de Processo, em seu art. 769, remete a organização da ordem dos créditos à lei civil. Assim, é a lei civil que determinará as preferências e os privilégios, em especial, como dispõe o Código Civil brasileiro.

Além da preferência que se estabelece no caso de existência de mais de uma penhora sobre o mesmo bem, enquanto a execução é singular, deverão ser consideradas, mesmo na execução coletiva, as situações em que a preferência é conferida em razão de privilégio do crédito, seja por estar o bem gravado com garantia real, seja porque ao credor é conferido, por lei, algum privilégio, como, por exemplo, aos créditos tributários, aos créditos trabalhistas ou aos alimentares.[67]

Quando a Fazenda Pública é parte nas execuções fiscais, esta goza de privilégio absoluto e não participa de qualquer concurso de credores ou habilitação em falência,

(66) Nesse sentido, decisão do STJ, 4ª Turma, Recurso Especial, 45634-MG, Rel. Sálvio Figueiredo, DJU 23.08.97, p. 29133.

(67) Nesse sentido, veja-se Cledi de Fátima Manica Moscon, *Concurso de preferências...*, ob.cit., p. 34.

concordata, liquidação, inventário ou arrolamento, conforme disposto nos arts. 5º e 29 da Lei das Execuções Fiscais.

Entretanto, duas situações merecem destaque. A primeira, quando tratar-se de crédito mais privilegiado que o fiscal, como, por exemplo, o crédito trabalhista, nos limites estabelecidos em lei, *ex vi* dos arts. 186 e ss. do Código Tributário Nacional, combinado com os arts. 29/30 da Lei das Execuções Fiscais. Nesse caso, embora o art. 29 da Lei das Execuções Fiscais disponha que o concurso de preferências só se verificará entre as pessoas de Direito público, ocorre uma exceção, pois deverá ser observada a preferência do crédito trabalhista e, portanto, a Fazenda Pública terá, na prática, de sujeitar-se ao concurso de preferência.(68) O segundo destaque que se faz refere-se à coisa penhorada pela Fazenda Pública. Esta não será arrecadada para o concurso universal, nem mesmo em caso de falência, conforme a Súmula n. 44 do TFR. Esta posição é bastante privilegiada, pois os demais bens penhorados, em execução em andamento, serão arrecadados pela massa e farão parte do ativo a ser realizado. Assim, existe preferência da Fazenda com relação aos demais credores que concorrerão na massa. De qualquer forma, nem sempre isso resultará em vantagem, pois somente se a Fazenda Pública reservar crédito junto à massa,(69) para cobertura de eventuais saldos não satisfeitos na execução aparelhada, é que poderá buscar a integralidade ou a máxima satisfação possível dos créditos. Na prática, a Fazenda Pública, muitas vezes, não exerce seu direito de preferência junto à massa por estar com execução envolvendo penhora, contando que esta servirá para a satisfação integral do crédito ou por omissão ou por retardo na providência.

Existente crédito trabalhista, poderá ser efetivada a penhora do bem pertencente ao devedor insolvente, mesmo na existência de penhora na Fazenda Pública, de forma que o privilégio do crédito trabalhista seja observado. A penhora privilegiada atrairá a expropriação do bem para o juízo trabalhista ou para o juízo da falência, conforme o caso. Nesse sentido, pronuncia-se *Araken de Assis.*(70)

> "Os bens impenhoráveis, na insolvência, conservam a condição, continuam sendo impenhoráveis, a lei da impenhorabilidade é de ordem pública, trata-se de direito indisponível. Em que pese a defesa de que, ao indicar o bem, o devedor estaria renunciando o seu direito à impenhorabilidade, existem decisões(71) no sentido de que, nem mesmo quando o bem for indicado pelo próprio devedor, poderá ser penhorado, se isso acontecer, a penhora poderá ser nulificada a qualquer momento."(72)

Importa ressaltar que as normas que impedem a penhora, por vezes, o fazem estabelecendo uma verdadeira preferência do credor. Assim ocorre, por exemplo, na

---

(68) Nesse sentido, veja-se Araken de Assis, *Manual do Processo de Execução,* v. II, Porto Alegre: Lejur, 1987.

(69) Em que pese a previsão legal, tal procedimento, muitas vezes, não é observado pela Fazenda.

(70) *Comentários ao Código de Processo Civil,* p. 104.

(71) *Vide* Lex, JTASP, ano 32, maio-junho, 1988, v. 169, p. 190,

(72) Cf. Cledi de Fátima Manica Moscon, *Concurso de preferências* e..., ob. cit., p. 33.

impenhorabilidade do produto de espetáculos, mais precisamente na parcela reservada ao autor e aos artistas.[73] Vale dizer que o autor e os artistas, nesses casos, gozam de preferência quanto aos seus créditos, sobre qualquer outro credor. A ressalva é válida somente para as rendas de espetáculos, posto que a lei não trate da impenhorabilidade do direito autoral. Todavia, vale lembrar as palavras de *Bruno Hammes*, embora a lei não seja expressa quanto à impenhorabilidade do direito do autor, "dado o caráter especial do direito do autor, indissociável da pessoa, seria de se defender essa proibição".[74]

As questões de preferência e privilégios importam no concurso universal de credores, porque eventual alegação de fraude contra a execução por um credor fará que o reconhecimento da fraude, pelo juízo, retire a eficácia do negócio fraudulento e o bem sirva à execução. Nesse caso, em benefício dos credores, incluindo-se todos os que participam da execução universal. Mesmo assim, deverão ser observadas as preferências e os privilégios de cada um. O resultado disso é que nem sempre o credor que argüiu a fraude será diretamente beneficiado com o produto do bem arrecadado em face da argüição de fraude. Para tanto, basta que existam créditos com preferências e privilégios superiores ao seu e que absorvam todo o valor obtido com a alienação do bem transferido ou onerado em fraude.

O juízo competente para o concurso de credores, no caso de insolvência de devedor, é sempre do juiz de direito, conforme inciso I do art. 92 do Código de Processo Civil.[75] Não há prevenção do juízo da execução com penhora pioneira para o concurso universal de credores. O pedido de insolvência deve ser processado em autos apartados, mesmo quando requerida pelo credor, no foro do domicílio do devedor. Quando a insolvência for requerida pelo devedor ou pelo seu espólio, será dirigida ao juiz da Comarca em que o devedor tem o seu domicílio, *ex vi* do art. 760 do Código de Processo Civil. Ao juízo da insolvência serão remetidas as execuções individuais, conforme parágrafo único do art. 762 do Código de Processo Civil.

A intervenção da União e suas Autarquias, empresas públicas, em concurso de credores ou de preferência não desloca a competência da justiça estadual para a justiça federal,[76] conforme sumulado pelo TRF, Súmula n. 244. Da mesma forma, a intervenção da CEF, como credora hipotecária, não desloca a competência judicial.

3.2.2. Fraude na execução universal

Com a declaração de insolvência, o devedor perde o direito de livremente administrar e dispor de seu patrimônio. Este estado de indisponibilidade perdura até a finalização

(73) Veja-se art. 76 da Lei n. 9.610/98, que trata do Direito autoral.

(74) Bruno Jorge Hammes, *O Direito da propriedade intelectual*, 2. ed., São Leopoldo: Ed. Unisinos, 1998, p. 143.

(75) Nesse sentido: *Ao juízo universal da declaração de insolvência, é que correm as demais execuções, inexistindo qualquer prevenção do juízo em que se deu a primeira penhora*, *RT*, ano 72, v. 570, São Paulo, abril, 1983, p. 97.

(76) Nesse sentido, decisão do STJ, 2ª Sec, CC 1246, PR, Rel. Min. Sálvio de Figueiredo Teixeira, DJU 08.04.91, p. 3.863; *RTJ* v. 77, Brasília, julho, 1976, p. 15; *RTJ* v. 104, Brasília, maio, 1983, p. 513, *RTJ*, v. 119, Brasília, fevereiro, 1987, p. 609; *RTFR*, v. 125, Brasília, setembro, 1985, p. 33; *RTFR*, v.136, Brasília, agosto, 1986, p. 271 e *RTFR*, v.147, Brasília, julho, 1987, p. 75.

do processo, com o pagamento dos credores da massa. Enquanto correr o processo de insolvência, o patrimônio do devedor ficará a cargo de administrador nomeado pelo juiz. O Código de Processo Civil considera atentatório à dignidade da justiça a fraude à execução que foi provocada por ato do devedor. Nessa, inclui-se a fraude à execução coletiva, porque a lei dirige-se a toda fraude produzida pelo devedor que é contra a execução. Tanto faz, seja a execução singular ou a título universal.

Em sede de concurso de credores — execução coletiva — a norma processual faz referência expressa à fraude no art. 768 do Código de Processo Civil, quando determina a abertura de prazo para que os credores aleguem suas preferências, nulidade, simulação, fraude ou falsidade de dívidas e contratos.

A fraude alegada no processo de insolvência, com base no art. 768 do Código de Processo Civil, não prescinde de conhecimento com análise e produção de provas. Após o que o juiz proferirá sentença, "o que implicará em julgamento antecipado da lide, consoante o disposto no inciso I do art. 330".(77) A norma do § 1º do art. 772 do Código de Processo Civil prevê, inclusive, a realização de audiência de instrução e de julgamento para produção de prova oral, se necessário. Nesse caso, em face da previsão legal, é indiscutível a necessidade de instrução prévia para declaração de fraude.

Do exame da impugnação, pelo credor, fundada na existência de fraude, o juiz proferirá sentença, contra a qual cabível será o recurso de apelo. "O recurso será recebido em ambos os efeitos, desde que não se encarte entre as previsões do art. 520".(78)(79)

Após o trânsito em julgado da sentença que julga a impugnação, prosseguirá a execução exatamente no ponto em que estava quando da apresentação da impugnação, conforme se depreende da leitura do § 2º do art. 772 do Código Processual. Significa, então, que as impugnações previstas no art. 768, *in fine*, possuem o condão de suspender a execução. Solução necessária, haja vista que o resultado da impugnação poderá vir a alterar a situação patrimonial do devedor executado, interferindo substancialmente na distribuição dos direitos creditórios.

3.2.3. Diferenças da fraude na execução coletiva ou singular

Em que pese o fato de ser a fraude de execução individual e a fraude à execução universal, tratadas na norma processual, com pontos de identidade — especialmente por serem as duas espécies de fraude praticadas em prejuízo da execução —, existem diferenças relevantes entre ambas. Destacam-se principalmente:

Na execução coletiva o devedor perde a administração de seus bens e rendas, ao contrário da execução individual, em que a existência do processo não interfere na

---

(77) Cf. Celso Neves, *Comentários ao Código de Processo Civil*, v. VII, 7. ed., Rio de Janeiro: Forense, 1999, p. 266.
(78) Julgado de antes da Lei n. 11.232/05 que revogou o art. 520 do CPC.
(79) Nesse sentido, Celso Neves, *Comentários ao Código de Processo Civil*, v. VII, 7. ed., p. 265.

livre administração dos bens por parte do devedor. Como conseqüência, o campo da fraude contra a execução coletiva se amplia. Qualquer alienação ou oneração realizada pelo devedor após declaração de insolvência, será ineficaz ante os credores, independente da presença de qualquer outro elemento. As alienações feitas pelo administrador também poderão ser objeto de análise de fraude, se for o caso. As espécies de fraude, na execução coletiva, não são só aquelas decorrentes do negócio jurídico realizado de alienação ou de oneração. Abrange toda espécie de fraude, como, por exemplo: pagamentos antecipados de dívidas não vencidas em face da proximidade da declaração de insolvência; direitos de preferências conferidas para beneficiar determinado credor; pagamentos de dívidas não privilegiadas antes do rateio, entre outros.

Na fraude da execução universal, o momento para apresentar a impugnação baseada em fraude é fixado pela norma processual, deve dar-se após a intimação, pelo escrivão, do quadro geral de credores, *ex vi* do art. 768 do Código de Processo Civil. Enquanto na fraude à execução individual a lei não fixa prazo, podendo o credor, a princípio, alegá-la em qualquer momento, durante o andamento do processo, inclusive podendo ser declarada de ofício.

A execução singular é como o termo diz, de caráter individual, só há um credor; eventualmente há litisconsórcio ativo, porém sempre objetivando determinado e específico crédito, enquanto a execução coletiva abrange a universalidade de credores, visa ao interesse de todos os credores e para isso arrecada todos os bens do patrimônio do devedor. Assim, para efeitos de fraude, todos os bens alienados pelo devedor, e não só os últimos, tantos que bastem à satisfação da execução; neste aspecto, à semelhança do que ocorre na execução singular, poderão ser objeto de verificação de fraude na execução coletiva.

A alegação de fraude será apresentada através de impugnação pelo credor interessado ao juiz do processo da execução coletiva, podendo requerer produção de provas. Sendo necessária prova oral, será realizada audiência de instrução. Na execução singular, não há previsão específica para que o juiz conduza a alegação — incidente processual — como verdadeiro processo de conhecimento, a exemplo do que ocorre no concurso de credores. Há distinção nas previsões processuais, contudo, embora a fraude de execução singular não seja contemplada com norma específica, não há óbice legal para que não seja aberta a possibilidade de produção de provas, até mesmo oral, se necessário. Inclusive, atendendo à norma constitucional, o direito de defesa e o exercício do contraditório devem sempre que possível ser oportunizados.

De outra forma, ainda a respeito da impugnação com base em fraude no concurso de credores, há previsão expressa de que será proferida sentença — art. 772 do Código de Processo Civil —, com isso, indiscutivelmente encontra-se aí forte diferença, comparando-se o caso à fraude na execução singular,[80] em que a alegação é recebida como incidente processual, ensejando decisão interlocutória.

(80) O termo execução singular é aqui usado como execução única, sem concurso, podendo ser uma execução com mais de um credor, formando o litisconsórcio ativo.

Em decorrência da apreciação incidental, a decisão interlocutória que julga a fraude proferida em sede de execução, sem concurso de credores, será combatida com o agravo e não com apelo, como ocorre na decisão relativa à fraude, na execução coletiva.

Outra distinção a fazer é quanto ao estado de insolvência. Na execução universal, a insolvência é o estado ínsito à própria execução, não existe concurso de credores contra devedor solvente. A declaração de insolvência precede o concurso de credores e a execução coletiva. Na execução individual, a execução é procedida contra devedor solvente. Permanece sem declaração de insolvência, embora o estado de insolvência seja requisito para o reconhecimento de fraude. Assim, mesmo depois de declarada a fraude na execução singular, a execução continua como se fosse contra devedor solvente, os demais credores, com execução ou não, que não participaram do processo em que há a alegação de fraude não se beneficiam[(81)] com o resultado desta. Conseqüência disto é que, na fraude à execução coletiva, não há mais necessidade de avaliação do estado de insolvência, este já está configurado. Ao contrário, na execução individual, o estado de insolvência deve ser objeto de cognição do juízo, como pressuposto para configurar a fraude.

Na execução universal, eventual declaração de fraude, mesmo que alegada apenas por um ou por alguns credores, aproveita a todos os credores. Diferentemente ocorre na execução individual, em que a declaração de ineficácia do ato fraudulento só beneficiará a execução do credor que argüir a fraude.

Observa-se, tanto na execução individual como na execução coletiva, que a fraude visada pela norma processual é aquela que causa prejuízo à execução.[(82)] Por isso, o bem, objeto da alienação em fraude, servirá para propiciar a satisfação executiva no seu todo. Sendo singular ao credor exeqüente, sendo universal, a todos os credores habilitados; em ambos os casos, aos credores sujeitos ativos de processo de execução judicial.

Não se exclui a possibilidade de o credor que argüir a fraude na execução coletiva, ao final, não ser beneficiado com o ingresso do valor, resultado da venda do bem, para o acervo. Para tanto, basta que existam créditos precedentes ao seu, com direito de privilégio ou de preferência, suficientes para absorver todo o resultado obtido com a venda do bem que ingressou na massa. Não se olvide que ao credor é impossível precisar por quanto serão vendidos os bens colocados em hasta pública. Essa situação mais dificilmente ocorrerá na execução individual. É verdade que o direito preferencial ou privilegiado poderá ser exercido, mesmo contra a execução individual, mas, nesse caso, há necessidade da existência de execuções concomitantes, visto que, para exercer seu direito, o credor preferente deve executar seu crédito. Não se admite que um credor inerte adentre no processo de execução de outro, apenas exibindo seu título de preferência, e pretenda haver seu crédito com o produto da execução de bens promovidos

(81) Eventual crédito, que se verificar com a alienação do bem, reverterá para o terceiro adquirente.

(82) Não importa, para a análise desses efeitos, a ofensa aos direitos dos credores individualmente.

pelo exeqüente diligente. A regra é excepcionada pelos credores com direito real de garantia.(83)

Na execução contra devedor insolvente — concurso universal de credores —, o bem alienado em fraude — embora esta fraude possa ser argüida só por um ou por parte dos credores — fará parte da massa, cujo resultado, no mínimo, será rateado entre todos os credores da mesma classe. Em suma, o credor que argúi a fraude não aproveita sozinho o resultado alcançado pela sua declaração. Entretanto, atrairá para si o ônus de provar suas alegações por ser autor da impugnação.

Na execução universal, a insolvência pode ser requerida por credor que ainda não ingressou com a execução. Após a declaração de insolvência, este credor se habilitará no juízo da insolvência, podendo vir a ser o credor que argüiu a fraude. Na execução singular, a ordem é inversa: primeiro deverá haver a execução, segundo, o estado de insolvência — existente só em tese, pois não é decretado — e, por último, ocorrerá a argüição e a apreciação de fraude.

Relativamente à competência do juízo para apreciar a alegação de fraude, também difere substancialmente. Na execução individual, o incidente será apreciado pelo juiz da execução em que esta correr, podendo ser juiz de Direito, juiz do Trabalho ou Federal, enquanto a execução a título universal corre sempre junto ao juiz de direito, cabendo ao mesmo o julgamento da impugnação por fraude.

(83) Nesse sentido, Araken de Assis: "O credor hipotecário, pignoratício ou anticreditício não precisa ajuizar demanda própria," *Manual do Processo de Execução*, p. 588.

Capítulo 4

FRAUDE E SUBTRAÇÃO À GARANTIA DA EXECUÇÃO – NOTÍCIAS DO DIREITO COMPARADO

4.1. Origens comuns no Direito comparado

A fraude de execução no Direito alienígena em geral não é tratada de forma específica. Embora existam as exceções adiante demonstradas, a questão, em boa parte do Direito alienígena, é tratada no âmbito da ação pauliana na fraude contra credores, disciplinada no Direito material. Segundo *Mendonça Lima*,(1) o art. 593 do Código de Processo Civil que trata da fraude de execução não encontra identidade no Direito comparado. *Humberto Theodoro Júnior* também afirma a ausência de previsão processual específica no Direito comparado, tratando da fraude à execução como instituto autônomo processual. Não obstante, concorda o insigne autor com a afirmação de *Yussef Said Cahali* de que a fraude à execução se tem como uma especialização da fraude contra credores,(2) constituindo-se, segundo aquele, a fraude à execução, ontológica e historicamente, um aspecto(3) da fraude contra credores.(4)

No Direito externo, a fraude realizada em prejuízo do credor exeqüente é geralmente tratada dentro do tema fraude contra credores, com previsão legal no Direito Civil. À exceção do Direito inglês e americano, em que há previsão legal semelhante à do Direito pátrio. Evidentemente que o objetivo primordial da ação pauliana é de tornar ineficaz a alienação dos bens de devedor, quando este ato se traduz em prejuízo ao credor, fato que só se efetivará no processo de execução. Portanto, a ação pauliana, embora seja processo de conhecimento, com alegações litigiosas entre partes privadas, visa, em última análise, sob o ponto de vista do credor, à efetividade da execução, impedindo que atos fraudulentos possam prejudicá-lo. Constitui-se, também, em proteção estatal. O Direito alienígena em geral não destaca tratamento diferenciado para a ofensa que ocorre no curso do processo, como ocorre no Direito brasileiro, ou

(1) *Comentários ao Código de Processo Civil*, v. VI, p. 491.

(2) Humberto Theodoro Júnior, "A Fraude de execução e o regime de sua declaração em juízo", *Revista de Processo*, Porto Alegre, n. 102, ano 26, pp. 69-88, abril-junho, 2001, p. 79.

(3) Humberto Theodoro Júnior, "A Fraude de Execução e o regime de sua declaração em juízo", p. 79.

(4) Yussef Said Cahali, *Fraudes contra credores*, p. 498.

seja, quando a afronta não é mais somente contra o credor, mas, também, contra a ordem pública, contra o Estado no processo.

O legislador processual brasileiro, ao inserir os dispositivos do art. 593(5) no Código de Processo Civil, procurou dar ao instituto da Fraude de Execução maior agilidade à execução, com eliminação da necessidade de ação própria para verificação da fraude quando esta acontece durante a fase processual. Contudo, a fraude de execução, no que se refere à proteção ao credor, está incluída na proteção jurídica da fraude a credores. Embora o exposto, é de se ressaltar que a fraude de execução foi destacada da fraude contra credores porque, afinal, em que pese as semelhanças, o ato que frauda a execução constitui-se em afronta a que o principal destinatário é o Estado, o credor é atingido por via reflexa. Sem embargo da previsão constante no Direito brasileiro, a fraude de execução continua sendo tratada em boa parte do Direito alienígena no âmbito do Direito civil, à medida que o instituto não é contemplado em norma processual específica.

Enrico Tullio Liebman diz que as normas sobre a fraude de execução do Direito brasileiro vinculam os bens do executado de modo muito semelhante ao que decorre da penhora na maioria dos países, em que a legislação não contempla a fraude à execução. "Nos direitos estrangeiros, em que a figura da fraude à execução é desconhecida, a penhora adquire importância maior que no Direito brasileiro em que a repressão da fraude já atinge, em parte, os objetivos da penhora e obscurece um pouco seus efeitos".(6)

Isto posto, serão analisados alguns aspectos legais, doutrinários e a prática no Direito comparado no que se relacionam à proteção aos direitos do credor, à garantia patrimonial e a sujeição à execução do devedor e terceiros nos efeitos que se assemelham àqueles visados pelo instituto da Fraude de Execução constante do Direito brasileiro.

4.2. Direito alemão

O art. 134 do Código Civil Alemão(7) declara nulo o negócio jurídico realizado se este infringir uma proibição legal. Esta proibição legal está, entre outras, inserta no art. 135, o qual dispõe sobre a proibição legal de alienação. Ocorrendo a disposição de bens que estejam sob proibição legal de alienação para proteção de determinadas pessoas, será essa ineficaz relativamente às pessoas a que visa proteger. De igual forma, prescreve a norma proteção contra as disposições de bens que sejam objeto de arresto ou execução forçada. Importante ressaltar a previsão de nulidade do citado art. 134 para as disposições que infringem uma proibição legal, entretanto, logo a seguir, no

---

(5) *Art. 593 – Considera-se em fraude de execução a alienação ou oneração de bens: I – quando sobre eles pender ação fundada em direito real; II – quando, ao tempo da alienação ou oneração, corria contra o devedor demanda capaz de reduzi-lo à insolvência; III – nos demais casos expressos em lei.*

(6) *Vide* Enrico Tullio Liebman, *Processo de Execução*, 3. ed., pp. 95-99.

(7) Art. 134 – proibição legal – O negócio jurídico que infringir uma proibição legal é nulo, se da lei uma outra coisa não resultar, *Código Civil alemão*, Trad. Sousa Diniz, p. 40.

art. 135 do Código Civil germânico,[(8)] ao tratar, justamente, da proibição legal de alienação, a previsão legal é de ineficácia, inclusive relativamente às pessoas as quais a norma visa a proteger. Destarte, no caso de execução, o credor.

A proteção legal visa sempre a determinada pessoa, portanto, como ensina *Carnacini*, o ato de disposição efetuado e depois derrogado não pode ser tido como nulo, no sentido amplo, mas, sim, somente ineficaz, quando no confronto com as pessoas que o Direito tedesco quer proteger,[(9)] no caso de execução, aos credores. Ressalta o citado autor que, embora conste o termo *nulidade* no Direito alemão, não seria esta uma nulidade insanável, porque basta satisfazer a execução para que se escape dessa nulidade, ou mesmo que se diga dessa ineficácia.[(10)]

O ato de alienação do bem, objeto de constrição judicial, não é viciado. De acordo com a *communis opinio* não é exatamente adequado qualificar esse ato de proibido, embora o texto normativo expresse o termo e leve a pensar-se desse modo.[(11)] Ocorre que não é aplicável a referida nulidade ou ineficácia a qualquer um, mas apenas às pessoas referidas, como é o caso daquelas visadas pela norma para proteção jurídica. Logo, o negócio é válido para todos os demais efeitos, só não o é para os efeitos da proteção contemplada na norma.

À semelhança da previsão do art. 592, V, do Direito brasileiro, no Direito germânico os bens alienados continuam sujeitos à execução. Assim, é pacífico que os credores possam continuar o processo em curso, como se o ato de alienação não tivesse ocorrido na conformidade do que foi estabelecido desde o início. Porém esta sujeição dos bens se dá a favor somente dos credores inscritos anteriormente ao ato de alienação. *Carnacini*, com base no doutrina alemã, informa que a alienação do imóvel penhorado não tem reflexo sobre o andamento da execução; essas alienações não derrogam a penhora.[(12)]

Como se disse, os atos de alienação dos bens constritos são plenamente válidos e eficazes. A proibição inserta na norma traduz-se em previsão de conseqüência, ou seja, sendo alienado o bem, o ato será ineficaz relativamente às pessoas protegidas pela lei. Contudo, nas sucessivas alienações, a questão é controvertida, faz-se aqui apenas o registro. *Carnacini* manifesta entendimento no sentido de que o terceiro adquirente sucessivo recebe de um pretenso alienante, porque a eficácia do negócio estaria pendente. Entretanto, adverte o autor que a norma não protege esses casos,

(8) Art. 135 – proibição legal de alienação – Se a disposição de um objeto infringir uma proibição legal de alienação que somente tem por objeto a proteção de determinadas pessoas, será ela ineficaz exclusivamente ante essas pessoas. A disposição por negócio jurídico se equipara a uma disposição que tenha lugar por via de execução forçada ou de execução de arresto. *Código Civil alemão*, Trad. Sousa Diniz, Rio de Janeiro: Distribuidora Record, 1960, p. 40.

(9) Cf. Tito Carnacini, "Gli effetti del pignoramento dal punto di vista dell'esecutato", *In Contributo alla teoria del pignoramento*, Castello-Italia: Tipografia S.A., 1936, p. 85.

(10) Tito Carnacini, ob. cit., p. 86.

(11) Nesse sentido, Tito Carnacini, *ob. cit.*, p. 88.

(12) Vide Tito Carnacini, *ob. cit.*, p. 100.

pois o terceiro adquirente não está proibido de alienar. Assim, para derrogar essa alienação, ter-se-ia que considerar inexistente o negócio realizado pelo terceiro ao sucessivo, em face do fato de que esse terceiro não seria titular de direito algum.(13)

4.3. Direito americano

O Código dos Estados Unidos, com alterações de 01.02.01, no Título 28, Capítulo 176, na parte que trata dos processos para cobrar dívidas federais, prevê os instrumentos contra a alienação fraudulenta, realizadas em prejuízo dos créditos federais. O art. 3.304 do referido código classifica como fraudulenta a transferência de bens realizados após a constituição da dívida. Também é considerada em fraude as transferências de bens feitas em troca de valores ou quitações não razoavelmente equivalentes. Quer dizer, por valores menores que o devido.

A lei exige a insolvência do devedor para reconhecer a fraude. Assim, "o devedor é insolvente no momento da transferência ou o devedor se torna insolvente pelo resultado da transferência ou obrigação; ou a transferência foi feita a um *insider*(14) por dívida anterior no momento em que o devedor era insolvente."(15) Interessante notar que para presumir a insolvência, o critério é bastante simplificado no Direito americano. Destarte, a norma declara, expressamente, que "um devedor que em geral não está pagando suas dívidas, quando estas se tornam devidas, é presumidamente insolvente".(16)

O elemento volitivo integra a *fattispecie* das alienações fraudulentas americanas. Desta forma será relevante provar que o devedor realizou as transferências de bens com intenção atual de impedir, atrasar ou fraudar um credor.

Para determinar a "intenção atual", prevista na norma, será considerado, entre outros fatores, "se antes da transferência ser feita, ou da obrigação ser contraída, o devedor tinha sido processado ou ameaçado com processo".(17)

Transcrevem-se excertos do texto legal:

> U.S. Code as of: 01/02/01 Title 28 – Judiciary and Judicial Procedure
>
> Section *3.304*. Transfer fraudulent as to a debt to the United States
>
> (a) Debt Arising Before Transfer. – Except as provided in section 3.307, a transfer made or obligation incurred by a debtor is *fraudulent* as to a debt to the United States which arises before the transfer is made or the obligation is incurred if:
>
> (1)(A) the debtor makes the transfer or incurs the obligation without receiving a reasonably equivalent value in for exchange the transfer or obligation; and

(13) Vide Tito Carnacini, ob. cit., p. 105.

(14) *Insider*, no sentido de títere, mas, também, como participante voluntário da fraude, assemelha-se a conluiado.

(15) Cf. alíneas "A" e "B" do item 2 do art. 3.304 do Código dos EUA.

(16) Cf. art. 3.302 alínea "B" do Código dos EUA.: *Presumption. A debtor who is generally not paying debts as they become due is presumed to be insolvent.*

(17) Cf. previsão na alínea "D" do item 2 do art. 3.304 do Código americano.

(B) The debtor is insolvent at that time or the debtor becomes insolvent as a result of the transfer or obligation;

(b) Transfers Without Regard to Date of Judgment.

(1) Except as provided in section 3.307, a transfer made or obligation incurred by a debtor is *fraudulent* as to a debt to the United States, whether such debt arises before or after the transfer is made or the obligation is incurred, if the debtor makes the transfer or incurs the obligation -

(A) With actual intent to hinder, delay, or defraud a creditor; or

(B) Without receiving a reasonably equivalent value in exchange for the transfer or obligation if the debtor -

(...)

(2) In determining actual intent under paragraph (1) consideration may be given, among other factors, to whether (...)

(D) Before the transfer was made or obligation was incurred, the debtor had been sued or threatened with suit;

Os recursos disponíveis ao credor contra as transferências fraudulentas pelo devedor estão previstas no art. 3.306 do Código americano. Pode o credor valer-se de ação de anulação; de um procedimento contra a transferência; ou, ainda, de qualquer outro meio de reparação. Transcreve-se o texto legal:

Section 3.306. Remedies of the United States

(a) In General. – In an action or proceeding under this subchapter for relief against a transfer or obligation, the United States, subject to section 3.307 and to applicable principles of equity and in accordance with the Federal Rules of Civil Procedure, may obtain -

(1) avoidance of the transfer or obligation to the extent necessary to satisfy the debt to the United States;

(2) a remedy under this chapter against the asset transferred or other property of the transferee; or

(3) any other relief the circumstances may require.

Além da citada norma federal dirigida à proteção dos débitos federais, no Direito americano encontra-se o Ato Uniforme de Transferências Fraudulentas (UFTA). Esse ato destina-se a regular as questões relativas às transferências particulares, prescrevendo quando serão consideradas fraudulentas. Esse ato foi elaborado pelos Membros do Conselho da Lei Uniforme da Conferência Nacional das Comissões das Leis Estatais Uniformes, em 1984. Integram o Conselho um grupo de professores de Direito, antigos juízes e advogados. A lei uniforme foi proposta para os Estados americanos. Quarenta e dois Estados ratificaram o Ato. Alguns Estados fizeram pequenas mudanças na redação do Ato.[18] Contudo, o texto do Ato Uniforme – UFTA assemelha-se à previsão legal para proteção aos créditos federais.

---

(18) As informações constantes do presente, referente ao UFTA, foram coletadas do *site* <www.fraudulenttransfers.com>, acessos em 09.09.02 e 12.12.02.

Destaca-se a Seção 4 do referido Ato, UFTA, o qual, ao tratar das transferências fraudulentas com relação a credores presentes e futuros, prescreve: "uma transferência feita ou uma obrigação contraída, por um devedor, é fraudulenta em relação ao credor, quando a demanda do credor surge antes ou depois de feita a transferência ou de assumida a obrigação. Se o devedor fez a transferência ou contraiu a obrigação: com intenção atual de impedir, atrasar ou fraudar qualquer credor; ou sem receber um valor razoavelmente equivalente em troca da transferência ou obrigação."(19) Transcreve-se o texto legal:

> SECTION 4. TRANSFERS FRAUDULENT AS TO PRESENT AND FUTURE CREDITORS.
>
> (a) A transfer made or obligation incurred by a debtor is *fraudulent as to a creditor*, whether the creditor's claim arose before or after the transfer was made or the obligation was incurred, if the debtor made the transfer or incurred the obligation:
>
> (1) with actual intent to hinder, delay, or defraud any creditor of the debtor; or
>
> *(2) without receiving a reasonably equivalent value in exchange for the transfer or obligation, and the debtor.*(20) (grifos nossos)

A Seção 5 do UFTA trata das transferências fraudulentas com relação a credores presentes. Declara que uma transferência feita ou obrigação contraída, por um devedor, é fraudulenta em relação ao credor cuja demanda tenha surgido antes de feita a transferência ou assumida a obrigação, se o devedor fez a transferência ou contraiu a obrigação sem receber um valor equivalentemente razoável em troca, pela transferência ou obrigação. Exige a norma que o devedor esteja insolvente naquele momento ou tenha se tornado insolvente, como resultado da transferência ou obrigação.(21)

Uma transferência feita por um devedor é fraudulenta em relação a um credor cuja demanda surgiu antes de feita a transferência se a transferência foi feita a um *insider* por dívida antecedente, o devedor estava insolvente naquele momento, e o *insider* tinha razões para crer que o devedor estava insolvente.(22) Veja-se o texto legal:

> SECTION 5. TRANSFERS FRAUDULENT AS TO PRESENT CREDITORS. (a) A transfer made or obligation incurred by a debtor is fraudulent as to a creditor whose claim arose before the transfer was made or the obligation was incurred if the debtor made the transfer or incurred the obligation without receiving a reasonably equivalent value in exchange for the transfer or obligation and the debtor was insolvent at that time or the debtor became insolvent as a result of the transfer or obligation.
>
> (b) A transfer made by a debtor is fraudulent as to a creditor whose claim arose before the transfer was made if the transfer was made to an *insider* for an antecedent debt, the debtor was insolvent at that time, and the insider had reasonable cause to believe that the debtor was insolvent.(23)

---

(19) Cf. texto da seção 4 do UFTA, Vide em Martindale-Hubbel, *Law Directory*, 122 ed. v. VIII. Chicago. USA: RR. Donnelley & Sons Company, 1980. pp. 151-152.

(20) Vide em Martindale-Hubbel, *Law Directory in Eight Volumes*, p. 152.

(21) Cf. seção cinco do UFTA, Vide em Martindale-Hubbel, *ob.cit.*, p. 152.

(22) Cf. seção 5 do UFTA americano, Vide em Martindale-Hubbel, *ob.cit.*, p. 152.

(23) Vide em Martindale-Hubbel, *Law Directory in Eight Volumes*, p. 153.

Na Seção 7, o Ato Uniforme de Transferências Fraudulentas prescreve os recursos possíveis aos credores fraudados. Referidos credores poderão buscar o reconhecimento da fraude: "em uma ação por auxílio contra uma transferência ou obrigação. O credor, pode obter a anulação da transferência ou da obrigação na medida necessária para satisfazer o seu crédito; ou, ainda, com uma penhora ou outra medida provisória contra a transferência do bem. Contudo, se um credor obteve um julgamento em uma ação contra o devedor, o credor, com a ordem judicial, poderá impor a execução no bem transferido ou seus rendimentos."[24] Transcreve-se o texto legal:

> SECTION 7 REMEDIES OF CREDITORS.
>
> (a) In an action for relief against a transfer or obligation under this [Act], a creditor, subject to the limitations in Section 8, may obtain:
>
> (1) avoidance of the transfer or obligation to the extent necessary to satisfy the creditor's claim;
>
> (2) an attachment or other provisional remedy against the asset transferred or other property of the transferee in accordance with the procedure prescribed by [ ];
>
> *(b) If a creditor has obtained a judgment on a claim against the debtor, the creditor, if the court so orders, may levy execution on the asset transferred or its proceeds.*[25] (grifo nosso)

Na análise prática verifica-se em julgamento no Estado da Califórnia,[26] em que a parte autora pretendeu o uso cumulativo dos remédios jurídicos oferecidos pelo UFTA — o Estado da Califórnia é um dos Estados que aderiu ao UFTA. Seu Código contém as mesmas previsões do Código dos EUA e do UFTA dos 42 Estados. O Autor, durante o andamento de seu processo, alegara fraude pelo devedor, haja vista que o mesmo havia transferido todos os seus bens; a pretensão não foi acolhida pelo magistrado, transitou em julgado. Após isso, pretendeu, o mesmo Autor, através de ação autônoma, a declaração da fraude. Sua tese foi refutada; entendeu o Tribunal que a decisão proferida pelo juiz durante o processo principal do autor constituía-se em coisa julgada, impedindo a reapreciação da matéria em ação autônoma.

4.4. Direito da Costa Rica

O art. 458 do Código de Processo Civil costa-riquenho prevê o registro da penhora no Serviço de Registro de Propriedades para perfectibilização da constrição. Com o registro da penhora, os demais credores pessoais ou reais, cujos créditos sejam posteriores à anotação da penhora, não poderão pretender direito algum sobre o bem objeto da penhora. Transcreve-se:

> Art. 458 – Practicada en el Registro de la Propiedad, la inscripción de un embargo, los acreedores reales o simplemente personales cuyo crédito naciera com posterioridad a

---

(24) Tradução livre. Cf. previsão na Seção 7 do UFTA americano, ob.cit.

(25) Vide em Martindale-Hubbel, *Law Directory in Eight Volumes*, p. 153.

(26) Tribunal de Recurso da Califórnia, Acórdão n. B 149569 de 22.05.2002. V. *site* <http://www.fraudulenttransfers.com/2002_ca_mcclellan-sadat.htm>, acesso final em 23.07.03.

> la presentación del mandamiento de anotación no podrán pretender derecho alguno a la cosa ni en el precio de ella, con perjuicio del anotante, que podrá hacer venderla del mismo modo que lo haría un acreedor hipotecario.[27]

A norma estabelece o direito preferencial ao credor penhorante por ocasião do registro da penhora. Entretanto, o mesmo artigo preceitua que o penhorante que anotar a penhora não gozará da mesma preferência relativamente aos credores por créditos anteriores à penhora. Ressalvando que no caso de alienação real, em data posterior à anotação da penhora, o novo dono será considerado como cessionário, com direito subsidiário ao credor penhorante que anotou a penhora no serviço registral. *In verbis:*

> Art. 458 (...) Con respecto a los anteriores personales que hicieren tercería, el anotante no gozará por el solo motivo de serlo, de preferencia alguna: y si por razón de las tercerías no alcanzare a percibir el monto por que se anotó el embargo (...)

Prevê ainda o sistema normativo em comento que se a penhora não puder se realizar porque o bem indicado está na posse de terceiros, embora no registro apareça o nome do devedor, no mandado de anotação ao Registro constará as razões pelas quais não foi realizado. Equivale dizer, informa-se ao serviço de registro que o bem foi indicado para penhora, a qual não foi realizada porque o bem encontra-se em poder de terceiro. Esta providência suspende a execução para que se resolva o incidente.[28]

Os terceiros titulares de domínio com título registrado ou com inscrição do título pendente, que possam justificar a pendência do registro, ou ainda com direito de garantia ou de retenção, poderão apresentar oposição em qualquer momento da execução visando resguardar seus direitos.

As normas processuais valorizam o registro, exigindo-o para a penhora. Embora a norma não cite, o termo ineficácia, para os atos de disposição posteriores à penhora, expressa-se em sentido similar, especialmente quando diz que, após a penhora, os credores, mesmo com direito real, não poderão pretender direito algum contra o penhorante. E, ainda, ao prever que o terceiro cessionário ou adquirente terá direito ao que restar do monte, depois de satisfeito o credor penhorante. Observa-se que as alienações dos bens, antes ou depois da penhora registrada, são tratadas como direito de preferência e não como fraude. De qualquer forma, os objetivos são os mesmos, ou seja, garantir a efetividade da execução.

4.5. Direito espanhol

No art. 1.149[29] da lei processual civil espanhola antiga, na parte ainda em vigor, são previstas as hipóteses de impugnações a serem processadas em sede de concurso

---

(27) *Código de procedimientos Civiles da Costa Rica*, 2. ed., Colección Jurídica Lehmann, São José, 1980.

(28) Conforme previsão no art. 459 do Código de Processo Civil da Costa Rica.

(29) Cumpre registrar que os artigos relativos ao concurso de credores civis, extraídos do Título XX – *Del concurso de acreedores*, em comento, fazem parte da exceção revogatória da nova *Ley de Enjuiciamiento Civil* espanhola,

de credores. No mencionado artigo, são feitas duas referências à fraude: a primeira, no item 3º, para os casos em que houver inteligências fraudulentas entre os credores ou entre estes e o devedor, promovendo quitações ou reservas por preferências; a segunda referência consta do item 4º, na hipótese de *exageraciòn fraudulenta*, isto é, quando forem acrescidos os valores dos créditos de forma a obter mais que o devido.

No art. 1.305[30] da lei processual mais uma vez há referência à fraude no concurso de credores na insolvência civil. Nesse caso, verifica-se que pode ser alegada não só pelos credores, como também pelo síndico ou promotor fiscal. A alegação de fraude suspende o processo, à semelhança do Direito brasileiro, na execução universal. Inclusive, enquanto não for decidida a questão da fraude não são aceitos nem mesmo acordos entre os credores e o devedor insolvente.

O art. 1.297 do Direito civil espanhol apresenta alguma semelhança com a previsão pátria de fraude à execução, assim dispondo: También se presumen fraudulentas las enajenaciones a titulo oneroso, hechas por aquellas personas contra las cuales se hubiese pronunciado antes sentencia condenatoria em cualquier instancia o expedido mandamiento de embargo de bienes.[31]

A previsão legal do art. 1.297 trata, à semelhança do Direito brasileiro,[32] da presunção de fraude em casos de alienação feita por demandado em processo judicial, limita para os casos em que foi pronunciada a sentença ou determinada a penhora de bens. A norma deixa claro que a presunção de fraude só alcança os casos em que já foi pronunciada sentença, portanto, não cabe em casos em que o processo de conhecimento está em curso. Também não exige que o ato de alienação ocorra em momento concomitante com a execução instaurada. Porém, excepciona, contemplando os casos em que foi expedido mandado de penhora, independente de haver sentença.

Todavia, ressalte-se o fato de que a norma atinge todos os atos praticados após pronunciamento de sentença, em qualquer instância. Equivale dizer que não exige o trânsito em julgado da decisão, apenas a pronúncia da mesma. E, também, abarca os casos em que foi expedido mandado de embargo,[33] portanto, inclui o processo executivo oriundo de ação executiva, sem sentença, ou seja, as execuções de título extrajudiciais, bem como as cautelares, mas, nesses casos, somente se têm, como praticadas em fraude, as alienações procedidas após a expedição do mandado de penhora/arresto/seqüestro,

conforme disposições finais plenamente justificadas na exposição de motivos, constante da nova LEC espanhola, *in BOE* n. 07 de 08.01.00 com alterações em 27.10.00 publicado no *BOE* n. 259 de 29.10.02. Extraído do *site* <www.mju.es>, visitado em 05.07.03. Portanto, permanecem em vigor os arts. 1.149 e 1.305 aqui mencionados, até que lei especial trate da matéria.

(30) *Ibidem.*

(31) Cf. *Código Civil de España*, Frederico de Castro, Madrid: Instituto de Cultura Hispanica, 1959. O texto legal mantém-se atual, fato confirmado nos seguintes *sites* oficiais da Espanha <www.mju.es>; <www.derecho.org.es>, além dos *sites*: <www.arrakis.es> e <www.udg.es>, em 05.07.03.

(32) Registre-se que Yussef Cahali admite a semelhança da fraude de execução do Direito brasileiro, com o art. 1.297 da lei espanhola. *Fraudes contra credores*, p. 85.

(33) Embargo significando ato de constrição de bens, assim, a penhora, o arresto, o seqüestro etc.

quer dizer, desde que o poder estatal, através do juiz, determinou que o ato de constrição tivesse seu início incidido sobre os bens do devedor.

A norma espanhola, assim como a fraude de execução no Direito brasileiro, não se dirige somente aos bens imóveis, mas a toda classe de direitos em que possa ser satisfeita a dívida. O conhecimento pelo terceiro da existência de sentença ou de penhora é essencial para que a fraude seja presumida. Sua ausência constitui-se em causa decisiva para afastar a presunção de fraude pelo juízo.(34)

Destaca-se a semelhança do dispositivo espanhol com o brasileiro, pela instituição de mecanismos enérgicos de forma a garantir a efetividade da tutela jurisdicional, atuando, também, como medida de reação estatal contra a ofensa direta do demandado cujos atos fraudulentos praticados após sentença ou expedição de mandado de constrição são dirigidos contra o Estado-juiz, atingindo o particular de forma subsidiária.

A nova lei processual espanhola(35) tratou de forma pontual o problema da penhora e alienação de bens de terceiro. No art. 595 é prescrito que a penhora recairá sobre bens que, por indícios externos, sem necessidade de investigações, pertençam ao executado. Todavia, quando, por percepção direta, houver motivos racionais para se entender que os bens possam pertencer a terceiros, dar-se-á ciência ao terceiro da iminência de se impor a penhora. O terceiro terá cinco dias para comparecer e apresentar suas razões para evitar a penhora. Se os documentos apresentados pelo terceiro forem suficientes para convencimento do juízo de que os bens não pertencem ao executado, a penhora não será efetivada. Há, no item 3º do mesmo artigo, previsão expressa para os casos de existir registro público de propriedade de bens, reconhecendo o direito do terceiro adquirente quando possuir título de propriedade registrado, ressalvando o direito do terceiro que não possuir título registrado, o qual poderá apresentar defesa.

No art. 596 da LEC espanhola restou expressa a previsão de eficácia das alienações públicas de bens não pertencentes ao executado. Considera aquele diploma legal eficaz a penhora de bens de terceiro se o verdadeiro titular não fizer valer seus direitos antes da alienação ou da adjudicação, com exceção para os casos de má-fé do adjudicante ou arrematante.

Os efeitos da penhora formalizada são verificados mesmo que não tenha sido dada a publicidade ao ato. Todavia, é resguardado o direito do terceiro de boa-fé que não puder conhecer da penhora. Portanto, a lei espanhola, de acordo com o art. 589 da LEC, considera o conhecimento do terceiro para efeitos de atingi-lo em sua propriedade, com a penhora de bens em execução que não faça parte.(36) Na legitimação para o terceiro se opor, o art. 597 da nova LEC prescreve que poderá propor a *terceria de*

---

(34) Nesse sentido Q. Múcio Scaevola, in *Código Civil Espanhol comentado y concordado extensamente*, Madrid: Sociedade Ed. Española, 1904, p. 941.

(35) *Ley de Enjuiciamiento Civil*, publicada no *BOE* n. 7 de 08.01.02, com alterações publicadas no *BOE* n. 259 de 29.10.02, extraído do *site* <www.mju.es>, visitado em 05.07.03.

(36) Cf. art. 589, item 2, da nova LEC, in *BOE* n. 07 de 08.01.00, com alterações publicadas no *BOE* n. 259 de 29.10.02, extraído do *site* <www.mju.es>, visitado em 05.07.03.

domínio[37] quem, não sendo parte, afirme ser o dono do bem penhorado. Todavia, excepciona o termo ao final do item 1 do art. 597 estabelecendo que isto só se dê se quando ao tempo da aquisição o bem não estava penhorado. Portanto, a legitimidade é conferida ao terceiro adquirente do bem antes de ter sido penhorado. No entanto, numa interpretação conjunta do art. 597 com o art. 589 há de se concluir que mesmo que a aquisição tenha se dado após a penhora, se o terceiro não tiver como saber da penhora, poderá apresentar sua defesa.

O art. 632 da nova *Ley de enjuiciamento* espanhol, à semelhança do Direito brasileiro, no que se refere ao registro da penhora do bem imóvel, prescreve a anotação da penhora de bens imóveis ou outro bem sujeito a registro, através de mandado para anotação no Registro de propriedade ou no serviço de registro de eficácia equivalente. Esse mandado deverá ser expedido dentro de dez dias da data em que foi efetivada a penhora.

4.6. Direito francês

Diferentemente do Direito brasileiro, no Direito francês há previsão expressa no sentido de que a penhora de um bem torna-o indisponível. A Lei n. 91-650,[38] em seu art. 29, assim o prevê. *In verbis:*

> Art. 29
>
> L'acte de saisie rend indisponibles les biens qui en sont l'objet.
>
> Si la saisie porte sur des biens corporels, le débiteur saisi ou le tiers détenteur entre les mains de qui la saisie a été effectuée est réputé gardien des objets saisis sous les sanctions prévues par l'article 314-6 du code pénal.
>
> Si la saisie porte sur une créance, elle en interrompt la prescription.

O artigo acima colacionado confere à execução uma garantia expressa uma vez que os bens penhorados não poderão ser alienados, tornam-se indisponíveis desde o momento em que a penhora recai sobre os mesmos. Na lei antiga a previsão era de nulidade das alienações dos bens penhorados. Embora a lei prescrevesse a nulidade, o entendimento era de que se tratava apenas de ineficácia relativa, pois os efeitos da nulidade poderiam ser superados com o pagamento da dívida exeqüenda e os valores garantidos eram somente no limite destinados à satisfação do credor exeqüente. Agora, a Lei de Execuções garante a indisponibilidade do bem penhorado, até mesmo na penhora preventiva. Com isso, o credor continua com a proteção garantidora do Estado após a penhora realizada, visando à efetivação ou garantia do seu crédito, uma vez que possui a garantia preferente no bem determinado pela anterioridade da medida.

---

(37) *Terceria de domínio* como defesa do terceiro.

(38) Lei n. 91.650 de 09.07.91 com alterações pela Lei n. 92.644 de 13.07.92.

O Direito processual francês antigo previa no art. 686[39] que a parte penhorada não poderia, a contar do dia da transcrição da penhora, alienar os imóveis penhorados sob pena de nulidade e sem que fosse necessário que o juiz pronunciasse a nulidade. Embora constasse o termo nulidade, logo a seguir, no art. 687, o código introduzia a idéia de se tratar de nulidade relativa, uma vez que admitia ser sanável a nulidade.

Com a previsão legal do art. 686, o Direito francês concedia proteção semelhante àquela oferecida pelo Direito brasileiro, no art. 592, V, do Código de Processo Civil, sujeitando à execução os bens alienados ou onerados a terceiros. Embora o Direito francês não tratasse de fraude, e sim de penhora, introduzia uma garantia ao credor a partir da inscrição da penhora, com efeitos idênticos àqueles decorrentes da fraude de execução brasileira. A nova Lei de Execuções francesa n. 91.650 torna o bem ou o direito penhorado indisponível.

A propósito, traz-se a lume excertos de interessante julgamento do Tribunal francês, caso em que o devedor executado renunciou aos seus direitos em favor daquele que lhe havia transferido o bem. Assim procedeu na tentativa de afastar o imóvel da constrição, pensava que, com a renúncia, não poderia ser atingido pela norma. Transcreve-se: "em vão, qualificar-se-á de renúncia uma cessão feita pelo penhorado àquele que lhe houver vendido o imóvel. O penhorado não pode mais desistir nem transmitir aquilo que não está mais à sua disposição. Todo aquele que abandona, aliena, como aquele que vende, se enquadra na previsão legal, e não há nenhuma razão plausível para descartar, neste caso, a aplicação do art. 686,[40] do Código processual, sob argumento de que um vendedor readquiriu a propriedade da coisa, como se ele não a houvesse vendido. Isto representaria uma inversão dos termos contidos na proibição legal, prevista no Código Processual civil, na parte que trata da alienação do bem penhorado".[41] Observe-se que o Tribunal, com base no art. 686 do CPC antigo, reconhecia como indisponível o bem penhorado. Assim, a nova Lei das Execuções veio consolidar o entendimento jurisprudencial.

Denota-se preocupação na doutrina francesa relativamente aos efeitos da anulação das alienações, diante da possibilidade de fraude. Embora o texto do art. 686 do Código de Processo Civil não expressasse o termo "fraude", nem a nova lei de execuções o faça, a doutrina refere-o, relacionando às hipóteses de fraude. Tal se observa nas informações de *Chauveau*, com base em *MM. Favard de Langlade*— T. II p. 231 "A apreciação dos casos de fraude[42]deve pertencer e pertence aos magistrados, entretanto não será

(39) De acordo com o art. 686 da lei processual antiga, Adolphe Chaveau, *Les lois de la procédure civile*, Paris: Cosse, G.L.J. Carré, [s. d.].

(40) Do antigo Direito processual francês.

(41) Cf. Adolphe Chauveau.: *Vainement qualifierait-on de délaissement une cession faite par le saisi à celui qui lui surait vendu l'immeuble. Le saisi ne peut pas plus délaisser que transmettre ce qui n'est plus à sa disposition. Un tel changement de mains a lous les caractères de l'alienation prohibée par la loi; car celui qui DÉLAISSE, aliéne, comme celui qui vend, et il n'y a aucune raison plausible d'écarter, en cecas, l'application de l'art. 692(686), par le motit que c'est un vendeur qui estrentré dans la propriété de la chose, comme s'il ne l'avait pas vendue. Les lois de la procédure civile*, p. 499.

(42) *L'appréciation des cas de fraude doit appartenir et appartient aux magistrats, cependant ce n'est pas légèrement qu'ils consentiront à annuler une vente immobilière faite par un propriétaire, maître de ses droits*, Adolphe Chaveau, ob. cit., p. 500.

rapidamente que eles consentirão anular uma venda imobiliária feita por um proprietário, senhor dos seus direitos, e bem evidente como julgar os contos de *Montpellier e Colmar*,[43] a penhora imobiliária deve ser anulada se o devedor alega um ato autêntico de venda anterior à hipoteca de penhora e se este ato não for mesmo ao efeito de nulidade."[44]

Por quem poderia ser contestada a nulidade da venda feita pelo penhorado? Para resolver essa questão, *M. Chauveau*,[45] ainda com base no art. 686 do antigo CPC, afirmava ser necessário adentrar-se nos motivos do legislador, o qual queria que a penhora imobiliária fosse uma penhora sobre os imóveis de um devedor em favor dos seus credores. Conclui, afinal, que a nulidade poderia ser contestada pelo próprio devedor e pelo adquirente do bem. Poder-se-ia pensar, então, que a nulidade da venda feita pelo penhorado, mesmo após a transcrição, seria só relativa, que ela poderia ser demandada apenas pelas partes interessadas, quer dizer, pelo pretendente ou por aqueles credores inscritos. A propósito afirma *Chauveau*:[46] "foi assim que a Corte de Cassação julgou. Contrariamente é verdade, há dois decretos de uma Corte d'Angers e outro da Corte de Lyon, que apontam que o adquirente, ele mesmo, tem o direito de pedir a nulidade de sua aquisição. Ratifica a doutrina esses decretos, ao menos para o caso em que o montante da venda não é suficiente para cumprir as condições do art. 687". A princípio, informa o citado autor, não se deveria forçar o adquirente a executar um contrato que não tem para ele nenhuma consistência e que sucumbe sob a simples reclamação do menor credor inscrito. Entretanto, admite-se o contrário, porque o adquirente que comprou, nessas circunstâncias, não tem do que se queixar, exceto o caso de fraude em que o vendedor detém escondida artificiosamente a sua posição.[47] Nesse caso, ele não poderia requerer a nulidade, nem contra o penhorado, com o qual ele contratou, nem contra os credores inscritos.[48]

Tito Carnacini também considerava relativa a nulidade atribuída pelo art. 686 do Código de Processo Civil Francês às alienações feitas pelo devedor. O entendimento se deve à evidência, em face do texto do art. 686, cominando a nulidade, ser sucedido pelo disposto no art. 687, no qual era prevista a possibilidade de ser satisfeita a execução como forma de a alienação produzir todos os seus efeitos, como se estivesse sempre regular. *In verbis*: *Degli atti di alienazione dell'immobile colpito da pignoramento, non é a parlarsi di nullità assoluta, nè di mera annullabilità, bensi di originaria nullità relativa.*[49]

Com acerto o citado autor, pois tratava-se de nulidade relativa, não por estar expressa esta condição na lei, mas por ser o único entendimento razoável a se extrair da combinação dos dois artigos. Tratava-se, na verdade, de uma particular nulidade relativa, porque seus efeitos só atingiriam determinadas e restritas pessoas. Diante da

---

(43) Autores de contos infantis.

(44) Adolphe Chauveau, ob. cit., p. 501.

(45) Adolphe Chauveau, ob. cit., p. 501.

(46) *Ibidem, idem.*

(47) Nesses termos: *sauf le cas* de fraude *où le vendeur lui aurait caché artificieusement sa position*, Adolphe Chauveau, ob.cit., p. 502.

(48) Conforme informa Adolphe Chauveau, ob.cit., pp. 502-503.

(49) Cf. Tito Carnacini, *Contributo alla teoria del pignoramento*, Castello-Itália: Tipografica, 1936, p. 96.

alienação do bem penhorado, nenhuma indagação maior era feita, o ato era tido como nulo. O ato-fato determinava a nulidade e nem ao menos era necessária sua declaração, pois a lei dispensava a pronúncia do juiz a respeito. Nesse aspecto, o efeito produzido pela incidência da norma francesa parecia ser mais contundente do que aquela decorrente da previsão contida no art. 593 do Código de processo brasileiro, em que o caso é resolvido incidentalmente no processo. O ato era nulo, mas só atingia as partes no processo, refletindo, dita nulidade, contra o terceiro adquirente do bem constrito. Inclusive a dívida exeqüenda poderia ser paga, afastando-se completamente a nulidade que seria de *pleno iure*. Por essas circunstâncias é que se pode dizer que se tratava, em última análise, de ineficácia e não de nulidade. Nessa linha de entendimento, também, *Tito Carnacini*: *cosicchè, per lui qui non sarebbe a parlarsi di nullità o di annullabilità, bensi soltanto di inefficacia nel senso stretto e rigoroso della parola.*[50]

A nulidade das alienações feitas depois da penhora abrangeriam até as hipotecas que a parte penhorada consentiria. Em outros termos, a palavra alienar é empregada no art. 686 do CPC antigo num sentido tão abrangente que se supunha incluir as hipotecas novas.[51] Sobre o tema, informa *Chauveau*: "o penhorado não pode consentir com nova hipoteca após a denúncia da penhora, integram a hipoteca convencional e a venda voluntária. Segundo o Código Civil, aquele que não pode vender os seus imóveis não pode hipotecar, por convenção (...) antigamente dependia de um devedor de má-fé, *que faria hipoteca em seus imóveis para fraudar e frustrar a maioria dos seus credores* quirografários pelas hipotecas consentidas, *desde a denúncia da penhora*, o que seria contrário à justiça e ao espírito dos arts. 2.124,[52] 2.116[53] do Código Civil."[54] (grifos e tradução nossa).

Sob a égide da referida norma, os interessados poderiam buscar o bem penhorado sem chamar o adquirente do imóvel vendido após a transcrição. A nulidade da alienação feita após a transcrição seria tão absoluta que aqueles que tivessem a preferência ditada pela penhora transcrita poderiam fazer prevalecer seus direitos sem necessidade de que fosse pronunciada a nulidade. Dessa forma, os credores penhorantes poderiam continuar o processo e passar à adjudicação definitiva sem chamar o adquirente. A adjudicação produzia os seus efeitos, como se a alienação não tivesse sido feita, como se o imóvel continuasse de resto nas mãos do devedor penhorado.[55] Os terceiros prejudicados com aquisições de bens penhorados, depois de transcritas as penhoras, poderiam mover ações dirigidas ao devedor-penhorado, uma vez que não poderia dispor do imóvel em razão da incidência objetiva da pronúncia do art. 686 do Código de Processo Civil. Agora, a Lei de Execuções francesa torna o bem penhorado indisponível.

---

(50) *Contributo alla teoria del pignoramento*, p. 99. Na mesma linha Satta, *L'esecuzione Forzata*, v. IX, t. I, Torino: Torinnese, 1950, p. 103.

(51) Cf. Adolphe Chauveau, ob. cit., p. 504.

(52) Art. 2.124 do *Código Napoleão ou Código Civil dos Franceses*: As hipotecas só podem ser consentidas por aqueles que têm a capacidade de alienar os imóveis que são submetidos a ela. Trad. Souza Diniz, Rio de Janeiro: Distrib. Record, 1962.

(53) Art. 2.116 do CCf.: A hipoteca é legal, convencional ou judicial, ob.cit.

(54) Cf. Adolphe Chauveau, ob. cit., p. 504.

(55) Cf. Adolphe Chauveau, ob. cit., p. 502.

O resultado prático entre a antiga e atual previsão legal parece ser similar, uma vez que o devedor, estando privado da disponibilidade do bem, não poderá aliená-lo. O objetivo das normas é um só, o de garantir a efetividade da execução.

Cumpre ressaltar a previsão legal francesa, que determina seja nomeado depositário do bem o terceiro em cujas mãos estiverem os bens objeto da penhora. Nesses casos, a Lei de Execução civil n. 91.650, com as alterações posteriores, prescreve que o terceiro ficará responsável sob as penas das sanções previstas no art. 314-6 do Código Penal.

O Código Penal francês, por sua vez, prescreve a pena de três anos de prisão e multa de 2.500.000 francos ao penhorado ou ao terceiro que tiver sob sua custódia o bem penhorado e que destruir ou ocultar referido objeto. A tentativa da infração prevista está sujeita às mesmas penas. O mesmo dispositivo penal, em seu item 7, prevê a pena de prisão, além da multa de 300.000 francos ao *devedor que, de forma fraudulenta*, organizar ou agravar sua insolvência, subtraindo bens de seu ativo ou reduzindo seus ingressos, estando já reconhecido judicialmente como responsável por uma dívida.(56) Observa-se que a Lei Penal prescreve a responsabilidade do terceiro pela guarda e conservação da coisa penhorada como depositário. Porém, a prescrição ao devedor é mais abrangente: configura-se a fraude pelos atos do devedor tendentes a subtrair o patrimônio, em prejuízo da execução, condicionado à existência de dívida reconhecida judicialmente.

As penhoras conservativas,(57) previstas no Direito francês, em especial no art. 74 e no art. 75 da Lei de Execução, podem ser realizadas sobre todos os bens imobiliários, corpóreos ou incorpóreos, que pertencerem ao devedor. Essa modalidade de penhora constitui-se em medida de cautela do devedor, e torna os bens penhorados indisponíveis. Tratando-se de penhora cujo objeto é uma soma em dinheiro, o ato da penhora o tornará indisponível. A indisponibilidade é dita parcial porque é limitada ao montante do crédito do penhorante.(58)

Segundo *Roger Perrot*,(59) os meios de que dispõem os credores, no Direito Francês, para intimidar o devedor para que cumpra sua obrigação, são três, e são tidos como meios de coerção por dissuasão. Compreendem o incômodo pela penhora de bens; a aplicação da *astreinte*(60) pelos juízes, ou a incidência de cláusulas penais. Ressalta o citado autor que a pressão, resultado dos meios postos à disposição do credor, pela nova Lei de Execuções, constituem-se em ameaças que servem para convencer o devedor a cumprir voluntariamente o que deve. Considera-se relevante, para fins do presente

(56) Conforme arts. 314-6 e 7 do *Código Penal francês*. V. *in* <www.legifrance.gouv.br>, acesso em 26.06.03.

(57) Essa espécie de penhora, se não houver intervenção ou oposição do devedor ou terceiro, terá caráter extrajudicial, Cf. informa Roger Perrot em "La riforma francese delle procedure civili d'exsecuzione", *Rivista di Diritto Processuale*, Padova: CEDAM, 1992, p. 231.

(58) Cf. Roger Perrot, "La riforma francese delle procedure civili d'esecuzione", p. 231

(59) Vide "La coercizione per dissuasione nel Diritto francese", *Rivista di Diritto Processuale*, Milano: CEDAM,1996, p. 659.

(60) A respeito, veja-se "L'origine et la logique de l'astreinte", *in Revista Trim. Dir. Civile*,1903, pp. 5 e ss., *apud* Roger Perrot, La reforma francese delle procedure civil d'esecuzione, p. 664.

estudo, no sentido de se ter presente as diferenças econômico/culturais existentes entre os países, a informação de *Roger Perrot* de que a cada 100 penhoras realizadas em execuções na França, em 98% a 99% dos casos, os devedores pagam a dívida quando se aproxima a data da venda forçada do bem, particularmente no dia em que é afixado, na porta do prédio, o anúncio para a venda pública.(61) Significa dizer que, na França, raramente a execução forçada chega à expropriação final do bem do devedor, inclusive a simples perspectiva de que um bem seja penhorado provoca, muitas vezes, o pagamento imediato do débito.(62)

Sem embargo do informado, há por parte do exeqüente francês certa preferência pelo uso da via da penhora de créditos, efetivada diretamente na conta bancária do devedor. A princípio todo francês tem uma conta em banco. Embora o credor possa optar o que quer seja penhorado, esse mesmo direito não é atribuído ao devedor. A preferência pela penhora do crédito resulta da facilidade da execução e, também, por ser o meio menos gravoso ao devedor.(63)

Os problemas que poderiam ocorrer com a penhora de saldos bancários como, por exemplo, lançamentos de débitos após a realização da penhora, com datas anteriores, o que inviabilizaria a efetivação da execução, foram regulados pelo art. 47 da Lei n. 91.650. De acordo com o estabelecido naquele regramento, nos primeiros quinze dias a contar da penhora a indisponibilidade dos valores da conta bancária é total. Nesse período são deduzidas as operações em curso, e, após, a disponibilidade passa a ser relativa, pois é reservada a parcela correspondente ao valor da causa objeto da penhora, o restante fica liberado. As operações em curso, passíveis de dedução antes do lançamento do valor da penhora, são previstas em lei. Como exemplo, os pagamentos de cartões de crédito ou as compensações bancárias por operações realizadas antes da penhora. O banco, nos casos em que fizer lançamentos na conta indisponível, interferindo no limite do valor penhorado, deverá exibir um extrato com os lançamentos na conta, desde o dia da penhora até o momento da individualização da indisponibilidade do crédito penhorado, podendo o penhorante questionar judicialmente os lançamentos realizados na conta se entender que tenha sido preterido em seu direito de crédito.(64) Essa disposição legal, de controle dos lançamentos, combinada com a previsão de indisponibilidade do valor penhorado, existente no Direito francês, evita a ocorrência de fraude ou outra medida contra o exeqüente no que pertine aos saldos bancários do executado.

As medidas conservativas judiciais possuem a finalidade de evitar que o devedor se desfaça dos bens tornando-se insolvente.(65) O art. 67 da Lei de Execução autoriza a concessão da medida, pelo juízo, em circunstâncias que a justifiquem. Os meios

(61) Vide in: "La Riforma francese delle procedure civili d'esecuzione", p. 218.

(62) Cf. informa Roger Perrot, "La riforma francese delle procedure civili d'execuzione", p. 219.

(63) Cf. Roger Perrot, ob. cit., p. 231.

(64) Cf. Roger Perrot, ob. cit., pp. 232 e 233.

(65) Justificativa apresentada pela Comissão legislativa do projeto da lei de execução, conforme informa Roger Perrot, *in* "La riforma francese delle procedure civili d'esecuzione", p. 235.

conservativos, também denominados de garantia judiciária, tomam a forma de uma penhora conservatória. Para a efetividade da execução, podem ser requeridos, precedentemente, pelo credor e assumem a forma de uma caução ou hipoteca provisória, conferem ao credor uma posição de anterioridade, sem privar o devedor do gozo do bem. Tratando-se de bem corpóreo, poderá ser alienado, reservando-se a parte do credor garantido.[66] As despesas das medidas conservativas são por conta do devedor, porém, o credor pode ser condenado a reparar os prejuízos causados.[67]

As normas do Direito processual francês, acima descritas, visam à garantia da execução após a penhora dos bens do devedor. Afora esse instrumento legal, existem quatro casos nos quais os credores podem atacar a alienação feita antes da penhora: 1ª – Se ela é feita em fraude dos direitos deles, Código Civil francês, art. 1.167;[68] 2ª – Se ela é feita a título gratuito, nos dez (10) dias que precedem a abertura da falência; 3ª – Se ela é feita a título oneroso, nesses casos os juízes considerarão que possuem características de fraude; 4ª – Se tiver sido feita a partir da abertura da falência. Fora esses quatro casos, os credores não podem atacar a alienação feita antes da penhora.[69] Com a assertiva, verifica-se que no Direito francês não existe um instituto que ofereça a proteção na mesma amplitude da fraude de execução do Direito brasileiro. Naquele sistema legal, antes da penhora do bem, somente em caso de fraude na falência ou fraude contra credores poderão ser submetidos os bens alienados pelo devedor.

4.7. Direito inglês

No Direito inglês encontra-se uma lei de 1571 – Do Digesto do Direito Civil inglês,[70] tratando das alienações de bens desprovida de efeitos. Refere casos de fraude, durante a pendência de processo, especialmente no art. 1.712 e no § 4º do art. 1.713. Transcrevem-se:

> Art. 1.712 – *Cessão fraudulenta.* Toda cessão entre vivos, de bens reais ou pessoais, corpóreos ou incorpóreos, feita com o fim de retardar ou de fraudar os direitos justos e legais dos credores e de terceiros, será nula em face dos mesmos; ela não poderá entretanto ser anulada em prejuízo de uma pessoa que adquiriu de boa-fé e a título oneroso um direito sobre este bem, após esta cessão, sem ter conhecimento do fim fraudulento colimado.
>
> Art. 1.713 – *Presunção de fraude.* Uma das circunstâncias que se seguem, verificando-se relativamente à alienação de um bem entre vivos, desde que não se explique de um modo suficiente, fará nascer uma presunção de que esta alienação teve por fim retardar, entravar ou fraudar os direitos dos credores:

(66) Cf. informa Roger Perrot, *ob. cit.*, p. 236.

(67) Cf. previsão do art. 73 da Lei n. 91.650 de 09.07.01, com alterações pela Lei n. 92.644 de 09.07.92.

(68) Cf. *Código Napoleão ou Código Civil dos Franceses*, Trad. Souza Diniz, Rio de Janeiro: Distrib. Record, 1962.

(69) Cf. informa Adolphe Chauveau, com base em M. Carré e F'avard de Langlade, ob.cit., p. 501.

(70) Cf. Edward Jenks e outros, trad. fr. de T. BAUMANN e Paul GOULÉ. Paris, 1923, v. II, pp. 55 ss. Revista de Jurisprudência, s. ed.

> (...)
>
> *§ 4º – Se a cessão é ultimada enquanto a pessoa que procura impedi-la (um credor?) recorreu a um processo legal para fazer valer os seus direitos.*(71) (grifos nossos)

Verifica-se que a norma se dirige a toda espécie de cessão de bens e de direitos, com o fim de resguardar os direitos dos credores, os quais não serão afetados com a subtração dos bens do patrimônio do devedor. Entretanto, em que pese a presunção de fraude, a norma limita a anulação do negócio realizado, não permitindo que tal anulação atinja os direitos do terceiro de boa-fé, especialmente, quando a título oneroso e sem ter conhecimento da fraude. A presunção do art. 1.713 indica que verificadas as circunstâncias nele previstas, o ônus da prova será do prejudicado e não do credor, haja vista que a fraude será presumida se a cessão de direitos ou de bens for ultimada durante a pendência de processo legal. Interessante notar a semelhança dos dispositivos do Digesto inglês com o instituto da Fraude de Execução do Direito brasileiro, especialmente com relação à presunção de fraude na pendência de demanda e o estado de insolvência do devedor.

Como se disse, o requisito da insolvência também é exigido no Direito inglês para que a presunção de fraude opere contra o devedor. Entretanto, se não houver insolvência real ou iminente, a intenção de fraudar deve ser provada pelo credor, conforme previsto no art. 1.714. Transcreve-se:

> Art. 1.714 – *Disposições voluntárias.* Uma cessão voluntária de bens entre vivos será considerada como fraudulenta em face do art. 1.712, se, quando ela é ultimada, o cedente:
>
> 1º – Tornou-se insolvente sem o bem objeto da cessão.
>
> 2º – Ou estava ao ponto de concluir um negócio arriscado no qual se expunha a contrair dívidas, que não poderia pagar sem servir-se dos bens compreendidos na disposição.(72)

Nestes dois casos, as circunstâncias fazem presumir a intenção de frustrar os credores. Em outros casos, é necessário que aquele que deseja anular a disposição prove a intenção real de fraudar ou faça presumir esta intenção por outros meios.

A questão da nulidade ou ineficácia dos atos de disposição é um tanto controvertida no texto da lei em comento. O art. 1.712 prescreve a nulidade das cessões procedidas, no art. 1.717 também é referida a expressão nulidade inclusive neste último artigo é prescrita a necessidade de ação contra o terceiro possuidor do bem para nulificar a alienação, devendo o produto do bem servir a pagamento de todas as dívidas do devedor. Todavia, no art. 1.719 a norma prescreve que a alienação será válida entre

(71) Cf. Edward Jenks e outros, trad. fr. de T. BAUMANN e Paul GOULÉ. Paris, 1923, v. II, pp. 55 e ss. Revista de Jurisprudência, s. ed. (Tradução para o português nossa)

(72) Cf. Edward Jenks e outros, trad fr. de T. BAUMANN e Paul GOULÉ. Paris, 1923, v. II, pp. 55 e ss. Revista de Jurisprudência, s. ed. (Tradução para o português nossa)

os contratantes e as outras pessoas que não são credoras do cedente, se houver disposição, sob reserva dos direitos dos credores, de fazer anular só relativamente a eles. Transcrevem-se os textos:

> Art. 1.717 – *Recurso dos credores.* Todo credor relativamente ao qual uma cessão é nula em virtude do art. 1.712, tal como o síndico da falência do cedente, tem o direito de intentar uma ação contra o detentor do bem ao qual ela se aplica, para obrigar os possuidores a contribuir com o bem no pagamento das dívidas do cedente. E o bem, uma vez reintegrado no patrimônio, não será afetado somente para o pagamento dos credores que tinham o direito de agir solicitando a nulidade da alienação, mas para o pagamento de todas as dívidas do cedente.
>
> Art. 1.719 – *Disposições válidas entre as partes.* Sob reserva dos direitos dos credores de fazer anular relativamente a eles, de acordo com o art. 1.712, a disposição em questão será, se não for anulada por outras razões, válida entre os contratantes e as outras pessoas que não são credoras do cedente.(73)

A nulidade cominada na norma aproveita qualquer credor, equivale dizer, os requisitos, para configurar a fraude e autorizar sua presunção, como da demanda em curso e estado de insolvência, verificados relativamente a certo credor, podem ser aproveitados por outro que não se enquadre nas exigências da norma, se o credor com direito ao benefício da nulidade cominada no art. 1.712 não agir. A medida consiste em sub rogação nos direitos do credor. Transcreve-se:

> Art. 1.718 – *Sub-rogação nos direitos do credor.* Se um credor em relação ao qual uma alienação é nula conforme o art. 1.712, recusa de atacar a anulação, qualquer outro credor do cedente pode agir em seu lugar, embora esta alienação não seja nula relativamente ao mesmo.(74)

Por outro lado, é importante o contido no art. 1.720, o qual leva a entendimento de que verificadas as questões objetivas que autorizam a presunção da fraude, não há necessidade de provas. Transcreve-se:

> Art. 1.720 – *Adquirente não prevenido.* A questão de saber se aquele que tem seus direitos provenientes de uma alienação fraudulenta como adquirente de boa-fé a título oneroso teve conhecimento da fraude é uma pura questão de fato em cada caso.

A regra inglesa é extremamente indulgente com os credores, não lhes estabelecendo prazo para tomar as providências. É o que se depreende da leitura do texto do art. 1.721. Transcreve-se:

> Art. 1.721 – *Prescrição.* Um credor que tenha sido fraudado, ou que é considerado como tendo sido fraudado, por alienação de um bem, não será prejudicado por nenhuma

(73) Cf. Edward Jenks e outros, trad fr. de T. BAUMANN e Paul GOULÉ. Paris, 1923, v. II, pp. 55 e ss. (Tradução nossa para o português.)

(74) Cf. Edward Jenks e outros, trad fr. de T. BAUMANN e Paul GOULÉ. Paris, 1923, v. II, pp. 55 e ss. (Tradução nossa para o português)

> demora no direito de agir para anular a disposição, enquanto pode perseguir o reembolso deste crédito pessoalmente. E uma demora mesmo inexplicável na execução de seus direitos não o privará dos recursos que a lei lhe confere.

A referida lei das transferências fraudulentas, antes descrita, é ainda aplicada no Direito inglês para os que a ele se submetem. A propósito, a alta Corte da Ilha de Man, em julgamento realizado em 1999, reconhece que a Lei de Elizabeth de 1571 é ainda aplicada na maioria dos Estados da *common law*, inclusive em alguns Estados americanos, porque à época da lei os EUA eram colônias inglesas.(75)

No famoso(76) caso Heginbotham, julgado em 1999, a mais alta Corte da Ilha de Man analisou a possibilidade de aplicação da Lei de Elizabeth, de 1571, refutando-a em face de estatuto jurídico da Ilha de Man datado de 1736, portanto, mais recente, o qual trata das alienações fraudulentas, com diferenças comparadas com a Lei de Elizabeth.

A principal diferença destacada pelos julgadores, no caso de 1999, foi de que a lei nova — Estatuto de 1736 da Ilha de Man — não relaciona a fraude ao elemento intencional. Assim, não haveria de se perquirir da existência de intenção do devedor que transfere seus bens para livrá-los da execução. Conforme informa *Charles A. Cain*, somente uma seção da nova lei permanece em vigor, justamente, foi esta norma que incidiu no caso concreto. A Seção 4 do AUTF – Ato Uniforme de Transferências Fraudulentas, assim dispõe: "uma transferência é nula contra credores, quando o devedor está em um estado de insolvência, ou quando o efeito da transferência é deixar o devedor sem os meios para pagar suas dívidas presentes".(77) *In verbis:*

> AUTF 1736 – 4 – And that all fraudulent Assignments or Transfers of the Debtor's Goods of Effects shall be void and of no effect against his just Creditors, any Costume or Practice to the contrary notwithstanding.(78)

Por outro lado, foi analisada a possibilidade de se ter como fraude as alienações realizadas antes de ser instaurado o processo, quer dizer, sem a pendência de demanda.

O caso Heginbotham é considerado relevante para o presente estudo porque nele foram analisadas a aplicabilidade do estatuto da fraude inglesa em confronto com o ato normativo da Ilha de Man. Destacam-se os principais tópicos do caso:

a) Christopher Heginbotham ingressou com ação para cobrar um contrato, obteve êxito, a sentença lhe foi favorável no que se refere ao seu direito de crédito. Dois

---

(75) Cf. informa o Relator, no julgamento em comento.

(76) Cf. informação de Charles A. Cain MA ACIB, o caso ficou famoso e tem sido objeto de muitos debates pelos juristas ingleses porque afinal a Ilha de Man resiste em aplicar a lei inglesa, no que se refere às alienações fraudulentas, embora faça parte da *common law*. February 2001 Editorial <http://www.skyefid.com/index.htm?/cgi-bin/editorial.pl?february,2001>, acessos finais em 23.07.03.

(77) Tradução nossa do texto original extraído do Editorial <http://www.skyefid.com/index.htm?/cgi-bin/editorial.pl?february,2001>, acesso e d. cit.

(78) Vide Editorial *in* <http://www.skyefid.com/index.htm?/cgi-bin/editorial.pl?february,2001>, acesso e d. cit.

meses antes de a ré ser citada para o processo de Heginbotham, transferiu todos os seus bens para uma terceira companhia empresarial;

b) O credor pretendeu receber seu crédito. Não encontrando bens, requereu a declaração da fraude nas alienações procedidas, por presunção, conforme previsto na lei. Pretendia fossem penhorados os bens da empresa adquirente do patrimônio da devedora. Sua principal alegação foi de que a transferência, embora realizada antes da ação judicial, se deu com a intenção fraudulenta de livrar os bens da responsabilidade pela dívida;

c) A Lei de 1571 sofre os efeitos da validade do Ato de Transferências Fraudulentas de 1736. Assim, a lei nova prevalece. Nesta é prevista que toda a consignação ou transferência fraudulenta das coisas ou das ações do devedor deverão ser anuladas, tornadas sem efeito, contra seus credores justos, derrogadas as práticas em contrário;

d) O Ato de 1736 não refere qualquer termo relativo a considerar-se a existência de *intenção* das partes nos atos de alienações dos bens.

As principais declarações da Corte são resumidas da seguinte forma:[79]

1 – sem dúvida, por toda a parte do campo da proteção de bens, uma transferência é nula quando o devedor está em estado de insolvência ou quando o efeito da transferência é deixar o devedor sem os meios para pagar suas dívidas presentes;

2 – o estado de insolvência implica inabilidade para pagar a dívida existente ou presente. As dívidas presentes devem ser tidas como as dívidas do devedor na data da transferência;

3 – as transferências dos bens da ré deram-se em data anterior ao recebimento do contra-argumento (defesa da ré);

4 – à época da pretendida execução, as alienações já haviam sido procedidas;

5 – a alegação de que as transferências foram efetuadas anteriormente à ação, com a intenção de fraudar o credor, não pode ser levada em consideração, porque a lei aplicável na Ilha de Man não considera o elemento volitivo "intenção de fraudar". A presunção de fraude se verifica mediante a ocorrência dos fatos elencados na lei. Com isto, mesmo que houvesse a intenção do devedor, este fato não teria efeito a beneficiar Heginbotham;

6 – o caso foi julgado improcedente, porque o credor, no momento das transferências, não era ainda um credor nos termos exigidos pela lei. Para ser credor nos termos da lei mencionada, deveria ser autor em demanda. No caso, as transferências foram realizadas pouco antes da ação, portanto não foram preenchidos os requisitos impostos pela norma.

(79) Cf. relatado no julgamento do processo de Heginbotham, doc. cit., d. cit.

Para efeito da norma, declarou o Tribunal, as transferências foram realizadas no momento em que Heginbotham era apenas um *futuro* credor.[80] Equivale dizer que as dívidas existentes entre os credores antes do ingresso de ação judicial, pelo credor, não são suficientes para fazer incidir a norma legal que trata das transferências fraudulentas, Lei de Elizabeth de 1571 ou o Ato de 1736 da Ilha de Man.

4.8. Direito italiano

Primeiramente, cumpre registrar que a ação anulatória prevista no Direito Civil italiano, berço do instituto da fraude pauliana e de, certa forma, origem da fraude de execução, prevê a *ineficácia* dos atos de disposição quando realizados em prejuízo dos credores. Desta forma, justifica-se os entendimentos existentes no Direito brasileiro, no sentido de também interpretar as normas que tratam da fraude, em prejuízo dos credores, como tendo a finalidade de declaração de ineficácia, em vez de anulação, como consta do Código Civil brasileiro e conforme mencionado no presente trabalho, em especial no item 3.2. Com efeito, no art. 2.901[81] do Código Civil italiano atual, em vigor desde 1999, está previsto que o credor, cujo crédito esteja sujeito à condição ou termo, pode demandar para que sejam declarados "ineficazes" os atos de disposição realizados em confronto com seus direitos, alegando prejuízo. Consta ainda do texto legal que a ineficácia do ato não prejudica os direitos adquiridos a título oneroso a terceiros de boa-fé. Inclusive, no art. 2.902,[82] quando se refere aos efeitos obtidos pelo credor, a norma utiliza, novamente, o termo ineficácia. Transcreve-se: "O credor, obtida a declaração de ineficácia, pode promover, num confronto com os terceiros adquirentes, as ações executivas ou conservativas" (tradução nossa). Estabelece ainda a lei que o terceiro contratante que tenha, contra o devedor, razões de crédito dependentes do exercício da ação revocatória não pode concorrer sobre o resultado dos bens que foram objeto de ato declarado ineficaz, senão depois que o credor for satisfeito.

De efeito, como já afirmava *Maierini*,[83] *O interditum fraudatorium* possui originalmente as mesmas condições e produzem substancialmente os mesmos efeitos da ação pauliana. Por outro lado, complementa o autor, o restabelecimento da coisa ao

(80) Os dados do processo foram obtidos no *site* pertencente a Skyefid Limited, cujo editorial é licenciado pelo governo da Ilha de Man: Charles A. Cain MA ACIB, February 2001 Editorial. <http://www.skyefid.com/index.htm?/cgi-bin/editorial.pl?february, 2001>, acesso e d.cit.

(81) CCI. art. 2.901. *Il creditore, anche se il credito è soggetto a condizione o a termine, può domandare che siano dichiarati inefficaci nei suoi confronti gli atti di disposizione del patrimonio con i quali il debitore rechi pregiudizio alle sue ragioni, quando concorrono le seguenti condizioni: (....) L 'inefficacia dell'atto non pregiudica i diritti acquistati a titolo oneroso dai terzi di buona fede, salvi gli effetti della trenscrizione della domanda di revocazione.* Franceso Bartolini, *Il nuovo Codice Civile*, 8. ed., Piacenza: Casa Editrice La Tribuna, 1999, p. 587.

(82) CCI. art. 2.902. *(effetti) Il creditore, ottenuta la dichiarazione di inefficacia, può promuovere nei confronti dei terzi acquirenti le azioni esecutive o conservative sui beni che formano oggetto dell'atto impugnato. Il terzo contraente, che abbia verso il debitore ragioni di credito dipendenti dall'esercizio dell'azione revocatoria, non può concorrere sul ricavato dei beni che sono stati oggetto dell'atto dichiarato inefficace, se non dopo che il creditore è stato soddisfatto.* Franceso Bartolini, *Il nuovo Codice Civile*, p. 587.

(83) Cf. Angelo Maierini, *Della revoca degli atti fraudolenti*, pp. 115-379.

estado prístino não deriva de vício inerente ao ato fraudulento, porque este perdeu a eficácia jurídica. Mas não toda a eficácia, porque este é um efeito da obrigação que cabe contra os partícipes da fraude, ou seja, de ressarcir o credor pelo prejuízo sofrido em conseqüência do ato. Por isto o ato, em si, deve continuar a existir a respeito do devedor e dos credores não fraudados. O resultado aproveita ao credor e, no que couber, ao terceiro. Todavia, a regra aplica-se somente contra o primeiro adquirente, não contra os sucessivos adquirentes de boa-fé.(84)

No Direito processual italiano, encontram-se algumas previsões legais com objetivos que englobam, de certa forma, alguns aspectos de proteção legal, similares aos da fraude de execução do Direito pátrio. Nesse diapasão, destaca-se o art. 111 do Código de Processo Civil, em que é tratada a sucessão a título particular. *In verbis:*

> Art. 111. Se nel corso del processo si trasferisce il diritto controverso per atto tra vivi a titulo particolare, il proceso prosegue tra le parti originarie. Se il transferimento a titulo particolare avviene a causa di morte, il proceso é proseguito dal successore universale o in suo confronto. In ogni caso il succesore a titulo particolae può intervenire o essere chiamato nel processo e, se le altre parti vi consentono, l'alienante o il succesore universale può esserne estromesso.
>
> La sentenza pronunciata contro questi ultimi spiega sempre i suoi effetti anche contro il successore a titulo particolare ed è impugnabile anche da lui, salve le norme sull'acquisto in buona fede dei mobili e sulla trascrizione.(85)

A norma do art. 111 do Código de Processo Civil disciplina os casos de transferência quando o direito está sob *judice*, embora, como informa *Andrea Pisani*,(86) seja o objetivo da norma tutelar os direitos de transferências derivados simplesmente do poder de disposição dos titulares, não encontrando aplicação em outras espécies de alienação que não seja a título derivado e voluntário.(87) Trata da eficácia perante as partes no processo e do terceiro adquirente, quando o direito litigioso é transferido no curso da demanda. Conforme informa *Satta*, "no Direito romano e no Direito comum, foi resolvido o problema prático, considerando inválida ou ineficaz as alienações da *res* litigiosa, isto é impedindo sob o plano substancial que a alienação valha de forma a privar a parte originária da *legitimatio ad causam.*"(88) Nesses casos, a sentença, no processo que diz respeito ao direito em litígio, atinge o terceiro, legitimando-o inclusive para intervir. Na mesma linha, *Pisani* refere sobre a eficácia *ultra partes* da decisão sobre bem litigioso: *a quanto statuito in ordine alla efficacia ultra partes della sentenza ed alla legitimazione alle impugnazioni.*(89) A norma encontra semelhança com o disposto no art. 592, no que pertine à sujeição do terceiro à decisão judicial. Entretanto, atinge o adquirente mesmo que ainda não exista a decisão. Assim, assemelha-se

---

(84) Angelo Maierini, *Della revoca degli atti fraudolenti*, pp. 115-379.

(85) Conforme Códice di Procedura Civile italiano, por Virgilio Andrioli, Milano, Itália: Giufrè, 1978, p. 157.

(86) Andrea Proto Pisani, *Commentarios del Codice di Procedura Civile*, v. II. Turim: Utet, 1973, p. 1.243.

(87) Excepciona o citado autor os casos de aquisição a título originário quando uma parte haja perdido seus direitos controvertidos, por efeito de desapropriação pública.

(88) Salvatore Satta, *L'esecuzione Forzata*, ob.cit., p. 415.

(89) Cf. Andrea Proto Pisani, *Commentario del Codice di Procedura Civile*, v. II, Turim: Utet, 1973, p. 1.247.

ao inciso I do art. 593 do Código de Processo Civil brasileiro. Contudo, embora seja reconhecida a ineficácia do ato de transferência, inclusive em prejuízo do terceiro adquirente, não se encontrou na legislação ou doutrina italianas regência do caso tratando-o como fraude. Sem embargo à proteção mencionada, no sentido de que o resultado atinja o terceiro, o entendimento é excepcionado nos casos de boa-fé, ou seja, quando o terceiro adquirente agiu de boa-fé. Nessa situação, a eficácia da sentença não deverá atingi-lo. Portanto, a norma dirige-se a tornar ineficazes os atos de alienação praticados entre o titular de um direito e o terceiro adquirente, quando presente a má-fé, e na pendência de ação cujo objeto é o próprio bem.

Os arts. 491 e ss. do Código de Processo Civil italiano regem as questões da penhora e seus efeitos. Para o Direito italiano, a penhora vincula o bem à garantia da satisfação executiva. Destarte, as alienações ou onerações procedidas com os bens penhorados são ineficazes relativamente às partes na execução. Nesse sentido, ensina *Mandrioli*: *eventuali atti di alienazione o disposizione sono, più precisamente, colpite da un'efficace rispeto all'espropriazione e alla sua funzione.*[(90)]

Segundo informa *Montesano* e *Arieta*, a penhora, em geral, produz efeitos processuais e substanciais. Nessa senda, depois da notificação do título em forma executiva e do *precetto*,[(91)] salvo a hipótese prevista no art. 502, do Código de Processo Civil italiano, a expropriação se inicia com a penhora — art. 491 —, ou seja, com o apropriado requerimento pelo credor, validado pelo oficial judiciário — órgão público, estavelmente inserido na organização judiciária —, que tem a função de individuar dentre todos os bens que fazem parte do patrimônio e objeto genérico da responsabilidade patrimonial do devedor, aqueles que serão destinados à satisfação do credor, sobre tais bens vem formar-se um verdadeiro e próprio vínculo de destinação, no interesse do processo.[(92)]

Dispõe o art. 492 do Código de Processo Civil italiano que a penhora consiste na imposição que o oficial judiciário faz ao devedor de abster-se de qualquer ato direto a subtrair à garantia do crédito os bens que se submetem à expropriação e seus frutos. Todavia, ensinam *Montesano* e *Arieta*, precisa levar-se em conta os outros elementos constitutivos exigidos pela lei para as várias espécies de penhora — pense-se na transcrição para a penhora imobiliária. A imposição constitui requisito essencial de toda forma de penhora, cuja falta determina a nulidade da mesma, porquanto, através dessa, se determina aquele vínculo de destinação sobre os bens penhorados que opera seja sobre o plano substancial, seja sobre o plano processual. Quanto aos efeitos substanciais, esses invadem o monte mor, não sobre o poder de disposição que resta ainda

(90) Crisanto Mandrioli, *Diritto Processuale Civile*, 30. ed., Torino: G. Giappichelli, 2000, p. 65.

(91) *Precetto*, do Direito italiano, consiste em uma prescrição inicial para que o devedor cumpra a obrigação, advertindo-o de que se não atender a ordem, será iniciada a execução forçada. Embora com algumas diferenças, assemelha-se à citação inicial em ação de execução do Direito brasileiro, no sentido de que tem o objetivo específico de compelir o devedor a pagar. Diferentemente da pena pelo não-cumprimento, prevista no art. 475J do CPC que incide *ex legge*.

(92) Luiggi Montesano e Giovanni Arieta, *Diritto Processuale Civile, III*, 3. ed. Torino: G Fiappichelli Editore, 1999, p. 41.

ao executado, mas sobre o regime de inoponibilidade de eventual ato de alienação — o que se verifica em certos casos, também, anterior à penhora — nos confrontos dos credores e intervenientes, com a conseqüente necessidade de predispor articulada disciplina sobre os conflitos que possam surgir entre esses últimos e os terceiros adquirentes que têm em conta, também, as normas sobre a posse dos móveis e sobre a transcrição de atos ou demandas judiciais.(93)

O art. 602(94) do Código de Processo Civil italiano aborda a questão da fraude,(95) prescrevendo que o processo de execução será suspenso até a solução da intervenção que se verificou em caso de alienação revogada por fraude. Na incidência do art. 602, o bem será expropriado contra o terceiro que tenha adquirido ou seja beneficiário de gravame de penhor ou hipoteca.(96) Destarte, informa *Montesano*, o terceiro é sujeito passivo como destinatário da ação executiva. Embora não seja devedor, sua relação jurídica advém do bem objeto da expropriação que está em seu poder.(97) Nesses casos, também, a expropriação, por conta do terceiro, encontra limite no prejuízo causado. Assim, a ineficácia do negócio realizado com o terceiro aproveita somente o credor exeqüente. Exatamente, nessa linha de pensamento, decisões do Tribunal italiano: *la cùi consistenza per effetto dell'atto di disposizione posto in essere dal debitore, si sai ridotta al punto da pregiudicare la realizzazione del diritto del creditore com l'azione espropriativa.*(98) Em semelhante acepção, transcrevem-se excertos de outra decisão: *con riguardo ad atto dispositivo di un bene, implica una mera declaratoria di inefficacia dell'atto stesso che consente al creditore istante di aggredire com ezecuzione individuale la cosa che ne costituisce oggetto.*(99) No primeiro acórdão, o Tribunal entendeu que o prejuízo do credor, na ação expropriativa, era o ponto em que deveria se limitar os efeitos da disposição, enquanto, no segundo acórdão, declarou que a alienação do bem penhorado permanece, resultando apenas em ineficácia, no que atingir o credor, na execução individual.

No Direito italiano, muito comumente, o terceiro é chamado ao processo de execução. Assim, por exemplo, desde o início da execução, se o bem estiver em mãos do terceiro, este é chamado para declarar se é devedor ou detentor de bens do devedor. Essa declaração, uma declaração *di verità* com eficácia particular diz respeito ao processo.(100)

(93) Luiggi Montesano e Giovanni Arieta, *Diritto Processuale Civile*, p. 45.

(94) Art. 602. *Quando oggetto dell'espropriazione è un bene gravato da pegno o da ipoteca per un debito altrui, oppure un bene la cui alienazione da parte del debitore è stata revocata per* frode *si applicano le disposizioni contenute nei capi precedenti.* Virgilio Andrioli, *Codice de Procedura Civile e Norme Complementari*, Milano: Dott. A. Giuffrè Editore, 1978, p. 112.

(95) No Direito brasileiro, Araken de Assis também vislumbra semelhança do art. 602 do Código de Processo Civil italiano, com o art. 593 do Código de Processo Civil Brasileiro. *Comentários ao Código de Processo Civil*, v. VI, p. 223.

(96) Nesse sentido decisão da Corte de Cass. n. 6471, de 08.06.95, V. em: <www.cassazione.it/> e <www.giustizia.it>, acessos em 17.08.02 e 23.12.02.

(97) Luiggi Montesano e Giovanni Arieta, *Diritto Processuale Civile*, p. 136.

(98) Cf. Cass. n. 11349 de 19.12.96, (*Site* cit., d. cit.).

(99) Cf. Cass. n. 3757 de 22.06.85, (*Site* cit., d. cit.)

(100) Cf. Gian Antonio Micheli, "Compensazione Legale e Pignoramento", *Studi in onori di Enrico Redenti*, Itália, v. 2, 1951, pp. 54-55.

Entretanto, no confronto entre a indicação do bem penhorado pelo credor e da informação do terceiro, o oficial judiciário deverá penhorar o bem indicado pelo credor.[101] O comparecimento do terceiro é também previsto nos arts. 603 e 604 do Código de Processo Civil italiano. O terceiro vai a juízo declarar os direitos que entende possuir sobre os bens. Enquanto não resolvido o incidente, o terceiro sob intimação não pode dispor do bem sem autorização judicial.[102] Esta declaração do terceiro introduz um juízo, mesmo rápido, de conhecimento.[103] Da mesma forma, há previsão expressa para a oposição, pelo terceiro prejudicado, para defender seus direitos em confronto com a penhora dos bens. A previsão do art. 619 é dirigida a quem pretenda haver a propriedade ou outro direito sobre o bem que foi penhorado.[104] Trata-se de incidente dirigido ao juízo da execução para se opor aos atos executivos, sendo consentida, embora de forma estreita, a contestação, não só da regularidade formal da execução, como também da idoneidade dos atos realizados.[105] Tratando-se, ainda, do terceiro, o art. 620 do Código de Processo Civil preceitua que se a oposição for tardia, quando o bem já foi vendido em hasta pública, o direito do terceiro far-se-á valer sobre a soma arrecadada com a venda do bem penhorado. A oposição do terceiro, no Direito italiano, segundo informa *Chiovenda*, tem sempre como condição o prejuízo sofrido e não passa de uma ação revocatória aplicada ao processo. Da mesma forma, assevera o autor, se o processo é fruto de fraude, a prejuízo do terceiro, pode este insurgir-se contra os atos realizados.[106] A sentença que acolhe a oposição do terceiro, segundo o citado autor, é modificativa, pois, à medida que invalida concretamente o procedimento executivo, remove *ex tunc*, com seu provimento, a eficácia dos atos que tenham lesado os direitos do terceiro. Salvo quando irreversível, a decisão deverá remover toda eficácia da sanção executiva, injustamente aplicada.

O devedor está sujeito, por vínculo próprio, à penhora, diferentemente, o terceiro que não pode, a princípio, ser objeto de sujeição executiva da qual não faz parte, poderá, porém, estar sujeito, por vínculo indireto. Esse vínculo indireto significa, na prática, sujeição decorrente da responsabilidade de manter a garantia de crédito, a qual não pode ser subtraída da execução, que é representada pelo bem penhorado.[107] Dessa forma, as alienações dos bens, sendo realizadas após a penhora, não produzem efeitos relativamente à execução.[108] *Ex vi* do art. 546 do Código de Processo Civil, c/c art. 2.913 e ss. do Código Civil italiano. Vale frisar que o Direito italiano possui norma

(101) Cf. Salvatore Satta, *Trattato di Diritto Civile Italiano – L'esecuzione Forzata*, v. XV, t. I, Torino: Unione Tipografico – editrice Torinnese, 1950, p. 63.

(102) Cf. informa Crisanto Mandrioli, *Diritto Processuale Civile*, p. 97.

(103) Cf. Crisanto Mandrioli, ob. cit., p. 98.

(104) Cf. Tito Carnacini, "Prolegomeni al Nuovo Codice sull'espropriazione Forzata", *Studi in memoria di Salvatore Satta*, Padova, v. 1, pp. 219-232, 1982.

(105) Cf. Tito Carnacini, "Prolegomeni al Nuovo Codice sull'espropriazione Forzata", p. 231.

(106) Giuseppe Chiovenda, *Instituições de Direito Processual Civil*, v. III, Trad. Paolo Capitanio, 2. ed., Campinas: Bookseller, 1998, pp. 42-340/341.

(107) Nesse sentido, Crisanto Mandrioli, ob. cit., p. 99.

(108) Nessa linha, decidiu o Tribunal italiano, Cass. n. 9673, 09.10.97. [*Site* cit., d. cit.]

específica prescrevendo a ineficácia das alienações dos bens penhorados. Ademais, a penhora de bens imóveis é sempre comunicada ao Registro público pelo Oficial Judicial no ato de penhora. A respeito da responsabilidade do terceiro adquirente de bem penhorado, conforme antes explanado, transcreve-se decisão do Tribunal italiano: *Questo effetto — che non è che il tipico effeto del pignoramento — trova peraltro il suo limite nel collegamento sinallagmatico tra il debito del terzo e la controprestazione a lui dovuta.*[109] Como se pode verificar o Tribunal italiano reconhece que o efeito que atinge o terceiro é limitado à quantia devida pelo executado.

Os efeitos substanciais da penhora estão descritos nos arts. 2.912 e ss. do Código Civil italiano, o princípio da extensão da penhora faz que esta compreenda os acessórios da coisa penhorada. Com base no princípio da "ineficácia das alienações do bem penhorado", decretado pelo art. 2.913,[110] não têm efeito, em prejuízo do credor penhorante e daqueles intervenientes, os atos de alienação dos bens penhorados — seja a título gratuito, seja a título oneroso —, salvo os efeitos da posse de boa-fé para os móveis não inscritos em registros públicos. A norma, longe de conter uma proibição de alienação dos bens penhorados, considera válidos e eficazes, entre as partes, ditos atos de alienação. Porém, impede que sejam oponíveis aos credores penhorantes, sem necessidade de oportuna declaração judicial de ineficácia.[111] Entretanto, a proteção não é exclusiva. Isto significa que o ato de alienação pode ser também oponível aos credores, se o terceiro adquirente detém a posse dos bens estando de boa-fé, sempre que não se tratem de bens inscritos em registros públicos.[112]

O art. 2.914[113] do Código Civil italiano contém a disciplina para a penhora e as alienações anteriores a essa. Impõe-se a regra ao sujeito de determinados atos realizados pouco antes da penhora — ainda que a norma não contenha limitações de caráter

---

(109) Cf. Cass. n. 798. De 29.01.99, [*Site* cit., d.cit.]

(110) Cf. Código Civil italiano, art. 2.913, *(Inefficacia delle alienazioni del bene pignorato). Non hanno effeto in pregiudizio del credirore pignorante e dei creditori che intervengono nell'esecuzione gli atti di alienazione dei beni sottoposti a pignoramento, salvi gli effetti del possesso di buona fede per i mobili non scritti in publici registri,* ob.cit.

(111) Nesse sentido, decisão da Corte de Cassação, italiana, reconhecendo a ineficácia das alienações em face da execução em curso, a favor do credor penhorante: *L'inefficacia, nei confronti del pignorante e dei creditori che intervengono, nell'esecuzione, degli atti di alienazione dei beni sottoposti a pignoramento, essendo sancita dall'art. 2.913 per uno scopo di tutela dell'eguale diritto del creditori al soddisfacimento dei propri crediti sui beni del debitore, opera anche in favore di quelli che sono intervenuti dopo la transcrizione dei predetti atti.* n. 12080 de 10.11.92. [*Site* cit., d. cit.]

(112) Nessa linha, decisão judicial condenando por culpa o notário, porque não havia providenciado o competente registro encaminhado, dando conta de hipoteca sobre o bem, assim não propiciando ao terceiro adquirente a oportunidade de tomar ciência do fato através da certidão requerida. Cass. 20.01.94, n. 2217. [*Site* cit., d. cit.]

(113) Cf. Código Civil italiano, art. 2.914 *(Alienazioni anteriori al pignoramento). Non hanno effetto in pregiudizio del creditore pignorante e dei creditori che intervengono nell'esecuzione, sebbene anteriori al pignoramento:*

1) le alienazioni di beni immobili o di beni mobili inscritti in pubblici registri, che siano state transcritte successivamente al pignoramento;

2) le cessioni di crediti (1260) che siano state notificate al debitore ceduto o accettate dal medesimo successivamente al pignoramento;

3) le alienazioni di università di mobili che non abbiano data certa;

4) le alienazioni di beni mobili di cui non sia stato trasmesso il possesso anteriormente al pignoramento, salvo che risultino da atto avente data certa. Francesco Bartolin, Il Nuovo Codice Civile.

temporal — que possam ter sidos concluídos em prejuízo do credor, com ou sem o acordo fraudulento do terceiro.(114) Disciplina a citada norma serem inoponíveis ao credor penhorante e aos outros credores intervenientes:

a) as alienações de bens imóveis ou de bens móveis inseridos em registros públicos que tenham sido transcritos sucessivamente à penhora. O conflito entre alienações anteriores e penhora resolvem-se a favor de quem — credor penhorante ou terceiro adquirente — tenha, por primeiro, transcrito respectivamente a penhora ou o ato de alienação, para os conflitos de causa superveniente futura;(115)

b) as cessões de créditos que tenham sido notificadas ao devedor cedente ou aceitas pelo mesmo sucessivamente à penhora. O conflito entre a penhora e as cessões anteriores é resolvido pela notificação ou pela aceitação, casos verificados antes ou depois da penhora;(116)

c) as alienações da totalidade dos móveis que não têm data certa;

d) as alienações de bens móveis, dos quais não tenha havido transmissão de posse anteriormente à penhora, salvo que resultem de ato de causa futura com data certa.

O conflito entre penhora e alienação dos bens móveis não inscritos em registros públicos é resolvido com base na anterioridade, relativa à penhora e à transmissão da posse, à exceção do ato de alienação, no qual seja diferida a entrega da coisa que tenha data certa.(117)

A respeito da ineficácia das alienações, a jurisprudência italiana tem se manifestado no sentido de que prevaleçam os direitos do credor que penhorou primeiro, se em confronto com direitos do terceiro que adquiriu o mesmo bem quando já pendia o processo executivo. Transcreve-se excerto: *L'o atto publico di vendita immobiliare stipulato in pendenza di procedura esecutiva sull'immobile venduito è valido tra le parti, ma inefficace nei confronti del creditore pignorante.*(118) Entretanto, em outra decisão o Tribunal condicionou a ineficácia à permanência do processo executivo, declarando que, extinto o processo de execução, a alienação entre devedor e terceiro passa a ser eficaz para todos os efeitos, inclusive em confronto com o credor exeqüente, o qual não fora diligente na sua execução.(119)

O art. 2.915(120) do Código Civil italiano torna inoponíves ao credor penhorante e aos outros credores intervenientes os atos que importem vínculo de indisponibilidade,

(114) Cf. Luiggi Montesano e Giovanni Arieta, *Diritto Processuale Civile*, v. III, p. 41.

(115) Cf. Luiggi Montesano e Giovanni Arieta, *Diritto Processuale Civile*, v. III, p. 41.

(116) Cf. Luiggi Montesano e Giovanni Arieta, *Diritto Processuale Civile*, v. III, p. 41.

(117) Cf. informa Luiggi Montesano e Andrea Torrente, ob. cit., p. 41

(118) Cf. Cassação. n. 393. 14.01.93. [*Site* cit., d. cit.]

(119) V. Cass. ns. 13164 e 11531 de 14.12.92 e 06.11.95 respectivamente. [*Site* cit., d. cit.]

(120) Art. 2.915 *(Atti che limitano la disponibilità dei beni pignorati). No hanno effetto in pregiudizio del creditore pignorante e dei creditori che intervengono nell'esecuzione gli atti che importano vincoli di indisponibilità, se non sono stati transcritti prima del pignoramento, quando hanno per oggetto beni immobili o beni mobili inscritti in pubblici registri, e, negli altri casi, se non hanno data certa anteriore al pignoramento. Non hanno del pari*

salvo quando se tiver por objeto os bens imóveis ou móveis inscritos em registros públicos e que tenham os mesmos sido transcritos antes da penhora. Nos outros casos, se tem data certa anterior à penhora. Além disso, aos atos e às demandas judiciais cujas eficácias dizem respeito a terceiros adquirentes, a lei exige a transcrição, salvo os que tenham sido transcritos em época anterior à penhora. A propósito, decidiu o Tribunal italiano que a constituição de fundo patrimonial, ou seja, o bem de família, representa ato com finalidade de subtrair a garantia patrimonial genérica do devedor, agredindo a expectativa do credor,[121] devendo ser tida como ineficaz ante à execução.

Cabe ainda a lembrança de que o art. 2.917 do Código Civil italiano, com referência à penhora de crédito, decreta que a extinção do crédito penhorado, que se verifique em época sucessiva à penhora, não tem efeito em prejuízo do credor penhorante e dos credores intervenientes. Nessa linha, decisão do Tribunal Italiano: *Il principio normativo secondo cui, se oggetto del pignoramento è un credito, l'estinzione di esso per cause verificatesi in epoca sucessiva al pignoramento non há effetto in pregiudizio del creditore pignorante.*[122] Segundo *Montesano* e *Arieta*, os fatos extintivos, inoponíveis a referidos credores, seriam apenas aqueles voluntários, e não aqueles que derivam da lei. Esta tese autorizaria ao terceiro penhorado a opor, também aos credores do processo de execução, fatos extintivos que não derivam de atos diretos a subtrair a garantia do crédito,[123] os bens penhorados; pense-se também na prescrição ocorrente depois da penhora.[124]

Por fim, os efeitos da venda forçada do bem penhorado, no art. 2.919[125] do Código Civil italiano, transferem ao adquirente os direitos sobre a coisa, contudo, a lei excepciona os direitos de posse dos terceiros de boa-fé. Mesmo se a aquisição tratar de coisa móvel, a proteção da lei não o atinge. Nesse caso, ao terceiro só restará buscar o ressarcimento de prejuízos e despesas contra o credor se este estiver de má-fé.

Cumpre registrar que o Direito italiano prevê, em específicas normas, as questões do registro dos atos de constrição judicial, conforme o art. 2.693 e segs. do Código Civil italiano. Da mesma forma, o registro de sentenças relativas às ações que resultem em direitos de aquisição, modificação ou extinção de direitos, bem como das sentenças que declarem nulos ou anulam algum ato jurídico. Essa questão já foi abordada no item que trata da necessidade dos registros dos atos judiciais, pelo que se deixa de fazê-lo aqui para evitar-se repetições. Ressalva que se faz apenas quanto ao Decreto presidencial regulamentar n. 602/73, art. 58.3, o qual arrola as provas que podem ser

---

effetto in pregiudizio del creditore pignorante e dei creditori che intervengono nell'esecuzione gli atti e le domande per la cui efficacia rispetto ai terzi acquirenti la legge richiede la transcrizione, se sono transcritti sucessivamente al pignoramento. Francesco Bartolini, *Il Nuovo Codice Civile.*

(121) V. Cass. n. 8013, 02.09.96. [*Site* cit., d. cit.]

(122) Nessa linha decisão de Cass. n. 11127 de 21.10.91. [*Site* cit., d. cit.]

(123) Cf. art. 492 do Código de Processo Civil italiano.

(124) Cf. Luiggi Montesano e Giovanni Arieta, *Diritto Processuale Civile*, p. 42.

(125) Art. 2.919 *(Effetto translativo della vendita forzata). La vendita forzata transferisce all' acquirente i diritti che sulla cosa spettavano a colui che ha subito l'espropriazione, salvi gli effetti del possesso di buona fede.* Ob. cit.

aceitas para demonstrar-se que o terceiro adquiriu o bem em data anterior à penhora. "A norma foi introduzida como uma diferenciação relativamente ao ônus probante dirigido ao terceiro, mas, ao mesmo tempo, com o intuito de evitar o acordo fraudulento entre devedor e terceiro."[126] Exige a citada regra a apresentação de um dos seguintes documentos: ato público, sentença passada em julgado ou mesmo escritura privada, porém esta deverá ter sido devidamente autenticada em data anterior à penhora. Recorde-se que o registro da penhora é parte integrante do ato no Direito italiano, entretanto, o direito real prescinde do registro, o contrato de aquisição possui eficácia translativa. Nesse sentido informa *Andrea Torrente*: *nel nosso ordinamento, a differenza di quanto avveniva nel Diritto romano, il contrato há efficacia translativa della proprietà o dei diritto reali* — art. 1.376, § 298 do Código Civil italiano.[127] Assim, o registro não é elemento integrante da *fattispecie* negocial, é só uma forma de publicidade declarativa, não tem eficácia constitutiva.[128]

4.9. *Direito português*

A sujeição patrimonial à execução no Direito português limita-se à possibilidade de serem os bens suscetíveis de apreensão judicial. A responsabilidade patrimonial é então apenas em potencial. *José Lebre de Freitas*[129] alerta que, embora parte da doutrina pretenda atribuir à responsabilidade patrimonial maior âmbito, o limite é, de fato, a sujeição à execução pelos bens do devedor,[130] alcançando bens de terceiro somente em situações especiais. Assim, "os bens do terceiro, só podem ser objeto de execução quando sobre eles incidir o direito real constituído para garantia do crédito exeqüendo ou quando tenha sido julgada procedente a impugnação pauliana de que resulte para o terceiro a obrigação de restituição dos bens do devedor".[131]

O § 1º do art. 56 do Código de Processo Civil autoriza a execução contra o possuidor do bem imóvel. No § 2º, a norma excepciona, vedando a execução contra o adquirente, se a ação estava sujeita a registro e o mesmo não foi feito ou se a aquisição foi registrada antes do registro da ação. A propósito, menciona *José Alberto dos Reis* que o preceito do art. 56 completa-se com o art. 1.036, em que diz que "os embargos de terceiro opostos à penhora só podem fundar-se em ato ou fato anterior ao registro da hipoteca. Promovendo a execução contra o possuidor dos bens penhorados, pode o possuidor deduzir com êxito os embargos contra a hipoteca, se tiver meios de provar que adquiriu os bens ou entrou na posse antes da data do registro da hipoteca".[132]

---

(126) Cf. palavras do Relator, Dr. Enrico D'Angelo, em julgamento no Tribunal Italiano de Pistóia, de 22.12.00. V. <www.sulpm.net/sulpm/aggiornamenti_professionali/ruolo-pignoramento.htm>. Acessos em 21 e 28 set. 2002.

(127) Andrea Torrente e Piero Schlesinger, *Manuale di Diritto Privato*, p. 994.

(128) Cf. Andrea Torrente e Piero Schlesinger, *Manuale di Diritto Privato*, p. 996.

(129) *Direito Processual Civil*, v. I, Lisboa: Revista da Faculdade de Lisboa, 1996, pp. 237-329.

(130) Conforme art. 821 do Código Civil português, 2. ed., Coimbra: Liv. Almedina, 1987.

(131) Cf. José Lebre de Freitas: *o credor poderá executar os bens, objeto do acto impugnado no patrimônio do terceiro obrigado à restituição. A Acção Executiva*, 3. ed., Coimbra: Editora Coimbra, 2001, p. 178.

(132) O termo hipoteca, utilizado pelo autor, refere-se à hipoteca judicial portuguesa, equivalente à garantia patrimonial genérica ou individual deferida ao credor. *Comentário ao Código de Processo Civil*, v. 1, p. 95.

Destarte, como se pode observar, não é imprescindível o registro, basta que o ato de transferência seja anterior ao registro da hipoteca ou ação. É que, nesses casos, como informa *Alberto dos Reis*, "os embargos fundam-se no mero facto da posse, esse facto não está sujeito a registro, portanto, basta que se prove a anterioridade da posse em relação ao registro da hipoteca ou ação".(133) O art. 57 do Código de Processo Civil português trata da execução contra terceiros, refere o comando do artigo à semelhança do art. 42 do Código Civil brasileiro e autoriza que a sentença seja executada contra o terceiro. Nesses casos, informa *José A. Reis*, "o adquirente sucede ao transmitente; e todavia a sentença não pode ser executada contra ele, nem mesmo mediante habilitação, se a ação não foi registrada antes da transmissão".(134)

Em que pese a tese esposada pela doutrina portuguesa de que só os bens do executado podem servir à execução, consideradas as duas exceções antes descritas — garantia real e sentença pauliana —, quando se analisa o sistema de direitos relativos à penhora, combinados com registro da ação e registro dos atos de disposição, vislumbram-se algumas questões que merecem destaque.

As ações indicadas na lei de registro predial deverão ser registradas, produzindo efeito *erga omnes* somente a partir do registro. Não sendo providenciado o registro, a sentença que o julgar não terá força contra o terceiro adquirente.(135)

No sistema de Direito processual português, o registro da penhora, no ofício registral, é condição para a eficácia do ato da penhora perante terceiros. É, ainda, condição para o prosseguimento do processo de execução, o qual está condicionado à juntada do comprovante do registro feito nos autos do processo de execução. *In verbis*:

> Art. 838-4 (Efectivação da penhora de imóveis)... Em relação a terceiros a penhora só produz efeitos desde a data do registro, o qual terá por base uma certidão do respectivo registro.

Para o Direito português, o direito do exeqüente à penhora é considerado direito real de garantia.(136) O entendimento decorre do disposto do art. 949, § 2º, alínea *b*, do Código Civil português. Entretanto, é de se observar que a falta de registro dos títulos e direitos a ele sujeitos não impedem que sejam invocados em juízo, entre as próprias partes ou entre seus herdeiros. Porém, para com terceiros, os efeitos de tais títulos ou direitos dele decorrentes só começam com o registro.(137)

A eficácia da penhora ante a terceiros se dá pelo registro do ato, conforme art. 838-4 do Código de Processo Civil português. Assim, se a penhora for registrada e o

---

(133) Alberto dos Reis, *Código de Processo Civil Anotado*, 2. ed., aum. ampl. Coimbra: Coimbra, 1940, p. 721.

(134) José Alberto dos Reis, *Comentários ao Código de Processo Civil*, v. I, Coimbra: Coimbra Editora Ltda., 1944, p. 97.

(135) Nesse sentido, Eurico Lopes Cardoso, *Manual da Acção Executiva*, 3. ed., Coimbra: Liv. Almedina, 1996, pp. 348-349.

(136) Cf. Carlos Palma, *Acção Executiva*, Lisboa (s.n),1980, p. 148; João de Castro Mendes, *Acção Executiva*, Lisboa: Lisboa, 1980, p. 127.

(137) Cf. texto do art. 951 do Código Civil português.

ato de transferência do bem, embora realizado antes da penhora, não foi registrado à época, a penhora registrada deverá prevalecer. Sucedendo o contrário, se o ato de disposição for registrado antes do registro da penhora, prevalece a disposição. "A penhora é também dirigida aos atos ulteriores de transmissão dos direitos do executado para, através deles, direta ou indiretamente, ser satisfeito o interesse do exeqüente, esta é a sua função."[(138)]

A par do Direito brasileiro, no Direito português, em que pese maior valoração do registro, o executado também não perde o direito de dispor dos seus bens. *E, sendo assim, continua a poder praticar, depois da penhora, actos de disposição ou oneração.*[(139)] Entretanto, afirma Lebre de Freitas: esses atos de disposição *não têm eficácia plena, por isto não são eficazes em relação à execução.*[(140)] O Decreto n. 533 de 11.12.99 exclui da proteção registral os adquirentes por causas diversas daquelas que não sejam promovidas pelo titular anterior, como, por exemplo: aquisição decorrente de ato judicial. Nesse sentido, decisão do Tribunal de Recurso Português, considerando a venda judicial, mesmo ainda sem ter registro, como fato inoponível contra o executado, em face do fato de a transferência ter-se dado à voluntariedade do mesmo.[(141)]

A última parte do dispositivo, contida no art. 1041-1-*d* do Código de Processo Civil português, na parte em que trata da intenção de subtrair os bens que pode ser revelada pela data da transmissão, segundo informa *Eurico Lopes*, deixou de ter sua razão de ser a partir do Código do Registro Predial, determinando que a penhora deverá ser registrada provisoriamente, diante da existência de inscrição de transmissão, domínio ou posse, a favor de terceiro. Resolvendo-se o caso com o chamamento do terceiro para que declare sua condição. Podendo, inclusive, serem nomeados outros bens à penhora ou mantidos os já penhorados, se o terceiro, afinal, não apresentar suas alegações.[(142)] Entretanto, a questão não está pacificada. Encontra-se decisão do Tribunal português afastando a aplicação do citado dispositivo, entendendo que os embargos de terceiro não podem ser rejeitados com o fundamento de que a transmissão registrada a favor do terceiro foi feita de forma manifesta para subtrair os bens à execução.[(143)] Com isso, verifica-se a prevalência do princípio de direito de defesa do terceiro sobre a norma processual.

O art. 847-1 do Código de Processo Civil português estabelecia a garantia resultante da penhora: os bens penhorados garantem o cumprimento da obrigação, ainda que sejam transmitidos, uma vez que o registro da transmissão seja posterior ao registro da penhora. O texto do item 1 do art. 847 foi, de certa forma, superado em 1961 pelo Dec. 47.690, que deu nova redação ao art. 819 do Código Civil, cujo preceito é mais

(138) Cf. José Lebre de Freitas, *A Acção executiva*, p. 223.
(139) Cf. José Lebre de Freitas, *A Acção executiva*, p. 226.
(140) Cf. José Lebre de Freitas, ob. cit., p. 226.
(141) Cf. AC. n. 02B1998, de 27.06.2002 do STJ, V. <http://www.stj.pt/>, acessos em 26 de agosto e 18 de dez. 2002.
(142) Eurico Lopes Cardoso, *Manual da Acção Executiva*, p. 356.
(143) Acórdão de 14.06.63 BMJ, n. 128, p. 471.

amplo: *In verbis: Sem prejuízo das regras de registro, são ineficazes, em relação ao exeqüente, os actos de disposição ou oneração dos bens penhorados. Alberto dos Reis*, em comentário ao item 1 do antigo art. 847 do Código de Processo Civil, pretendia que fosse dado o mesmo sentido e alcance conferido pelo art. 819 do Código Civil português: "Quando o Código Civil preceitua que os bens penhorados só podem ser vendidos nos casos e pela forma estabelecida na lei, não se pode ter outro pensamento em vista que não seja este: a venda extrajudicial dos bens penhorados não pode prejudicar o fim da ação executiva. Por outras palavras: o executado não pode dar aos bens penhorados destino que prejudique o exeqüente e os credores concorrentes. Conseqüentemente, as vendas dos bens penhorados, feitas fora do processo de execução, não poderão ser opostas ao exeqüente e credores concorrentes, não produz efeitos quanto a eles".[144]

Quando o bem penhorado estiver em nome de terceiro, será este notificado,[145] cumprindo ao juiz da execução ordenar, *ex officio*, a citação do dono inscrito.[146] Em face da notificação, o terceiro deverá declarar se o bem penhorado lhe pertence, sob pena de a execução prosseguir. Mediante a declaração de propriedade pelo terceiro, o exeqüente pode desistir da penhora ou, se pretender mantê-la, deverá instaurar uma ação autônoma declarativa. A execução fica suspensa até julgamento da ação.[147]

O sistema português, conforme noticia *José Lebre de Freitas*, prevê cinco meios de reação contra a penhora considerada ilegal. "O recurso de agravo do despacho que a ordene; o protesto no acto da penhora; o (novo) incidente de oposição do executado à penhora; os embargos de terceiro; a ação de reivindicação".[148]

"Os quatro primeiros têm lugar no próprio processo de execução, ainda que o terceiro em apenso".[149] O recurso de agravo dirige-se contra o despacho pela ilegalidade da medida, inclusive quando a penhora for "subjetivamente ilegal, por o bem não ser do executado".[150] O agravo, como é cediço, é recurso das partes no processo, não se concedendo, portanto, ao terceiro, no caso em tela.

O protesto pode ser apresentado pelo executado ou terceiro. Mas, segundo adverte *José Lebre de Freitas*, "a legitimidade para a defesa de um bem de terceiro só neste deveria radicar".[151] O referido protesto é feito no ato da penhora, declarando que os bens pertencem a terceiro. O protesto será levado pelo Oficial, após averiguações para certificar-se das informações prestadas, ao juízo para decidir se mantém ou não a penhora. *José Alberto dos Reis* alerta que dessa previsão legal "pode suscitar-se alguns

---

(144) José Alberto dos Reis, *Processo de execução*, v. II, 2. ed., Coimbra: Coimbra Editora Ltda., 1982, p. 104.

(145) Cf. disposto no item 2 do art. 832 do Código de Processo Civil português: *Da averiguação sobre a titularidade dos bens: 2- Quando o funcionário deixe de efetuar a penhora por sua iniciativa é notificado do facto o exeqüente, para requerer o que entenda de direito.*

(146) Cf. informa Eurico Lopes Cardoso, ob. cit., p. 355.

(147) Cf. Eurico Lopes Cardoso, *Manual da Acção Executiva*, p. 360.

(148) *A Acção Executiva*, p. 231.

(149) *Idem.*

(150) Cf. José Lebre de Freitas, *A Acção Executiva*, p. 234.

(151) *Idem*, p. 235.

embaraços, pode o executado maliciosamente fazer passar por alheios bens que são seus. Suponha-se que o executado ou alguém em seu nome, no propósito fraudulento de subtrair à execução determinados bens que a ela estão sujeitos, faz a falsa declaração de que tais bens pertencem a terceiro."[(152)]

A oposição é, também, meio de defesa do executado contra penhora de bens suscetíveis de serem penhorados. E, por fim, prevê o Direito português para defesa na execução os embargos de terceiro. Embora a penhora deva recair em bens do executado, excepcionalmente, pode recair em bens que estejam em mãos de terceiros. Prevendo, também, a legitimidade extraordinária para embargar ao possuidor em nome alheio, o Direito português ampliou o conceito de legitimação ativa, para embargar, ao terceiro que alegue ofensa ao direito próprio, incompatível com o das partes, na execução, incluindo-se aí o promitente comprador. A decisão que julgar os embargos de terceiro, deduzidos contra a penhora de bens, não decide sobre a propriedade dos bens, como ensina *Eurico Cardoso*: "esta especialíssima ação tem o fim limitado de obter o levantamento da penhora ou evitar que ela se realize". Os embargos de terceiro podem, também, ser opostos contra a ordem judicial para penhorar o bem, embora ainda não realizada.[(153)] Nesse mesmo sentido, *José Alberto dos Reis*: "os embargos deduzidos antes da penhora, mas depois de ordenada a diligência, 'funcionam como meio de evitar o esbulho judicial'".[(154)] Segundo o mesmo autor, "o fundamento dos embargos de terceiro deve ser a posse efectiva e real do transmitente que lhe foi cedida pela venda ou pela doação. O fundamento do terceiro para embargar tem por base a diligência judicial que esbulhou o embargante em sua posse".[(155)]

O art. 831 do Código de Processo Civil português estabelece que os bens do executado são apreendidos ainda que, por qualquer título, se encontrem em poder de terceiro. Entretanto, ao contrário do que se poderia a princípio pensar, a norma não estende a execução a bens de terceiro. A respeito decidiu a Comissão revisora do projeto do Código, assentando que a expressão bens do executado, escrita no art. 831, significa bens dos quais o executado ainda é proprietário.[(156)]

Os embargos serão rejeitados entre outras previsões contidas na norma "quando a posse do embargante *resulte de transmissão feita pelo executado com manifesta intenção de subtrair os bens à execução.* A intenção pode ser *revelada pela data* da transmissão ou por quaisquer outras circunstâncias."[(157)] (grifo nosso). Esse entendimento se extrai do art. 1.041-1, antigo § 2º do art. 1.037 do Código de Processo Civil português. Transcreve-se: "Os embargos podem ser rejeitados.(...) d) Quando a posse do embargante resulte de transmissão feita pelo executado com manifesta intenção de

(152) *Processo de Execução*, p. 310.

(153) Cf. Eurico Lopes Cardoso, em "Comentário do art. 1.043 do Código de Processo Civil português", *Manual da Acção Executiva*, p. 357; José Lebre de Freitas, *Da Acção Executiva*, p. 240.

(154) *Processo de Execução*, p. 407.

(155) *Idem*, pp. 403-404.

(156) Cf. informa Eurico Lopes Cardoso, *Manual da Acção Executiva*, p. 348.

(157) Cf. Eurico Lopes Cardoso, *Manual da Acção Executiva*, p. 358.

subtrair os bens à execução. A intenção pode ser revelada pela data da transmissão ou por quaisquer outras circunstâncias". A respeito, adverte *Alberto dos Reis*: "a cada passo sucede que um indivíduo, vendo iminente uma penhora ou arresto, apressa-se a vender, real ou fictamente, alguns bens que possui, para *se subtrair ao pagamento da dívida*, só depois de efetuada a penhora é que aparece o comprador com o título de compra, a deduzir embargos de terceiro. O parágrafo segundo procura obstar essa manobra".[(158)]

Os tribunais portugueses, ao apreciarem questões relacionadas aos direitos de terceiros, em confronto com direito registral ou direitos do exeqüente, têm acatado os meios gerais de impugnação nos casos de fraude ou de simulação processual,[(159)] declarando a ineficácia do ato quando em prejuízo da execução.[(160)] No que se refere à anterioridade da alienação de imóvel, relativamente ao registro de arresto do mesmo, obteve êxito o terceiro que se opôs à constrição. Reconheceu o STJ português, nesse caso, ser "oponível porque eficaz a alienação, contra o arresto e a sua posterior conversão em penhora".[(161)] Todavia, em outro caso no qual o terceiro adquiriu o bem após o registro da penhora, os embargos foram julgados improcedentes, com base na prioridade do registro da penhora.[(162)] De igual forma, em decisão de caso de arrendamento de bens efetuado após o registro da penhora, declarou o Tribunal que a penhora refere-se à substância da coisa tal como existia, no momento desta, pelo que são ineficazes os atos de oneração posteriores.[(163)] Nesse último caso, a decisão está de acordo com a previsão do art. 819 do Código Civil português, especialmente no que se refere à oneração posterior à penhora prevista como ineficaz, nesses casos.

Como se pode ver, a eficácia registral é reconhecida pelos tribunais. Nesse sentido, ao julgarem embargos de terceiro contra a penhora, em caso em que o exeqüente havia vendido o bem para o executado, e este o transferira para terceiro, sem que a última transferência tenha sido registrada antes da penhora, e o bem foi indicado para penhora pelo exeqüente, o STJ português assim declarou: "A compra e venda em hasta pública é válida e se sobrepõe a qualquer venda anterior não registrada ou com registro posterior ao registro da penhora". O fundamento principal é o Direito registral, como afirma o Relator: "os factos sujeitos a registro só produzem efeitos contra terceiros depois da data do respectivo registro".[(164)] O julgador manifestou-se no sentido de que o exame da eficácia da penhora independe de análise de subjetividade dos envolvidos.[(165)] É que a eficácia do registro é "independente da boa ou má-fé de quem registra (...) os direitos não inscritos no registro devem ser tratados como clandestinos,

(158) *Processo de Execução*, p. 318.
(159) Cf. José Lebre de Freitas, *A Acção Executiva*, p. 228.
(160) Acórdão do STJ português de 28.04.75, BMJ 246, p. 114.
(161) Cf. Acórdão n. 078910 do STJ, de 26.09.89, [*Site* cit., d. cit.]
(162) Cf. Acórdão do STJ português, n. 98A026 de 10.03.98, [*Site* cit., d. cit.]
(163) Cf. Acórdão do STJ português n. 87080 de 19.10.95, [*Site* cit., d. cit.]
(164) Cf. Acórdão do STJ n. 087159, Rec. Tribunal Pleno, 20.05.97, fl. 3. [*Site* cit., d. cit.]
(165) Cf. Doc. cit. fl. 5. [*Site* cit., d. cit.]

que não produzem qualquer efeito contra terceiro".[166] Prosseguindo em sua análise, o Relator fulmina a possibilidade de relevar as questões subjetivas em consideração, dizendo: "Se os efeitos do registro fossem impugnáveis pelo facto de o titular inscrito ter sabido ou ter podido saber, antes de requerer a inscrição, que havia direitos incompatíveis não registrados, o instituto do registro deixaria de proporcionar a segurança e a comodidade que constituem as suas finalidades principais."[167] Em semelhante acepção, o STJ português julgou "a venda judicial subseqüente à penhora de imóvel, em processo executivo, prevalece sobre a venda do mesmo bem, feita por escritura pública celebrada em data anterior ao registro da penhora, mas registrada posteriormente."[168] Todavia, a questão não está pacificada. Em recurso de revista, o STJ luso declarou: "a penhora é garantia real, embora de simples crédito — é um ato executivo e não transfere direitos — *o anterior direito de propriedade de terceiro, ainda que não registrado prevalece sobre a penhora registrada* posteriormente"[169](grifo nosso). Perfilando orientação divergente, o Tribunal reconheceu que no conflito "entre uma compra e venda não registrada e uma penhora anterior registrada, esta não prevalece necessariamente, sobre o direito decorrente da compra e venda, apesar do registro desta ser posterior ao da penhora."[170]

Destarte, verifica-se que a jurisprudência portuguesa, no que se refere à penhora registrada, confere os mesmos efeitos da fraude de execução do Direito brasileiro contra os atos de alienação ou oneração de bens que sirvam à garantia da execução. Assim, os atos são tidos como ineficazes relativamente à execução. Da mesma forma, vislumbra-se a tendência dos julgadores portugueses, no que concerne à defesa do terceiro, contra a penhora do bem adquirido, acolhendo os embargos, quando provada a posse anterior à constrição, e afastando os mesmos, quando a aquisição se deu com objetivo de subtrair à execução. Por outro lado, resta evidenciada a ampla possibilidade de defesa do terceiro, com a multiplicidade de instrumentos postos à disposição pelo Direito português, primeiramente com o protesto verbal que pode ser registrado no ato da penhora, acresce à defesa a oposição do terceiro e por último a antiga ação de embargos de terceiro.

(166) Cf. Doc. cit. fl. 5. [*Site* cit., d. cit.]

(167) Cf. Doc. cit. fl. 6. [*Site* cit., d. cit.]

(168) Acórdão do STJ n. 25618, no mesmo sentido, acórdão n. 225618; 00A2491 de 19.10.99; n. 877467 de 28.11.95. [*Site* cit., d. cit.]

(169) Acórdão do STJ n. 001091 de 07.07.99, no mesmo sentido, STJ n. 869422 de 25.10.94 e n. 79287 de 07.07.98. [*Site* cit., d. cit.]

(170) Acórdão do STJ n. 99A645 de 07.10.99, no mesmo sentido, STJ n. 792871 de 18.11.89. [*Site* cit., d. cit.]

Capítulo 5

REQUISITOS DA FRAUDE DE EXECUÇÃO

5.1. Pressupostos necessários

O Código de Processo Civil, ao dispor em seu art. 593, incisos I a III, que se *considera em fraude de execução, a alienação ou oneração de bens, quando sobre eles pender ação fundada em direito real; quando, ao tempo da alienação ou oneração, corria, contra o devedor, demanda capaz de reduzi-lo à insolvência e, nos demais casos expressos em lei*, estabelece os requisitos que configuram a fraude à execução. O pressuposto essencial ou antecedente necessário é de que tenha havido o ato de disposição de bens,[1] ou seja, que o devedor tenha, de alguma forma, gravado ou transferido de seu patrimônio os bens a ele pertencentes. Evidentemente, se o devedor nada alienou, porque nada possuía, não há de se cogitar em fraude. A alienação constitui-se em ato contratual a título gratuito ou oneroso, pelo qual alguém transfere a outrem a propriedade de uma coisa ou um direito de que é titular. Sendo a alienação onerosa, quando a outra parte recebe o bem do alienante, mediante encargo ou obrigação, e gratuita a alienação feita voluntariamente pelo alienante, sem qualquer contraprestação a obrigar o beneficiário. Na oneração patrimonial, o proprietário institui algum gravame sobre o bem, através de contrato, cerceia o próprio direito de propriedade. Ao dispor o bem a encargo ou ônus, estaria o proprietário limitando ou inviabilizando a possibilidade de satisfação dos credores, à medida que o ato indisponibiliza o bem de servir à execução, seja pela indisponibilidade em si, seja pela instituição de alguma garantia que estabeleça preferência ou privilégio. Assim, por exemplo, na hipoteca, penhor, anticrese, inalienabilidade, incomunicabilidade, impenhorabilidade, usufruto e outros. Enfim, compreende-se, na alienação ou oneração, todo ato de disposição do bem a favor de terceiro ou, conforme o caso, a favor do próprio devedor. A renúncia também é considerada ato de alienação para efeitos de fraude de execução.[2]

---

(1) O termo 'disposição' de bens é usado com o sentido mais amplo possível, incluindo, por exemplo, a disposição de bens móveis, imóveis, semoventes, inclusive os direitos de rendas, de heranças, de créditos, etc.

(2) Nesse sentido, Amílcar de Castro, *Comentários ao Código de Processo Civil*, v. VIII, 2. ed., São Paulo: Revista dos Tribunais, 1976, p. 81; Yussef Said Cahali, *Fraudes contra credores*, p. 428; Leonardo Greco refere a renúncia e vai além arrolando, também, o casamento em comunhão universal de bens como ato que poderá ser tido em fraude de execução, ob. cit., v. II, p. 40.

Até mesmo na alienação fiduciária, pode-se configurar a fraude. Nesse caso, conforme o valor do contrato, pode-se verificar a incidência de dupla previsão: a primeira, pelo ato de alienação propriamente dito, em vista de que o proprietário do bem, na alienação fiduciária, é o credor; a segunda, ditada por construção jurisprudencial, considerando que, quando o valor do débito for inferior a 50%, a propriedade indireta e o domínio do credor fiduciário ficariam relativizados. Nesse caso, poderia ser tratado como gravame, quer dizer, o bem serve de garantia até o valor da dívida, mas a propriedade não é mais do Agente Fiduciário. Ambas as hipóteses, na ocorrência de fraude à execução, seja pela oneração do bem fiduciariamente, seja pela transferência do bem alienado fiduciariamente, porém com dívida paga em percentual superior a 50%, são fulminadas pela ineficácia dos atos praticados em favor do credor exeqüente.

O Código Civil de 1916, tratando dos direitos reais de garantia nos arts. 755 e ss., com seu correspondente no art. 1.419 do novo Código Civil brasileiro, já expressava que só àquele que pode alienar poderá onerar os bens com hipoteca, penhor ou anticrese. O Código processual foi mais específico, deixando expressa e clara a direção do dispositivo legal de forma a não restar dúvida, ao incluir os atos de alienação e também os atos de oneração patrimonial como passíveis de caracterizar a fraude.

Evidentemente, o primeiro pressuposto só tem sua razão de ser para caracterizar a fraude se os demais forem verificados, porque a livre disponibilidade patrimonial de seu titular é a regra. Ninguém está proibido de alienar ou de onerar seu patrimônio. O Código Civil, quando trata dos direitos de propriedade, declara que a lei assegurará ao proprietário o direito de usar, gozar e dispor de seus bens. Sem embargo, o ato visado pela norma processual da fraude à execução não contraria o disposto na lei civil. A norma prevê que, se esses atos de disponibilidades forem realizados na presença de outros fatores relevantes como o de que tal ato resulte em insolvência do titular e, em prejuízo do credor executante, serão os mesmos tidos por ineficazes, pois, presumidamente, realizados em fraude à execução.

Assim, do ato de disposição de bens deve resultar *o estado de insolvência*, isto é, que as dívidas existentes, de obrigação do devedor, superem o patrimônio remanescente[(3)] deste. Portanto, é necessário que não existam bens suficientes para garantir a dívida exeqüenda no patrimônio do devedor. O requisito do estado de insolvência é fator preponderante para o estudo do instituto.

O estado de insolvência é um conceito econômico/contábil. Do ponto de vista econômico, consiste na incapacidade econômica que tem o devedor para solver suas obrigações contabilmente verificadas. A jurisprudência é pacífica no tópico, exigindo sempre o estado de insolvência para caracterizar a fraude de execução. *In verbis:* "A caracterização da fraude de execução prevista no inciso segundo (II) do art. 593, do CPC, reclama a ocorrência de dois pressupostos, a saber, uma ação em curso, com citação válida, *e o estado de insolvência a que, em virtude da alienação ou da oneração, conduziu o devedor,*

(3) Considera-se como patrimônio remanescente aquele que restar, contando como eficazes os atos de alienação e de oneração praticados, o que de fato ocorre até que a fraude seja declarada.

não evidenciado qualquer desses requisitos, descabe cogitar do reconhecimento dessa referida modalidade de fraude";[4]

"*Não tendo sido feita, no caso, a demonstração da insolvência* a que se refere a lei, não se acolhe na espécie a pretendida fraude de execução";[5]

"Fraude à execução. Alienação de imóvel após a citação e anterior à penhora. Art. 593, inc. II, Código de Processo Civil. Embargos de terceiro. Existência de outros bens, alienados posteriormente; *não havendo comprovação da insolvência, à época do negócio*, não há que se falar em fraude";[6]

"*Reconhecida a insolvência* e que a alienação se deu após a citação, fica caracterizada a fraude".[7] (grifo nosso)

5.2. Ação fundada em direito real

O primeiro inciso do art. 593 do Código de Processo Civil trata da oneração ou alienação de bens, quando houver ação pendente e fundada em direito real. Nesse caso, a transferência do direito se dá no âmbito do direito privado, entre partes, através de contrato. Não obstante, sendo procedente a ação, o autor, e não o alienante, será o proprietário.

A alienação da coisa litigiosa referida no art. 42 do Código de Processo Civil, "é uma das modalidades da alienação em fraude de execução".[8] O terceiro adquirente não tem poderes para suceder na relação processual — *ex vi* do art. 42 do Código de Processo Civil —, a não ser que o autor consinta. Poderá, todavia, o adquirente intervir no processo, como assistente do alienante ou cedente, uma vez que tem interesse, dado que os efeitos da sentença proferida se estenderão aos bens adquiridos. À exceção da previsão no art. 42 quanto à substituição no pólo passivo, dar-se-á, conforme citado, pela possibilidade de consentimento por parte do autor e, também, por *causa mortis*. No caso de falecimento do demandado na ação que trata da coisa litigiosa, tendo o bem sido alienado, é facultado ao adquirente ou cessionário do bem prosseguir na causa, autorizado pelo art. 1.061 do Código de Processo Civil.

A previsão do inciso I do art. 593 objetiva situação diversa da prevista no inciso II do mesmo artigo. Dirige-se aos casos em que o próprio bem, objeto do litígio, é transferido ou onerado. A norma processual considera, em fraude à execução, a alienação ou a oneração do bem quando, sobre o mesmo, pender ação fundada em direito real. Nesse caso, não há de se perquirir sobre a existência de outros bens penhoráveis, passíveis de servirem à execução, não importa também o estado de solvência do demandado.

---

(4) STJ, 4ª Turma, Recurso Especial n. 20.778/SP, Min. Rel. Sálvio de Figueiredo Teixeira, DJU 31.10.94, p. 29.500. No mesmo sentido: STJ, 5ª Turma, Recurso Especial n. 190.695/SP, Min. Rel. José Arnaldo da Fonseca, DJU 04.10.99, p. 90.

(5) STJ, 4ª Turma, Recurso Especial n. 61.472/SP, Min. Rel. Sálvio de Figueiredo Teixeira, DJU 27.03.00, p. 106.

(6) STJ, 3ª Turma, Recurso Especial n. 222.709/SP, Min. Rel. Eduardo Ribeiro, DJU 19.06.00, p. 143.

(7) STJ, 3ª Turma, Recurso Especial n. 204.094/SC, Min. Rel. Eduardo Ribeiro, DJU 08.03.00, p. 107.

(8) Cf. Yussef Said Cahali, *Fraudes contra credores*, p. 416.

Com efeito, a regra dirige-se à execução da sentença proferida na ação em que foi tratado litígio, versando sobre direitos reais relativos a determinados bens. "A *actio in re ipsa* por excelência resguarda o direito de propriedade, mais as ações enumeradas no art. 1.225 do Código Civil. Porém para os efeitos do inciso I do art. 593 do Código de Processo Civil outras ações podem assim ser identificadas tendo em vista o objeto colimado."[9] Então a execução será da sentença, em regra, declaratória constitutiva, tratando de direitos reais sobre determinado e específico bem em que o bem jurídico a ser alcançado pelo autor diz com a própria coisa.

Nesses casos, o pressuposto essencial será da existência de ação fundada em direito real. Abrange, portanto, as ações que tratam dos direitos de propriedade e direitos sobre coisas alheias. Assim, os Direitos reais de gozo ou fruição, tais como: enfiteuse, servidão, usufruto, uso, habitação, constituição de renda, anticrese, direito real do promitente comprador no caso de aquisição de lotes de terreno à prestação. Mais ainda, os direitos reais de garantias pignoratícias, isto é, o direito ao valor da coisa: penhor, hipoteca e outros. *Yussef Said Cahali* menciona ainda como exemplo: as ações que tratam de direitos de vizinhança, tais como: posse, divisão, demarcação de terras e nunciação da obra nova. De qualquer forma, ressalva-se que a enumeração é meramente enunciativa, não exaurindo as hipóteses nas quais a demanda tem o condão de tomar a coisa litigiosa no elastério do art. 593, inciso I, do Código de Processo Civil.[10]

É de se ressaltar que, no caso do inciso I do art. 593 do CPC, tão-somente o fato de existir a ação fundada em direito real é suficiente para configurar a fraude à execução. Naturalmente, a existência da ação deverá coincidir com o momento do ato de alienação ou oneração do bem. Nessa hipótese de fraude, há coincidência de objeto na ação de conhecimento e na execução. Na primeira, a ação ordinária versa sobre direitos vinculados ao bem, na segunda, a execução visa ao próprio bem, objeto da primeira. Diferentemente da "demanda" que está prevista no inciso II do mesmo artigo, quando a ação (demanda) pode tratar dos mais diferentes direitos, sem qualquer relação com o bem, objeto da constrição, na fase executória. Sem embargo, pode haver cumulação de fatos a ensejar a incidência dos dois incisos. No primeiro, por ter sido alienado/onerado o bem, objeto de ação fundada em direito real, no segundo, por decorrer dessa mesma ação uma condenação a ser satisfeita e ter havido alienação ou a oneração de bens de tal sorte que tenha levado o devedor à insolvência, e que, em última análise, configure-se em fraude à execução.

Exemplificando: "A" litiga contra "B" a respeito do direito de propriedade de imóvel. "A" obtém sentença favorável e retoma o bem, objeto da ação, que estava com "B". "B" sucumbe nas custas e nas despesas. "B", durante o andamento da ação de direito real, aliena bem diverso do objeto da ação. "B" passa a não ter nenhum bem no seu patrimônio, portanto, insolvente e, quando citado, não paga a dívida. "A" poderá alegar fraude à execução e requerer a penhora do bem que foi alienado no curso da ação, para satisfazer o valor da condenação.

(9) Cf. Yussef Said Cahali. O autor refere-se ao Código Civil de 1916, a mesma previsão consta do art. 1.225 do novo Código Civil, incluindo agora o direito do promitente comprador. *Fraudes contra credores*, p. 426.

(10) *Fraudes contra credores*, p. 427.

Importa ressaltar que a venda do bem, objeto do litígio,[11] não é vedada, é válida e eficaz no plano do Direito substancial e processual, entretanto, a eficácia[12] da sentença atingirá o adquirente do bem que assume os riscos da decisão judicial. Registre-se que a aquisição do bem, com assunção de riscos, traduz-se afinal em aquisição de direitos e só, impropriamente, aquisição de propriedade. Tratando-se de obrigação de entrega de coisa certa, sendo alienada a coisa, quando já litigiosa, conforme previsto no art. 626 do Código de Processo Civil, será expedido mandado contra o terceiro adquirente, que deverá depositá-la, podendo ser ouvido somente após a entrega da coisa. Nesse caso, importa a litigiosidade da coisa, o que se verifica desde o momento em que houver citação válida, conforme previsto no art. 219 do Código de Processo Civil. Recorde-se que a existência de ação de direito real ou reipersecutória pode ser averbada no registro imobiliário, conforme autoriza a Lei de Registros Públicos, art. 167, inciso I, item 21.

Conforme afirma *Cândido Dinamarco*, opinião à qual nos filiamos, no caso do inciso I do art. 593, com a alienação ou oneração de bens, quando sobre eles pender ação fundada em direito real, a ineficácia atinge mais intensamente o ato, porque o confronto aí se dá entre direitos sobre a própria coisa, seja posse ou propriedade. Tratando-se de ação de direito de propriedade, a decisão favorável ao autor o declarará dono, tendo-se como ineficaz o ato de transferência entre o demandado e o terceiro adquirente. Na ação possessória, a situação assemelha-se, pois o autor, sendo vencedor na ação, terá o direito à posse declarado, submetendo-se o adquirente aos efeitos da sentença assim como ao alienante.[13]

A doutrina[14] e a jurisprudência[15] têm considerado, nos casos do inciso I do art. 593, que a presunção de fraude à execução é relativa, podendo ser afastada com a prova de que o ato de disposição do bem se deu antes da propositura da demanda. Na verdade, a pendência de demanda é requisito para se configurar a fraude. A ausência de ação, ao tempo da alienação, afasta a hipótese de fraude à execução. Nessa linha, transcreve-se excerto de julgado: "A existência de ação fundada em direito real, para configurar a fraude de execução, depende de dois requisitos: que tenha havido, em relação ao alienante, a citação válida e, em relação ao adquirente, que haja prova de que tinha ele conhecimento dessa ação ao adquirir o imóvel."[16]

---

(11) Nesse sentido, decisão do STJ, Recurso Especial n. 3. 017, Rel. Min. Athos Gusmão Carneiro, DJU 10.12.90, p. 14.810.

(12) Nessa linha, decisão: *A alienação de coisa litigiosa não constitui atentado, uma vez que não se trata de ato ilegal, mas, ineficaz. RSTJ*, ano 3, n. 19, Belo Horizonte, março, 1991, p. 429, também, do STJ, *RTSP*, ano 80, n. 672, SP, outubro, 1991, p. 204.

(13) *Execução Civil*, 6. ed., pp. 279-280.

(14) Nessa linha, Frederico Fontoura da Silva Cais, "Embargos de terceiro e fraude à execução", *in Revista dos Processos*. Ed. RT, São Paulo, ano 26, n. 102, pp. 109-138, abril-junho,2001, p. 132; Yussef Said Cahali, *Fraudes contra credores*, p. 422; Araken de Assis, *Comentários ao Código de Processo Civil*, p. 235; Pontes de Miranda, *Comentários ao Código de Processo Civil*, v. IX, p. 461.

(15) Entre outros, veja-se, Rec. Esp. 2.314/SP da 3ª T do STJ, Rel. Min. Cláudio Santos, *RTJ*, n. 13, setembro, Brasília, 1990, p. 356.

(16) TAMG, 1ª Câmara Cível, Apelação n. 0263967-4, Rel. Juíza Vanessa Verdolim Andrade, j. 08.09.1998, V. *site*: <www.ta.mg.gov.br>, acesso em 23.03.03.

5.3. *Litispendência e momento em que se configura a fraude*

Exige a lei que, ao tempo da alienação ou oneração, já exista contra o devedor a "demanda em curso". A doutrina utiliza o termo litispendência para referir-se à demanda em curso. Entretanto, quando se diz que deve haver litispendência, deve-se entender o termo no seu sentido literal, ou seja, pendência de lide e não, como consta no Código de Processo Civil, §§ 1º a 3º do art. 301. O Código atual considera que há litispendência quando se repete a ação que está em curso; quando se propõe mais de uma ação correspondente a um só direito, isto é, com identidade de coisa, causa e pessoa. No caso da fraude à execução, não se trata de repetição de ação, apenas de ação em curso, ou seja, deve existir lide pendente já em curso no momento em que foi feita a alienação ou oneração dos bens por parte do devedor que foi executado.

Analisando-se a questão quanto aos aspectos da "demanda em curso", verifica-se que o vocábulo demanda tem origem no latim *demandare*, que significa: *confiar, pedir depois, procurar, cometer, ir em direção a, propor, disputar.*(17)

O ingresso de uma ação em juízo provoca a demanda, embora, nem sempre, se estabeleça o litígio que só vem a ocorrer se houver contestação. O litígio tem por pressuposto a discussão, a não aceitação da postulação do autor. A demanda pode ser também o conflito de interesse entre a pessoa que deduz, em juízo, a sua pretensão e aquela que lhe opõe contestação ao pedido. Para *Plácido e Silva*, demanda significa "o ato pelo qual uma pessoa confia ou entrega ao julgamento da justiça a solução do direito em que se encontra prejudicado ou, ameaçado de perturbação, formulando assim o seu pedido, fundado no legítimo interesse de agir."(18)

A demanda ocorre quando a questão já foi posta em juízo, ou seja, já foi suscitada. Implica pedido feito, porque demandar é pedir judicialmente. "Receber a demanda do autor significa atuar a lei em seu favor."(19) Nem sempre demanda importa em litígio, inclusive porque o pedido pode não ser contestado, o réu pode ser revel e/ou confesso.

O momento preciso em que se fixa o termo inicial para configurar-se a fraude de execução é tema de interesse relevante para o estudo do instituto da Fraude de Execução. A norma processual que está inserta no art. 593 do Código de Processo Civil assim prevê: *Considera-se em fraude de execução, a alienação ou oneração de bens, quando pender sobre eles ação fundada em direito real, e quando, ao tempo da alienação ou oneração, corria contra o devedor demanda capaz de reduzi-lo à insolvência.* (grifos nossos)

Do texto legal, extraem-se algumas premissas básicas a determinar o momento a ser considerado para se examinar a ocorrência da fraude. No inciso I, o momento é aquele em que se dá o ato da alienação ou da oneração, condicionada à existência de ação

(17) Cf. Plácido e Silva, *Vocabulário Jurídico*, v. I, 3. ed., São Paulo: Forense, 1973, p. 491.

(18) *Vocabulário Jurídico*, p. 492.

(19) Cf. Giuseppe Chiovenda, *Instituições de Direito Processual Civil*, v. V, 2. ed., São Paulo: Saraiva, 1969, p. 198.

fundada em direito real. As questões que emergem são: Qual o momento em que passa a existir a ação? Desde a sua proposição? Quando o juiz a recebe? Quando o demandado é validamente citado? Estes questionamentos precisam de respostas, as quais, no presente, procurar-se-á elaborar.

O Código Processual, no art. 263, considera proposta a ação desde que a petição inicial seja despachada pelo juiz ou simplesmente distribuída em caso de existir mais de uma vara. O texto é claro, não exigindo esforço para seu entendimento. Todavia, o mesmo artigo, *in fine*, excepciona quanto aos efeitos que a ação produzirá relativamente ao réu, remetendo à disciplina do art. 219. Neste, a citação é exigida para induzir litispendência e fazer litigiosa a coisa. Tratando-se do inciso I do art. 593, para configurar a fraude é necessária a pendência de ação. Tomando-se o termo litispendência do art. 219, no seu sentido literal — pendência de ação —, não resta dúvida, há necessidade de citação para configurar a fraude de execução prevista no inciso I do art. 593 do Código de Processo Civil. Desta forma, estariam respondidas as questões apontadas. Entretanto, o Código dá mostras de usar o termo de forma diversa da literal, conforme acima explicitado, especialmente, nos §§ 1º ao 3º do art. 301, fazendo emergir questionamentos dos quais se ocupam a doutrina e a jurisprudência de forma diversificada, conforme se verá adiante.

No inciso II do art. 593 do CPC, a questão não difere muito. O texto trata não mais de ação fundada em direito real, mas, sim, de demanda que corria contra o devedor, capaz de reduzi-lo à insolvência. Emergindo questionamentos similares aos acima elencados, agora, tratando de demanda em vez de ação: 1º) Há diferença quanto ao significado dos termos "ação" do primeiro inciso e "demanda" do segundo? 2º) O termo "demanda" estaria relacionado à própria execução ou poderia abranger qualquer demanda capaz de reduzir o devedor à insolvência? 3º) Que momento, pode-se dizer, marca o termo inicial da demanda? 3.1) Quando o credor ingressa com ação? 3.2) Quando o devedor é citado? 3.3) Bastaria provar, de forma inequívoca, que o devedor sabia do aforamento da ação? 3.4) Seria possível inserir-se aí, também, o caso de medidas anteriores ao aforamento da ação, junto ao devedor, como, por exemplo, a notificação judicial ou mesmo extrajudicial, inclusive o protesto de título? 3.5) A simples comunicação do credor ao devedor de que ingressará com a competente ação, caso não seja adimplida a dívida? 4º) Como se deve apurar a capacidade da demanda em reduzir o devedor à insolvência?

1º – Para ressaltar a diferença entre os termos, valemo-nos dos ensinamentos de *Cândido Dinamarco*, o qual distingue ação e demanda, explicitando que os termos são utilizados, por vezes, sem o devido cuidado. Segundo o autor, "ação" é o poder ou direito de provocar o provimento jurisdicional, e "demanda" é o ato através do qual o provimento é postulado; o exercício da ação é "demanda".[20] Na mesma linha, *Araken de Assis,* ao tratar do vocábulo ação para definir e demarcar o objeto do processo,

(20) *Fundamentos do Processo Civil Moderno*, p. 169.

expressa "não se atribui tal qualidade, de modo algum, à demanda".[21] Evidenciada a distinção terminológica, objetivando o enfoque determinado pelo tema fraude de execução, resta verificar se "pender ação" ou "correr demanda", expressadas nos §§ 1º e 2º do art. 593, possuem alcances distintos, concluindo-se que, no caso, é idêntico o objetivo semântico da lei, pois ambos objetivam ação já instaurada. Tal convicção remete a questão da necessidade, ou não, da citação, para configurar o momento em que marca o termo inicial — em que os atos de disposição poderão ser tidos como em fraude — à análise conjunta para os dois primeiros incisos do art. 593 do Código de Processo Civil.

2º – A "demanda pendente" que está referida no art. 593, como é cediço, abrange qualquer espécie de demanda, incluindo as ações de conhecimento. De efeito, a norma não se refere à dívida líquida e certa, não se refere a título executivo, mas à demanda que por suas condições tenha capacidade de provocar a insolvência do devedor. Com isso, a demanda em análise está, de forma irretocável, inserida no processo de conhecimento, na proteção normativa da presunção de fraude prevista para as alienações e onerações feitas depois de instaurada a demanda. Também estão inseridas, na previsão normativa, as cautelares, as execuções e, até mesmo, as condenações com trânsito em julgado, oriundas do Direito Penal.[22] Nessa linha, decisão do STJ: "Para caracterização da fraude contra a execução, mister se faz que o ato fraudulento do obrigado coincida com qualquer processo, pouco importando se de conhecimento, executivo ou cautelar. É desnecessário que seja processo de execução."[23] Registre-se dissensões quanto às sentenças condenatórias penais, embora constituam-se em títulos executivos, conforme art. 475-*n* inciso II cujo texto foi introduzido no Código de Processo Civil pela Lei n. 11.232/05, correspondente ao antigo art. 584, inciso II, do referido diploma.

Frederico Marques entende que, nesses casos, "a fraude somente de dará após instaurada a liquidação".[24] De forma divergente, *Mendonça Lima* manifesta-se, dizendo que o Código não limita a fraude apenas às demandas civis, podendo ocorrer, se houver sentença penal condenatória com trânsito em julgado, habilitando o vencedor a executá-la no cível. *Yussef Cahali* amplia o alcance para toda demanda criminal instaurada que, segundo o autor, "comporta qualificar como em fraude de execução, porque tal ação penal autoriza o seqüestro de bens com base no art. 134 do Código Processo Penal".[25] De fato, o principal argumento para incluir as sentenças condenatórias penais é que estas se constituem em títulos executivos judiciais da mesma forma que as sentenças oriundas dos processos de conhecimento civis. O protesto contra alienação de bens,[26] feito contra o devedor, também deve servir de marco inicial para qualificar a demanda em curso prevista para o instituto da Fraude de Execução.

---

(21) *Araken de Assis, Cumulação de Ações*, 3. ed., rev. atual. São Paulo: Revista dos Tribunais, 1998, p. 80.

(22) Nesse sentido, Yussef Said Cahali, *Fraudes contra credores*, p. 456; Mendonça Lima, *Comentários ao Código de Processo Civil*, p. 509; Araken de Assis, *Comentários ao Código de Processo Civil*, p. 229.

(23) STJ, 5ª Turma, Recurso Especial n. 243707/SP, Min. Rel. Felix Ficher, DJU 10.04.00, p. 123.

(24) José Frederico Marques, *Instituições de Direito Civil*, v. 5, São Paulo: Forense, 1960, p. 451; na mesma linha de pensamento, Sálvio de Figueiredo Teixeira, *Fraude de execução*, p. 94.

(25) Cf. Yussef Said Cahali, *Fraudes contra credores*, p. 456.

(26) Cf. Yussef Said Cahali, *Fraudes contra credores*, p. 456.

Não obstante o afirmado, a demanda em curso, como requisito a configurar a fraude de execução, deve estar relacionada à execução. Portanto, se a fraude ocorre em fase anterior à executiva, a demanda em curso, proveitosa ao credor, deve ser aquela que origina o título executivo ou lhe seja dependente, como, por exemplo, o arresto ou o seqüestro de bens. Dissente do afirmado, *Yussef Cahali*, afirmando que, qualquer demanda em curso, mesmo sem relação direta com a ação em que é argüida a fraude de execução, é suficiente para marcar o termo da fraude de execução. *In verbis*: "é indiferente que a fraude à execução se concretize pela demanda daquele que quer ver declarada a ineficácia do ato ou outra qualquer pessoa".(27) Objeta *Araken de Assis*, afirmando que o devedor "pratica fraude contra a execução somente em relação aos titulares de créditos em juízo, não se beneficiando os demais, portanto, da litispendência alheia".(28) Da mesma forma, *Cândido Dinamarco*: "Na fraude de execução, considera-se fraudado o credor que, ao tempo da alienação ou oneração, já mantivesse um processo pendente em face do obrigado".(29)

3º – A doutrina e a jurisprudência são controvertidas quanto em que momento o termo inicial passa a configurar a fraude de execução. Uma corrente defende a idéia de que o simples ajuizamento da ação é suficiente para atender o requisito a configurar a fraude que exige pendência de ação ou demanda em curso, previstos nos incisos I e II do art. 593 do Código de Processo Civil. *Yussef Cahali* entende equivocado o entendimento no sentido de que a litispendência só se tem como instaurada a partir da citação válida do devedor, não bastando para tanto o simples ajuizamento da ação.(30) De forma assemelhada, *Mendonça Lima* ensina que a fraude de execução se configura desde a propositura da ação.(31) Nesse diapasão, *Frederico Marques* preleciona: "a ação se considera proposta tanto que a petição inicial seja despachada pelo juiz, ou simplesmente distribuída".(32) No mesmo sentido, *Maria Berenice Dias* considera que a simples distribuição da ação, onde houver mais de uma vara, ou o despacho na inicial, em foros de vara única, é o marco que determina o momento inicial para configurar, em fraude à execução, os atos de transferência ou oneração dos bens pelo devedor.(33) Em alguns casos os tribunais aceitam como termo inicial a demanda instaurada, sem a citação. Transcrevem-se exemplos: "Desnecessária a citação do devedor para caracterizar a fraude à execução quando, ciente da execução, esquivou-se daquele ato";(34) "para a caracterização da fraude à execução basta que a alienação seja posterior à existência de pedido de executivo despachado pelo juiz, não sendo necessária a efetivação da citação".(35)

---

(27) *Fraudes contra credores*, p. 445.

(28) *Comentários ao Código de Processo Civil*, p. 229.

(29) *Execução Civil*, p. 272.

(30) *Fraudes contra credores*, § 11, pp. 461-462.

(31) *Comentários ao Código de Processo Civil*, p. 501.

(32) Frederico Marques, *Manual de Direito Processual Civil*, 2. ed., v. IV, São Paulo: Saraiva, pp. 74-75.

(33) "Fraude à Execução", *Revista Ajuris*, Porto Alegre, ano XVII, n. 50, novembro, 1990, p. 75. Nessa mesma linha: Yussef Said Cahali, *Fraudes contra credores*, p. 463.

(34) STJ, 3ª Turma, Recurso Especial n. 226.413/SP, Rel. Eduardo Ribeiro, DJU 28.08.00, p. 79.

(35) STJ, 1ª Turma, Recurso Especial n. 193.226/SP, Rel. Garcia Vieira, DJU 08.03.99, p. 152.

Pontes de Miranda observa que se deve "exigir a pendência, portanto a citação pelo menos iniciada, se, por edital, que tenha sido publicada pelo menos um dia".(36) O entendimento do autor denota convicção, no sentido de que o importante é a ciência do executado mesmo que de forma ficta, como ocorre por edital, o que já se daria, em tese, com a primeira publicação. Porém, com a devida vênia, de fato, citação iniciada e não concluída não é citação válida. Se a formalidade da citação editalícia é suficiente para atender o pressuposto, deve, no mínimo, ser cumprida na íntegra. Não obstante, no nosso entendimento, a citação realizada por edital não pode ser tida como prova plena de ciência do executado, é, sim, prova de cumprimento de uma formalidade; nesses casos, a ciência será apenas presumida.

Chiovenda afirma que "a demanda é o ato pelo qual a parte, afirmando existente uma vontade concreta da lei, que lhe garante um bem, declara querer que essa vontade atue e invoca para esse fim a autoridade do órgão jurisdicional". A favor da sua tese lembra o caso em que o juiz é chamado a decidir sem ouvir a parte contrária quando, então, a relação processual nasce com a apresentação da demanda. Entretanto assevera o autor, somente a partir da notificação do adversário é que se pode originar um direito processual com respeito a este.(37)

Seguindo o mesmo entendimento, com alguma diferença, *Cândido Dinamarco* ensina: "Aforada a petição inicial considera-se proposta a demanda. A petição inicial é que leva ao juiz a demanda e traça desde logo os seus limites. A citação leva ao demandado o que está na inicial".(38) Em complemento diz o autor que "a citação é apenas um ato de comunicação processual".(39) Em outra passagem, referindo-se diretamente à fraude de execução, o autor afirma que "as alienações feitas antes da citação não podem, em princípio, ser consideradas atentatórias à dignidade da Justiça"; mais adiante, ressalva que "estando inequivocamente ciente o demandado da demanda proposta fica o ato inquinado de fraude à execução apesar de ainda não citado".(40)

Cumpre ressaltar que, na verdade, a norma processual não expressa exigência de citação válida, mas apenas de demanda em curso ou ação pendente, abarcando qualquer espécie de demanda, conforme visto antes. E, como já mencionado, o termo litispendência utilizado pelo Código de Processo Civil no art. 219, c/c art. 301, §§ 1º a 3º, possui o significado de demanda pendente com identidade de causa, parte e pedido. Isto é, o Código de Processo Civil reconhece a litispendência como reprodução ou repetição de ação.(41) Na fraude de execução há identidade de partes, no mais, pode haver diversas causas e pedidos como, por exemplo, em cautelar: o sujeito ativo pede o arresto de bens para evitar ocorrência que dificulte a satisfação, e já na ação de conhecimento, pede a condenação do réu com base em responsabilidade civil. Na execução,

---

(36) *Comentários ao Código de Processo Civil*, t. XII, p. 139.

(37) Giuseppe Chiovenda, *Instituições de Direito Civil*, v. II, 2. ed., pp. 353-354.

(38) Cf. Cândido Dinamarco, *Execução Civil*, p. 144.

(39) *Execução Civil*, p. 143.

(40) *ExecuçãoCivil, p.283.*

(41) Cf. §§ 1º a 3º do art. 301 do Código de Processo Civil.

o pedido é de execução forçada sob fundamento de ausência de pagamento do título executivo. Não há repetição de ação, embora o objetivo seja um só: a satisfação do autor. Desta forma, entende-se que o Código de Processo Civil, no art. 593, não pode ser interpretado como a exigir citação válida. Entretanto, em que pese o entendimento expressado, bem como a doutrina citada, é de se reconhecer que a exigência de citação válida, para configurar a fraude de execução, afasta infindáveis questionamentos originados da simples propositura da ação, põe termo a questionamentos cujas respostas não são dadas nem pela própria doutrina que assim defende.

Observa-se que diante da tese de ser suficiente o simples ajuizamento da ação sem citação válida do réu, portanto, dispensando o conhecimento desse da ação pendente, torna-se, no mínimo, frágil a defesa de que, no período em que medeia a fase de conhecimento e a fase executiva, e, não sendo procedida de imediato a execução, esse intervalo serviria para desconfigurar a fraude de execução. Da mesma forma, quanto às medidas preparatórias, como é o caso do protesto judicial, que pode ser feito muito tempo antes de se ajuizar o processo executivo. Igualmente, quanto ao ingresso de ação inepta com vícios que impossibilitam o prosseguimento. Nesse caso, o autor, com a repetição da ação autorizada pelo art. 268 do Código de Processo Civil, teria a seu favor o marco inicial da primeira ação instaurada, ainda que defeituosa.(42) Na hipótese de a citação do réu ser desnecessária, qualquer medida por parte do credor, se materializada junto ao Judiciário, ou mesmo anterior ao ajuizamento, deveria servir de base para marcar o início da proteção jurisdicional contra fraude de execução.

A jurisprudência tem se inclinado a favor da exigência da citação como elemento preponderante a configurar a fraude. Nessa linha, como solução esclarecedora é saudável, à medida que empresta maior segurança às relações jurídicas, considerando necessária a citação do réu com o pressuposto de que, com o ato citatório, o demandado toma conhecimento da demanda. Apregoando a necessidade da citação, *Araken de Assis* afirma que os "atos praticados pelo devedor antes da citação, mas depois do ajuizamento, não constituem fraude contra a execução".(43) A propósito do tema, transcrevem-se exemplos de decisões do STJ, julgando necessária a citação válida para configurar a fraude de execução: "A caracterização de fraude à execução segundo a jurisprudência pacífica desta corte pressupõe a litispendência concretizada com a citação válida do devedor";(44) "para que ocorra fraude de execução, é indispensável que, antes da alienação, corra contra o devedor demanda capaz de reduzi-lo à insolvência. Não basta o ajuizamento da ação, sendo indispensável a citação do devedor, pois só esta induz litispendência";(45) "a jurisprudência do STJ firmou no sentido de a declaração de fraude à execução pressupor

(42) A propósito, Cândido Dinamarco ensina que tanto a demanda está proposta antes da citação que ela pode ser extinta e, no caso de indeferimento da petição inicial, pode ser objeto de recurso, o que é tipicamente processual. *Fundamentos do Processo Civil Moderno*, pp. 159-160.

(43) *Comentários ao Código de Processo Civil*, p. 229.

(44) STJ, 4ª Turma, Aga, 167.595/RS, Min. Rel. Sálvio de Figueiredo Teixeira, DJU 14.06.99, p. 202. Na mesma linha: STJ, 3ª Turma, Aga, 125.776/PR, Min. Rel. Waldemar Zveiter, DJU 20.10.97, p. 53.059.

(45) STJ, 2ª Turma, Aga, 6.5271/PR, Min. Rel. Antônio de Pádua Ribeiro, DJU 19.05.97, p. 20.603.

processo em curso, ou seja, lide pendente";(46) "a fraude de execução requer a existência de *lide pendente*, o que somente ocorre com a citação";(47) "fraude de execução, necessidade de citação válida, não bastando o ajuizamento da demanda";(48) "a fraude de execução *pressupõe processo em curso*, ou seja 'lide pendente'. Dá-se a litispendência com a citação, em tal contexto, para caracterizar fraude de execução, é necessário que o devedor tenha sido citado para a execução, não bastando o ajuizamento desta";(49) "fraude à execução, art. 593, inc. II, do Código de Processo Civil, para que se configure a fraude à execução, não basta o ajuizamento da demanda; é necessária a citação válida";(50) "resta caracterizada a fraude à execução quando o devedor *aliena bens em data posterior à sua citação*";(51) "como assentado em precedentes da corte, *antes da citação válida não se configura a fraude de execução*".(52)(grifos nossos).

Por fim, com as ponderações apontadas, é de se concluir pela necessidade da citação do demandado como marco temporal inicial a configurar, em fraude de execução, os atos de disposição praticados pelo devedor. Entretanto, o critério não deve ser rígido, comportando prova inequívoca de ciência do réu da demanda em curso, mesmo antes de citado, para marcar o termo em que se configurará a fraude de execução. Nessa linha, por relevante, repisa-se manifestação de *Cândido Dinamarco*: "Por um princípio ético que deve presidir as interpretações jurídicas, estando inequivocamente ciente o demandado da demanda proposta, fica o ato inquinado de fraude à execução, apesar de ainda não citado".(53) Igualmente *Leonardo Greco*: "Excepcionalmente pode o credor requerer a retroação desse efeito a data anterior à citação, se lograr provar ciência inequívoca do devedor de que a ação foi proposta".(54) Trilhando o mesmo raciocínio, decidiu o STJ: "Fraude de execução. Separação consensual contemporânea da execução ajuizada, mas não efetivada a citação. *Não servem os precedentes da Corte sobre a necessidade da citação para a configuração da fraude de execução* em caso de alienação a terceiro, diante de circunstância específica. Assim a manobra da separação judicial consensual, com renúncia pelo executado da parte que lhe cabia em decorrência da meação, reduzindo o executado a um quadro de insolvência. O Poder Judiciário não pode cobrir cenário evidente de fraude construído pelos próprios interessados na preservação do patrimônio."(55) Sem embargo das exceções apontadas, só admitidas em casos realmente excepcionais, para configurar a fraude de execução, é necessária a existência de demanda pendente. Assim, afasta-se a admissibilidade de medidas anteriores

(46) STJ, 6ª Turma, Recurso Especial n. 187.829/SP, Min. Rel. Luiz Vicente Cernicchiaro, DJU 01.07.99, p. 214.

(47) STJ, 3ª Turma, Recurso Especial n. 181.150/SP, Min. Rel. Carlos Alberto Menezes Direito, DJU 17.05.99, p. 202.

(48) STJ, 3ª Turma, Aga, 52.939, Min. Rel. Eduardo Ribeiro, DJU 12.09.94, p. 23.765.

(49) STJ, Recurso Especial n. 60.519/SP, Min. Rel. Antônio de Pádua Ribeiro, DJU 26.05.97, p. 22.504.

(50) STJ, Recurso Especial n. 62.732/SP, Min. Rel. Raphael de Barros Monteiro Filho, DJU 18.03.96, p. 07.571.

(51) STJ, 3ª Turma, Aga, 346.473/SP, Min. Rel. Nancy Andrighi, DJU 28.05.01, p. 200, e STJ, 4ª Turma, Recurso Especial n. 222.822/SP, Min. Rel. Sálvio de Figueiredo Teixeira, DJU 25.10.99, p. 94.

(52) STJ, 3ª Turma, Recurso Especial n. 218.080/CE, Min. Rel. Carlos Alberto Menezes Direito, DJU 07.02.00, p. 160.

(53) *Execução Civil*, p. 283.

(54) O Processo de Execução, p. 41.

(55) STJ, 3ª Turma, Recurso Especial n. 167.920/SP, Rel. Carlos Alberto Menezes, DJU 22.05.00, p. 106.

ao ajuizamento da ação, inclusive o protesto de título, haja vista a exigência contida na norma processual, no sentido de ser elemento do tipo a demanda em curso. Pode-se discutir quando a demanda estaria em curso, se antes ou depois da citação, mas não há como sustentar teses de que medidas, inclusive as administrativas, anteriores ao ajuizamento, poderiam determinar o termo inicial suficiente a configurar a fraude de execução. O caso, no máximo, poderia enquadrar-se em fraude contra credores, se atendidos os requisitos dessa.

A Lei n. 11.382/06 introduziu no Código de Processo Civil o texto do art. 615-A, com o § 3º de expressão contundente. Todavia, a presunção de fraude à execução ali referida dirige-se a questões de provas, tanto que remete ao art. 593 do *Codex* processual. Contudo, no *caput* do artigo a lei autoriza o exeqüente a averbar, mediante certidão comprobatória do ajuizamento da ação da execução, nos órgãos de registros e cadastros de bens, imóveis, automóveis e outros. Nesses casos, por força dessa previsão legal, o marco inicial a considerar a alienação de bens, realizada em fraude de execução, dar-se-á com a averbação do ajuizamento da ação no órgão competente. Veja-se que aí a citação inicial foi claramente dispensada.

4º – A capacidade da demanda em reduzir o devedor à insolvência é elemento exigido para configurar a fraude de execução, *ex vi* do inciso II do art. 593 do Código de Processo Civil. A questão da insolvência em si é examinada no item 5.1 retro. Restringir-se-á, neste momento, à análise da capacidade da demanda em levar o devedor à insolvência. Evidentemente, o parâmetro a ser utilizado será compatível com o patrimônio do devedor. É com o ato de alienação que se configura a fraude, embora o valor da demanda seja relevante para o exame da matéria. Evidentemente, demandas sem cunho condenatório, salvantes os ônus sucumbenciais, não são capazes de levar o demandado à insolvência, ademais, não atendem o requisito exigido na norma.

Por outro lado, indaga-se: poderia a demanda referida no art. 593, II, ter capacidade apenas potencial para levar o demandado à insolvência, mesmo que imprevisível, ou teriam que estar presentes parâmetros estabelecidos, de conhecimento do ser humano médio, suficientes para se concluir que aquela demanda poderia levar o devedor à insolvência? Esta proposição não é difícil de ocorrer. Na verdade, em face do sistema econômico inflacionário e, principalmente, diante da liberdade com que são fixadas as taxas de juros bancários ainda vigentes no país, isso pode acontecer mais comumente do que seria desejado. Nesse sentido, cita-se como exemplo uma ação de execução de título extrajudicial para cobrança de financiamento de compra de um automóvel usado, em que o valor do empréstimo era de R$ 5.900,00. Cinco anos após, quando da execução, a dívida, deduzidos os pagamentos feitos, com os acréscimos contratados, somava R$ 240.000,00. Passados mais dois anos sem que o credor tivesse encontrado bens passíveis de penhora em nome do devedor, a dívida atualizada na progressão geométrica, com juros em torno de 4,5% ao mês, ultrapassava R$ 800.000,00.[56] Com esses dados, poder-se-ia dizer que os bens alienados pelo devedor principal e seu avalista, nos anos

(56) Dados do Processo JF RS n. 2000.71.000.014020-3.

pregressos, desde o início da ação, seriam tidos como em fraude à execução? Seria aceitável exigir que o devedor e seu aval que se comprometeram com uma dívida de R$ 5.900,00, em época de inflação controlada, devessem manter uma garantia patrimonial de forma ilimitada, sem qualquer parâmetro, sem qualquer limite? E, na hipótese de este devedor conservar um bem no valor de R$ 80.000,00, seria razoável, considerando os parâmetros de inteligência do homem médio, que o mesmo pudesse sequer imaginar que aquela demanda poderia levá-lo à insolvência?

Seguindo a mesma linha, quando a ação de conhecimento corre apenas com valor da causa de alçada, entretanto, ao final, após a liquidação da sentença, resulta em valor expressivo. Poder-se-ia dizer que aquela demanda seria capaz de levar o devedor a insolvência? Deve-se considerar o entendimento que possa ter sido feito pelo devedor no sentido de que o mesmo deveria saber que aquela demanda afinal o levaria à insolvência? E, nesse caso, o terceiro adquirente poderia fazer prova contra a presunção de fraude de execução, com base no valor dado à causa, na demanda de conhecimento e com isso provar que afinal não poderia saber que aquela simples demanda de valor inexpressivo levaria o transmitente devedor à insolvência?

São questionamentos que, afinal, exigem respostas que só poderão ser encontradas no caso concreto. A princípio, pode-se dizer que a capacidade de a demanda levar o devedor à insolvência integra a *fattispecie* do instituto da Fraude de Execução. Desta feita, a impossibilidade de o devedor ou terceiro saber, com base em critérios exigíveis de um ser humano medianamente inteligente, que aquela demanda poderia resultar em valores distantes dos referidos na própria demanda em curso, é, no mínimo, fato relevante a ser considerado pelo juízo como possibilidade de afastar a tese de fraude de execução.

5.4. *Inexistência de bens penhoráveis*

Para configurar-se a fraude de execução que está prevista no inciso II do art. 593 do Código de Processo Civil, é necessário que não existam, no patrimônio do devedor, outros bens que não aqueles que foram objeto de alienação ou oneração e que sejam penhoráveis. Assim é que ao credor não cabe a escolha livre de bens do devedor para executar sua dívida. Além de observar as disposições legais quanto aos direitos para indicar os bens à penhora, não poderá indicar bens que tenham sido alienados, mesmo que isto tenha ocorrido após o estabelecimento da demanda, se restarem, no patrimônio do devedor, outros bens possíveis de servirem à execução. A questão é tranqüila na jurisprudência. Transcrevem-se exemplos: "Não ocorrência, fraude à execução, substituição, nomeação de bens à penhora, não caracterização da insolvência";[57] "alienação de outros bens que não os penhorados. Havendo penhora no processo de execução

(57) STJ, 6ª Turma, HC n. 6.728, DJU 30.03.98, p. 138.

que corria contra o vendedor, não se pode reconhecer fraude de execução na alienação de outro bem, se inexistem elementos para caracterizar a insolvência".[58]

Se, por exemplo, "A" executa "B" e "B", após ciência inequívoca da execução, aliena seus bens existentes no foro da execução, mas mantém patrimônio livre em outra cidade, "A" terá que se sujeitar e aceitar a penhora dos bens existentes em outro foro. Não obstante alguma dificuldade a mais que terá "A", tal fato não é suficiente para autorizar "A" a pretender a penhora dos bens alienados no foro da execução, com fundamento em ocorrência de fraude à execução. A propósito, menciona *Cahali*, "deve o juiz aceitar a nomeação à penhora de outro imóvel localizado em outra comarca. Não se configurando, no caso, fraude de execução, pela alienação do único imóvel existente na comarca da execução".[59] O requisito estabelecido na regra processual é de que a alienação leve o devedor à insolvência e, no exemplo dado, isso não se verifica. Com pertinência, os §§ 4º e 5º do art. 659 do Código de Processo Civil foram introduzidos, possibilitando a penhora de imóveis por termo nos autos, sem necessidade de carta precatória para tanto. Embora a avaliação, o registro da penhora e o praceamento devam ser realizados no local do imóvel, de forma a prosseguir a execução, ainda assim o dispositivo usado contribui para a celeridade processual. Essa questão foi facilitada com o advento da nova lei do cumprimento da sentença, n. 11.232/05, a qual autoriza o credor a seguir com a própria execução no foro onde estejam localizados bens do devedor.

É questionável se, no exemplo acima, "A" tivesse alienado todos os bens existentes no país, mas mantivesse patrimônio no exterior. Nesses casos, embora às custas da execução, ao final, devam ser suportadas pelo devedor, é fato que uma execução através de carta rogatória, de difícil e onerosa execução, em algumas situações, poderia inviabilizar a efetividade da execução. Dessa forma, seria coerente considerar, em fraude à execução, a alienação da totalidade do patrimônio do devedor existente dentro do país.

É de se registrar que a existência de bens impenhoráveis no patrimônio do devedor, como é o caso da residência familiar ou bens com gravame instituído antes da demanda, não afasta a possibilidade de configurar-se a fraude à execução, isto é, em nada auxiliam o devedor. Sendo os bens impenhoráveis, não fazem parte do patrimônio do devedor a ser considerado para verificação do estado de insolvência, visto que não possuem aptidão para satisfazer as dívidas. O estado de insolvência, no caso, resulta de presunção legal, ou seja, ocorre quando o devedor não possuir outros bens livres e desembaraçados para nomear à penhora, conforme disposto no art. 750 do Código de Processo Civil.

Nesta senda, podem ocorrer situações exóticas, como, por exemplo: Um devedor residir em uma mansão livre e desembaraçada, possui uma Mercedes onerada anteriormente à dívida exeqüenda e nada mais possuindo em seu nome, será tido por insolvente, por força do disposto no art. 750 do Código de Processo Civil. Se esse devedor tiver alienado algum bem, seja móvel ou imóvel, após a demanda que vem a

---

(58) STJ, 4ª Turma, Recurso Especial n. 215.914/MG, Min. Rel. Ruy Rosado de Aguiar, DJU 14.02.00, p. 40.

(59) *Fraudes contra credores*, p. 534.

ser executada, estará configurada a fraude de execução. Não obstante, é de se salientar que a aquisição de residência de maior valor poderá ser tida como realizada em fraude, conforme disposto no art. 4º da Lei n. 8009/90.[60]

5.4.1. *Insolvência*

A insolvência é requisito essencial para configurar a fraude de execução prescrita no inciso II do art. 593 do Código de Processo Civil, *In verbis*: *quando ao tempo da alienação ou oneração, corria contra o devedor demanda capaz de reduzi-lo à insolvência.* Esta se verifica quando o patrimônio do sujeito é insuficiente para satisfação das suas obrigações. O Direito processual americano simplifica, presumindo insolvente aquele que não paga suas dívidas vencidas.[61] O conceito de insolvência no Direito pátrio não é expresso na norma. Contabilmente é insolvente o devedor quando a soma do ativo do seu patrimônio é inferior a do passivo. Entretanto, em sede de execução, a conta que se faz, a princípio, para se atribuir o estado de insolvência ao devedor não decorre de critérios contábeis, no sentido *stricto*, mas, sim, de simples conta de aritmética, considerando a dívida exeqüenda deduzida do valor do patrimônio do devedor. Considera-se ainda o patrimônio como sendo os bens existentes, penhoráveis, de conhecimento do credor. A presunção é *iuris tantum*,[62] como assevera *Buzaid*: "Presumir-se-á a insuficiência dos bens do devedor contra o qual esteja correndo execução forçada, ficando salvo aos interessados o direito à prova em contrário".[63] De efeito, o estado de insolvência consiste na inabilidade potencial ou efetiva para solver as dívidas. Assim, mesmo que o devedor não possua patrimônio livre, pode não ser insolvente, basta que tenha potencialmente condições de satisfazer suas obrigações, a exemplo, quando solve a dívida com recursos de rendimentos próprios. Destarte, verifica-se que o estado de insolvência pressupõe características específicas que deverão ser analisadas no caso concreto.

O estado de insolvência do devedor torna-se do interesse jurídico para o instituto da Fraude de Execução, quando representar prejuízo para o credor. Isto é, na presença do *eventus damni*. Nesse enfoque sobre o tema cita-se *Maierini*: *se l'atto fraudolento non avesse realmente dannegiato i creditori, se non ostante quell'atto, il patrimonio del debitore fosse tuttora sufficiciente per pagargli manchevole ai creditore l'interesse, base indispensabile d'ogni azioni.*[64] Na mesma linha de pensamento, *Planiol* ensina que a prova do *eventus damni* provocado pela insolvência do devedor é elemento essencial, acrescentando: *La discussion préable du débiteur n'est pas toujours necessaire; il se peut que son insolvabilité soit notoire, et que le caractére dommangeable de l'acte soit déjà*

---

(60) Cf. Leonardo Greco, ob.cit., v. II, p. 43.

(61) Cf. previsão no art. 3.302 do Código dos EUA.

(62) Nesse sentido, Humberto Theodoro Júnior, *Fraude contra credores*, 2. ed., rev.atual. e ampl. Belo Horizonte: Del Rey Editora Ltda., 2001, p. 216.

(63) Alfredo Buzaid, *Do concurso de credores*, p. 168.

(64) Angelo Maierini, *Della revoca degli atti fraudolenti*, p. 156.

certain.(65) "O dano consiste na insuficiência de bens no patrimônio do devedor".(66) A imprescindibilidade da presença do dano ao credor, para configurar a fraude de execução, é questão pacificada.(67) Sem prejuízo ao exeqüente, não há a fraude do inciso II do art. 593 do Código de Processo Civil. Assim, "nem todo o ato de disposição, considera-se em fraude, apenas aquele mediante o qual se consumou a situação de desequilíbrio, mais os subseqüentes que agravaram a situação".(68) Nessa senda, somente as "últimas alienações e/ou onerações, que efetivamente tenham concorrido para a insolvência, estarão sujeitas à ineficácia".(69)

O momento em que deve ser avaliado o estado de insolvência do devedor está ligado estreitamente ao prejuízo causado. Não deve ser fixado com critérios estanques e preconcebidos, deve, sim, ser objeto de análise no caso concreto. Assim, eventual estado de insolvência do devedor, desde que verificado em determinada época que não lhe cause prejuízo, não é relevante para configurar a fraude. Precisamente, se no ato de alienação do bem, objeto de interesse, o devedor já estava respondendo por demanda e o bem era, à época, o único ou o último pertencente ao devedor, mas, apesar dos fatos ocorridos, por ocasião da execução, o devedor possuir outro bem adquirido *a posteriori*, o requisito do prejuízo foi afastado. No momento da execução, o devedor está solvente.

Por outro lado, indaga-se: A análise da insolvência deve ser feita sob o prisma da demanda ou da alienação? O que afinal deveria ser considerado como capaz de levar o devedor à insolvência?(70) O inciso II prescreve que a fraude se configura com a alienação ou oneração de bens que foram realizadas na constância de demanda e com capacidade para levar o devedor à insolvência. Logo, a insolvência à qual se refere a norma é aquela que a demanda existente, se procedente, seria capaz de provocar no patrimônio do devedor. Naturalmente, a demanda referida na norma deve ter sido promovida pelo credor exeqüente e não por outro credor ou postulante qualquer.(71) Um credor não pode aproveitar eventual demanda de outro com a finalidade de alegar fraude de execução a seu favor. Há conexão direta entre a execução em curso e a demanda pendente. Esta, como é cediço, pode ser até mesmo simples processo de conhecimento. Outra conexão que se impõe fazer diz respeito aos valores do ato da alienação e aos valores da demanda pendente, pois, para se apurar o estado de insolvência, a análise envolve estes dois valores. Conseqüentemente, não se afasta da análise a representação monetária

---

(65) Marcel Planiol, *Traité Elementaire de Droit Civil*, v. II, 4. ed., Paris: Libr. Générale de Droit, 1907, p. 311.

(66) Cf. Amílcar de Castro, *Comentários ao Código de Processo Civil*, p. 81.

(67) Nesse sentido, entre outros, Mendonça Lima, *Comentários ao Código de Processo Civil*, p. 503; Yussef Cahali, *Fraudes contra credores*, p. 534.

(68) Cf. Cândido Dinamarco, *Execução Civil*, p. 272.

(69) Cf. Sálvio de Figueiredo Teixeira, *Código de Processo Civil anotado*, 5. ed., São Paulo: Saraiva, 1993, p. 3.570.

(70) Sobre o tema, Yussef Cahali diz que a insolvência é aquela que resulta do ato de alienação ou oneração e não da demanda que, ao tempo, corria contra o devedor, conforme consta do art. 593, II do Código de Processo Civil. *Fraudes contra credores*, p. 533.

(71) Em oposição à idéia, Yussef Cahali afirma ser "indiferente que a fraude à execução se concretize pela demanda daquele que quer ver declarada a ineficácia do ato ou por qualquer outra pessoa". *Fraudes contra credores*, p. 445.

de ambos os casos envolvidos. Daí o porquê de não se poder dizer que importa só o ato de alienação ou só a demanda. O estado de insolvência é apurado em conta de subtração, portanto, são imprescindíveis os dois parâmetros referidos para avaliação da insolvência do devedor. Equivale dizer: para se verificar a insolvência do devedor, toma-se o valor da demanda e deduz-se o valor da alienação, com isso, se o resultado for representado por valor, cujo patrimônio remanescente é capaz de garantir a dívida, não há o porquê de se falar em fraude. Do contrário, configurada está a fraude de execução ditada pelo ato da alienação que, subtraindo os bens do patrimônio do devedor, o levou à insolvência.

O art. 750 do Código de Processo Civil autoriza a presunção de insolvência quando o devedor não possuir outros bens livres e desembaraçados para nomear à penhora. "Ela se dá toda vez que as dívidas excederem à importância dos bens do devedor".[72] Os critérios para apuração de bens devem ser objetivos e simples,[73] e realizados com base nas informações constantes nos autos da execução. Para caracterizar a insolvência na fraude "não precisa provar-se cumpridamente".[74] Se o devedor não indica e o Oficial nada encontra na diligência que faz junto ao devedor, o credor, desconhecendo outros bens para indicar à penhora, poderá requerer a declaração de fraude de execução relativamente aos bens alienados ou onerados na pendência de demanda.

Com efeito, a insolvência exigida para configurar a fraude de execução, como se disse, é presumida[75] mediante diligências normais que devem ser providenciadas pelo credor. A prova negativa é de difícil execução, ademais, não é de se exigir que o exeqüente faça rebuscadas e infindáveis procuras a fim de verificar a possibilidade de existirem bens do devedor. Como no dizer de *Enrico Liebman*, para verificar o requisito da insolvência não se exige "todo o aparato e os efeitos de aprofundada investigação, é apenas a insolvência aparente e exterior revelada pelo fato, empiricamente averiguado, de falta de outros bens conhecidos".[76] Não se olvide que, de plano, cabe ao devedor a indicação dos bens para garantia do juízo, não o fazendo, restará a providência ao exeqüente. *A priori*, o credor fará a indicação com base no conhecimento que possui sobre o patrimônio do devedor. Esse conhecimento se origina de informações prestadas pelo próprio devedor no momento em que assumiu a obrigação, ou que, por outros meios, o credor tenha obtido. Todavia, ante o desconhecimento pelo credor da existência de outros bens, pertencentes ao devedor, ter-se-á, por presunção, o estado de insolvência do executado, satisfeito, assim, o segundo requisito para a declaração de fraude de execução.

Destarte, a prova efetiva da insolvência descabe ao credor, este tem a seu favor a presunção do estado de insolvência com base no desconhecimento de bens do devedor.

(72) Cf. Araken de Assis, *Comentários ao Código de Processo Civil*, p. 234.

(73) Nesse sentido, também, Cândido Dinamarco, *Execução Civil*, p. 282.

(74) Cf. Araken de Assis, "Fraude à execução e a legitimidade do terceiro hipotecante", p. 10.

(75) A presunção do estado de insolvência é questão pacificada, menciona-se aqui apenas como exemplo: Yussef Cahali, *Fraudes contra credores*, p. 535, Cândido Dinamarco, *Execução Civil*, p. 282.

(76) *Processo de Execução*, p. 143.

Contudo, o devedor e/ou o terceiro adquirente poderão apresentar provas em contrário.[77] Nessa linha, *Jorge Americano* afirma que "ao devedor incumbe a prova de que tem bens de igual ou maior valor".[78] O autor funda sua assertiva no Direito Civil português,[79] o qual contém disposição expressa no sentido de que ao devedor incumbe a prova de que possui bens de igual ou maior valor de forma a afastar a tese de insolvência.

5.5. Dos elementos subjetivos na configuração da fraude de execução e os limites do alcance dos critérios objetivos

A regra processual, ao estabelecer os pressupostos para configurar em fraude de execução os atos de disposição, estabelece critérios objetivos, a saber: existência de demanda em curso e prejuízo causado pelo ato de alienação por ter este levado o devedor ao estado de insolvência, frustrando a execução.

Dessa forma, verifica-se de plano que as questões subjetivas, envolvendo o devedor e o adquirente do bem, não integram a *fattispecie* (fraude de execução), conforme previsão na norma processual civil. Destarte, o *consilium fraudis* (propósito de fraudar) e a *scientia fraudis* (conhecimento) não são requisitos para a configuração de fraude de execução.

Para *Enrico Liebman*, a lei dispensa a prova do elemento subjetivo, a intenção fraudulenta está *in re ipsa*, a lei não pode permitir que, enquanto pende o processo, o réu altere a sua posição patrimonial, dificultando a execução judicial.[80] *Yussef Cahali* se expressa no sentido de haver dispensa da prova de má-fé por ser o *consilium fraudis* ínsito à fraude de execução.[81] Na mesma linha, *Mendonça Lima* afirma ser presumida a fraude na execução, presentes os pressupostos do art. 593 do Código de Processo Civil.[82]

Cândido Dinamarco é incisivo ao afirmar que a fraude de execução "prescinde de qualquer requisito subjetivo, referente à intenção do adquirente ou mesmo do devedor alienante".[83] No mesmo sentido, *Ada Pellegrini Grinover* dispensa a perquirição do elemento subjetivo do adquirente do bem, para que seja ignorado o negócio jurídico, no âmbito da demanda, "uma vez que o instituto da fraude à execução tutela interesse público prevalente, de resguardo à própria Justiça".[84] Essa linha doutrinária da qual

---

(77) Nesse sentido, Yussef Said Cahali, *Fraudes Contra Credores*, p. 535.

(78) Jorge Americano, *Da Ação Pauliana*, n. 29, 2. ed., São Paulo: Saraiva, 1932, p. 54.

(79) Cumpre registrar que o Código Civil português referido por Jorge Americano, assim como o citado autor, refere-se à fraude contra credores. A citação se oferece pertinente, porque o critério, neste caso, é aplicável, também, à fraude de execução.

(80) Vide Enrico Tullio Liebman, *Processo de Execução*, p. 89.

(81) *Fraudes contra credores*, p. 440.

(82) *Comentários ao Código de Processo Civil*, p. 171.

(83) *Execução Civil*, p. 282.

(84) "O Controle do raciocínio judicial pelos tribunais superiores brasileiros", Revista Ajuris, Porto Alegre, ano XVII, n. 50, pp. 05-19, .ovembro 1990, p. 18.

já fazia parte *Buzaid*,[85] considera despicienda a bilateralidade da fraude. Esta integra a *fattispecie* abstrata da categoria jurídica.[86] O que se deve presumir é a fraude, não o conhecimento ou a ciência das partes.[87]

Nesse diapasão, não haveria o porquê de se cogitar do *consilium fraudis* ou da *scientia fraudis.* Sendo o *consilium fraudis* o propósito de fraudar o credor,[88] na fraude de execução o intuito de fraudar seus credores ou a consciência de que o ato o levará a insolvência, prejudicando os credores, não se constituem elemento essencial. "A lei tutela o interesse da própria prestação jurisdicional",[89] por conseguinte, não considera a situação do adquirente, mas, sim, do vendedor-devedor que onerou seu patrimônio quando pendia demanda. "Não é possível fazer preponderar uma mera presunção de boa-fé sobre o interesse legítimo do credor e da própria justiça, não sendo de cogitar-se, portanto, na fraude de execução, de boa ou má-fé do adquirente".[90]

Para *Retortillo, o consilium fraudis* consiste en *el conocimiento que tiene el deudor de su propria situaciòn economica, y por onde de que com la enajenaciòn por el realizada se impossibilitará de satisfacer sus deudas por la minoraciòn que su patrimonio experimenta. Este concepto lo integra la llamada ex cientia, o sea representaciòn que se opera en la miente del deudor de su situaciòn economica, de la valoraciòn de su patrimonio al idear el negocio juridico que va a llevar a cabo. Y además se integra por la llamada presciencia o sea el conocimiento de las consecuencias deuvalas de las enajenaciòn que va a realizar, es decir, la prevision de que con el acto que va a realizar impossibilita a su legitima acreedor para que pueda hacer efectivo su derecho.*[91] Como se pode ver, para o autor, no conceito de *consilium fraudis* estão incluídos a ciência da situação econômica e o conhecimento das conseqüências derivadas das alienações, impossibilitando aos credores a efetivação de seus direitos, desse modo, significando que os elementos subjetivos estão subjacentes aos atos de disposição realizados pelo devedor alienante.

A *scientia fraudis* representa o conhecimento do estado de insolvência do devedor pelo beneficiário.[92] Essa também não se constitui em elemento essencial para configurar a fraude de execução. Nas alienações onerosas, no caso de fraude contra credores, a *scientia fraudis* é elemento essencial, conforme repisa o novo Código Civil brasileiro, art. 158, o que já era previsto no Código de 1916. No Código processual não há previsão para se ter como pressuposto o conhecimento do terceiro no caso de fraude de execução.

No aspecto em exame, dissente da citada doutrina, *Amílcar de Castro*,[93] entendendo necessário que o devedor tenha conhecimento do prejuízo que o ato causa para se

(85) Alfredo Buzaid, *Do Concurso de Credores, passim.*

(86) Cf. Cândido Dinamarco, *Execução Civil*, p. 282.

(87) Cf. Cândido Dinamarco, *Execução Civil*, p. 282; Alfredo Buzaid, *Do Concurso de Credores*, p. 168.

(88) Nesse sentido, recorda Marcos Bernardes de Melo que não se deve confundir *consilium fraudis* (intenção), com *concilium fraudis* (reunião), em *Teoria do Fato Jurídico. Plano da Validade*, p. 165.

(89) Cf. Yussef Cahali, *Fraudes contra credores*, p. 537.

(90) Cf. Yussef Cahali. ob. cit., p. 537.

(91) Cf.Cirillo Martin Retortillo, *La Lucha contra el Fraude Civil*, s/l, s/ed. s/d., pp. 29-30.

(92) Cf. Marcos B. de Melo, *Teoria do Fato Jurídico. Plano da validade*, p. 163.

(93) *Comentários ao Código de Processo Civil*, p. 81.

configurar a fraude, considera decisiva que a fraude seja recíproca, para atingir o terceiro adquirente.[94]

Na análise doutrinária, verifica-se que uma parte dos autores, embora afaste a fraude recíproca ou o *consilium fraudis,* considera o elemento subjetivo, especialmente a ciência da demanda em curso, no momento do ato de disposição, como necessário para enquadrar o caso como fraude, no que pertine ao seu alcance contra terceiros. Nessa linha, *Alvino Lima* informa que, na fraude de execução, "a lei dispensa a prova do *consilium fraudis* dada a presunção *juris et de jure* da fraude do devedor".[95] Entretanto, afirma, relativamente ao terceiro, a ciência deste não se presume, deve ser cumpridamente provada. Mais adiante, afirma o autor ser indispensável que se *demonstre a ciência certa ou presumível do terceiro* adquirente. Denota-se, então, que o autor, embora expresse o *consilium fraudis* como parte integrante do ato fraude de execução, por parte do devedor, no que pertine ao terceiro adquirente exige a prova da *ciência*, por parte deste, para que a declaração de fraude de execução o atinja, embora aceite que a ciência possa ser presumida. Diante das palavras do autor, é imperioso reconhecer que a referida presunção de ciência pelo terceiro deve estar consubstanciada em provas irrefutáveis de que o terceiro sabia ou teria como saber da demanda em curso e estado de insolvência do vendedor. Com pertinência as palavras de *Leonardo Greco*: "O que não é aceitável, do ponto de vista humanitário, é que o adquirente, que muitas vezes não sabia da existência de ação contra o devedor (...), venha a ser privado dos seus bens antes que em regular processo de conhecimento tenha tido ampla possibilidade de demonstrar a inexistência de fraude."[96]

De fato, as normas reguladoras do instituto da Fraude de Execução não exigem a presença dos critérios subjetivos. Quando se analisa os aspectos da sujeição do devedor à execução, especialmente no que pertine à fraude de execução, considerando o poder/dever do Estado e os direitos do credor, a defesa pela exclusividade dos critérios objetivos para caracterizar a fraude de execução são facilmente assimilados.

Inclusive, e em defesa desse entendimento, transcrevem-se excertos de pronunciamento de *Alvino Lima*: "enquanto por simples presunções *juris et de jure*, o autor do ato responde pelas conseqüências prejudiciais, enquanto pelo exercício irregular de um direito, sem intenção maléfica, somos forçados ao ressarcimento do dano causado, enquanto respondemos por culpa ou dolo, pelos danos decorrentes dos riscos criados, ou mesmo em virtude de simples explorações industriais, proclama-se a dificuldade de repressão da fraude, cujo combate se impõe através de um preceito legal genérico, amplo como os que, em todos os códigos civis, condenam os atos ilícitos decorrentes de ações dolosas ou simplesmente culposas".[97]

---

(94) *Comentários ao Código de Processo Civil*, p. 82.

(95) Alvino Lima, *A Fraude no Direito Civil*, p. 278.

(96) Vide em *O processo de execução*, ob.cit., p. 36.

(97) *A Fraude no Direito Civil*, p. 5.

Todavia, ao se proceder à mesma análise, levando-se em consideração os direitos do terceiro adquirente, a título oneroso,[98] de boa-fé, estranho ao processo executivo, a mesma conclusão não se pode almejar sem correr o risco de graves injustiças. É que, num Estado Democrático de Direito, as medidas que podem se configurar em arbitrariedades contra pessoas de boa-fé, estranhas ao processo, não devem ser aceitas. Nesta acepção é oportuno trazer-se a lume as palavras de *Gelson Amaro de Souza, in verbis*: "Atribuir à fraude de execução, como até agora se tem feito, valor meramente objetivo é criar flagrante injustiça, provocar insegurança jurídica e dificultar as relações sociais, além de contrariar os mais elementares princípios de direito público, tais como o devido processo legal,[99] a ampla defesa e o contraditório. Necessário verificar se o adquirente tinha conhecimento da fraude de execução ou pelo menos tinha condições de saber, pelas informações, dados e notícias correntes, colocadas ao alcance da pessoa comum do povo. Fora isso, não se pode falar em fraude."[100]

A questão, como se pretende abordar, não se cinge a juízos valorativos. A interpretação, no caso, se vale de regras hermenêuticas lógicas e axiológicas de forma a considerar o sistema de Direito na sua amplitude. Destarte, em que pese a sujeição patrimonial do devedor ao processo executório, com expropriação patrimonial pelo Estado, há um limite quando o ato atinge terceiros, mormente considerando-se o marco inicial a configurar a fraude de execução desde a instauração de simples demanda, o que pode durar longo tempo, não representando exagero supor que atinja prazos superiores a dez anos. O limite de intervenção na esfera patrimonial do terceiro é ditado pelos princípios constitucionais de ampla defesa, ou seja, direito ao contraditório, direito de propriedade, proteção aos atos de boa-fé, entre outros. Os direitos do exeqüente devem ser sopesados com os direitos do terceiro com aplicação do critério ou princípio da proporcionalidade. Sendo relevante, "no que diz com a relação entre os meios e os fins, uma cuidadosa ponderação dos bens em pauta, devendo ser priorizada, na avaliação, a posição jurídico-constitucional mais importante".[101] Mas, não só a Constituição, o Código processual também possui regras de proteção ao terceiro. Assim ocorre quando o Código se refere ao alcance das sentenças judiciais, prescrevendo que as mesmas não beneficiarão nem prejudicarão terceiros, à exceção quando tenham sido citados no processo — art. 472 do Código de Processo Civil. Com o dispositivo, denota-se a preocupação do Código processual em proteger e respeitar os direitos de terceiros. A propósito é oportuno ressaltar as lições de *Enrico Tullio Liebman* — o qual, comumente, é citado para reforçar a idéia de que somente os pressupostos objetivos devem ser considerados — quando, em análise dos efeitos da coisa julgada contra terceiros, afirma que a sentença produz, normalmente, efeitos, também, contra o terceiro, mas com

(98) Exclui-se da análise as alienações a título gratuito, porque, nesses casos, o prejuízo do terceiro estaria afastado.

(99) Nessa linha, Leonardo Greco defende a admissão do terceiro na execução, devendo ser intimado de todos os atos do processo, em respeito ao devido processo legal, v. I, ob.cit., p. 241.

(100) *Fraude à execução e o devido processo legal*, p. 36.

(101) Cf. Henrich Scholler, "O princípio da proporcionalidade no Direito Constitucional e Administrativo na Alemanha", *in Curso de Aperfeiçoamento em Direito Público Comparado*, Trad. Ingo Wolfgang Sarlet, Porto Alegre, Justiça Federal de Porto Alegre, 1998, p. 17.

intensidade menor do que para as partes. A eficácia da sentença tem para as partes a presunção *iuris et de iure*, mas para o terceiro, a presunção é somente *iuris tantum*.[102] Assim, mantém-se a autoridade da coisa julgada sem sacrificar o direito do terceiro, concedendo-lhe a faculdade de defesa. Ressalva o autor que, embora possa parecer contraditório, é inevitável que existam certos limites, se não teríamos que aceitar a eficácia plena, absoluta e definitiva em confronto a todos, e essa prática não é mais adotada por nenhum legislador moderno. O citado autor considera repugnante admitir-se a defesa do terceiro sem possibilitar-lhe a obtenção de um resultado que não seja iníquo.[103] Com o exposto, vislumbra-se, na teoria de *Liebman*, uma via capaz de introduzir, no exame dos pressupostos processuais para configurar a fraude de execução, a defesa do terceiro, a partir do enfoque de seus direitos e não apenas submetendo-se à execução instaurada contra o devedor-vendedor da qual não faz parte. Seguindo esta linha de pensamento, parece razoável pretender-se a aplicação dos mesmos critérios apregoados por *Enrico Liebman*, para a eficácia da sentença, no que se referir à fraude de execução relativamente ao terceiro.

O Capítulo X do *Codex* processual destinado aos embargos de terceiro também é uma clara referência da norma processual no que diz respeito à proteção dos direitos do terceiro. *Pontes de Miranda* já afirmava ser pressuposto dos embargos de terceiro a invasão ilegal na esfera jurídica do terceiro, de ordem subjetiva. Ora, se a execução pode ir até onde seja legal sua incursão na esfera jurídica do terceiro, objetiva e subjetivamente, então a admissão dos embargos significa a possibilidade de ser ilegal a incursão executiva. *In verbis* "não há invasão ilegal (tautologia) da esfera jurídica do terceiro, até onde a lei permite que vá subjetiva e objetivamente, a execução. Os embargos de terceiro pressupõem invasão de ordem subjetiva".[104] É, também, a partir deste enfoque que se pode admitir o exame de elementos subjetivos em sede de fraude de execução. Assim, a consideração dos elementos objetivos valem e são suficientes para configurar a fraude de execução no que pertine ao credor e ao devedor. Toda sujeição executiva diz, de plano, respeito à esfera jurídica do devedor. O alcance no patrimônio de terceiro, quando realizado em fraude de execução, também é possível, contudo, nesse caso, o terceiro pode defender-se através dos embargos, haja vista a previsão processual do art. 1.046 do Código de Processo Civil, pois como ensina *Pontes de Miranda*: "*É preciso nunca se perder de vista que o direito pode existir, sem que a sua eficácia seja diante de todos (...) A extensão da eficácia em relação a terceiros é outro problema, que se resolve segundo os princípios inerentes*"[105] (grifo nosso).

Até mesmo o Código de Processo Civil recebeu forte indício, com o advento do disposto no § 4º do art. 659 do CPC, introduzido pela Lei n. 10.444/02, de que os

(102) Cf. Enrico Tullio Liebman: *la sentenza produce normalmente effetti anche per i terzi, ma con intensità minore che per le parti,(....) si potrá dire che la sentenza ha per le parti un'efficacia di presunzione iuris et de iure, per i terzi invece di presunzione iuris tantum. L´efficacia ed autoritá della sentenza.* Milano: Dott. A. Giuffrè – Editore, 1962, p 119.

(103) Cf. Enrico Tullio Liebman, *L'efficacia ed autorità della sentenza*, pp. 119-120-124-152.

(104) *Comentários ao Código de Processo Civil*, § 593.

(105) *Comentários ao Código de Processo Civil*, tomo IX, p. 127.

critérios objetivos não seriam suficientes para presumir a fraude quando se trata de atingir o terceiro. A subjetividade passa a ser objeto de exame para efeito de prova, tanto é assim que a nova lei veio exigir o registro da penhora para presunção absoluta de conhecimento do terceiro do ato constritivo. Com isso, está o Código processual reconhecendo dois aspectos relevantes. O primeiro é de que para presunção de conhecimento pelo terceiro, sobre o ato de constrição, faz-se necessário o registro no Ofício Imobiliário, portanto, o processo, em si só, não produz o efeito da publicidade alcançado pelo registro. Não se pode olvidar que a fraude de execução se configura antes da penhora, desde a demanda em curso, entretanto, o fato de o Código impor o registro para presunção de conhecimento de terceiros significa que a norma processual passa a reconhecer, de forma expressa, que o registro faz prova contra terceiros a partir de sua providência. Dessa forma, evidentemente, antes do registro não há prova absoluta de conhecimento pelo terceiro. O segundo aspecto a relevar é o de que a norma processual, com este dispositivo, passou a reconhecer expressamente a presença do elemento subjetivo, *scientia*, para que um ato judicial, realizado no processo de natureza pública, produza efeitos, apto, portanto, a atingir o terceiro, embora de forma presumida. Contrário senso, na ausência do registro, a norma admite a prova de que o terceiro não conhecia a demanda.

A propósito, a Lei n. 6.830/80 em seu art. 14, disciplinando o registro da penhora e arresto, contribuiu de forma significativa, "à proteção ao terceiro de boa-fé, e à segurança dos atos jurídicos".(106) De efeito, desde a década de 1980, com o advento da lei das execuções fiscais, o registro da penhora em processos movidos pela Fazenda Pública passou a integrar o ato pela determinação normativa, para que o Oficial, ao lavrar o termo de penhora, passasse uma via do referido ao Ofício Imobiliário, dando notícia do ato constritivo com a inegável finalidade de dar publicidade ao ato, levando a conhecimento de terceiros eventualmente interessados.

Do exposto, conclui-se que para se configurar a fraude de execução, a princípio, são prescindíveis os elementos subjetivos. No que concerne às partes no processo executivo — credor e devedor —, os requisitos para configurar-se a fraude são sempre objetivos, de acordo com a previsão na norma, a saber: pendência de demanda e estado de insolvência, *ex vi* do art. 593 do Código de Processo Civil. Entretanto, nas alienações onerosas, o terceiro poderá apresentar defesa, através da ação de embargos de terceiro, pretendendo afastar a tese de fraude de execução, se o ato de disposição se deu na ausência de conhecimento de demanda em curso e estado de insolvência do devedor, conforme arts. 1.046 e ss. c/c § 4º do art. 659 e art. 615-A, § 3º do Código de Processo Civil com as alterações introduzidas pela Lei n. 11.382/06.

De forma favorável ao enfoque esposado, *Humberto Theodoro Júnior* informa que, embora o Código de Processo Civil não faça "referência ao elemento psicológico, o que todavia não tem impedido que a doutrina e a jurisprudência se detenham em

(106) Cf. Sálvio de F. Teixeira, *Código de Processo Civil Anotado*, p. 356.

sua análise".[107] De acordo com o citado autor, a teoria objetiva de *Buzaid*[108] seria um equívoco, superado pela concepção doutrinária e jurisprudencial. Modernamente, a fraude de execução operaria como a fraude contra credores, devendo-se ter como "requisito comum a eventualidade de *consilium fraudis*[109] pela ciência da fraude por parte do adquirente".[110] Importa registrar que afinal as normas civis e processuais[111] autorizam a apreciação da *ciência* pelo terceiro adquirente. Todavia, reconhece-se a inexistência de regra específica, por enquanto, no sentido de incluir na análise dos requisitos para a fraude de execução o elemento subjetivo *intenção de fraudar.* Sem olvidar, contudo, que o conhecimento do terceiro pode ser presumido diante das circunstâncias que se apresentem no caso concreto, especialmente em face do registro da citação ou do ato constritivo no Ofício Registral.

A valoração da ciência do terceiro como elemento de prova favorável ao adquirente, quando o mesmo não conhecia ou não tinha como conhecer a demanda em curso que corria contra o vendedor, reflete boa parte da doutrina, incluindo-se o próprio *Enrico T. Liebman,* cujo destaque aqui se faz, em razão de que o mesmo é citado pela quase totalidade dos autores que defendem a tão-só consideração dos elementos objetivos, para se configurar a fraude de execução. Justifica-se na afirmação de *Enrico Liebman* que o elemento subjetivo na fraude está *in re ipsa.* Contudo, *Enrico T. Liebman,* quando fez esta afirmação, não estava tratando da defesa do terceiro, e, sim, referindo-se ao devedor, com o que nenhum reparo merece. Entrementes, ao analisar a necessidade de registro da citação da ação, *Enrico Liebman* afirma: "a falta desta inscrição *obrigará o credor a provar o conhecimento, por parte do terceiro da existência do processo pendente*"[112] (grifos nossos). Ora, a fraude, como se sabe, prescinde do registro, posto que este confere o efeito da publicidade, decorrendo-lhe a presunção absoluta[113] de conhecimento geral, portanto, o cerne da afirmação de *Enrico T. Liebman* está na necessidade de conhecimento pelo terceiro da ação pendente. A ciência, pelo terceiro, como se sabe, não faz parte dos requisitos exigidos no art. 593[114] do Código de Processo civil. Logo, evidenciada na idéia do autor, a admissibilidade do exame da subjetividade, quando em defesa de terceiro, a despeito do contido no art. 593 do Código de Processo Civil.

Em acepções semelhantes, no aspecto de exigir o registro do ato constritivo ou citação para produzir efeitos contra terceiros, porque, com o registro, se presume de

---

(107) Humberto Theodoro Júnior, "Fraude contra credores e fraude de execução", *Revista dos Tribunais*, São Paulo, ano 89, v. 776, pp. 11-27, junho, 2000, p. 28.

(108) Vide Alfredo Buzaid, *Do concurso de credores no processo de execução, passim.*

(109) O autor utiliza o termo ciência como derivado de *consilium* (intenção). De qualquer forma, o que releva no presente é que o autor defende a idéia de que os elementos subjetivos devem ser considerados para atingir o terceiro adquirente. Ademais, na intenção de fraudar, o conhecimento do estado de insolvência é ínsito ao ato.

(110) Vide *Fraude contra credores e fraude de execução*, p. 29.

(111) Cf. art. 159 do atual Código Civil brasileiro e § 4º do art. 659 c/c art. 1.046 e ss. do Código de Processo Civil.

(112) *Processo de Execução*, p. 174.

(113) Cf. § 4º do art. 659 do Código de Processo Civil.

(114) *Art. 593 Considera-se em fraude de execução a alienação ou oneração de bens: I – quando sobre eles pender ação fundada em direito real; II – quando, ao tempo da alienação ou oneração, corria contra o devedor demanda capaz de reduzi-lo à insolvência; III – nos demais casos expressos em lei.*

forma absoluta o conhecimento pelo terceiro, manifesta-se *Mendonça Lima*, *in verbis*: "para que a fraude se caracterize de modo absoluto envolvendo o terceiro(...) é indispensável o registro".[115] O autor atribui ao credor "o ônus de provar que o adquirente tinha conhecimento de que sobre os bens está sendo movido litígio".[116] Na mesma acepção, sintetiza *Moacyr Amaral Santos*, afirmando que "se houve registro a fraude independe de prova. O conhecimento de todos se presume do fato do registro, não havendo registro, persiste a fraude, mas aí cumpre ao credor provar que o terceiro ou beneficiário tinha conhecimento da ação pendente."[117]

Nesse caminho, *Araken de Assis*, citando jurisprudência favorável à tese, refere a necessidade de o "exeqüente provar que o adquirente conhecia a litispendência".[118] Mais adiante, referindo-se à desconsideração da boa-fé do adquirente, afirma: "Tempera-se a drástica conseqüência pela exigência de prova, em geral baseada em presunções, de que os terceiros conheciam ou deviam conhecer a constrição judicial".[119] Não diverge *Teori Zavaski* com a seguinte assertiva: "se o registro não tiver sido lavrado nem por isso se descarta a fraude, e a questão se resume então em definir a quem cabe o ônus de provar a *ciência*, pelo terceiro, da pendência da ação".[120]

Não se pretende seja considerado necessário provar a ocorrência de conluio entre o terceiro adquirente e o devedor transmitente, desta forma, afasta-se a necessidade do *consilium fraudis*, o qual, inclusive, não é requisito nem para configurar a fraude contra credores. Entretanto, a *scientia fraudis* há de ser exigida para que o terceiro adquirente sofra os efeitos da constrição dos bens adquiridos, o conhecimento pelo terceiro da existência de demanda e o estado de insolvência do devedor constituem-se *prima facie* em "saber da injustiça" que o ato de alienação resultaria para o exeqüente, haja vista a subtração dos bens do patrimônio do devedor provocado pelo negócio jurídico de que participa. O "saber da injustiça, transformado em acção, é contrário à boa-fé".[121]

Na análise das decisões dos tribunais, vislumbra-se com facilidade e clareza a exigência da presença do elemento subjetivo, isto é, *o conhecimento* pelo terceiro para declarar ou manter a declaração de fraude de execução, quando se trata de defesa dos direitos do terceiro. Nesse sentido, decisão exarada pela 4ª Turma do STJ: "Para que se tenha como fraude à execução a alienação de bens,... é necessária a presença concomitante dos seguintes elementos:... que o *adquirente saiba* da existência da ação por já constar do cartório imobiliário, ou, porque o exeqüente, por outros meios, provou que do aforamento da ação o adquirente tinha ciência..."[122] Noutro caso, a mesma turma,

---

(115) Alcides de Mendonça Lima, *Comentários ao Código de Processo Civil*, pp. 468-470.

(116) *Comentários ao Código de Processo Civil*, v. VI, p. 470.

(117) *Primeiras linhas de Direito Processual Civil*, 5. ed., São Paulo: Saraiva, 1977, p. 252.

(118) *Comentários ao Código de Processo Civil*, p. 234.

(119) *Comentários ao Código de Processo Civil*, pp. 239-240.

(120) Vide Teori Albino Zavaski, *Comentários ao Código de Processo Civil*, v. VIII, São Paulo: Revista dos Tribunais, 2000, p. 282.

(121) Cf. Elício de Cresci Sobrinho, *Dever de Veracidade das partes no Processo Civil*, p. 135.

(122) Recurso Especial n. 115.878 /SP Rel. Min. César Asfor Rocha, DJU 21.06.99, p. 158.

assim decidiu: "A fraude de execução a que se refere o Código de Processo Civil, art. 593, não se contenta apenas com a existência de ação real pendente sobre o bem alienado. É preciso, também, o *elemento subjetivo — conhecimento da ação pelo adquirente —* que se presume no caso de inscrição da causa no registro público. Não registrada a ação, a fraude somente poderá ficar caracterizada, *se demonstrado o conhecimento* daquele fato *pelo adquirente.*" (grifos nossos) [(123)]

Para corroborar a tese, transcrevem-se outros exemplos de decisões, todas no sentido de ser necessário o conhecimento pelo terceiro da existência de demanda. *In verbis*: "A penhora, *para valer contra terceiro*, precisa estar devidamente registrada. Jurisprudência firmada nos tribunais, que levou à criação da Lei n. 8.953/1994, a qual introduziu o § 4º ao art. 659 do Código de Processo Civil, tornando expressa a exigência";[(124)] "o registro da penhora é imprescindível à caracterização da fraude à execução, *salvo se aquele que alega a existência da fraude comprovar que o terceiro adquiriu o imóvel ciente da constrição* — mormente se o comprador não adquiriu o bem diretamente do executado, tal qual na espécie";[(125)] "*não se reconhece a fraude* de execução quando inexistente a inscrição da distribuição do processo de execução ou da penhora no registro imobiliário, *e prova de que o terceiro*, que adquiriu o bem de outros que não os executados, *sabia ou deveria saber do impedimento*";[(126)] "para que se tenha como de fraude à execução a alienação de bens, de que trata o inciso II do art. 593 do Código de Processo Civil, é necessária a presença concomitante dos seguintes elementos: a) que a ação já tenha sido aforada; b) *que o adquirente saiba da existência da ação*, ou por já constar no cartório imobiliário algum registro dando conta de sua existência — presunção *juris et de jure* contra o adquirente, *ou porque o exeqüente, por outros meios, provou que do aforamento da ação o adquirente tinha ciência; e (...)* Entendimento contrário geraria intranqüilidade nos atos negociais, conspiraria contra o comércio jurídico e atingiria a confiabilidade nos registros públicos";[(127)] "fraude à execução, acórdão que considera *relevantes as negociações realizadas pelo devedor anteriormente à venda final, terceiro adquirente de boa-fé.* Segundo orientação firmada pela 4ª Turma, não tendo sido promovido o registro da citação para a ação de conhecimento, *ao credor cabe o ônus de provar que o terceiro tinha ciência da demanda em curso*, não havendo registro da penhora, *não há de se falar em fraude à execução*, salvo se aquele que alegar a fraude *provar que o terceiro adquiriu o imóvel sabendo que estava penhorado, o que não* ocorre no presente caso";[(128)] "incumbe ao exeqüente embargado fazer a prova de que o terceiro

---

(123) STJ, 4ª Turma Recurso Especial n. 193.048/PR, Rel. Min. Ruy Rosado de Aguiar Júnior, DJU 15.03.99, p. 257.

(124) STJ, 2ª Turma, Recurso Especial n. 112.445/SP, Min. Relª. Eliana Calmon, DJU 21.08.00, p. 106.

(125) STJ, 3ª Turma, Recurso Especial, n. 249.328, Min. Rel. Ari Pargendler, DJU 09.10.00, p. 144.

(126) STJ, 4ª Turma, Recurso Especial, n. 248.323/SP, Min. Rel. Ruy Rosado de Aguiar, DJU 28.08.00, p. 91.

(127) STJ, 4ª Turma, Recurso Especial, n. 113.871/DF, Min. Rel. César Rocha, DJU 15.09.97, p. 44.387.

(128) STJ, 3ª Turma, Recurso Especial, n. 131.871/MG, Rel. Nilson Naves, DJU 17.04.00, p. 56. Na mesma linha: Recursos Especiais n. 140.670, 3ª T, Rel. Carlos Alberto M. Direito, DJU de 9.12.97; p. 64.696; n. 2.597,. 3ª T, Rel. Claudio Santos, DJU 27.08.90, p. 8.322; n. 3.259-0, 3ª T, Rel. Paulo Costa Leite, DJU 25.04.94, p. 9.248; n. 55.491, 3ª T, Rel. Carlos Alberto Menezes Direito, DJU 21.10.96, p. 40.257; n. 76.063, 4ª T, Rel. Ruy Rosado Aguiar, DJU 24.06.96, p. 22.767 e n. 92.507, 1ª T, Rel. José de Jesus Filho, DJU 14.10.96, p. 38.948.

tinha conhecimento da ação ou da constrição."[(129)] (grifos nossos) No caso de sucessivas transferências é ainda mais pacífica a tese de necessidade da ciência do terceiro, para o reconhecimento da fraude. Nessa linha decisão do STJ: "Não há fraude de execução na aquisição feita por terceiro de boa-fé, que compra o bem de outro que não o executado, antes da penhora, sem que houvesse inscrição da distribuição do processo de execução e sem prova de que *o adquirente sabia da existência da demanda* capaz de levar o primitivo proprietário à insolvência. Nesse caso, a declaração da ineficácia da primeira venda não atinge o terceiro sub adquirente de boa-fé".[(130)] (grifos nossos)

(129) STJ, 4ª Turma, Recurso Especial n. 114.415/MG, Rel. Ruy Rosado de Aguiar, DJU 26.05.97, p. 22.546.

(130) STJ, 4ª Turma, Recurso Especial n. 246.625/MG, Rel. Ruy Rosado de Aguiar, DJU 28.08.00, p. 90. No mesmo sentido: R.Esp. n. 9.789 da 4ª T do STJ, Rel. Athos Gusmão Carneiro, DJU 03.08.92, p. 11.321.

Capítulo 6

PROCEDIMENTOS PARA O CONHECIMENTO DA FRAUDE

6.1. Generalidades

A argüição ou verificação da fraude de execução, nas execuções singulares, independe de procedimento especial. A questão deverá ser apreciada no curso da execução, de forma incidental. Evidentemente, deverão estar presentes todos os pressupostos necessários à configuração do instituto da Fraude de Execução, bem como devem estar satisfeitas as formalidades inerentes ao processo executivo, tais como: o devedor citado não indica bens; o credor utiliza todas as diligências normais para localizar bens livres e desembaraçados. Diligências consideradas como as medidas necessárias, dentro de critérios de razoabilidade aceitáveis. Não se exige que o credor se submeta a buscas infindáveis a fim de verificar que afinal o devedor não possui outros bens.

A princípio, guardando-se os devidos temperamentos, exigir-se-á que o devedor verifique a situação, constante de seus cadastros, relativa à declaração de bens que foi fornecida pelo devedor no ato do crédito. Não havendo cadastro, reportar-se-á às informações existentes, por qualquer forma, disponíveis ao credor que forneçam dados sobre a situação patrimonial do devedor, desde a época da dívida, inclusive declaração de bens prestada à Receita Federal.

Após esgotadas as possibilidades razoáveis de se localizar os bens, busca que será realizada mesmo que de forma sumária, diante da inércia do devedor em indicar os bens para garantir a execução, e, não conhecendo outros bens livres e desembaraçados, poderá o credor indicar para penhora o bem alienado ou onerado durante o andamento da demanda, sob argüição de que o ato de disponibilidade realizado pelo devedor o foi em fraude de execução.

Diante da argüição, poderá o devedor, comparecendo ao processo, indicar bens livres e desembaraçados para garantia do juízo. Em que pese a possibilidade de o credor indicar os bens para penhora, de plano, conforme alterações introduzidas pela Lei n. 11.232/05, é aceitável a indicação pelo devedor a destempo, porque, nesse caso, a existência de bens de propriedade do devedor, livres e desembaraçados, desconfiguram a fraude. Não se deve cogitar da possibilidade de o credor não aceitar a indicação pelo devedor, com fulcro no art. 656, por exemplo, em face da previsão do inciso III, o qual autoriza o credor, de acordo com critérios de sua conveniência, a não aceitar a indicação de bens localizados fora do foro da execução. É que, no caso, o requisito da insolvência não se faria presente. O patrimônio do devedor é um só, não importa a localização dos bens. É de se pensar no prejuízo e incômodos proporcionados ao credor, pela ausência de bens no foro da execução. Essa questão poderá receber tratamento especial e adequado, porém, de fato, não é caso de insolvência e, portanto, não atende às exigências legais prescritas no art. 593 do Código de Processo Civil, afastando-se de plano a possibilidade de argüição de fraude.

6.2. *Iniciativa*

6.2.1. *Declaração* ex officio

A possibilidade de a fraude de execução vir a ser declarada pelo juízo da execução *ex officio* é reconhecida pela doutrina.(1) A principal justificativa seria de que agindo assim o juízo estaria observando o princípio da celeridade processual, promovendo a agilidade do processo. Nessa linha, *Cândido Dinamarco*: "A fraude de execução pode e deve ser reconhecida de ofício no processo executivo, para que a penhora se efetue sem maiores delongas".(2) Da mesma forma, *Yussef Cahali*, referindo-se à fraude, afirma: "pois esta, como foi visto, pode até mesmo ser reconhecida de ofício".(3) "O ato é quinado de gravidade, de tal sorte que até mesmo pode ser declarada *ex officio* pelo juiz da causa".(4)

A princípio, o juiz deve observar as disposições processuais que condicionam a tomada de decisão para provocação das partes — art. 128 do Código de Processo Civil — e se ater a tanto. Entretanto, é também de sua obrigação prevenir e reprimir qualquer ato contrário à dignidade da justiça, conforme o art. 125, III, do Código de Processo Civil. Estando a fraude à execução elencada no inciso I do art. 600 do Código de Processo Civil como ato atentatório à dignidade da justiça, poderá o juiz, além de outros procedimentos, inclusive aplicação da multa prevista no art. 601 do Código de Processo Civil, declarar de *officio* a fraude de execução prescrita na norma processual, arts. 592 e 593 do Código de Processo Civil.

O Direito processual sujeita o patrimônio do devedor à execução, incluindo-se aí os bens alienados ou gravados em fraude de execução — art. 592 V Código de Processo Civil. A princípio, parece tratar-se de sujeição direta e objetiva que prescinde

---

(1) Nesse sentido, entre outros Humberto Theodoro Júnior, *Fraude Contra Credores*, p. 217; Gelson Amaro de Souza, "Fraude à execução e o devido processo legal", II, p. 26.

(2) *Execução Civil*, p. 300.

(3) *Fraude contra credores*, p. 88.

(4) Cf. José Sebastião de Oliveira, *Fraude à execução*, p. 97.

de outras providências, senão a própria execução. Daí dizer-se, como *Cândido Dinamarco*,[5] que a lei autoriza a penhora, de plano, diante da ocorrência de fraude à execução, "dando ao próprio Oficial de Justiça a atribuição de verificar caso por caso a ocorrência de fraude".[6] Embora possa parecer um certo exagero atribuir ao Oficial de Justiça a função de verificar a ocorrência de fraude de execução, porque a atividade do oficial resulta de cumprimento de mandado judicial, portanto estará ele cumprindo a ordem do juiz quando lavrar o termo de arresto ou penhora do bem, objeto do mandado, é possível que seja feita a penhora ou o arresto de bens que, afinal, não pertençam mais ao devedor por fraude. Todavia, ao proceder a constrição judicial, o Oficial de Justiça não estará reconhecendo ou declarando a existência de fraude, não é de sua competência fazê-lo. Nada obsta, no entanto, venha o juízo a declarar, até de ofício, a fraude de execução, chancelando então o procedimento do Oficial de Justiça.

Sem embargo do exposto, é importante ressaltar que a declaração de ofício, pelo juízo da execução, da existência de fraude, só deverá ser procedida mediante fortes indícios e provas levados aos autos, de tal sorte que consubstanciem fortemente a convicção. De igual forma, como sempre deve ser, a decisão deverá ser fundamentada. De efeito, mesmo que de forma concisa, deverá o juízo expressar as razões e os fundamentos que o levaram ao entendimento de que, naquele caso, o ato de disposição foi realizado em fraude de execução, constituindo-se em atentado à dignidade da justiça, ensejando a declaração de plano. Não deve apenas basear-se na presunção legal — art. 334 IV[7] c/c art. 593 II do CPC — de existência de fraude. Não havendo nos autos provas suficientes que ofereçam suporte ao conhecimento de fraude, não caberá sua declaração de ofício pelo juízo.

Em pesquisa jurisprudencial, verifica-se que a possibilidade de o juiz declarar de ofício a fraude de execução é aceita pelos tribunais, conforme excertos que se transcrevem: "É da jurisprudência que pendente demanda que poderá levar o réu à insolvência, reputa-se em fraude a alienação de bens do seu patrimônio, podendo a ineficácia da alienação em face do exeqüente *ser declarada independentemente de ação e, até, de ofício*, no próprio processo. Por isso, no caso, é irrelevante que a argüição da fraude de execução tenha sido feita fora do prazo para a contestação dos embargos de terceiro."[8] (grifos nossos) Em outro julgado, no mesmo sentido: "A alienação do bem penhorado, em fraude à execução, é ineficaz em relação ao credor exeqüente, *cuja ineficácia pode ser declarada até mesmo de ofício e* incidentalmente, não dependendo de citação".[9] (grifos nossos)

(5) *Execução Civil*, p. 300.

(6) Cândido Dinamarco, *Execução Civil*, p. 273.

(7) Art. 334 *do CPC: Não dependem de prova os fatos: (...) IV – em cujo favor militam presunção legal de existência ou veracidade.*

(8) TAPR, 3ª Câmara Cível, Apelação Cível n. 0076831000/AC (6176), Curitiba, Rel. Juiz. Domingos Ramina, DJ 01.09.95, [*Site* e d. cit.]

(9) TAPR, 2ª Câmara Cível, Agravo de Instrumento n. 105481700, Ac.: 8675, Curitiba, Rel. Juiz Cordeiro Cleve, DJ, 01.08.97. [*Site* e d. cit.]

6.2.2. Das partes

Na fraude de execução, não sendo declarada de ofício, a iniciativa da alegação de fraude caberá à parte interessada. Tem interesse de agir aquele legitimado como sujeito ativo, no processo de execução, que tenha sido prejudicado diretamente ou cujo interesse deva defender contra o ato fraudulento. Assim, incluem-se os legitimados ordinária e extraordinariamente.

Por outras palavras, a iniciativa de argüição da fraude, via de regra, cabe ao credor[10] na ação executiva, singular ou universal, ou quem lhe suceder nos termos legais. A legitimidade lhe é conferida pela situação em que se encontra no processo, como detentor de direito de crédito. Mas não basta ser autor, é preciso que os atos de disposição do devedor venham em seu prejuízo. De efeito, o interesse de agir do executado fundamenta-se precipuamente no prejuízo que representa o ato realizado pelo devedor.

Não se exclui a possibilidade de o terceiro interessado, presente no processo, bem como do Ministério Público argüirem a fraude de execução. Nesse sentido, o fiador autorizado pelo art. 834 do novo Código Civil brasileiro para promover o andamento do processo, cujo interesse de agir é ditado pela responsabilidade no pagamento, em face da insolvência do devedor principal, decorrente da fraude. O Ministério Público, por sua vez, também poderá e deverá levantar a tese de fraude quando verificar, no processo, a existência dos pressupostos que a constituem. Tal procedimento poderá ser tomado em qualquer processo que deva, por lei, participar, especialmente, nas execuções promovidas pela Fazenda Pública, haja vista o interesse coletivo, no caso, o crédito, parcela do ativo do patrimônio que, em última análise, pertence ao patrimônio público, em suma, à sociedade.

Ainda, como terceiro interessado, é de se ressaltar o caso do arrematante que, após arrematar o bem, se surpreende com o registro de alienações ou onerações fraudulentas no Ofício Imobiliário, promovidas durante o andamento do processo executivo. O ato fraudulento pode ter ocorrido antes ou depois da penhora. Veja-se que, mesmo que nos autos exista o documento do imóvel relativo às inscrições no Registro Imobiliário constando o referido como livre e desembaraçado, não é impossível que, após sua emissão e antes da penhora, tenha sido praticado o ato de alienação ou de oneração do bem pelo devedor. Pode ocorrer também após a penhora, se esta não foi registrada ou tenha havido demora nas providências para registro da mesma. Em todos os casos, o terceiro adquirente pode, de fato, desconhecer a execução, o que não impede a argüição de fraude nos termos da lei processual, inclusive pelo arrematante. O arrematante, no caso, agirá por interesse próprio, já que é seu o direito que defende. Como o arrematante depositou o preço, o credor na ação executiva foi satisfeito. A fraude produzida pelo devedor é agravada, pois, além de livrar seu patrimônio da execução, alienando-o ou

---

(10) Entenda-se aqui *credor* genericamente, no sentido mais amplo possível, incluindo-se, por exemplo, espólio, administrador, herdeiros, inventariante, representantes, tutores, curadores de incapazes, sub-rogados, síndico de massa, substitutos processuais, entre outros.

onerando-o, utiliza-se da arrematação para liquidar sua dívida com o credor da execução. É certo que, com o advento da exigência do registro da penhora no Ofício Imobiliário, prevista no § 4º do art. 659 do CPC, a possibilidade das ocorrências relatadas foram mitigadas. Todavia, configurada a fraude, a eficácia do negócio jurídico é afastada em favor do arrematante. Não restando configurada a fraude, caberá ao arrematante o direito de repetir o preço, no mínimo, com fundamento no instituto de direito que veda o enriquecimento sem causa,(11) princípio de Direito agora inserido no novo Código Civil arts. 884 e ss.

Sendo a alegação de fraude apresentada pela parte no processo, legitimada para tanto, é de se salientar que esta atrairá para si o ônus de provar, pelo menos de forma sumária, suas alegações, *ex vi* do art. 333 do Código de Processo Civil.

Nos tribunais verifica-se que a argüição de fraude de execução é reservada ao exeqüente, sendo expresso quanto à desnecessidade de chamar o terceiro ao processo para apreciação da alegação. Citam-se exemplos: "fraude à execução. Argüição de vício na penhora é *restrita ao credor* em procedimento próprio, *não facultado ao terceiro debate* amplo da matéria";(12) "a alienação do bem penhorado, em fraude à execução, é ineficaz em relação ao credor exeqüente, cuja ineficácia pode ser declarada até mesmo de ofício e incidentalmente, *não dependendo de citação, principalmente do adquirente, que não é parte no processo*". (grifos nossos)(13)

6.3. Da instrução do incidente

A questão posta, no decorrer do processo executivo, constituiu-se em incidente a ser apreciado pelo juízo da execução. Nesse caso, "impõe-se estabelecer o contraditório".(14) Diante da necessidade de instruir a questão incidental, o processo deverá ser suspenso. O Código de Processo autoriza a suspensão, embora sem previsão específica no capítulo I do Título VI em que cuida dos casos de suspensão; é possível assim concluir o processo ou fase de execução dado o comando inserto no art. 598, autorizando a aplicação subsidiária das regras do processo de conhecimento, *in casu*, art. 265, inciso IV. De qualquer sorte, a execução estará de fato suspensa, pois, enquanto *sub judice* a apreciação da alegação de fraude, o bem, objeto da fraude, não pode ir à hasta pública, e outro não há para excutir-se, visto que o estado de insolvência do devedor é pressuposto a configurar a fraude.

A instrução, na ação ou fase executiva, não reclama, necessariamente, sejam realizados todos os passos comuns no processo de conhecimento. Como ensina *Cândido*

---

(11) Sobre o tema veja-se Cledi de Fátima Manica Moscon, *O Enriquecimento sem Causa e o Novo Código Civil Brasileiro*, Porto Alegre: Síntese, 2003, p. 103.

(12) TAMG, 3ª Câmara Cível, Apelação (Cv) n. 0262064-4, Teófilo Otoni, Rel. Juiz Duarte de Paula, DJ, 25.11.98. [*Site* e d. cit.]

(13) TAPR, 2ª Câmara Cível, Agravo de Instrumento n. 105481700, Ac.: 8675, Curitiba, Rel. Juiz Cordeiro Cleve, DJ, 01.08.97. [*Site* e d. cit.]

(14) Cf. Araken de Assis, *Comentários ao Código de Processo Civil*, p. 243.

Dinamarco, "instruir é preparar e não só provar".[15] No processo executivo, a instrução é composta pela efetivação dos meios executivos verificados ao longo do procedimento e, também, para provar os fatos alegados nos incidentes. Evidentemente o que já está provado nos autos não precisa ser repetido no incidente, daí nem sempre que houver argüição incidental, haverá necessidade de instrução completa com produção de provas. Sendo suficientes as provas nos autos, a questão deve ser decidida de plano, dispensando-se outras providências. Esta é a forma normal de levar-se o processo ou fase de execução. A preparação — instrução — se dá durante o correr da execução, embora isso possa dar "a falsa idéia de que inexiste contraditório no processo executivo".[16] De fato, o contraditório é exercido pelas partes durante toda a execução, já que de todos os atos e decisões são informados, tendo à sua disposição os instrumentos de impugnação ou de recurso que lhe são inerentes, os quais podem ser manejados, se a parte entender conveniente.

O incidente se instaura, via de regra, pela provocação da parte, incumbindo-lhe provar suas alegações. É, a princípio, ato disponível do credor, conforme se depreende da leitura do art. 569 do Código de Processo Civil, o qual confere ao credor a faculdade de desistir da execução ou de algumas medidas executivas. Pode ocorrer, inclusive, de renunciar ao direito, conforme o inciso V do art. 269 e inciso III do art. 794 do Código de Processo Civil.

Sendo ônus da parte a produção das provas que alberguem suas afirmações deverá, juntamente com o pedido declaratório, deverá apresentá-los, podendo, também, requerer a produção de outras provas necessárias. Enfim, o incidente deverá ser levado de tal sorte que oportunize o pleno exercício do direito das partes. Naturalmente, levando em conta o caráter presuntivo legal da fraude, objetivando-se a verificação das circunstâncias ensejadoras ao seu reconhecimento.

A doutrina não é tranqüila quanto à forma pela qual deve ser levado o incidente. Se corre nos próprios autos[17] da execução, ou se em autos apartados como verdadeiro processo próprio, declaratório incidental.[18] A justificativa principal para que o incidente, a princípio, seja instaurado à parte, decorre de entendimento que não aceita discussões de direito entre credor e devedor dentro do processo executivo. Esta justificativa é fragilizada diante do fato de que outros incidentes são apreciados comumente, dentro do processo executivo, como, por exemplo: exceção de pré-executividade; pedidos de reservas de bens ou de valores; questões de preferências e privilégios creditórios;[19] entre outros. A norma processual não prescreve especificamente; entretanto, tem-se,

---

(15) *Execução Civil*, p. 347.

(16) Cf. Cândido Dinamarco, *Execução Civil*, p. 246.

(17) Araken de Assis, *Comentários ao Código de Processo Civil*, p. 243.

(18) Nesse sentido, Gelson Amaro de Souza, *Fraude à execução e o devido processo legal*, p. 27; também Décio Antonio Erpen, "A Declaração da Fraude à Execução", *Revista dos Tribunais*, São Paulo, v. 675, ano 81, pp. 17-20, jan. 1992.

(19) Ressalve-se, quanto aos casos de preferências e anterioridade na penhora, em que pese a expressa previsão de sentença no art. 713 do Código de Processo Civil, de seguinte teor: "Findo o debate o juiz proferirá sentença", a questão tem sido, comumente, resolvida nos autos da execução como simples incidente.

como pacífico, tratar-se de incidente processual, não sendo o caso de ser levado, em ação à parte, a questão de fraude de execução, cuja decisão interlocutória, e não sentença, é que trará a solução ao caso.

A princípio, tratando-se de incidente processual decidido no curso da execução, eventual oposição de terceiro será procedida à parte, através dos embargos de terceiro, os quais só poderão ser opostos após a penhora do bem. Contudo, à luz dos princípios constitucionais, tem-se admitido a tese de que o terceiro, para ser privado de seus bens, deva ser previamente ouvido.(20)

Questiona-se a validade de ser declarada a fraude de execução durante o andamento do processo executivo e, mediante provas unilateralmente produzidas pelo exeqüente, sem que fosse propiciado previamente o exercício do direito ao contraditório previsto no sistema legal, inclusive na Constituição Federal.

Parece, a princípio, que ao devedor deve ser oportunizado replicar sobre a alegação de fraude pelo exeqüente. A oportunidade do devedor visa, além de atender ao princípio do direito ao contraditório e ampla defesa, a questões de ordem prática tendentes a evitar procedimentos inúteis ou dispensáveis. Não se pode olvidar que, apesar da aparência de insolvência do devedor aos olhos do exeqüente, pode acontecer de este dispor de outros bens que o exeqüente não conheça. A indicação de bens livres e desembaraçados afasta totalmente a possibilidade de fraude de execução, da mesma forma outras medidas poderão ser tomadas pelo devedor, diante da alegação de fraude pelo credor, inclusive o pagamento da dívida. Verifica-se com isso a utilidade da presença do devedor, devendo, pois, ser a este, sempre que possível, aberto prazo para que se manifeste sobre as alegações do credor, em especial, ante a grave assertiva do credor de existência de fraude.

Sem embargo do exposto, há casos em que a cautela recomenda seja feito pelo menos o arresto do bem, de plano, enquanto corre o incidente, de forma a evitar transferências a terceiros de boa-fé e a final frustrar a satisfação da execução. Outros há, em que a fraude pode até ser declarada de ofício, visando não só à celeridade processual como também à economia processual, dispensando-se atos inúteis que a final só oneram o credor. Cita-se, como exemplo, caso em que nos autos constem documentos idôneos,(21) contendo indicação da totalidade do patrimônio do executado, constatando-se a alienação de todo o patrimônio a terceiros em data posterior à citação do executado.

Não se defende medidas arbitrárias, mas, sim, a aplicação do bom senso. Diante do caso concreto, o juízo de convencimento deve ser realizado, visando à efetividade dos direitos e as garantias constitucionais para ambas as partes. Não se olvidando que o credor é também um sujeito de direitos, inclusive com seu direito lesado pela inadimplência do devedor. Via de regra, as pessoas de bem cumprem seus compromissos, pagam suas contas. Só excepcionalmente pode-se justificar o inadimplemento. •

(20) Nessa linha, Araken de Assis, *Comentários ao Código de Processo Civil*, p. 243.

(21) Por exemplo, formal de partilha ou declaração de bens para a Receita Federal.

Diante do eventual conflito de direitos entre credor e devedor, o critério da proporcionalidade deverá ser aplicado para dirimir a questão. De tal sorte que se possa aferir, afinal, quais as medidas que deverão ser tomadas no caso concreto que mais atendam aos princípios e garantias constitucionais.

Procedido o juízo cognitivo, diante do caso concreto, o juiz deverá, como sempre deve, optar pela melhor forma de aplicar o direito, escolhendo a alternativa que melhor se coaduna à espécie, levando em conta o direito de defesa, do exercício pleno do contraditório, mas, também, o da segurança das relações jurídicas, da efetividade de justiça e da prestação da tutela como obrigação do Estado. Isto feito, poderá o juiz declarar de ofício a fraude de execução. Se foi provocado pela parte, deverá decidir de plano ou chamar ao processo o devedor para manifestar-se sobre a argüição de fraude. Com base na defesa do devedor e, inclusive, considerando requerimentos pelo credor, até mesmo com a realização de audiência. A necessidade de instrução deverá ser apreciada pelo juízo.

A princípio a instrução não é meio a ser utilizado no curso normal do processo executivo, todavia, há casos em que se faz necessária a presença das partes. A alegação de fraude à execução pode ensejar a necessidade de produção de prova oral, depoimento das partes e até mesmo de testemunhas. O art. 599 do Código de Processo Civil autoriza o juiz, em qualquer momento do processo, a ordenar o comparecimento das partes. Com a aplicação, subsidiária à execução, das regras do processo de conhecimento — art. 598(22) e art. 342(23) do Código de Processo Civil —, nada obsta que o juízo realize audiência de instrução para resolver o incidente de fraude de execução.

Diante do caso em que o juízo resolve pela realização de audiência, deverá ser chamado o terceiro ao processo, para que se faça presente no mínimo para informar. As regras processuais permitem o comparecimento do terceiro ao processo, mesmo que excepcionalmente. De qualquer sorte, os princípios da celeridade e da economia processual corroboram para a vinda do terceiro aos autos, haja vista que o bem objeto da constrição, a princípio, lhe pertence, e, sendo assim, o resultado do litígio é de seu interesse, porque o atinge.

O terceiro, no caso, adquirente ou cessionário do bem, poderá voluntariamente comparecer ao processo como assistente, *ex vi* do art. 41, § 2º do Código de Processo Civil. Poderá ser chamado pelo juízo para que informe a respeito das alegações de fraude. Os arts. 341, 360, 361 e 626 do Código de Processo Civil,(24) autorizam o chamamento do terceiro ao processo.

---

(22) *Art. 598 – Aplicam-se, subsidiariamente, à execução as disposições que regem o processo de conhecimento.*

(23) *Art. 342 – O juiz pode, de ofício, em qualquer estado do processo, determinar o comparecimento pessoal das partes, a fim de interrogá-las sobre os fatos da causa.*

(24) *Art. 341 – Compete ao terceiro, em relação a qualquer pleito: informar ao juiz os fatos e as circunstâncias, de que tenha conhecimento.*

Art. 360 – Quando o documento ou a coisa estiver em poder de terceiro, o juiz mandará citá-lo para responder no prazo de 10 (dez) dias.

Art. 361 – Se o terceiro negar a obrigação de exibir, ou a posse do documento ou da coisa, o juiz designará audiência especial, tomando-lhe o depoimento, bem como o das partes e, se necessário, de testemunhas; em seguida proferirá a sentença.

Por certo, é necessária a presença do terceiro no processo[25] para que desde logo acompanhe o andamento do mesmo, podendo intervir como assistente, sendo, no caso, assistente listisconsorcial.[26] Tudo com vistas à ordem processual. Veja-se que a instrução do incidente, sem a presença do terceiro, poderia tornar-se totalmente inútil, especialmente diante da possibilidade de o terceiro apresentar embargos após decisão que reconhece a fraude, lançando por terra todo o trabalho realizado para julgamento do incidente. Também por essas razões, torna-se imperioso reconhecer-se inafastável a presença do terceiro na instrução do incidente de fraude de execução.

Em todos os casos, seguindo-se as normas processuais existentes, a instrução a ser realizada de forma incidental para resolver sobre a existência de fraude de execução no curso do processo, deverá se dar de forma sumária,[27] com "cognição pelo órgão judiciário curta e rala, restringindo-se a verificação dos requisitos e tipicidade da fraude de execução".[28] Equivale dizer, o incidente deve ser apreciado com a produção de provas necessárias e até audiência, se for o caso, mas isso não implica equiparar-se o incidente à ação autônoma, do contrário, estar-se-ia ignorando o instituto da Fraude de Execução e equiparando-o à Fraude contra Credores do Direito privado. Dessa forma, apregoa-se a instrução do incidente de forma simplificada, procurando sempre agilizar, buscando-se a solução com a maior brevidade possível, sem contudo descuidar-se dos direitos dos sujeitos envolvidos. A esse respeito o Tribunal decidiu, em caso em que a necessidade de produção de provas era muito ampla, que seria necessário o ajuizamento de ação própria, para averiguações relativas à fraude de execução. O *decisum* contraria as regras normais relativas à fraude de execução, inclusive os arts. 592, V, e 593, em que a fraude é presumida. A transcrição ora feita, o é com a finalidade de demonstrar a originalidade da decisão. *In verbis:* "Se uma das partes argúi a ocorrência de fraude à execução, afigurando-se necessário apreciar diversos elementos fáticos e jurídicos, mediante ampla produção de provas, impõe-se o ajuizamento da ação própria pelo interessado, uma vez que a via executiva não admite a discussão de situações complexas, sendo o processo de conhecimento a sede adequada ao estabelecimento do amplo contraditório, respeitando-se os princípios constitucionais do devido processo legal e da ampla defesa."[29] Na mesma linha do julgado, *Leonardo Greco*, ao afirmar que "Os bens alienados ou onerados em fraude de execução não poderão ser alcançados

---

Art. 626 – Alienada a coisa quando já litigiosa, expedir-se-á mandado contra o terceiro adquirente, que somente será ouvido depois de depositá-la.

(25) Nesse sentido, Gelson Amaro de Souza afirma: "Não se pode, e isso parece elementar, é o julgamento sobre coisa pertencente a quem não é parte no processo, sem que sejam atendidos aos princípios do contraditório, da ampla defesa e do devido procedimento legal". *Fraude à execução e o devido processo legal*, p. 28.

(26) Leonardo Greco alerta que "somente a assistência simples é compatível com o processo de execução. As demais são modalidades de intervenção típicas do processo de conhecimento". *O Processo de Execução*, v. I, ob.cit., p. 341.

(27) Registre-se manifestação de Leonardo Greco, que entende que o processo de execução não assegura ao terceiro e ao alienante as garantias do devido processo legal, considerando insuficiente, ao terceiro adquirente, ser ouvido de forma sumária, *ob.cit.*, v. II, p. 35.

(28) Nesse sentido, Araken de Assis, *Comentários ao Código de Processo Civil*, p. 243.

(29) TAMG, 3ª Câmara Cível, Agravo de Instrumento (Cv) n. 0227623-1, Belo Horizonte, Rel. Juíza Jurema Brasil Marins, DJ 11.12.96. [*Site* e d. cit.]

pelos atos executórios expropriatórios enquanto não transitar em julgado sentença em ação direta destinada a declarar a ineficácia de tais atos de disposição".[30]

6.4. *Audiência do devedor e do terceiro*

Se considerada necessária a realização de audiência para melhor instruir o incidente de fraude de execução, será esta realizada com a presença das partes, autor e réu. Deverá também comparecer o terceiro, o qual, como já visto, tem interesse na solução que se der ao incidente, em face da possibilidade de ser reconhecida a fraude de execução, fato que retirará a eficácia do negócio jurídico realizado, possibilitando a penhora e a venda do bem em hasta pública para pagamento da dívida do devedor-alienante.

Os princípios de direito, especialmente do contraditório e da ampla defesa, insertos na Carta Constitucional, são argumentos suficientes para justificar o chamamento do terceiro à audiência de instrução no que diz respeito ao incidente de fraude de execução. Não se deve olvidar da utilidade do confronto entre as partes, no caso, entre devedor e terceiro. É sabido que, muitas vezes, o depoimento pessoal faz prova suficiente para resolver a lide. As partes, pessoalmente, podem esclarecer o juízo, contribuindo para a decisão mais acertada. A produção de prova testemunhal a princípio pode parecer de pouca valia, ante os requisitos para configurar a fraude, os quais estão atrelados mais à prova documental. Entretanto, não se deve afastar a possibilidade de serem ouvidas testemunhas, especialmente quando for objeto de controvérsia prevista em questões como: a data das alienações ou relativas às quitações — art. 672, § 3º, do Código de Processo Civil —, bem como no caso de processo simulado, entre outros. Por exemplo, caso em que através de acordo/transação realizada judicialmente, os bens do devedor são transferidos para outra pessoa, também, parte no processo. Essa transação é realizada com vistas a impedir que esses bens sirvam à execução de outro processo.

Como se viu antes, os arts. 598 e 599, combinados com o art. 342 do Código de Processo Civil, autorizam ao juízo o chamamento das partes, inclusive de ofício, em qualquer estado do processo, a fim de interrogá-los sobre os fatos da causa. Em contrapartida, prevê a lei, em especial no art. 340, que é dever das partes comparecer em juízo e responder o que lhe for interrogado. O terceiro é chamado ao processo para acompanhar a questão incidental de alegação de fraude à execução quando o juiz entender necessária a instrução do feito. A referida instrução pode significar simples informações prestadas por escrito ou, até mesmo, a realização de audiência. Outra forma de comparecimento do terceiro ao processo ou fase de execução será através dos embargos de terceiro. Este tópico merece atenção especial e será tratado mais adiante no capítulo 9. A presença do terceiro na instrução do incidente é, absolutamente, necessária e oportuna, não devendo jamais ser olvidada. Pensar o contrário ofenderia *as garantias mínimas de respeito à dignidade humana do adquirente.*[31]

---

(30) V*ide O processo de Execução*, v. II, p. 35.

(31) Cf. Leonardo Greco, v. II, ob. cit., p. 38.

Na análise das decisões dos tribunais, verifica-se resistência injustificada à admissão de audiência para instruir o incidente de fraude de execução. Nesse sentido, observa-se que, muitas vezes, até mesmo em embargos de terceiro, quando a penhora já foi feita, as audiências não são realizadas, em que pese protestos das partes prejudicadas. Colacionam-se alguns exemplos: "Cerceamento de Defesa – Supressão da Audiência de Conciliação (...) o art. 192 do Código de Processo Civil não dá causa à nulidade quando se cuida de supressão de audiência de conciliação a tornar inexistente o cerceamento de defesa, havendo julgamento antecipado da lide, cujo procedimento não comporta a sugerida tentativa de conciliação";[32] "o julgamento antecipado dos embargos não constitui cerceamento de defesa, quando desnecessária a audiência de instrução e de julgamento, por suficientes para dirimir a questão ajuizada no processo, os elementos a eles carreados".[33] De qualquer forma, encontra-se exemplo no TASP, em que foi acolhida a pretensão das partes em ouvir o advogado do executado e o terceiro, no caso credor do devedor. Transcreve-se excerto: "Instrução e julgamento – Pretensão à oitiva de advogado dativo do executado e de terceiro que efetuou pagamento tido como em fraude à execução – Admissibilidade – Art. 672, § 4º do Código de Processo Civil – Designação da audiência determinada".[34]

6.5. *Natureza do ato decisório*

A decisão que declara a fraude de execução é, sem dúvida, uma decisão interlocutória, porque, procedida *incidenter tantum,* traduz-se em reação da ordem jurídica contra o ato fraudulento, por isto desnecessária ação especial para atingir o ato realizado em fraude. Este, embora válido entre as partes, não produz efeitos contra a execução e os bens, objetos de disposição, pelo devedor, continuam sob a responsabilidade executória, como se não tivessem saído do patrimônio do executado.

Conforme já mencionado, a doutrina e a jurisprudência são a final concordes em afirmar que a ineficácia do ato deve ser declarada no curso do processo, de forma incidental, prescindido de ação específica. A interpretação advém da leitura que se faz do texto da norma, especialmente do art. 592, V, quando declara que estão sujeitos à execução os bens alienados em fraude de execução, combinado com a previsão do art. 593, que considera em fraude quando os atos de disposição forem realizados ao tempo da ação, ou da demanda; o código utiliza os dois termos, exigindo, só para os casos do inciso II, que o devedor tenha se tornado insolvente. Possibilita, portanto, "desde

(32) TJDFT, 5ª Turma Cível, Apelação Cível n. APC5033698/DF (120521), Rel. Dácio Vieira, DJ, 09.12.99, p. 31.

(33) TAPR, 8ª Câmara Cível, Apelação Cível n. 105168900, Ac.: 6926, Curitiba, Rel. Juiz Rafael Augusto Cassetari, DJ, 06.03.98. [*Site* e d. cit.]

(34) 1ª TA Civ. SP, 7ª Câmara, Agravo de Instrumento n. 886221-3, São Paulo, Rel. Ariovaldo Santini Teodoro, DJ, 14.09.99. *Vide in* <www.ptac.sp. gov.br>, acesso em 16.07.03.

logo, a incidência da penhora, a pedido do credor fraudado".[35] Ressalvando-se a necessidade de apuração da fraude, mediante a verificação dos requisitos exigidos para sua configuração, conforme abordado no presente, especialmente nos itens 5.1 a 5.4.

Para a declaração de fraude que afaste a ineficácia do ato de disposição, realizado pelo devedor e terceiro adquirente, desnecessária é a ação desconstitutiva, porque, neste caso, nada há para ser desconstituído, porque o negócio realizado entre o devedor e o terceiro continua hígido para todos os efeitos, menos para a execução, e, sendo assim, a decisão é declaratória[36] haja vista que declara a fraude, o que é feito, incidentalmente,[37] no curso do processo. Nesse sentido, decisões judiciais: "A argüição de fraude à execução em processo de execução tem natureza de incidente processual, e não de ação.(...). Sendo assim, o recurso cabível contra decisão em tal incidente, que tem natureza de interlocutória, é agravo de instrumento, e não apelação;[38] "decisão que a reconhece e declara a ineficácia da alienação. Natureza de interlocutória. Cabimento de apelação e não de agravo. Impossibilidade de converter-se a apelação em agravo, uma vez que não observado o prazo desse, não havendo dúvida, doutrinária ou jurisprudencial, quanto ao recurso cabível."[39]

6.6. *Efeitos do ato decisório*

6.6.1. *Considerações iniciais*

A decisão judicial declaratória de fraude de execução produzirá efeitos no mundo jurídico. O enquadramento e o alcance desses efeitos têm sido objeto de interesse e debates da comunidade jurídica. De início, as questões resolvidas por fraude em execução decretavam a nulidade do título. Assim se verifica nas Ordenações Filipinas: *A alienação que é feita em fraude de execução, sempre e nulla, e, por título nullo, nunca sahe a cousa de domínio do alienante.*[40] *Entende-se feita a alienação em fraude da execução, quando se faz de causa litigiosa na Causa de Ação real,*[41] *ou, quando se faz depois da penhora, ou immediatamente antes D'ella, na causa de Acção pessoal; ou quando o possuidor, para quem a causa foi alienada, sabia que havia a causa pendente; e que o devedor não tinha mais bens, por onde pudesse pagar.*[42]

(35) Cf. Yussef Said Cahali, *Fraudes contra credores*, p. 400.

(36) Nesse sentido, Yussef Said Cahali, *Fraudes contra credores*, p. 400.

(37) Nesse sentido, Araken de Assis, *Comentários ao Código de Processo Civil*, p. 225; Humberto Theodoro Júnior, *Fraude contra credores*, p. 133.

(38) TRF, 1ª Região, 3ª Turma, Apelação Cível n. 1993.01.23308-8/MG (00108605), do Rel. Juiz Antônio Ezequiel, DJ, 23.03.01, p. 41.

(39) STJ, 3ª Turma, Recurso Especial n. 184.718/MG, Rel. Eduardo Ribeiro, DJU 29.03.99, p. 173.

(40) Livro III, Título 86, § 16, e Livro IV, Título 10, § 9º.

(41) Livro III, Título 86, § 16.

(42) Livro III, Título 84, § 17.

6.6.2. *Validade e eficácia*

Embora não se deva confundir a eficácia do ato com a validade deste, a princípio, o ato jurídico deve ser válido para produzir eficácia. Contudo, há casos em que o ato pode ser nulo, e isto, por si só, não impede que seus efeitos se verifiquem até que a nulidade seja decretada. Mesmo a nulidade, por vezes, é declarada somente com efeitos *ex nunc*, mantendo-se assim os efeitos do ato produzido no passado, embora, afinal, reconhecido nulo. Verifica-se, destarte, uma eficácia excepcional do ato nulo,(43) contrariando regra básica de que o ato deve ser válido para ter eficácia. Nesses casos, diz-se que *a eficácia do ato nulo é apenas aparente,*(44) em razão do que sua incidência se verifica só no campo dos fatos e, não no campo do Direito. Seria, então, uma eficácia fática, e não uma eficácia jurídica.

No caso do ato anulável, a situação difere, já que o ato anulável gera todos os seus efeitos. Vige no mundo fático e jurídico, com eficácia plena, até que seja declarado anulado. Com a declaração de anulação, esta retroage à data do ato, entretanto, os efeitos verificaram-se, mesmo que provisoriamente, havendo, inclusive, efeitos que permanecem, podendo tornar-se definitivos. *Pontes de Miranda*(45) denomina de *eficácia interimística* os efeitos produzidos, temporariamente, pelo ato anulado, porém, com possibilidade de se tornarem definitivos. Pode, também, ocorrer situações em que o ato jurídico, embora válido, não é capaz de produzir os efeitos para conferir a eficácia ao ato. Sendo, então, válido, mas ineficaz.(46) Conclui-se então que a validade e a eficácia podem ou não se verificar ao mesmo tempo, no ato jurídico, "são qualificações distintas, atribuídas aos fatos jurídicos pelas normas jurídicas",(47) não são interdependentes. O ato pode ser válido e eficaz, inválido e produzir eficácia mesmo que temporária, inválido e totalmente ineficaz ou ser ainda válido e ineficaz. Na fraude à execução é a última hipótese que incide, conforme se verá adiante.

Embora, como já se disse, via de regra, a invalidade do ato resulte em ineficácia do mesmo, há exceções; uma delas se dá quanto ao ato de transferência ou oneração dos bens do devedor, quando realizados em fraude de execução. Nesse caso o ato é tido como ineficaz perante o credor. A eficácia que encobre o ato, que é válido para todos os outros efeitos, deixa de existir no que pertine à execução, isto é, no que prejudica o credor, embora o negócio realizado entre o devedor e o terceiro continue valendo.

---

(43) Cf. Marcos Bernardes de Mello, *Teoria do Fato Jurídico,* pp. 181-182.

(44) *Idem,* p. 184.

(45) "O ato anulável produz efeitos, só os deixa de produzir quando transita em julgado a sentença constitutiva negativa". Pontes de Miranda, *Tratado de Direito privado,* 4. ed., t. IV, SP: Rev. dos Tribunais, 1974, p. 26.

(46) Pontes de Miranda ensina que "a ineficácia não é de modo nenhum sinal de que o negócio seja nulo (...) por outro lado, a nulidade não basta em todos os casos para se verificar a ineficácia (...)" *Tratado das Ações,* p. 21.

(47) Marcos B. Mello, *Teoria do fato Jurídico,* p. 114.

6.6.3. *Impossibilidade de se ter como nulo o ato realizado em fraude de execução*

A possibilidade de ser decretada a nulidade do ato configurado em fraude, contra a execução, não decorre da correta interpretação da norma, especialmente considerando-se o sistema jurídico na sua complexidade e alcance.

A disposição contida na regra processual expressa o termo *considera-se* em fraude no art. 593, II, e no inciso V do art. 592,[48] ficam *sujeitos* à execução os bens alienados ou gravados em fraude de execução. Da análise dos referidos termos, não se consegue extrair conteúdo semântico que alcance significado que possa, por hipótese, representar nulidade.

Os casos de nulidade ou anulabilidade dos atos jurídicos privados estão previstos no Direito Civil. O Direito Civil, por sua vez, só trata de fraude contra credores,[49] não faz qualquer menção ao instituto da Fraude de Execução, nem poderia, porque esta diz respeito ao Direito processual.

No processo, os casos de nulidade são tidos como questão de ordem pública, podendo, inclusive, serem, assim, declarados de ofício e, também, podem ser decretados mediante requerimento da parte interessada, conforme previsto no art. 245 do Código de Processo Civil. As nulidades, no processo, são tratadas no Capítulo V, nos arts. 243 e ss. do Código de Processo Civil.

Os casos de nulidade decorrem da inobservância de lei ou pela imposição de pena, mas sempre previstos na norma. No caso de fraude de execução, a lei não comina a pena de nulidade, apenas *sujeita* os bens alienados/onerados em fraude de execução, como se o negócio jurídico, realizado entre o devedor e o terceiro, não existisse. Diante da ausência expressa de previsão legal para decretar a nulidade do ato realizado em fraude de execução, deveria ser este argumento suficiente para afastar, de *per si*, interpretação que confira ao ato o vício de nulidade absoluta. Todavia, existem outros argumentos, como se verá a seguir.

Fosse nulo o ato, sua decretação alcançaria o negócio jurídico realizado entre o devedor e o terceiro, restabelecendo o *status quo ante*. O bem retornaria à propriedade do devedor e serviria para garantir à execução em curso. Com o ingresso do bem no patrimônio do devedor, duas situações injustas e ofensivas à dignidade do Direito decorreriam, sendo que a primeira se verifica diante da hipótese de que o devedor, ou alguém por ele, poderia solver a dívida exeqüenda, permanecendo o devedor com o bem para si, já que retornara a seu patrimônio. Com a decretação da nulidade, o terceiro-adquirente perde a propriedade e o negócio deixa de existir. Ao terceiro, restaria então

(48) *Art. 592 – Ficam sujeitos à execução os bens:... V – alienados ou gravados com ônus real em fraude de execução. Art. 593 – Considera-se em fraude de execução a alienação ou oneração de bens;.. II – Quando ao tempo da alienação ou oneração, corria contra o devedor demanda capaz de reduzi-lo à insolvência.*

(49) Ressalte-se o fato de constar no Código Civil brasileiro a previsão de anulação dos atos, em fraude contra credores, o que não ocorre na fraude de execução do Código de Processo Civil. A questão da anulação dos atos na fraude civil é tratada no item 3.1 do presente.

apenas ação de indenização com os transtornos e custas inerentes, mas não ficaria com o bem; a segunda hipótese é a de que o bem, retornando ao patrimônio do devedor, serviria à garantia de todo o universo de credores, e não só ao exeqüente. Nessa hipótese, como na anterior, o terceiro é diretamente prejudicado. É de se considerar que a possibilidade de o terceiro obter título legal para figurar como credor, aproveitando a sobra da penhora realizada pelo credor, primeiro exeqüente, é remota. Há uma terceira hipótese, embora decorra da segunda, prevendo que, diante da nulidade do negócio jurídico realizado entre o devedor e o terceiro, o produto da venda do bem em leilão, após pagamento da execução, reverteria para o devedor. Em todas as hipóteses elencadas, além de causarem prejuízos enormes ao terceiro, beneficiam o devedor. Ora, é do próprio direito o princípio de que ninguém pode alegar em seu proveito a própria torpeza, de forma que, menos ainda, poderá o judiciário compactuar com procedimentos que propiciem essa espécie ignóbil de resultado.

A fraude de execução é uma fraude contra a sujeição estatal, não é uma fraude que ocorra na esfera privada. O negócio jurídico privado é válido e perfeito. A fraude é o fato jurídico — *stricto sensu* —, dirige-se à efetividade da execução e só indiretamente atinge o negócio jurídico realizado entre o devedor e o terceiro. Portanto, insustentável a tese da nulidade do negócio jurídico de alienação/oneração considerado em fraude. A fraude aqui não acarreta nulidade do ato de transferência, porquanto persiste o título de transmissão válido entre as partes. A lei não trata da fraude de execução como caso de nulidade e, se a lei não diz, não cabe ao hermeneuta do direito interpretar, forjando conclusões dissociadas do contido no texto legal.

A questão é pacificada na jurisprudência; colacionam-se alguns exemplos de julgados a respeito, em que o Tribunal reconhece não ser caso de nulidade o ato realizado em fraude de execução. *In verbis:* "nulidade de ato jurídico. Alienação em fraude de execução. *Não merece a tutela jurisprudencial o pedido de nulidade* de alienação em fraude de execução, pois não se trata de ato nulo, mas ineficaz em relação ao credor";[50] "o registro da penhora não é admitido, pois ensejada a fraude à execução, *nulo não é o ato* jurídico de alienação, mas ineficaz quanto ao credor" (grifos nossos).[51]

6.6.4. Da impropriedade de se anular o negócio jurídico considerado em fraude

Como já se viu no tópico anterior, o negócio jurídico considerado em fraude de execução não pode ser tido como nulo. Várias razões ali elencadas oferecem suporte à tese de que também não se trata de caso de anulação. Repisam-se aqui os argumentos no que cinge os efeitos da decretação de nulidade do negócio jurídico, os quais, na anulação, também viriam em prejuízo do terceiro adquirente e em benefício do devedor. Resultado este que, evidentemente, não foi o desejado pelo legislador.

(50) TAPR, 8ª Câmara Cível, Apelação Cível n. 97497800, Ac.: 7355, Curitiba, Rel. Juiz Rafael Augusto Cassetari, DJ 22.05.98. [*Site* e d. cit.]

(51) TJRS, Segunda Câmara de Férias Cível Agravo de Instrumento n. 599462082, Santa Cruz do Sul, Rel. Des. Matilde Chabar Maia, J. 06.10.99. DJ, 18.01.00. [*Site* e d. cit.]

A nulidade é decretada em respeito à ordem pública e a anulação deve ser requerida pela parte, pois visa ao interesse privado, podendo ser sanada. O ato nulo nenhum efeito produz, o ato anulável produz efeitos até a decretação da anulação, porém, a partir dessa, torna-se nulo. "Portanto, desde o momento em que a sentença anulou o ato anulável, não mais existe diferença entre este e o ato nulo."(52)

No caso de fraude de execução, esta é considerada pelo resultado que representa a subtração de garantia na execução e não porque exista algum vício ou defeito no negócio realizado entre o devedor e o terceiro. A tese da anulabilidade do ato fraudulento na execução encontra provável origem na previsão do Direito Civil para os casos de fraude contra credores, mais precisamente no art. 106 do Código Civil de 1916, e igualmente no art. 158 do novo Código Civil. Entretanto, também para a ação pauliana, boa parte da doutrina tem se manifestado no sentido de que apesar de o texto legal se referir ao termo 'anulação', na prática, os efeitos não seriam os decorrentes da anulabilidade do ato, mas, sim, de ineficácia.

Nesse sentido, *Jorge Americano* diz que a anulação operada na sentença pauliana "só procede até onde vá o prejuízo dos credores... por conseqüência, a ação pauliana não aproveita o devedor insolvente em relação ao adquirente".(53) Na mesma senda, manifesta-se *Carvalho Santos*, embora cogite do art. 113 (atual art. 165)(54) do Código Civil de anulação do ato fraudulento, "a revogação a que conduz a ação pauliana, como se vê, é puramente relativa no sentido de que não se verifica, senão em proveito dos credores do devedor e nunca, em proveito do próprio devedor; entre este e os terceiros que decaíram na ação pauliana o contrato permanece válido, subsistindo inteiramente."(55) *Humberto Theodoro Júnior* com habilidade afirma que "a anulação do ato do devedor em fraude dos credores é sanção que vai muito além dos objetivos do instituto da ação pauliana, podendo, até mesmo, redundar em injustificável favorecimento do devedor fraudulento, transformando a pena concebida pela lei em 'prêmio' à sua má-fé."(56)

De efeito, diversos autores(57) manifestam-se no sentido de que a anulação, na fraude contra credores, é relativa e não absoluta, atinge somente os efeitos visados pelo credor, não beneficiando o devedor.

Por outro lado, a "anulação" relativa do negócio jurídico realizado entre terceiro e devedor não prescinde de ação própria com fundamentação adequada e suficiente para a pretensão, pois, segundo *Cândido Dinamarco*, "tem-se como certo que seria arbitrário o poder exercido sem a participação dos próprios interessados diretos no

---

(52) Antonio Paulo Costa de Oliveira e Silva, "Fraude à Execução", Justitia, São Paulo, ano XXXIV, v. 77, pp. 109-120, 2º Trimestre, 1972, p. 114.

(53) *Da Ação Pauliana*, p. 97.

(54) Indicação nossa do artigo do novo Código Civil.

(55) J. M. Carvalho Santos, *Código Civil Brasileiro interpretado*, v. II, 7. ed., Rio de Janeiro: Freitas Bastos, 1958, p. 451.

(56) *Fraude contra credores*, p. 193.

(57) Nesse sentido, vejam-se Sílvio Rodrigues, *Direito Civil*, v. V, n. 115, 14. ed., São Paulo: Saraiva, 1997, p. 237; Alvino Lima, *A fraude no Direito Civil*, n. I, p. 2.; Orozimbo Nonato da Silva, *Fraude contra credores*, Rio de Janeiro: Ed. Jurídica e Universitária, 1969, p. 190.

resultado do processo. Essa participação constitui postulado inafastável da democracia e o processo é em si mesmo democrático e portanto participativo, sob pena de não ser legítimo."[58]

A anulação relativa ou exclusão de eficácia na fraude contra credores seria do negócio jurídico privado realizado entre o executado e o terceiro, questão que, em sede de execução extrapola o poder do Estado, constituir-se-ia em arbitrariedade. A sujeição patrimonial, bem como o caráter sancionatório da execução não autorizam o juiz a ir tão longe. Uma coisa é desconsiderar o ato privado para efeitos de efetividade da execução posta em juízo, outra é intrometer-se na esfera privada, anulando o negócio *inaudita altera parts*. Pior ainda se do ato judicial decorresse benefício ao fraudador.

A fraude de execução prescinde de ação própria para ser declarada. O credor não necessita propor ação para fazer retornar o bem ao acervo patrimonial do devedor. A lei sujeita o bem à penhora ou à apreensão, desconsiderando, para efeitos da execução, o negócio realizado. À semelhança do que ocorre com os bens do devedor em poder de terceiro, tanto a sujeição como a desconsideração foram previstas na norma, *ex vi* dos arts. 592, V, e 593, II. Com efeito, não há previsão no Código Processual nem na legislação esparsa para se tratar a fraude de execução como caso de anulabilidade. No mesmo sentido as decisões dos Tribunais. Transcrevem-se alguns exemplos: "A alienação ou oneração de bem em fraude à execução é ineficaz em relação ao exeqüente, embora válida quanto aos demais, e, por isso, *não há necessidade de ser anulado o ato* ou o registro imobiliário: se ocorrer arrematação ou adjudicação na execução"[59]; "*na fraude à execução, o ato não é anulável*, nulo ou inexistente, mas ineficaz em relação ao credor. O reconhecimento da fraude à execução e da conseqüente ineficácia da alienação pode se dar incidentalmente no processo de execução, sem necessidade de ação específica".[60]

6.6.5. Da ineficácia do ato

Modernamente, consolidou-se na doutrina entendimento de que, na fraude de execução, os efeitos do negócio jurídico do ato de alienação ou oneração dos bens, pelo devedor, não alcançam o credor exeqüente. Diante deste credor, o ato é tido por ineficaz. A propósito e com muita propriedade, ensina *Enrico Tullio Liebman*: "Sem necessidade de ação especial, visando destruir os efeitos prejudiciais do ato de alienação, a lei sem mais nega-lhes reconhecimento. Isto é, o ato de alienação, embora válido entre as partes, não subtrai os bens à responsabilidade executória; eles continuam respondendo pelas dívidas do alienante, como se não tivessem saído de seu patrimônio."[61]

---

(58) Cândido Rangel Dinamarco, *A instrumentalidade do Processo*, 6. ed., São Paulo: Malheiros, 1998, p. 185.

(59) TARS, 1ª Câmara Cível, Agravo de Instrumento n. 197176100, Porto Alegre, Rel. Otávio Augusto de Freitas Barcellos, DJ 13.02.98. [*Site* e d. cit.]

(60) TAMG, 7ª Câmara Cível, Agravo de Instrumento (Cv) n. 0216856-3, Uberaba, Rel. Juiz Lauro Bracarense: *RJTAMG*, Belo Horizonte, ano 22, julho-setembro, 1996, v. 64, p. 73.

(61) Enrico Tullio Liebman, *Processo de Execução*, p. 85.

Dessa forma, é retirada a capacidade de produzir efeitos de eficácia do negócio jurídico realizado, mas a ausência da eficácia só opera relativamente ao credor. Nesse sentido, ao tratar sobre a eficácia do ato realizado em fraude de execução, pronuncia-se *Araken de Assis*: "Quer dizer, ato fraudulento ineficaz, apesar de existente e válido entre seus figurantes, é como se inexistisse para o credor, que poderá requerer e obter a penhora da coisa, transmitida ou gravada a terceiro".(62)

A relatividade da ineficácia decorre do fato de ser a fraude de execução assim considerada somente para os efeitos da execução em curso. Isto é, não se retira a eficácia do negócio jurídico realizado pelo devedor para todos os efeitos, mas, sim, somente para os efeitos de satisfação da execução promovida. Nessa senda, sustenta *Mário Aguiar*: "Na área da fraude de execução, o ato é ineficaz relativamente ao autor da demanda ou credor da execução. O negócio jurídico é válido entre o réu-devedor e o terceiro adquirente. O negócio em si e por si teve a força de operar a transferência ou constituir a garantia. Em boa técnica, pode-se dizer que não se trata de invalidade do ato. Ele é apenas ineficaz relativamente aos autos da demanda."(63)

Assiste inteira razão, neste ponto, a *José Sebastião de Oliveira*, quando diz que "a alienação em fraude à execução é ineficaz apenas em relação ao autor da demanda, sendo perfeitamente válida entre o demandado alienante e o terceiro adquirente. E é aqui, exatamente, que constatamos o motivo da não nulidade de pleno direito dos atos alienativos ou onerativos que fraudam as execuções."(64) Como se percebe, também para o citado autor o caso não é de nulidade. Nessa linha, e com pertinência ao discorrer sobre o tema, conclui pelo afastamento da tese de nulidade. "Não cuida, como se vê, de ato nulo ou anulável. O negócio jurídico que frauda a execução, diversamente do que se passa com o que frauda credores, gera pleno efeito, entre alienante e adquirente. Apenas não pode ser oposto ao exeqüente. Assim, a força da execução continuará a atingir o objeto da alienação ou oneração fraudulenta, como se estas não tivessem ocorrido. O bem será de propriedade de terceiro, mas permanecerá respondendo pela dívida do transmitente, num autêntico exemplo de responsabilidade sem débito".(65)

De fato, verifica-se que, no caso de fraude de execução, o objetivo do direito não é de interferir no negócio realizado na esfera privada, mas, sim, de retirar dele os efeitos no que pertine à potencialidade de produzir prejuízo ao credor exeqüente, que está sob a tutela protetiva do Estado. Nessa linha de pensamento, afirma *Dinamarco*: "A estrutura da ineficácia, nesse caso, é analogia à que decorre da fraude contra credores ou de execução. Não se sacrifica a eficácia programada do negócio jurídico, mas neutraliza-se o efeito consistente em liberar o bem da responsabilidade pelas obrigações do alienante".(66) Sem dúvida, semelhante acepção tem o mérito de realçar o papel do instituto da Fraude de Execução.

---

(62) Vide *Comentários ao Código de Processo Civil*, p. 225.

(63) Vide *Rev. Ajuris*, ano V, n. 12, p. 67.

(64) José Sebastião de Oliveira, *Fraude à execução*, p. 83.

(65) José Sebastião de Oliveira, *Fraude à execução*, p. 84.

(66) Cândido Dinamarco, *Execução Civil*, p. 290.

Embora, por vezes, a doutrina utilize a palavra nulidade, está na verdade se referindo à ineficácia do negócio jurídico e não 'nulidade *stricto sensu*'. A propósito, a assertiva de *Antônio Paulo Costa de Oliveira*: "Ato nulo – nenhum efeito produz. Mas a expressão ato nulo, quando se trata de fraude à execução, não significa ato que não produz efeito jurídico. Significa apenas ato ineficaz, isto é, que não pode ser oposto ao prejudicado. Tanto isso é verdade que esse ato pode ser ratificado. Ora, a ratificação é possível quanto ao ato ineficaz, não quanto ao ato nulo."[67]

O instituto da Fraude de Execução não trata de anulação, nem de nulidade do ato, negócio jurídico, nem deveria, porque se trata de norma processual de Direito Público; sua interferência é dirigida à efetividade da execução, e não ao negócio jurídico privado realizado entre devedor e terceiro. Ressalte-se aqui as palavras de *Humberto Theodoro Júnior*: "Fica, pois, destacado que a lei processual não autoriza a anulação do ato do devedor que frauda a execução... Adoção, portanto, explícita da teoria da *ineficácia* relativa, com ato válido entre as partes e inoponibilidade ao credor prejudicado".[68] Para seguir nesta menção panorâmica dos efeitos produzidos pela declaração de fraude de execução, o autor enfatiza: "Da mesma forma, clara é a opção do Código de Processo Civil pelo regime da *ineficácia relativa* quando o devedor frustra a execução, alienando bens que seriam necessários para a realização da sanção executiva. Diz o art. 592 do Código de Processo Civil que ditos bens não serão tratados como objeto de negócio jurídico nulo ou anulável, mas simplesmente continuarão sujeitos à responsabilidade patrimonial, pela realização do crédito daquele que foi prejudicado pelo ato de disposição ocorrido na pendência do processo."[69]

A tese que afasta a possibilidade de nulidade do negócio jurídico, diante da fraude de execução, há muito tem sido esposada. Nessa linha, a eficiente doutrina de *Pontes de Miranda*, esclarecendo que no ato de disposição, em fraude de execução, "não há inexistência, nem nulidade da relação jurídica; há ineficácia, tal como ocorre com a compra e venda da coisa alheia".[70]

Em que pese a disponibilidade patrimonial do devedor, ante a dívida inadimplida, há, de outro lado, a sujeição desse patrimônio. É nessa ordem de idéias que o direito concebe a possibilidade de retirar a eficácia do negócio para satisfação da execução — objetivo principal da mesma — sem adentrar no negócio jurídico realizado entre devedor e terceiro e em todos os outros aspectos que não venham em prejuízo do credor exeqüente. Nessa linha de idéias, e reforçando a tese da ineficácia, transcrevem-se excertos de manifestação de *Sálvio O. Teixeira*: "A alienação ou oneração do bem em fraude de execução não é inexistente, nula ou anulável, mas ineficaz, isto é, embora válida entre alienante e adquirente, ou beneficiário, não produz efeitos em relação ao credor, sequer exigindo a prova do *consilium fraudis*, haja vista que a fraude está *in re ipsa*. Não obstante a

(67) Antônio Paulo Costa de Oliveira e Silva, "Fraude à Execução", p. 115.

(68) Cf. Humberto Theodoro Júnior, *Fraude contra credores*, p. 134.

(69) Cf. Humberto Theodoro Júnior, "Fraude contra credores e fraude de execução", p. 27.

(70) *Comentários ao Código de Processo Civil*, t. IX, p. 447.

disponibilidade, porém, sujeita-se o bem alienado à execução."[71] O bem servirá para garantia do juízo; em que pese o negócio entre o devedor e o terceiro, será realizada a penhora do bem como se não tivesse saído do patrimônio do devedor, muito embora o ato de constrição judicial, não há necessidade de anular o registro da alienação/oneração realizado. "Ocorrendo a fraude de execução não se anula o registro de transmissão do bem ou negócio jurídico que então existiu entre o devedor e o adquirente de boa ou má-fé. O devedor, embora pratique o ato em fraude de execução, tem o direito de disponibilidade de seu patrimônio que apenas se torna ineficaz com referência à demanda já em curso ou ajuizada."[72] Não se olvidando que, após a penhora, pode, ainda, a execução ser satisfeita pelo pagamento feito pelo devedor ou terceiro interessado. Nesse caso, deixa de existir o prejuízo do credor e, satisfeita a execução, afastam-se os fundamentos de fraude de execução e, por conseguinte, os efeitos da declaração de fraude; remanesce então o negócio hígido.

Esta situação singular decorre da particularidade com que deve ser tratada a fraude de execução. "Por não se tratar de nulidade ou anulabilidade, mas sim de ineficácia quanto ao credor, não há por que desconstituir o negócio jurídico em fraude de execução. O bem sofrerá a penhora em poder do adquirente".[73] A argumentação doutrinária, como se demonstrou, consolida a tese da ineficácia relativa na fraude de execução, "no sentido de qualificar o ato praticado em fraude de execução, como sendo inoperante ou ineficaz em relação ao credor exeqüente, para deduzir daí a possibilidade de serem excutidos os bens assim alienados, com o objetivo de ser satisfeita a dívida".[74] De efeito, a ineficácia do ato perpassa no campo do direito processual, não visa desconstituir o negócio jurídico privado realizado entre o devedor e o terceiro. Diz-se ineficácia relativa, porque seus efeitos visam somente à satisfação da execução fraudada. Não é o caso de inexistência do ato, não se decreta a nulidade do ato, nem se cogita de anulação do mesmo, apenas é declarada a ineficácia relativa, porquanto os efeitos do ato de disposição não operarão efeitos relativamente à execução. Equivale dizer, declara-se a ineficácia no limite suficiente à execução.

Nos tribunais a questão é tranqüila: na fraude de execução o ato deve ser tido por ineficaz. Transcrevem-se exemplos: "Na fraude de execução, o ato de alienação *do bem constrito não é nulo* ou inválido, *mas ineficaz* em relação ao credor e ao processo executivo, permanecendo válida entre as partes alienante e adquirente";[75] "reconhecida a existência de fraude, de imediato, não é possível a determinação do cancelamento de matrícula imobiliária com efeitos *erga omnes*, confundindo-se nulidade e eficácia da alienação. Apropriado será a averbação da declaração de ineficácia em relação à fraude reconhecida (...) A alienação permanece válida entre vendedor e adquirente e

---

(71) Cf. Sálvio de Figueiredo Teixeira, "Fraude de Execução",, pp. 226-227.

(72) Cf. Pedro dos Santos Barcelos, "Fraude de Execução", *Revista dos Tribunais*, São Paulo, v. 658, ano 79, pp. 43-51, agosto-1990, p. 44.

(73) Cf. Mário Aguiar Moura, "Fraude de execução pela insolvência do devedor", pp. 66-67.

(74) Cf. Yussef Said Cahali, *Fraudes contra credores*, p. 392.

(75) STJ, 4ª Turma, Resp. n. 150.430/MG, Rel. Sálvio de Figueiredo Teixeira, DJU 10.04.00, p. 93.

ineficaz em relação ao credor";[76] "validade da alienação não afetada, mas tida como ineficaz em relação à execução";[77] "a alienação permanece válida entre vendedor e adquirente e ineficaz em relação ao credor, resguardado com o poder de penhorar o bem alienado, vinculado à responsabilidade e garantia executória";[78] "na fraude de execução, o ato de alienação do bem constrito não é nulo ou inválido, mas ineficaz em relação ao credor e ao processo executivo, permanecendo válida entre as partes alienante e adquirente. O adquirente do bem em fraude de execução pode desfrutar dos poderes inerentes ao domínio, com exceção da disposição, ou seja, impõe-se-lhe o dever de resguardar o bem para o processo de execução";[79] "a decisão que declara a fraude à execução sujeita à penhora o imóvel alienado, sem atingir a transmissão da propriedade, cujo negócio jurídico *é, tão-só, ineficaz* em relação ao credor".[80] (grifos nossos)

6.7. Recurso cabível

6.7.1. Pelas partes

Declarada a fraude de execução, de ofício, a pedido da parte ou, por indicação do próprio Ministério Público, nos autos da execução, portanto decisão interlocutória — art. 162, § 2º do Código de Processo Civil —, passível de ser atacada pela via do agravo,[81] *ex vi* do art. 522 do Código de Processo Civil.

No caso de ser determinada a penhora do bem alienado, sem declaração prévia de fraude, pode e deve o executado informar ao juízo que o bem já não se encontra em seu patrimônio, fornecendo dados e documentos para cognição do exeqüente e do juízo de forma que possam reavaliar a situação à luz das informações prestadas. Nesse caso, não se trata de reconsideração e, sim, de reapreciação da matéria com base em dados novos, razão por que, da decisão que mantém ou revoga o mandado de penhora, caberá recurso de agravo de instrumento, pelo devedor, pelo exeqüente, pelo MP, ou por quem tiver interesse recursal.

Embora rara, a possibilidade de o próprio devedor indicar para penhora o bem já alienado ou onerado para terceiro; ocorrendo a hipótese, evidentemente, esse devedor não terá legitimidade para recorrer da decisão que determina a penhora do bem, podendo fazê-lo, entretanto, caso ocorra denegação da indicação.

Se for procedida a penhora dos bens, já em nome de terceiros, há entendimentos no sentido de que o devedor não poderia valer-se dos embargos de devedor para afastar

(76) STJ, 1ª Turma, Recurso Especial n. 119.854/SP, Rel. Milton Luiz Pereira, DJU 23.08.99, p. 77.
(77) STJ, 2ª Seção, Embargos de Declaração no Conflito de Competência n. 20214/PR, Rel. Eduardo Ribeiro, DJU 02.05.00, p. 99.
(78) STJ, 1ª Turma, Recurso Especial n. 119.854/SP, Rel. Milton Luiz Pereira, DJU 23.08.99, p. 77.
(79) STJ, 4ª Turma, Recurso Especial n. 150.430/MG, Rel. Sálvio de Figueiredo Teixeira, DJU 10.04.00, p. 93.
(80) STJ, 3ª Turma, Recurso Especial n. 38.369/SP, Rel. Ari Pargendler, DJU 28.06.99, p. 101.
(81) Nessa linha, Araken de Assis, *Comentários ao Código de Processo Civil*, p. 243.

a constrição, porque não teria legitimidade.[(82)] Nesse caso, o terceiro titular do bem é quem seria legitimado para embargar. Entretanto, parece haver algum exagero na interpretação, porque os bens alienados em fraude de execução, e só assim poderiam ser penhorados em face da alienação, estando em mãos de terceiro, continuariam a servir à execução. Nesse caso, o devedor tem interesse de agir[(83)] para afastar a tese de fraude de execução, além, é claro, de prestar auxílio ao processo executivo, evitando procedimentos desnecessários ou indevidos, especialmente atingindo terceiros estranhos à execução, o que afinal pode resultar em custos que deverão ser suportados ou ressarcidos pelo devedor.

6.7.2. Pelo terceiro

O terceiro terá à sua disposição, a princípio, se não tiver comparecido ao processo, e mesmo que o tenha, conforme o caso, o instrumento da ação de embargos para se opor contra a decisão declaratória de fraude de execução, ou mesmo contra a penhora do bem adquirido. A defesa do terceiro, através dos embargos, é tema abordado com especificidade no capítulo 9 do presente, razão por que se deixa de fazê-lo neste momento.

A doutrina e a jurisprudência, conforme demonstrado no item 5.5. retro, têm-se inclinado a admitir a defesa do terceiro, inclusive considerando, como elemento essencial, o fato de esse não ter conhecimento da demanda em curso e do estado de insolvência do devedor. Nesta senda, abre-se, embora ainda de forma tímida, a possibilidade de o terceiro ser chamado ao processo, no mínimo, para prestar esclarecimentos que servirão à convicção do juízo. Nessa linha de pensamento, *Araken de Assis* afirma: "o adquirente ou beneficiário do ato reputado fraudulento merecerá oportunidade de arrazoar acerca da existência de fraude e da pretendida sujeição de seus bens".[(84)]

Corrobora com a tese esposada *Humberto Theodoro Júnior*, afirmando: "nem tampouco se há de insistir na superada praxe da sumária declaração de fraude de execução, submetendo bens do terceiro adquirente à exposição executiva sem qualquer ciência ao respectivo proprietário e sem oportunidade para que se estabeleça o adequado contraditório."[(85)] Sem embargo do que foi dito, estando de qualquer forma presente o terceiro no processo, por exemplo, no caso de assistência, nada obsta que o mesmo informe ao juízo qualquer fato que se preste a afastar a tese de fraude, assim, sobre a existência de outros bens, ou mesmo sobre a data da alienação ser anterior à demanda.

Entretanto, a capacidade recursal do terceiro, nesta fase, é bastante prejudicada. *A priori*, não sendo parte no processo executivo, não estaria legitimado a recorrer das

(82) Cf. 7ª Câmara do TASP, Rel. J. Carlos Antonini, *RT* n. 576, ano 72, outubro de 1983, São Paulo, 1983, p. 146.

(83) Nesse sentido, Araken de Assis, em menção a julgado, pronuncia-se: "por óbvio, o executado ostenta interesse em impugnar o ato". *Comentários ao Código de Processo Civil*, p. 243.

(84) *Comentários ao Código de Processo Civil*, p. 243.

(85) *Fraude contra credores*, p. 222.

decisões. Sem embargo, no caso de substituição processual — *ex vi* do art. 42 do Código de Processo Civil —, em que o terceiro passa a ser parte, podendo recorrer como tal.

Na hipótese de participação do terceiro como assistente qualificado, não só como assistente simples, poderá recorrer, porque aí passa a ser considerado litisconsorte. Isso ocorre quando o terceiro adquiriu o bem objeto do litígio. O direito que se discute é também do terceiro, na verdade esse direito já pertence só ao terceiro e não mais ao alienante-réu.[86] Em todos os casos, o terceiro que for admitido como parte poderá recorrer como tal, entretanto, no que lhe prejudicar como terceiro, terá que se utilizar da ação de embargos para fazer valer seus direitos.

(86) Nesse sentido, Celso Agrícola Barbi, *Comentários ao Código de Processo Civil*, v. 1. Atualizado por Eliana Barbi Botelho, 11. ed., Rio de Janeiro: Forense, 2002, pp. 185-186.

Capítulo 7

FRAUDE DE EXECUÇÃO E O SISTEMA REGISTRAL

7.1. Registro Público dos atos judiciais

7.1.1. Considerações iniciais

Registro Público, segundo define *Washington de Barros Monteiro*: "é o conjunto de atos autênticos, tendentes a ministrar prova segura e certa do estado das pessoas. Ele fornece meios probatórios fidedignos, cuja base primordial descansa na publicidade que lhe é imanente. Essa publicidade de que se reveste o registro tem função específica: provar a situação jurídica do registrado e torná-la conhecida de terceiros."(1)

Na mesma linha, para complementar, registro público é a "instituição de direito que destina a tornar públicos o estado e a capacidade de pessoas, autenticar, no complexo das relações jurídicas, os atos dos indivíduos, perpetuando, através do tempo, sua validade, a fim de permitir a comprovação dos fatos da vida social, no tocante à aquisição, transferência ou perda de direitos, como também de obrigações."(2)

Dos conceitos extraem-se os principais objetivos dos registros, que são os de dar publicidade, autenticar e fazer prova. Evidente o caráter público oficial dos registros e a publicidade dos atos, realizada através do sistema registral. "A publicidade se apresenta como guardiã de direitos de terceiros, outorgando segurança nas relações jurídicas, evitando desagradáveis surpresas e conflitos dispensáveis."(3)

Sem embargo do exposto, é de se salientar que o registro público para constituir direito necessita de previsão específica na lei civil. Do contrário, o registro se presta a conferir os efeitos da publicidade, ainda que o seja só de forma presumida. A ninguém é conferido direito pelo simples fato de ter registrado um ato seu, sem que exista previsão legal para tanto. Nesse sentido, o direito real, uma vez constituído ou transmitido, só se adquire depois da transcrição dos títulos no registro de imóveis. A aquisição de

---

(1) Washington de Barros Monteiro, *Curso de Direito Civil. Direito das Coisas*, 13. ed., atual. São Paulo: Saraiva, 1974, p. 81.

(2) Cf. José Naufel, *Novo Dicionário Jurídico Brasileiro*, 8. ed., atual. Rio de Janeiro: Ícone, 1987, p. 266.

(3) Cf. Décio Antônio Erpen, "Registro da penhora e eficácia frente a terceiros", *Revista Ajuris*, Porto Alegre, v. 27, ano X, mar. 1983, pp. 74-85.

direito se dá com o registro, por força da prescrição legal no Código Civil e não por força do sistema registral. O registro produz efeitos como o da publicidade, confere autenticidade ou eficácia aos atos registrados quando as leis civis assim prescreverem. Serve também como meio de prova. Com o registro, cria-se a presunção de que o ato é de conhecimento de todos. É, sem dúvida, meio de prova importante, devendo ser valorada pelo judiciário. Contudo, afora as previsões nas leis civis, conforme mencionado no *caput* do art. 1º da Lei de Registros Públicos, não se mostra razoável pensar que alguém passe a ter direitos ou deixe de tê-los ante o ato de registro por si só.

Assim, temos que um ato não passa a ser legal pelo registro, se não o era antes. O princípio da prioridade também merece os devidos temperamentos. O ato não passa a existir pelo registro, mas o registro é prova irrefutável de sua existência no mundo jurídico. O registro marca indelevelmente a data do evento, o que não invalida provas suficientes no sentido de anterioridade à data do registro. Isso vale tanto para o documento registrado como para aquele que não o foi. O registro deve se adaptar à realidade da vida, e não a vida aos registros.(4)

A publicidade oferece segurança às relações jurídicas. O terceiro que realizar contrato com alguém terá dificuldades de fazer prova a seu favor, contra ato registrado, no sentido de que não tivesse conhecimento, que tivesse sido enganado pelo transmitente, etc. "O registro cria presunção relativa de verdade."(5) Todavia, como o registro por si só não constitui direito diante de provas robustas, o judiciário deverá decidir a favor de quem de direito, sem tomar o registro como prova inafastável ou constitutiva de direitos, porque este poder o Instituto Registral por si só não possui.

Evidentemente, para que os registros venham a garantir alguma segurança quanto às informações que contêm e, conseqüentemente, que podem prestar, deverão ser prestigiados. O registro confere o efeito, mesmo que de forma ficta, de que o ato seja de conhecimento público. Para atingir esta finalidade, devem servir de meio de consulta, de tal sorte que ofereçam segurança a quem as busca. Do contrário, os registros deixam de ter razão de existir e a lei não estará sendo cumprida. É de se perguntar para que servem os registros públicos, se estes não se prestarem à fonte de consulta idônea e segura, forte o suficiente para fazer prova a favor de quem os providencia.

Cumpre ressaltar que a outorga da publicidade não é dada tão-só por estarem as informações disponíveis para consulta. O alcance à informação é apenas um detalhe. Atualmente, com informações disponibilizadas pelo sistema de *internet* e demais meios de comunicação — característica do mundo moderno globalizado —, as pessoas têm acesso a quase toda espécie de informação. A informação, por si só, não outorga o efeito de publicidade ditado pelo caráter de instituto público dos serviços registrais. Neste a publicidade é oficial, a fonte é idônea e por isto oferece segurança. Inegavelmente, o serviço de registro oferece importante instrumento de consulta e informações, devendo ser valorizado de forma a servir de garantia e de segurança para a sociedade em geral.

---

(4) Cf. TJRS, 4ª GCC, Rel. Des. Eliseu Gomes Torres, EI n. 598526838, DJ 01.04.99, p. 12.

(5) Cf. Walter Ceneviva, *Lei dos Registros Públicos*, 9. ed., São Paulo: Saraiva, 1994, p. 4.

Os registros dos atos de disposição fazem prova de que o ato é de conhecimento público. Nesse sentido, produz efeito *erga omnes*. Esta prova é forte, deve ser valorada, mas, ainda assim, o efeito é só de conhecimento, não se refere à validade. Diante do registro, existe apenas "uma presunção de que o ato seja válido, até prova em contrário".[6]

7.1.2. Sistema registral e os atos judiciais

Para efeitos do presente estudo, analisar-se-ão algumas previsões contidas na Lei de Registros Públicos, em especial aquelas que possam ser relacionadas ao tema: registro e fraude de execução.

A Lei n. 6.015, de 31 de dezembro de 1973, ao dispor sobre os registros públicos, em seu art. 1º, assim prescreve: *Os serviços concernentes aos Registros Públicos, estabelecidos pela* legislação civil *para autenticidade,* segurança e eficácia *dos atos jurídicos, ficam sujeitos ao regime estabelecido nesta Lei* (grifos nossos).

Ao exame do texto legal, verifica-se que o legislador brasileiro conferiu aos registros públicos finalidade específica e função subsidiária ao sistema legal civil. Não se trata de subordinação determinada por hierarquia entre as leis, porque as leis em apreço são de igual nível hierárquico, mas, sim, de hierarquia prevista na própria lei.[7] A interpretação sistemática impõe a compreensão dos "enunciados prescritivos no plexo dos demais enunciados".[8] Observe-se que a autenticidade, a segurança e a eficácia, tratadas no artigo introdutório da lei dos registros públicos, referem-se àquelas previstas na legislação de direito privado. Equivale dizer que o registro por si não confere autenticidade, segurança ou eficácia. Estas serão obtidas com o registro, desde que estabelecidas, previamente, pelas leis civis.[9] Com o registro há a presunção relativa de verdade. "Não alcança o registro o fim que lhe é determinado pela eficácia legal; não dá autenticidade ao negócio causal ou ao fato jurídico de que se origina. Só o próprio registro tem autenticidade."[10] Assim, forçoso concluir que, quando ausente de previsão na lei civil, os efeitos do registro se restringirão somente àqueles decorrentes da publicidade do ato. Isto é, aos efeitos proporcionados pela presunção de conhecimento público. Desta forma, gize-se que a obrigatoriedade ou necessidade dos registros dos atos deverão ser buscadas nas leis civis.

Neste sentido, o art. 240 da Lei n. 6.015/73 dispõe: *O registro da penhora faz prova quanto à fraude de qualquer transação posterior.* É evidente a utilidade probatória

(6) Cf. Décio Antônio Erpen, "Registro da Penhora e eficácia frente a terceiros", p. 79.

(7) Afasta-se, de plano, a idéia de que a lei dos registros públicos possa se sobrepor às leis civis por tratarem de matéria de Direito público, uma vez que "a diferença entre os reinos do direito público e do direito privado, não radica na eventual subordinação". Conforme Juarez Freitas, *A Interpretação Sistemática do Direito*, 3. ed. São Paulo: Malheiros, 2002, p. 226.

(8) Cf. Juarez Freitas, *A Interpretação Sistemática do Direito*, p. 74.

(9) Cumpre registrar manifestação de Walter Ceneviva que afirma existirem exceções ao fim indicado no art. 1º da Lei n. 6.015. Como exemplo, cita as retificações contenciosas de registros. *Lei dos Registros Públicos*, p. 4.

(10) Cf. Walter Ceneviva, *Lei dos Registros Públicos*, pp. 4-5.

dos registros públicos. Contudo, mesmo na ausência do texto do art. 240, os registros públicos fariam prova quanto à fraude, dado o caráter oficial, público, portanto idôneo, apto a provar a favor de quem providencia o registro. Contrário senso, não se pode deduzir da norma, porque a mesma não prevê que, na ausência de registro, a tese de fraude de execução estaria afastada. Pensar assim seria o mesmo que atribuir ao registro o caráter de essencialidade para configurar a fraude de execução, o que se mostra inviável, haja vista a ausência de previsão no regramento processual ao disciplinar o instituto da Fraude de Execução. Com efeito, o registro não é elemento do ato que for tido como realizado em fraude de execução, previsto nos arts. 592 e 593 do Código do Processo Civil. Evidentemente o registro pode provar a data do evento, porque "marca no tempo a autenticidade presumida do ato".(11) Destarte, é a conseqüência do ato de registro que representa elemento favorável ao afastamento ou mesmo à confirmação da fraude de execução. Todavia, na sua falta ou em caso de dúvida sobre a anterioridade dos atos, ocorridos com ou sem registro, outras provas poderão ser admitidas para o deslinde do feito.

Considerando-se que os efeitos produzidos pelo registro são os determinados na lei civil, para cada caso, conforme disposto no art. 1º da Lei de Registros, questiona-se quanto ao alcance do disposto no art. 252 da citada lei, prevendo que o registro, enquanto não cancelado, produz todos os efeitos legais. Estaria o dito dispositivo referindo-se a quais efeitos? Evidentemente, àqueles previstos nas leis que disciplinam o ato, *ex vi* do art. 1º do mesmo diploma. Isto porque, na ausência de previsão legal específica, o único efeito produzido pelo registro público é o da publicidade, os demais efeitos, como é o caso da eficácia, autenticidade e segurança, previstos no art. 1º, estão atrelados à existência de previsão nas leis civis. Com tal comando, está a norma, na verdade, reconhecendo a necessidade de ordem judicial ou documento capaz de modificar o registro, seja cancelamento ou alteração. Todavia, não se pode interpretar o comando no sentido de que os efeitos do registro seriam por si só capazes de manter o direito sobre os bens até a data em que fosse providenciado o cancelamento, e só a partir de então. Ao sistema registral não compete decidir sobre os direitos das partes. O registro não tem essa força, não produz esse efeito.(12) Como já se disse, não se trata de hierarquia entre as leis, uma vez que são de mesma graduação, mas de hierarquia determinada pela finalidade e conexão previstas na própria norma registral.

No art. 216 da Lei n. 6.015/73, a norma é específica, dispondo: *O registro poderá também ser retificado ou anulado por sentença em processo contencioso, ou por efeito do julgado em ação de anulação ou de declaração de nulidade de ato jurídico, ou de julgado sobre fraude à execução.* Novamente, a lei trata de situações em que haverão de ser registrados atos, nesses casos, decorrentes de decisão judicial. Vale dizer que o sistema registral se destina ao registro da propriedade e suas alterações, conforme os atos

---

(11) Cf. Yussef Said Cahali, *Fraudes contra credores*, p. 520.

(12) Cumpre ressaltar que as referências feitas a respeito do registro cingem-se aos casos de registro de citações de ações e atos de constrição judicial. Não se pretende analisar aqui as previsões legais concernentes aos demais aspectos, especialmente direitos pessoais civis, tema que escapa ao objetivo do presente estudo.

praticados pelas partes segundo os ditames do Direito. Contudo, podem também ser objeto de registro as alterações proporcionadas por interferência judicial, quando houver sido proferida decisão judicial que reflita na titularidade dos bens, objeto de registro. A hipótese de fraude de execução é uma das possibilidades elencadas. Evidentemente, para fidelidade dos atos registrais, é preciso que todas as alterações ocorridas nos títulos e direitos de propriedade, sejam particulares sejam judiciais, constem dos registros.

Inútil pensar, por exemplo, que transitada em julgado sentença decretando a nulidade de ato de alienação, a decretação da nulidade não produziria efeitos enquanto não registrada. Evidentemente que a publicidade só se dará com o registro, contudo, vale lembrar que os efeitos da decretação da nulidade ou anulabilidade, se *ex nunc* ou *ex tunc*, serão aqueles determinados pela sentença.

O reconhecimento da existência de direitos, independente do registro, está expresso na própria lei registral. A exemplo, traz-se a lume o texto do art. 254[13] em que está prescrita a hipótese de novo registro a ser promovido pelo interessado que teve seu registro cancelado, quando subsistirem os títulos e os direitos dele decorrentes. Com isso está a norma reconhecendo expressamente, com pertinência, a manutenção dos direitos, em que pese não tenham sido registrados.

A especialidade da Lei de Registros Públicos situa-se, sem dúvida, no campo dos registros dos atos, com finalidade de dar publicidade aos mesmos. Destarte, mostra-se inviável a suposição de que a Lei de Registros Públicos possa ditar regras civis ou processuais. Tal hipótese constituiria interferência indevida nos sistemas legais indicados, contrariando os princípios da finalidade e da especialidade das leis.

A despeito do contido no art. 169 da Lei n. 6.015/73, prescrevendo a obrigatoriedade dos registros e inscrições previstos no art. 167 — no qual se insere a penhora, as citações das ações, entre outros —, dever-se-á, de plano, interpretá-lo em conjunto com o art. 1º. Neste, há um comando que engloba toda a lei, diz da finalidade do registro público, que é a de conferir ao ato autenticidade, segurança e eficácia, e estabelece a conexão do registro com a legislação civil. Portanto, a obrigatoriedade prevista no art. 169 depende da existência de comando no sistema legal civil, submetendo a validade do ato à existência de registro. Outra interpretação não se pode extrair daí, do contrário, ter-se-ia que admitir o conflito das normas dentro da própria lei, o que não parece ser o caso. O comando do art. 1º é geral e se destina a todo o sistema de registros dentro da lei, já o comando do art. 169 é específico, remete ao conteúdo do art. 167 e se subordina ao comando geral. Na interpretação sistemática, deve-se hierarquizar as fontes de direito incidentes. Na hierarquização, as normas específicas submetem-se aos comandos das normas gerais reguladoras. Apreciando-se a questão sobre o prisma da especialidade, a mesmo resultado se chegará. A Lei de Registros Públicos rege exatamente os registros dos atos, conferindo, por isto, o efeito de publicidade dos atos registrados. A lei civil trata da disciplina dos atos jurídicos, diz da validade e das condições

(13) Lei n. 6.015/73

Art. 254 – Se cancelado o registro, subsistem o título e os direitos decorrentes, poderá o credor promover novo registro, o qual só produzirá efeitos a partir da nova data.

para tanto. Portanto, somente se a lei civil prever o registro do ato como condição necessária para sua validade e eficácia, é que se poderá entender como obrigatório o registro do mesmo, para que o ato seja válido e eficaz.

Daí se extrai o entendimento de que a obrigatoriedade prescrita no art. 169 dirige-se ao sistema registral em si, com as suas implicações inerentes, considerando inclusive o princípio que determina a observação da seqüência e a continuidade dos atos. No mais, presta-se a dar publicidade. Nesse aspecto, como regra geral, não se pode dizer que para se ter, por presumido, o conhecimento de terceiros, no que se refere a restrições ditadas pela penhora ou ações, o registro seja obrigatório, haja vista que o direito registral não possui a finalidade nem competência para ditar regras processuais. A tese é confirmada pela previsão de regras legais específicas, conferindo ao registro o efeito de presunção de conhecimento. A propósito, a previsão introduzida no § 4º do art. 659, e mais recentemente no § 3º do art. 615-A do Código Processo Civil. Nesses casos, a lei processual civil atribuiu ao registro o efeito de presunção de conhecimento por terceiros. A presunção é ditada pela norma processual. A harmonia do sistema legal é mantida.

7.1.3. Da publicidade do processo e o registro dos atos judiciais

A questão de o processo ser dotado de caráter público não deve ser tida como suficiente para que se possa afirmar que os atos processuais seriam presumidamente do conhecimento geral. Assim, "a publicidade do processo não gera presunção da ciência de terceiros dos atos nele praticados".(14) Aliás, a tese da publicidade do processo não resiste à mais simples análise, haja vista que não é reconhecida nem mesmo pelo sistema processual.(15) Tanto é assim que os atos praticados, dentro do processo, pelas partes e pelo juiz, são sempre levados ao conhecimento dos partícipes, através de comunicação escrita, quando não, por intimação pessoal. Foi-se o tempo pretoriano em que os processos eram apreciados em praça pública, na presença de todos, com a participação da sociedade, sobre os quais não se poderia alegar desconhecimento. A complexidade e a extensão da sociedade, da qual faz parte o sistema judiciário, exigem outro enfoque sobre a extensão do caráter público quando se tratar de presumir que o processo é do conhecimento geral.

Destarte, imperioso é reconhecer que o caráter público atribuído ao processo não é capaz de gerar a presunção de conhecimento dos atos nele realizados. Vale dizer, público e publicidade são qualidades distintas. O primeiro diz da espécie de tutela prestada à sociedade, o segundo diz da capacidade de levar o conhecimento dos atos aos consócios de uma sociedade.

---

(14) Cf. Sálvio de Figueiredo Teixeira, *Código de Processo Civil anotado*, 3. ed., São Paulo: Saraiva, 1993, p. 356.

(15) Nesse sentido, veja-se Décio Antônio Erpen, "A fraude à execução e a publicidade registral", *Revista Ajuris*, Porto Alegre, v. 28, ano X, jul. 1983, pp. 58-71.

A título exemplificativo, traz-se a lume o sistema americano adotado nas execuções de título executivo judicial. Embora lá a execução seja efetivada pelo *Sheriff*,[16] a publicidade dos atos de constrição foi extremamente facilitada pela adoção do sistema de informação disponibilizado na internet. Assim, o credor tem à sua disposição o *site* do Poder Judiciário do Estado onde pode consultar, a qualquer momento, se existe alguma restrição patrimonial[17] relativa a qualquer pessoa. Basta indicar o nome do sujeito e o número de cadastro.[18] Com um sistema desta espécie, é possível atribuir o caráter de publicidade que se pretende dar ao processo, no sentido de que os atos constritivos sejam presumidamente de conhecimento geral. Quiçá fosse implantado algo semelhante no sistema judicial pátrio.

Em lealdade à doutrina existente e em respeito à divergência, cumpre assinalar opinião contrária no sentido de ser o processo, por si só, capaz de produzir os efeitos de conhecimento presumido a terceiros.[19] Nesta senda, o registro da penhora ou a citação inicial da ação não seriam necessários, o terceiro adquirente teria que estar munido de certidões forenses e cartorial, para fazer prova a seu favor. Considera-se, nesse caso, a necessidade de se "verificar a situação patrimonial daquele que irá transferir ou gravar um bem, examinando, se for o caso de imóvel, seu histórico cartorário e, mais ainda, em relação a atuais e anteriores proprietários, a um crivo generalizado junto ao foro cível e trabalhista, através da coleta de negativas forenses."[20]

Na linha do exposto, embora considerando aspectos diversos, *Cândido Dinamarco* afirma ser o processo dotado de caráter público, conferindo por isto a desnecessidade de registro dos atos judiciais. Atribui ao terceiro "os riscos de eventual imprudência ou erro".[21] De início, concorda-se com o autor; indiscutível o caráter público do processo. No que se refere à desnecessidade dos registros dos atos, também não merece reparo. A exceção está nas previsões legais para tanto, como, por exemplo, no art. 659, § 4º, e no art. 615-A, § 3º, ambos do Código de Processo Civil. Além dos casos previstos em lei, defende-se o registro não como requisito, mas, como importante meio de prova. Quanto à atribuição ao terceiro, pela imprudência ou erro, reporta-se às demais manifestações pertinentes, produzidas no presente, ressaltando-se apenas a impossibilidade de se atribuir ao terceiro a responsabilidade pela busca infindável de informações e certidões nas circunstâncias do sistema judicial atual.

Com a vênia dos autores discordantes, tem-se que o caráter público do processo não é suficiente para alcançar a eficácia da publicidade reservada aos Ofícios de registros

(16) *Sheriff* é a denominação usada naquele sistema judicial para identificar a pessoa que, por atribuição do Estado, tem a função e o poder de excutir os bens do devedor para satisfação das dívidas do credor.

(17) A restrição patrimonial consiste em medida judicial preventiva facilmente obtida pelo credor, inclusive através de preenchimento de formulário via internet, com vistas a garantir uma futura execução, servindo também como ordem de prelação na eventualidade de existirem outros credores. É válida por cinco anos e pode ser renovada.

(18) À semelhança do CPF no sistema brasileiro.

(19) Neste sentido, veja-se Ronaldo Bretas de Carvalho Dias, "Fraude de execução — ausência do registro da penhora — alienações posteriores", *Revista de Processo*, São Paulo, ano X, n. 38, pp. 221-229, abril-junho,1985, p. 224.

(20) Cf. Ronaldo Bretas C. Dias, ob.cit., p. 225.

(21) Vide *Execução Civil*, p. 306.

públicos, especialmente, quando se tratar de atos judiciais relacionados a imóveis. A diversidade de foros, cuja competência, em geral, está atrelada aos domicílios das pessoas que fazem parte do processo, impossibilita a providência de cautela que se pode esperar de um ser humano médio.

Nesse sentido, não se considera razoável exigir do pretendente à aquisição de um simples imóvel que vá percorrer todos os foros[22] judiciais, estaduais, federais e trabalhistas de todos os Estados brasileiros, senão dos Municípios, mormente àqueles que não estejam com serviços de comunicação interligados para extrair certidões negativas do vendedor.

Além disso, há de se considerar as ações que correm nos foros em segredo de justiça — art. 155 do Código Processo Civil —, nas quais as partes não podem examinar a possibilidade de que sejam essas demandas capazes de levar o réu à insolvência.

De efeito, é de se concluir que o processo, embora inegavelmente de caráter público, não confere o efeito de publicidade capaz de gerar a presunção de que os atos nele realizados sejam de conhecimento público. Esse alcance da publicidade com caráter oficial dá-se pelo registro dos atos nos Ofícios de registros públicos.

Os tribunais têm reconhecido a necessidade do registro para conferir publicidade do ato, de forma que este possa presumidamente ser do conhecimento de terceiros, negando, em alguns casos, ao processo esta qualidade. *In verbis:* "A ausência do registro da constrição transfere ao credor o ônus de demonstrar que o terceiro adquirente tinha ciência da incidência de gravame judicial sobre o bem. O interesse geral, representado pelo anseio de infundir segurança nos negócios jurídicos, impõe que se reforce o princípio da publicidade dos registros públicos e se prestigie a boa-fé, que é elemento que informa, estrutura e vivifica todas as relações e sobre o qual repousa o nosso direito";[23] "correta se mostra a r. decisão agravada que, por não vislumbrar o *consilium fraudis*, diante da ausência de registro do arresto com publicidade oportuna, indefere o pedido de desconstituição do negócio tido por fraudulento e desconstitui o respectivo arresto. Obrigatória, após o arresto, sua inscrição no registro imobiliário para ter eficácia contra terceiros";[24] "a assinatura do *termo de penhora*, independentemente do registro, acarreta a *vinculação dos litigantes* à constrição judicial, não possuindo, entretanto, qualquer eficácia perante outrem, enquanto não inscrita no Registro Imobiliário, *porquanto é exatamente o registro que outorga a publicidade* a terceiros e, na sua ausência, presume-se a boa-fé do adquirente da coisa penhorada;[25] "para que a fraude à execução se caracterize de modo absoluto, envolvendo o terceiro adquirente, não basta a simples ação em juízo, já proposta. É indispensável o registro da penhora no registro de

(22) Neste sentido, também, Décio Erpen se expressa nos seus diversos artigos, esses já citados. *Passim.*

(23) TAMG, 2ª Câmara Cível, Apelação n. 0232548-6, Rel. Juiz Almeida Melo, [*Site* e d. cit.].

(24) TJDFT, 3ª Turma Cível, AI n. 19990020011875/DF (119548), Rel. Jeronymo de Souza, DJ 01.12.99, p. 16.

(25) TAMG, 3ª CC, Apelação (CV) Cível n. 0286516-5, Rela. Juíza Jurema Brasil Marins, j. 25.08.99, [*Site* e d. cit.], e TAMG, 3ª Câmara Cível, Agravo de Instrumento Cível n. 0326191-2/2000, Proc. Princ.: 95.003848-5, Rela. Juíza Jurema Brasil Marins, j. 02.05.01. [*Site* e d. cit.]

imóveis. Sem tal providência, aquele que adquirir o bem presume-se não ter conhecimento da pendência de processo, capaz de conduzir o devedor à insolvência. *A publicidade dos atos processuais é insuficiente como regra presuntiva de conhecimento*";[26] "ao depois da edição da Lei n. 8.953/94, termos do § 4º do art. 659, Código de Processo Civil, *o sistema processual não mais se satisfaz com a presunção de conhecimento decorrente da publicidade dos atos processuais.* Ausente o registro da penhora, seguem-se *a presunção de desconhecimento* desta e da própria existência *de processo* apto à redução do devedor à insolvência, por parte do adquirente/embargante".[27] (grifos nossos)

7.1.4. *O sistema de registro e o terceiro*

É certo que os direitos do terceiro de boa-fé devem ser sopesados. O direito do terceiro decorre da obediência ao sistema legal, das regras processuais e, em especial, do disposto na Constituição Federal no que concerne aos direitos e garantias que protegem o cidadão quanto ao direito de defesa, direito de propriedade, direito de ser ouvido, direito ao devido processo legal, entre outros.

Argumentos relevantes a favor da valoração dos registros devem ser vistos, no mínimo, com simpatia. Nessa linha, traz-se a lume manifestação de *Décio Erpen*, favorável ao prestígio dos registros dos atos por parte do judiciário. *In verbis:* "Inobstante se reconheça que a fraude à execução seja instituto salutar, e até necessário, a valorar o processo e a atividade judicante, resguardando a imagem da Justiça, ainda assim não se deve admitir venha a servir de instrumento de iniqüidade, ao ponto de penalizar terceiros, mesmo que um dos litigantes se haja conduzido de forma temerária. Isso, em última análise, importaria em se premiar o exeqüente, pela própria inércia, ao deixar de promover o registro obrigatório."[28] Registre-se quanto à questão da obrigatoriedade do registro mencionado pelo autor, que o entendimento mereceu alteração, conforme publicação posterior,[29] passando a ter o registro como necessário, e não mais obrigatório, como era defendido de início.

A falta do registro da ação ou do ato de constrição confere ineficácia relativa aos atos produzidos pelas pessoas envolvidas no processo. Como ensina *Pontes de Miranda*: "Enquanto não se inscreve a certidão de citação, há ineficácia dos atos do figurante da relação jurídico-processual, e isso é conseqüência ordinária, específica, da litispendência, mas *ineficácia relativa, pois só existe a respeito das pessoas que figuram o litígio*"[30] (grifos nossos). Evidentemente, as pessoas envolvidas no processo não necessitam do

---

(26) TJRS, 1ª CC, Apelação Cível n. 195148788, Marcelino Ramos, Rel. Des. Ari Darci Wachholz, DJ 03.04.97. [*Site* e d. cit.]

(27) TJRS, 17ª CC, Apelação Cível n. 198052524, Rel. Des. Demetrio Xavier Lopes Neto, DJ 28.08.99. [*Site* e d. cit.]

(28) Décio Antônio Erpen, "A fraude à execução e a publicidade registral", p. 69.

(29) Vide Décio Antônio Erpen, "A fraude à execução e a nova lei das escrituras públicas", *Revista Ajuris*, Porto Alegre, v. 40, ano XIV, julho. 1987, pp. 26-38.

(30) Cf. Pontes de Miranda, *Comentários ao Código de Processo Civil*, t. IX, pp. 460-461.

registro dos atos para terem conhecimento dos fatos ali ocorridos. Entretanto, a questão, vista sob o prisma do adquirente do bem, "se tal efeito se ostenta justo e cabe produzir-se perante ele",[31] evidencia-se de forma diversa. O registro dos atos processuais previstos no sistema registral destina-se a dar publicidade a terceiros. Quem participa do processo, por óbvio, tem conhecimento do que ali ocorre.

Mendonça Lima, referindo-se ao registro das ações, manifesta-se no sentido de ser esse indispensável para que caracterize, de modo absoluto, a fraude de execução, atingindo os terceiros adquirentes. *In verbis*: "Não basta, porém, a simples ação em juízo, já proposta, isto é, a citação do réu, para que a *fraude à execução* se caracterize de modo absoluto, envolvendo o terceiro adquirente. É indispensável a formalidade da inscrição da citação do réu em tais ações do Registro de Imóveis referentes aos bens."[32] É de se salientar que o autor não diz que, na ausência de registro seria afastada a fraude, trata antes de atribuir valor à publicidade pelo registro da ação, para efeitos de terceiros.

Concordando com a tese de que o registro é meio de prova, fazendo com que a sua falta leve ao credor o ônus de demonstrar a ciência do terceiro da demanda em curso, *Araken de Assis* afirma: "Assim, protegendo o terceiro de boa-fé e alheado das coisas do processo, tutela-se, outrossim, uma forma particularmente grave de fraude, atentatória à dignidade da justiça".[33]

A deficiência do sistema de registro que, foi causada pelo desprestígio e pela demora nas providências, contribui sobremaneira para a insegurança das relações privadas, prejudicando terceiros.

Embora se propague o prestígio dos registros, reconhecendo a utilidade da publicidade conferida pelos mesmos, forçoso é reconhecer que a ausência do registro não afasta a configuração da fraude de execução. Para tanto, basta a propositura da ação para pretender a declaração de fraude de execução e tornar ineficaz o ato de disposição entre o devedor e o terceiro. É exatamente este o entendimento que se extrai dos dispositivos que tratam da fraude de execução. Não existe exigência alguma quanto a registros, daí o porquê de se considerar que tal providência consiste apenas em meio de prova a favor de quem providencia o registro do ato. Em consonância, a previsão do § 4º do art. 659 do Código Processo Civil estabelece a necessidade do registro da penhora somente para presunção do conhecimento de terceiros e não para presunção de fraude.

Registre-se a previsão legal inserida no *Codex* Processual através da Lei n. 11.382/06, em especial do art. 615-A, § 3º, em que autoriza a averbação no registro competente e prescreve a presunção de fraude à execução quando o bem for alienado após ter sido providenciada a averbação do ajuizamento da ação executiva. Esta prescrição legal,

---

(31) Cf. Araken de Assis, "Fraude à execução e a legitimidade do terceiro hipotecante", *Revista Jurídica*, Porto Alegre, ano XXXIX, n. 168, outubro,1991, pp. 05-20.

(32) Cf. Alcides de Mendonça Lima, *Comentários ao Código de Processo Civil*, pp. 81-82.

(33) Vide *Fraude à execução e a legitimidade do terceiro hipotecante*, p. 13.

recente, deverá ser aplicada em harmonia com o sistema legal. À toda evidência trata-se da questão da prova. Todavia, mantém-se a possibilidade de fraude de execução desde o início da demanda, mesmo que seja esta uma ação de conhecimento.

Nesta linha, decisões dos Tribunais em casos em que a questão do registro é tida como prova presumida do conhecimento do terceiro, sem, contudo, na sua falta afastar-se a tese de fraude. *In verbis:* "Não registrada a penhora, a ineficácia da venda, em relação à execução, depende de se demonstrar que o adquirente, que não houve o bem diretamente do executado, tinha ciência da constrição";(34) "fraude de execução, inocorrência, ausência de prova da ciência, pelo terceiro adquirente, da penhora incidente sobre o imóvel. (...) a demonstração de que o adquirente tenha tido ciência do ato gravoso incidente sobre o imóvel, presumida, aduza-se, quando registrada a penhora";(35) "na ausência de registro, ao credor cabe o ônus de provar que o terceiro tinha ciência da demanda em curso";(36) "fraude descaracterizada. No sistema anterior, para a caracterização da fraude de execução, relativa à alienação de bem constrito, cabia ao exeqüente, na ausência de registro da penhora, provar que o terceiro adquirente tinha ciência do ônus que recaía sobre o bem. Exatamente para melhor resguardar o terceiro de boa-fé, a reforma introduzida no Código de Processo Civil pela Lei n. 8.953/94 acrescentou ao art. 659 daquele estatuto o § 4º, segundo o qual, a penhora de bens imóveis realizar-se-á mediante auto ou termo de penhora, e inscrição no respectivo registro";(37) "ação de anulação de arrematação, imóvel dado em pagamento por escritura registrada quando não havia transcrição de qualquer ato de constrição sobre o imóvel, fraude de execução não caracterizada. (...) Não prevalece a arrematação, contra o pedido de anulação feito pelo proprietário, que não é o executado, se o arrematante não demonstra que à época da transferência da propriedade o adquirente tinha conhecimento da existência da penhora".(38)

7.1.5. Inversão do ônus da prova

A tese de que a falta do registro da penhora ou citação da ação que versa sobre direito real faz que o credor exeqüente atraia para si o ônus de provar a fraude, encontra significativos apoios doutrinários.

Nesta linha de idéias, *Décio Antonio Erpen*, citando *Arruda Alvim*, ao se referir ao registro da citação de ação sobre bens litigiosos, admite que "se a inscrição não for feita, a posição se alterará completamente em detrimento ao autor credor; a ele caberá provar, então, pelos meios admitidos, que houve fraude, que o terceiro tinha ciência da ação, etc."(39)

(34) STJ, 3ª Turma, Recurso Especial n. 225.091/GO, Rel. Eduardo Ribeiro, DJU 28.08.00, p. 78.
(35) STJ, 4ª Turma, Recurso Especial n. 131.587/RJ, Rel. Sálvio de F. Teixeira, DJU 07.08.00, p. 108.
(36) STJ, 4ª Turma, Recurso Especial n. 235.267/SP, Rel. Sálvio de F. Teixeira, DJU 08.03.00, p. 126.
(37) STJ, 4ª Turma, Recurso Especial n. 214.990/SP, Rel. Sálvio de F. Teixeira, DJU 11.10.99, p. 74.
(38) STJ, 4ª Turma, Recurso Especial n. 215.306/MG, Rel. Sálvio de F. Teixeira, DJU 13.09.99, p. 72.
(39) Vide *Registro da penhora e eficácia frente a terceiros*, p. 82.

Importante trazer à luz o especialista em matéria registral, *Walter Ceneviva*, que se manifesta claramente contra a tese de que os registros públicos dos atos de constrição e ação real não seriam obrigatórios. *In verbis:* "Com esse caminho, introduz-se uma quebra inaceitável do sistema: afasta-se a predominância do direito real e se dá realce ao pessoal inerente à penhora não registrada".[(40)] Prosseguindo em sua manifestação, o autor deixa claro o entendimento esposado no sentido de que a disposição do art. 240 da Lei de Registros Públicos é obrigatória, afirmando que só através do registro é que se poderia fazer prova da fraude e, indo além, ao dizer que, na ausência do registro, a fraude seria afastada. Transcreve-se: "É interpretação contrária à letra do art. 240. Deste resulta a afirmação positiva de que só o registro da penhora faz prova, quanto à fraude de transação posterior e de que, a contrário inexistente, o registro, não se pode alegar, por força da lei."[(41)] Como se pode ver, o autor defende a obrigatoriedade do registro e atribui a este o poder de provar a fraude. A sua ausência teria como conseqüência o afastamento da tese de fraude.

Para *Décio Erpen*,[(42)] conhecido defensor dos registros dos atos de constrição, é possível a prova contrária. Afirma este autor que o caráter absoluto é dado apenas à publicidade. Equivale dizer que se presume, de forma absoluta, o conhecimento de terceiros quanto aos atos registrados. Todavia, a presunção é relativa quanto à validade do ato. Nesse passo, afirma o mesmo autor, "não se está a afirmar que os efeitos provocados pelos atos levados a registros sejam absolutos",[(43)] entretanto, o registro aproveita o autor contra terceiros. Com efeito, o registro é meio eficaz de prova, pois se o ato de disposição ocorre após o referido registro, o terceiro adquirente não poderá alegar desconhecimento, dado que o registro confere a publicidade ao ato. Desta forma, o terceiro terá de provar que não poderia ter conhecimento do ato, tarefa difícil, senão impossível, de levar a cabo, tendo em vista que a sua viabilidade estaria, provavelmente, restrita ao âmbito de discussões sobre a precedência dos atos quando realizados na mesma data ou em datas muito próximas. O registro faz prova a favor do exeqüente, porque qualquer ato de disposição, realizado após o registro, será tido como em fraude de execução, dificultando sobremaneira a defesa do terceiro. Embora a publicidade e o conhecimento não sejam elementos essenciais a configurar a fraude, ao se aceitar a tese que inclui o exame de aspectos subjetivos, quando se trata dos direitos do terceiro, serão estes fatores relevantes na apreciação da sua defesa. Sendo assim, sua ausência abrirá via para alegação de desconhecimento do ato pelo terceiro, em prejuízo do exeqüente, que terá de provar que o adquirente sabia ou tinha condições de saber da ação ou do ato de constrição, mormente quando o ato não foi registrado ou o foi após a alienação.

Segundo orientação jurisprudencial, o registro do ato constritivo presume o conhecimento do terceiro, enquanto, à sua falta, ao credor caberá o ônus da prova.

---

(40) Embora não fique claro, porque o autor relaciona o registro da penhora ao direito real, importa seu pronunciamento no aspecto registral, objeto da presente análise, razão da citação. Walter Ceneviva, *Lei dos Registros Públicos*, p. 516.

(41) Cf. Walter Ceneviva, *Lei dos registros Públicos*, p. 516.

(42) *A fraude à execução e a publicidade registral*, p. 60.

(43) *Idem, ibidem.*

Mencionam-se alguns exemplos: "não tendo sido promovido o registro da citação para a ação de conhecimento, *ao credor cabe o ônus de provar que o terceiro tinha ciência da demanda em curso*";[44] "na ausência de registro, ao credor cabe o ônus de provar que o terceiro tinha ciência da demanda em curso";[45] "a ausência do registro da constrição *transfere ao credor o ônus* de demonstrar que o terceiro adquirente tinha ciência da incidência de gravame judicial sobre o bem";[46] "*é do credor o ônus de* demonstrar a existência dos elementos caracterizados da fraude de execução, quando não providencia o registro dos atos executivos no competente registro imobiliário";[47] "cabe ao credor o ônus de provar que o terceiro adquirente tinha ciência da existência da demanda em curso, para demonstrar a fraude da execução, se não promover a averbação da penhora antes do registro da escritura pública de compra e venda";[48] "inverte-se o ônus da prova, passando ao credor, quando inexiste registro da penhora".[49] (grifos nossos)

7.1.6. Considerações conclusivas a respeito do registro e da fraude de execução

Inafastável o benefício dos registros dos atos judiciais ao conferir os efeitos da publicidade e contribuir para segurança das relações privadas. Esse diapasão constitui-se em relevante meio de prova, colocado à disposição do direito. Seu uso deve ser estimulado pelo judiciário através da valorização da prova produzida decorrente dos registros, quando se tratar de atos relacionados a imóveis. Entretanto, importante frisar, o registro do ato faz que o mesmo seja presumidamente do conhecimento público, e a publicidade desse ato pode ser tida como absoluta, mas, ainda assim, a possibilidade de fraude é relativa, comportando prova em contrário. Por outro lado, a ausência do registro não afasta a presunção de fraude, especialmente lembrando o disposto no inciso II do art. 593[50] do Código Processo Civil. Neste, insere-se toda espécie de ação, inclusive as pessoais, atinge também as alienações promovidas antes da penhora, desde que na constância de demanda em curso.

Dessa forma, é oportuno lembrar que a fraude de execução se configura mediante os requisitos de existência de demanda, e de insolvência do devedor, sendo irrelevante que a ação ou a penhora estejam inscritas no registro de imóveis, "pois, no caso, a fraude sempre se presume *iuris et de iure*".[51] "Melhor será dizer, no entanto, que a

(44) STJ, 4ª Turma, Recurso Especial n. 153.020/SP, Rel. Barros Monteiro, DJU 26.06.00, p. 176.

(45) STJ, 4ª Turma, Recurso Especial n. 235.267/SP, Rel. Sálvio de F. Teixeira, DJU 08.03.00, p. 126.

(46) TAMG, 2ª CC, Apelação n. 0232548-6, Rel. Juiz Almeida Melo. [*Site* e d. cit.]

(47) TAPR, 4ª CC, Apelação Cível n. 0090072300, Ac.: 7062, Barracão, Rel. Juíza Regina Afonso Portes, DJ 09.08.96. [*Site* e d. cit.]

(48) TAPR, 1ª CC. Apelação Cível n. 0076640900, Ac.: 6034, Rel. Juiz Munir Karam, DJ 17.11.95. [*Site* e d. cit.]

(49) TARS, 2ª CC. Agravo de Instrumento n. 196206262, Arroio Grande, Rel. Francisco José Moesch, DJ 11.03.97. [*Site* e d. cit.]

(50) *Art. 593 – Considera-se em fraude de execução a alienação ou oneração de bens: (...) II – quando, ao tempo da alienação ou oneração, corria contra o devedor demanda capaz de reduzi-lo à insolvência.*

(51) No mesmo sentido, Humberto Theodoro Júnior, *Processo de Execução*, 7. ed., p. 167.

partir da citação válida, *para a ação real*, a alienação ou a oneração do bem será em fraude de execução, porquanto a partir do ato citatório é que ela se faz litigiosa"[52] (grifo nosso).

O STF, em decisão proferida, declarou que "a venda de bens sujeitos, eventualmente, aos efeitos da sentença a ser proferida em ação real ou reipersecutória só é presumida em caráter absoluto, como feita em fraude de execução, quando a citação para a demanda tiver sido inscrita no Registro de Imóveis."[53] Desta forma, verifica-se que o Supremo valora a prova produzida pelo registro, *in casu*, da citação da ação. É possível extrair da decisão, exegese no sentido de que o Tribunal, ao exigir o registro da citação para conferir o caráter absoluto de conhecimento público, está reconhecendo que o processo não produz a publicidade necessária, capaz de fazer presumir que os atos judiciais sejam de conhecimento geral. Não obstante, a tese de fraude não é afastada pela ausência do registro, posto que se constitua em meio de prova.

O registro não é essencial para configurar a fraude de execução, entretanto, há de se valorizar o sistema registral de forma que possa este representar, efetivamente, a publicidade dos atos negociais e judiciais relativamente a imóveis, de forma a proteger terceiros eventualmente envolvidos com os atos de disposição praticados por réus ou devedores executados.

Como acentua *Décio Erpen*: "Não há lei que compila eventual interessado a transitar pela Justiça Comum Estadual, pela Justiça Federal e, pela Justiça do Trabalho, à cata de eventual ação real ou de ato constritivo, o que pode ter sido, inclusive, efetivado noutra comarca. Feita a penhora, a precatória retorna, permanecendo leve menção de sua existência no protocolo da comarca, sequer se precisando sua natureza ou a extensão do ato constritivo, nem o montante de eventual crédito. Não se pode compelir um interessado na aquisição de um imóvel a percorrer essa *via crucis*."[54]

7.2. Fraude e a alienação de bem objeto de ação de direito real

Consoante previsão do inciso I do art. 592[55] do Código Processo Civil, sujeitam-se à execução da sentença proferida em ação, fundada em direito real, os bens da sucessão singular. Nesse caso, a sujeição, em relação à sentença, é direta, independente dos pressupostos da fraude de execução. Os bens estão sujeitos à execução da mesma forma que os demais casos, conforme previsões contidas nos incisos II a IV do art. 592. Não há por que se cogitar de fraude. A sujeição à execução, nesse caso, é direta porque a alienação se deu após a sentença prolatada.

(52) Cf. José Frederico Marques, *Instituições de Direito Processual Civil*, v. IV, § 127, n. 769.

(53) Proc. n. 723-8 RJ, Tribunal Pleno, DJ 09.05.80, p. 3.229.

(54) Décio Antônio Erpen, *Registro da penhora e eficácia frente a terceiros*, p. 84.

(55) *Art. 592. Ficam sujeitos à execução os bens: I – do sucessor a título singular, tratando-se de execução de sentença proferida em ação fundada em direito real; II – do sócio, nos termos da lei; III – do devedor, quando em poder de terceiros; IV – do cônjuge, nos casos em que os seus bens próprios, reservados ou de sua meação respondem pela dívida; V – alienados ou gravados com ônus real em fraude de execução.*

A previsão de fraude do art. 593, I, dirige-se à alienação ou à oneração dos bens quando sobre eles pender ação fundada em direito real. Poder-se-ia dizer que, se a previsão de fraude abrange a simples existência de ação, com muito mais razão deveria abranger as sucessões na presença de sentença. Ocorre que as situações são distintas. A sucessão, a título singular, pode dar-se por ato *inter vivos* ou *causa mortis*. Em ambos os casos, a execução da sentença será procedida sem considerar qualquer ato de alienação ou transferência, independente de declaração de fraude, menos ainda da presença dos requisitos para configuração da fraude. No caso da existência de ação, fundada em direito real, a configuração de fraude se dá com o ato de alienação ou oneração, não sendo requisito a presença da sentença. Ou seja, a fraude se dá pelo ato de disposição do bem, objeto do litígio, antes de ter sido proferida sentença. Ora, se a alienação se der após proferida sentença, o bem continuará sujeito à execução. A transferência do bem não produz nenhum efeito para o exeqüente. É que, nesses casos, em geral, a restituição do bem é o objeto da ação. Existindo sentença, existe reconhecimento judicial definindo os direitos, no caso, do exeqüente. Se o bem objeto do litígio foi alienado pelo demandado, significa dizer que o vendedor vendeu coisa que não lhe pertencia e esta ausência de propriedade já havia sido declarada por sentença. Logo, não é de fraude que se trata, neste caso; a alienação é totalmente nula, podendo até mesmo ser tida por inexistente, porque só pode alienar quem possui, quem detém direito. Na fraude de execução o negócio jurídico, realizado entre o devedor e o terceiro, é perfeito, válido para todos os efeitos, considerando-se o direito material. A ineficácia do negócio é atribuída em face da ofensa ao Direito processual.

No entanto, há exceção, como ensina *Yussef Cahali*.(56) A previsão do art. 42 do Código de Processo Civil dirige-se aos negócios realizados entre particulares, voluntariamente, não se incluindo aí, por exemplo, o adjudicatário do bem em outro processo, o beneficiário de penhor ou hipoteca legal. Há, nesses casos, a falta do pressuposto da voluntariedade do ato de disposição, afastando a tese de fraude de execução. Constitui-se, pois, em matéria de defesa alegável em sede de embargos de terceiro, mormente quando o terceiro for o adjudicante ou o beneficiário da garantia real especificada em face da penhora do bem em outra execução.

Sem embargo do exposto, vale lembrar que o autor da ação de direito real, diante da perda do objeto de sua ação, proporcionada pela adjudicação do bem em outro processo, "poderá acionar o adjudicatário, visando desconstituir ou invalidar a carta de adjudicação".(57)

7.2.1. *Fraude e a necessidade de inscrição da citação da ação que versa sobre direito real*

Conforme previsão do inciso I do art. 593 do Código de Processo Civil, a fraude de execução se verifica na alienação dos bens objeto de ação de direito real. Nesses

(56) Vide *Fraudes contra credores*, p. 428.
(57) Cf. Yussef Said Cahali, *Fraudes contra credores*, p. 429.

casos, como é cediço, o estado de insolvência não é requisito para configurar-se a fraude. A fraude está no ato de transferência do bem, objeto da ação de direito real, enquanto esta encontra-se pendente.

Quanto à necessidade ou à obrigatoriedade ou aos efeitos da inscrição — ou registro, como escreve a Lei n. 6.015/73 — das citações das ações previstas no inciso I do art. 593, é uma questão que, como se verá, não se encontra harmonizada na doutrina. Por vezes, a inscrição da ação é considerada desnecessária e irrelevante para efeitos de sujeição do bem à execução, em outras, é tida como importante elemento de prova, chegando a ser considerada como prova absoluta de fraude de execução.

Há previsão, na Lei de Registros Públicos, no item 21 do inciso I do art. 167, para inscrição das citações de ações reais ou pessoais reipersecutórias relativas a imóveis. O registro da citação da ação, sem dúvida, faz prova contra a fraude, conforme previsão do art. 240 da Lei n. 6.015/73. Nesse sentido, *Araken de Assis* ensina: "É razoável deslocar o enfoque para o campo do ônus da prova".(58) Com a inscrição da citação da ação no Registro de Imóveis, confere-se a publicidade, de tal sorte que o terceiro não poderá alegar desconhecimento da ação. De efeito, inscrita a citação da ação, tem essa a utilidade de comunicar a terceiros a existência de tal procedimento, isto é, de que o bem imóvel em questão é objeto de ação judicial, em que se discute direitos reais sobre o mesmo.

A propósito e de acordo com o expressado, *Amílcar de Castro*, em manifestação sobre a necessidade do registro da citação, afirma não ser suficiente a ausência do registro para impedir a alegação de fraude de execução. Contudo, assevera que a falta da inscrição atrai o ônus da prova, para o exeqüente, de provar que o adquirente tinha conhecimento da ação. Concluindo, afirma o autor que a inscrição no Ofício Imobiliário "só tem efeito de publicidade, e vale como prova presumida de conhecimento, por parte de terceiros".(59)

Vale registrar o pensamento de *Arruda Alvim*, que diverge dos demais autores ao dizer que "a alienação pelo réu, na pendência de demanda, contra ele movida, do bem imóvel, objeto material do litígio — mesmo sem inscrição — a um terceiro, este necessariamente ficará sujeito à eficácia da sentença".(60) Claríssima a posição do citado autor no sentido de não ser necessária a inscrição da citação da ação no Ofício Imobiliário, tanto que, em seguimento de sua análise, afirma: "falar em ônus do autor evidenciar a fraude de execução, no caso da demanda real não ter sido inscrita, parece errônea".(61) Funda sua assertiva no arts. 42, § 3º, e 593, inciso I, do Código de Processo Civil. A tese esposada baseia-se no entendimento de que o registro não é imprescindível, afirmando de forma categórica: "mesmo que o terceiro esteja de boa-fé e ainda que não tenha sido inscrita a citação da ação, a eficácia da sentença atingirá o terceiro adquirente".(62)

(58) Cf. Araken de Assis, *Fraude à execução e a legitimidade do terceiro hipotecante*, p. 11.

(59) Cf. Amílcar de Castro, *Comentários ao Código de Processo Civil*, v. X, t. I, p. 101.

(60) Vide Alvim Arruda, "O terceiro adquirente de bem imóvel do réu, pendente ação reivindicatória não escrita no registro de imóveis, e a eficácia..." *Revista do Processo*, São Paulo, n. 31, ano VIII, julho-setembro, 1983, pp. 189-198.

(61) Ob. cit., p. 193.

(62) Ob. cit., p. 193.

Entretanto, vale assinalar a conclusão final do autor de que o terceiro que adquire o bem, não estando inscrita a *demanda real,* poderá ser tido como possuidor de boa-fé. De outro lado, a inscrição da demanda no Ofício Imobiliário serve para afastar a presunção de boa-fé do terceiro.(63) Concorda-se com o autor, no aspecto referente aos efeitos da inscrição da citação da ação no Ofício de registro, de que serve esta para dar publicidade do ato e como prova de conhecimento pelo terceiro.

Seguindo a corrente de pensamento que considera o registro da citação da ação apenas meio de prova, pronuncia-se *Frederico Marques*: "Para caracterizar-se a fraude de execução, em ação real ou reipersecutória, é irrelevante que a ação proposta esteja inscrita no Registro de Imóveis, pois, no caso, a fraude sempre se presume *iuris et de iure*".(64) Claramente o autor dispensa o registro da citação para ver configurada a fraude, o que se mostra razoável, visto que a inscrição não é elemento essencial a integrar a figura da fraude de execução, conforme previsto no inciso I do art. 593. A citação da ação, e não o seu registro, é que servirá como marco inicial para configuração de fraude no caso de alienação de bem objeto de ação sobre direito real.

Na mesma senda, *Enrico Tullio Liebman* assinala que "para ciência dos terceiros, as citações relativas a estas ações, em se tratando de imóveis, devem ser inscritas no registro imobiliário, e a falta desta inscrição obrigará o credor a provar o conhecimento por parte do terceiro".(65) *Enrico Liebman*, como outros, considera a inscrição da citação da ação que versa sobre direito real não ser obrigatória, mas meio de prova. E vai além, no sentido de considerar a ausência do registro suficiente para afastar a presunção de fraude prevista no inciso I do art. 593, fazendo com que o exeqüente atraia para si o ônus de provar a fraude contra o terceiro adquirente. Equivale dizer que a ausência de inscrição inverte o ônus probante.

No mesmo sentido de *Enrico Liebman*, está *Mendonça Lima*, dizendo que a inscrição da citação do réu no registro de imóveis torna-se imprescindível para caraterizar, de modo absoluto, a fraude de execução, acrescentando que, somente com a inscrição, a fraude poderá envolver terceiro adquirente.(66)

Valorizando os efeitos da inscrição da ação no Ofício Imobiliário, em face da previsão do inciso I do art. 593, *Humberto Theodoro Júnior* diz que essa espécie de fraude "não se contenta apenas com a existência de ação real pendente sobre o bem alienado. É preciso, também, o elemento subjetivo — conhecimento da ação pelo adquirente — que se presume no caso de inscrição da causa do Registro Público."(67) Verifica-se,

(63) Cumpre registrar que o autor, ao final, conclui diferentemente do expressado pelos demais autores citados, com relação aos direitos do terceiro, afirmando que a eficácia da sentença contra o terceiro independe da boa ou má-fé do mesmo. A boa-fé do terceiro servirá apenas para atribuir-lhe o direito de indenização, nos termos do art. 516 do antigo Código Civil brasileiro, com seu correspondente no art. 1.219 do novo Código Civil. No texto acima, o realce que se faz é limitado à necessidade e efeitos do registro, objeto da apreciação neste momento. Ob. cit., p. 197.

(64) Cf. José Frederico Marques, *Manual de Direito Processual Civil*, 2. ed., v. IV, p. 49.

(65) *Processo de Execução*, p. 174.

(66) *Comentários ao Código de Processo Civil*, v. VI, p. 470.

(67) "Fraude contra credores e fraude de execução", p. 31.

nas palavras do autor, que o mesmo confere ao registro da citação o poder de gerar a presunção absoluta de conhecimento, mas, diante da ausência da inscrição, a situação se altera, o credor terá de provar que o terceiro adquirente tinha conhecimento da ação pendente.

Sobre o tema, *Pontes de Miranda* ensina: "inscritas as ações reais, ou pessoais reipersecutórias, inclusive possessórias, quando for o caso, ficam, desde logo, considerados bens litigiosos para o efeito de apreciação de fraude de posteriores alienações". Entretanto, adiante, *Pontes* afirma: "mesmo sem a inscrição de que cogita a legislação registrária, há fraude à execução, se a parte aliena ou grava ou, de qualquer modo, faz, atingindo o bem sobre que versa a ação fundada em direito real".[(68)] O autor considera que, enquanto não for providenciado o registro da citação da ação, o que vige é a ineficácia relativa, existindo esta somente com relação às pessoas presentes no processo. Com isso, *Pontes de Miranda*, na verdade, está dizendo que, sem o registro da citação da ação, o terceiro não pode ser atingido de modo absoluto. Isto é, o terceiro que adquire bem objeto de litígio, cuja ação não foi registrada, terá a seu favor a presunção da boa-fé. Nesse caso o exeqüente terá que fazer prova contra o terceiro, de forma a manter a tese de fraude de execução.

Reforçando a tese da necessidade de registro para que o ato produza efeitos contra terceiros — *iuris et de iure* —, *Sálvio F. Teixeira* explicita: "inexistindo o registro da citação, ao credor cabe o ônus de provar a ciência, pelo terceiro adquirente ou beneficiário, da existência da demanda ou do gravame".[(69)]

Yussef Cahali, em sua longa e bem fundamentada análise da necessidade de registro da citação da ação no Serviço Registral, ao prestigiar a inscrição da citação, a final pronuncia-se, tendo "como certo que tratando-se de caso de citação inscrita, a presunção é absoluta; tratando-se de citação não inscrita, ainda assim, ocorre uma presunção, porém apenas relativa, no pressuposto de que constitui elementar cautela exigível do adquirente informar-se a respeito da existência de eventuais ações reais em curso contra o alienante."[(70)]

Analisando-se os dispositivos legais que tratam da fraude de execução, combinados com a Lei de Registros Públicos, conclui-se que o registro da citação da ação, embora não seja elemento do tipo, previsto na norma legal, a configurar a fraude de execução, constitui-se em importante meio de prova a favor do autor da ação. Por outro lado, em que pese os critérios objetivos, constantes da previsão legal para configurar a fraude de execução, inarredáveis relativamente às partes presentes no processo, no que pertine ao terceiro de boa-fé, e, sendo estranho ao processo, a questão do conhecimento da ação deve ser considerada como fator importante. De efeito, neste ínterim, a inscrição da citação da ação constitui-se em prova relevante a ser considerada, embora, frise-se, não seja elemento essencial para configurar a fraude de execução.

---

(68) *Comentários ao Código de Processo Civil*, t. IX, p. 461.

(69) *Comentários ao Código de Processo Civil*, p. 356.

(70) *Fraudes contra credores*, p. 437.

Relativamente à aplicação prática das teses a respeito da prova produzida pelo registro da citação da ação, bem como da necessidade de levar ao conhecimento público o ato judicial, destaca-se recente decisão emitida pelo TRF da 4ª Região, em que foi afastada a pretensão do autor em promover o registro da ação com fulcro no inciso I, item 21, do art. 167 da Lei n. 6.015/73, em completo alheamento aos dispositivos da Lei de Registros Públicos e sob fundamento de que não tem legitimidade o autor, para cuidar de interesse de terceiro.[(71)] Infelizmente esse entendimento não representa novidade, *Yussef Cahali*[(72)] manifesta-se no sentido de que não é dado ao juiz, sob pretexto algum, recusar pedido de inscrição de existência do ato no RI. Mas registra, em sua obra, julgamento em agravo de instrumento, proferido pelo TJSP,[(73)] em que, no primeiro grau, também fora afastada a pretensão do autor de ver a citação da ação registrada, naquele caso sob o fundamento de ser impossível inscrever-se medidas unilaterais, o que corresponderia à antecipação da final apreciação. Em julgamento do recurso, o Tribunal reformou a decisão monocrática, reconhecendo a necessidade do registro da citação e de ser viável acautelar interesse de terceiros.

A negativa da medida parece ser a exceção. Normalmente, os pedidos de inscrição das ações no Ofício Imobiliário, são aceitas. Nesta linha, cita-se decisão oriunda da 4ª Vara Civil da Justiça Federal da 4ª Região, proferida pela juíza Dra. *Luciane Amaral Correa*,[(74)] deferindo requerimento em primeiro grau, e expedindo mandado de registro para ciência da existência da ação aos terceiros. As alterações introduzidas pela Lei n. 11.382/06 reforçam a tese, haja vista que autorizam ao exeqüente a averbação de ação executiva mediante simples certidão comprobatória do ajuizamento da execução.

Todavia, por mais prestígio que se possa conferir ao registro dos atos negociais, ações e decisões judiciais relacionadas aos bens, é de se reconhecer que os registros fazem prova a favor de quem os providencia, mas não mais do que isso. A força probante deve ser tida apenas de forma relativa, uma vez que posição contrária significaria, em suma, ignorar completamente o disposto no inciso II do art. 593, no qual a fraude de execução se configura diante de determinados requisitos, a saber: existência de demanda e estado de insolvência do devedor. Por mais exercício hermenêutico que se faça, não é possível extrair da citada norma qualquer comando que indique a necessidade de registro do ato de disposição, da citação da ação ou da penhora para se ver a fraude declarada. Sem embargo do exposto, considerando a existência de comandos legais no que concerne ao registro da citação da ação que verse sobre direito real, ação que verse sobre bem litigioso, ou quanto aos casos de penhora efetivada, é de se salientar que, mesmo assim, o registro não pode ser tido por obrigatório para o reconhecimento da fraude, sob pena de relegar esses casos, todos diretamente conectados ao objeto — bem imóvel —, a uma categoria inferior, em consonância com os demais casos que aí não se enquadram e que estão abrangidos pelo inciso II do art. 593 do Código Processo Civil.

(71) Processo AI. n. 2001.04.01.046570-8/RS, DJ 18.07.01, p. 4.915.

(72) Vide *Fraudes contra credores*, p. 437.

(73) O autor indica o julgado do TJSP 2ª CC, 04.02.75, *RTSP* n. 34/140.

(74) P. 2001.71.00.008627. Decisão publicada no DJ em 26.01.01, p. 4.385.

7.3. *Registro da penhora e suas implicações com a fraude de execução*

7.3.1. *Considerações iniciais*

A penhora é ato de constrição judicial, realizado após a citação do executado, e, transcorrido o prazo para pagamento, sem que tenha sido satisfeita a ordem. Podendo recair em bens indicados pelo credor ou pelo devedor, obedecendo à ordem de prelação ditada pela lei, em especial no art. 655 do Código de Processo Civil ou, na ausência de indicação, a penhora poderá ser realizada sobre qualquer bem encontrado de propriedade do devedor. Com a penhora realizada, a responsabilidade patrimonial do devedor ou dos terceiros, solidária ou subsidiariamente responsáveis, que era genérica, fica, deste modo, individualizada no bem objeto da constrição.

Vê-se, então, que a penhora atende a dois objetivos, sendo que o primeiro é o de vincular o bem à execução, como garantia específica, para satisfação da execução — é, também, o ato inicial preparatório para uma futura expropriação —; o segundo objetivo é o de determinar a conservação do bem, objeto da constrição, ficando o depositário como responsável pela conservação e disponibilidade do bem perante o juízo da execução. A penhora é realizada como ato de preparação, vinculando o bem e conservando-o[(75)] para satisfação do processo executório. "A penhora incide sobre a coisa com vista ou em função de um direito."[(76)]

Sintetizando, pode-se dizer que a penhora é "ato pelo qual o órgão judiciário submete a seu poder imediato determinados bens do executado, fixando sobre eles a determinação de servirem à satisfação do direito do exeqüente".[(77)] Mas a penhora não produz a indisponibilidade dos bens penhorados. Verifica-se, no Direito brasileiro, a tese tranqüila de que os bens penhorados podem ser objeto de alienação ou oneração. Nenhum dispositivo coíbe os atos de disposição do bem penhorado. Nesse sentido, também se manifesta *Enrico Tullio Liebman*: "a penhora não produz perda, nem enfraquecimento da faculdade do executado de dispor de seus bens, nem qualquer espécie de direito do exeqüente sobre os bens penhorados".[(78)]

No Direito italiano,[(79)] francês ou português, a penhora produz efeitos específicos, diferentemente do Direito brasileiro. A doutrina alienígena alterna, ora conferindo efeitos de direitos real à penhora, ora com poder de ditar a ineficácia das alienações

---

(75) Nesse sentido, Enrico Tullio Liebman: "Os bens devem ser conservados no estado em que se encontram, uma vez que estão judicialmente vinculados ao processo executivo". *Processo de Execução*, p. 94.

(76) Cf. Aurélio Candian, "Poteri del sequestratario", *Studi in onori di Enrico Redenti*, Milano, s/ ed. v. 1, pp. 253-282, 1951, p. 244.

(77) Cf. Enrico Tullio Liebman, *Processo de Execução*, p. 95.

(78) *Processo de Execução*. É preciso considerar que o autor está se referindo à questão da disponibilidade do bem, pelo devedor, como direito de propriedade. A legislação não impede a alienação/oneração, portanto, plenamente disponível, o que não se confunde com a possibilidade de afastar o bem da constrição judicial, (escondendo, destruindo etc.). O direito de disponibilidade existe, é pleno, mas o bem está vinculado à execução, p. 97.

(79) Conforme previsão do art. 2.913 do Código Civil Italiano, são ineficazes as alienações de bens penhorados.

dos bens penhorados. *Alfredo Rocco*[80] considera que os efeitos são de direito real, a favor do exeqüente. A penhora produz a indisponibilidade dos bens do devedor. *Fazzalari*[81] diz que a penhora faz que seja inoponível os direitos do terceiro que adquire o bem constrito. *Tito Carnacini*[82] reconhece na penhora o efeito suficiente a determinar a ineficácia dos atos de alienação ou oneração posteriores. Para *Carnelutti*, o ato da penhora produz para o devedor "apenas um enfraquecimento do direito".[83] No Direito francês,[84] a penhora do bem torna o bem indisponível. No Direito português,[85] a alienação do bem é ineficaz perante o exeqüente.

7.3.2. Do registro da penhora

Delineada a penhora e suas implicações com a fraude de execução, é de se examinar a questão da necessidade de registro para produzir efeitos contra terceiros e suas implicações com a fraude de execução.

7.3.2.1. Do registro da penhora no Direito francês, italiano e português

No Direito francês, existe disposição impedindo a alienação do bem penhorado. O art. 29[86] da Lei de Execuções torna indisponível o bem penhorado sob pena de multa e até prisão. Da mesma forma quanto às onerações de bens, conforme previsão nos arts. 2.103 a 2.108 do Código Civil francês, as onerações instituídas e não inscritas antes da penhora serão nulas.

A lei civil italiana prescreve o registro da penhora ou do seqüestro, nos arts. 2.693 e ss. do Código Civil italiano. As sentenças das quais resultem alteração, na aquisição, também devem ser registradas, bem como aquelas que decretem a nulidade ou anulação de ato jurídico, conforme previsão dos arts. 2.684 e 2.690 do referido código.

O sistema italiano[87] é expresso quanto à ineficácia das alienações de bens, quando realizadas após a inscrição da penhora, *ex vi* dos arts. 2.913 a 2.915 do Código Civil

---

(80) Cf. Alfredo Rocco, *Fallimento*, Milano: Dott. A. Giuffrè Editore, 1962, pp. 42 e 62.

(81) Elio Fazzalari, Lezioni *di diritto Processuale Civile*, v. II, Padova: CEDAM, 1986, p. 56.

(82) *Vide Contributo alla teoria del pignoramento*, p. 151.

(83) Francesco Carnelutti, *Lezione di Diritto Processuale Civile – Processo di Esecuzione*, v. I, Padova: CEDAM – Casa Editrice Dott Antonio Milani, 1932, n. 267.

(84) Cf. Previsão do art. 29 da Lei de Execução Francesa n. 91.650.

(85) Cf. Previsão do art. 819 do Código Civil português.

(86) A pena de multa e prisão decorre de previsão no Direito Penal francês, ao qual remete o art. 29 da Lei de Execuções francesa.

(87) Art. 2.913. *(Inefficacia delle alienazioni del bene pignorato). Non hanno effeto in pregiudizio del credirore pignorante e dei creditori che intervengono nell'esecuzione gli atti di alienazione dei beni sottoposti a pignoramento, salvi gli effetti del possesso di buona fede per i mobili non scritti in publici registri;* Art. 2.914. *(Alienazioni anteriori al pignoramento). Non hanno effetto in pregiudizio del creditore pignorante e dei creditori che intervengono*

italiano, em que consta serem ineficazes as alienações dos bens após a penhora. Tais alienações não produzem efeitos contra o credor penhorante, ressalvando-se o possuidor de boa-fé, ao se referir aos imóveis não inscritos no registro público. Há também, no Direito italiano, disciplina quanto às alienações feitas antes da penhora, mas sem que tenham sido registradas. Nesses casos, é afastada a eficácia da alienação, assim o bem garante a satisfação dos credores penhorantes ou credores intervenientes. Enfim, o Direito italiano valoriza o registro dos atos, resguardando-os em relação a terceiros de boa-fé. Diante do registro da penhora, o terceiro adquirente do bem penhorado não pode-se opor, pois seu direito é inoponível contra a execução.[88]

O Código português também contém norma expressa disciplinando o registro da penhora como exigência necessária para que produza efeitos em relação a terceiros. O art. 838-4 é expresso ao dispor que a penhora só produz efeitos a partir da data do registro. Sendo assim, enquanto a penhora não é registrada, a execução não prossegue. Como informa *Eurico Lopes Cardoso*, "o registro é pois obrigatório, sem ele a penhora é inoponível a terceiros e a execução não deve prosseguir".[89] Se o bem estiver registrado em nome de terceiro, pode ser lavrado um termo de penhora a título provisório. "O juiz deve ordenar oficiosamente a citação do dono inscrito para em dez dias declarar se os bens lhe pertencem."[90] Nesta forma, o terceiro é chamado para apresentar declaração de titularidade sobre o bem. Nada apresentando, a execução prossegue como se o bem estivesse em nome do executado. Apresentando-se o terceiro, duas situações podem ocorrer: o exeqüente desiste de penhorar o bem ou instaura-se um incidente para se verificar as razões do terceiro, quanto à sua titularidade sobre os bens objeto da constrição.[91] O sistema é simples, claro e expresso.

Em manifestação sobre o tema, *Alberto dos Reis* escreve: "quando o código preceitua que os bens penhorados só podem ser vendidos nos casos e pela forma estabelecida na lei, quer dizer: a venda extrajudicial dos bens penhorados não pode prejudicar o fim da ação executiva. O executado não pode dar aos bens penhorados destino que prejudique o exeqüente."[92]

No caso de transmissão de bens, após a penhora devidamente registrada, continuam referidos bens a garantir o cumprimento da obrigação, conforme previsão do art. 847-1 e com a nova redação no art. 819 do português.[93] O ato de alienação ou oneração dos

---

nell'esecuzione, sebbene anteriori al pignoramento 1) le alienazioni di beni immobili o di beni mobili iscritti in pubblici registri, che siano state trascritte successivamente al pignoramento; Art. 2.915 *(Atti che limitano la disponibilità dei beni pignorati). No hanno effetto in pregiudizio del creditore pignorante e dei creditori che intervengono nell'esecuzione gli atti che importano vincoli di indisponibilità, se non sono stati trascritti prima del pignoramento, quando hanno per oggetto beni immobili o beni mobili iscritti in pubblici registri, e, negli altri casi, se non hanno data certa anteriore al pignoramento.*

(88) Cf. Elio Fazzalari, *Lezioni di diritto Processuale Civile*, v. II, p. 57.

(89) *Manual da Acção Executiva*, p. 390.

(90) Cf. Eurico Lopes Cardoso, *Manual da Acção Executiva*, p. 349.

(91) Cf. Eurico Lopes Cardoso, *Manual da Acção Executiva*, pp. 348-10; João Lebre de Freitas, *A Acção Executiva*, p. 238.

(92) *Processo de Execução II*, p. 104.

(93) O texto do art. 847-1 foi suprimido pelo Dec. 47.690 de 1967, sendo o comando substituído pelo contido no art. 819, que preceitua: Sem prejuízo das regras do registro, são ineficazes, em relação ao exeqüente, os actos de disposição ou oneração dos bens penhorados. Cf. Eurico Lopes Cardoso, *Manual da Acção Executiva*, p. 414.

bens penhorados não produzem efeitos contra a execução, são ineficazes. À penhora é atribuído o direito de seqüela, conforme afirma *Eurico Cardoso.*[94]

7.3.2.2. Do registro da penhora no sistema legal brasileiro

A norma processual prescreve o registro da penhora de imóvel, no § 4º do art. 659, *In verbis*: "A penhora de bens imóveis se realizará mediante auto ou termo de penhora, cabendo ao exeqüente, sem prejuízo da imediata intimação do executado, providenciar para presunção absoluta de conhecimento por terceiros, o respectivo registro no ofício imobiliário, mediante apresentação de certidão de inteiro teor do ato e independentemente de mandado judicial".[95]

O art. 615-A do Código de Processo Civil autoriza a averbação em órgãos de registros de bens do ajuizamento de execução, mediante simples certidão expedida pelo Cartório no ato da distribuição. No § 3º do referido artigo a lei presume em fraude à execução a alienação de bens realizadas após a averbação.

A Lei de Registros Públicos[96] preceitua o registro das penhoras, arrestos e seqüestro de imóveis no item cinco do inciso I, do art. 167, e, mais adiante, no item 21, prevê o registro das citações de ações reais ou pessoais reipersecutórias relativamente a imóveis. No art. 168, explicita a lei que a designação genérica de registro engloba a transcrição e a inscrição referidas na lei civil. O art. 169 preceitua serem todos os atos, enumerados no art. 167, obrigatórios e efetuar-se-ão no cartório da situação do imóvel. Evidentemente, os registros são obrigatórios para os efeitos previstos no art. 1º da referida lei, isto é, conforme prescrição na lei civil. O art. 240 da Lei de Registros Públicos prevê que o registro faz prova contra a fraude de qualquer transação posterior. Com isso, o caráter de publicidade, conferido pelos registros, tem força probante, mas, como já se disse, em que pese o caráter presuntivo de conhecimento de forma absoluta gerado pelo registro, para efeitos de prova de fraude, o *conhecimento* público não é suficiente portanto, a prova de fraude que está referida no art. 240 é relativa, comportando prova em contrário. Quer dizer, o registro não impede a defesa do prejudicado, apenas dificulta, atribuindo a este o ônus de provar de forma contundente, suficiente para afastar a tese de fraude.

A jurisprudência tem comumente considerado que o registro da penhora produz prova favorável ao credor, a partir do registro, entretanto, não sendo registrada, a fraude não é afastada, mediante a presença dos demais requisitos configuradores da fraude de execução, acrescidos do conhecimento pelo terceiro. Transcrevem-se excertos de julgados: "*Não registrada a ação e a penhora, a fraude de execução somente poderia ficar caracterizada se demonstrado o conhecimento daqueles fatos pelo adquirente*";[97] "alienado o

(94) *Manual da Acção Executiva*, p. 415.

(95) Redação conforme a Lei n. 10.444 de 07.05.02.

(96) Lei n. 6.015 de 1973.

(97) STJ, 4ª Turma, Rec. Esp. n. 193.048/PR, Rel. Min. Ruy Rosado Aguiar, DJU 15.03.99, p. 257.

bem pelos devedores depois de citados na execução, e tendo os adquirentes transferido o imóvel a terceiro após efetivada a penhora, o reconhecimento da existência de fraude de execução na alienação dependeria de registro da penhora ou de prova de má-fé do subadquirente";[98] "*a penhora não registrada não torna ineficaz a alienação efetivada por terceiro*, que não o executado, se fazendo necessária a prova de que o adquirente tinha conhecimento da fraude";[99] "*inexistindo registro da penhora sobre bem alienado a terceiro*, incumbe ao exeqüente e embargado fazer a prova de que o terceiro tinha conhecimento da ação ou da constrição";[100] "para que se tenha como de fraude à execução a alienação de bens, é necessário (...), b) que o adquirente saiba da existência da ação, ou *por já constar no cartório imobiliário algum registro* dando conta de sua existência — presunção *juris et de jure* contra o adquirente —, ou porque o exeqüente, por outros meios, provou que do aforamento da ação o adquirente tinha ciência. Entendimento contrário geraria intranqüilidade nos atos negociais, conspiraria contra o comércio jurídico e atingiria a confiabilidade nos registros públicos";[101] "a existência de ação fundada em direito real, para configurar a fraude de execução, depende de dois requisitos: que tenha havido, em relação ao alienante, a citação válida e, em relação ao adquirente, que haja prova de que tinha ele conhecimento dessa ação ao adquirir o imóvel. Ao promitente comprador, de boa-fé, com título irrevogável e irretratável, registrado no RGI, é inoponível a posterior penhora do imóvel por ele adquirido, ou se dela não há registro. O registro de penhora só faz prova quanto à fraude em relação à alienação posterior, conforme interpretação que deve ser dada ao art. 240, da Lei de Registros Públicos. O direito moderno consagra o direito do adquirente de boa-fé";[102] "não caracteriza fraude à execução a alienação do bem *sem que haja o registro* do arresto, da penhora ou de citação válida em ação real ou pessoal, que possa repercutir sobre os bens do devedor, nem se podendo afirmar que o adquirente tivesse ciência da constrição";[103] "*o registro da penhora é imprescindível à caracterização da fraude à execução*, salvo se aquele que alega a existência da fraude comprovar que o terceiro adquiriu o imóvel ciente da constrição — mormente se o comprador não adquiriu o bem diretamente do executado, tal qual na espécie";[104] "já está assentado na jurisprudência da Corte que *não existindo registro da penhora*, não há falar em fraude à execução, salvo se aquele que alegar a fraude provar que o terceiro adquiriu o imóvel *sabendo, comprovadamente, que estava penhorado*";[105] "é indiscrepante a posição da Corte seja no que se refere ao afastamento da fraude pela *ausência de registro da penhora*, salvo se aquele que alegar a fraude provar que o terceiro adquirente sabia que o imóvel estava penhorado, seja no que se refere ao afastamento da fraude, se no momento do compromisso particular,

(98) STJ, 3ª Turma, Recurso Especial n. 123.616/SP, Rel. Min. Waldemar Zveiter, DJU 01.03.99, p. 306.
(99) STJ, 2ª Turma, Recurso Especial n. 43.738/MG, Rel. Min. Américo Luz, DJU 14.08.95, p. 24.012.
(100) STJ, 4ª Turma, Recurso Especial n. 218.419/SP, Rel. Min. Barros Monteiro, DJU 12.02.01, p. 120.
(101) STJ, 4ª Turma, Recurso Especial n. 113.871/DF, Min. Rel. César Rocha, DJU 15.09.97, p. 44.387.
(102) TAMG, 1ª CC, Apelação n. 0263967-4/MG, Relª. Juíza Vanessa Verdolim Andrade, j. 08.09.98. [*Site* e d. cit.]
(103) STJ, 3ª Turma, Recurso Especial n. 111.899/RJ, Rel. Eduardo Ribeiro, DJU 08.11.99, p. 75.
(104) STJ, 3ª Turma, Recurso Especial n. 249.328/SP, Rel. Ari Pargendler, DJU 09.10.00, p. 144.
(105) STJ, 3ª Turma, Recurso Especial n. 193.179/SP, Rel. Carlos Alberto M. Direito, DJU 08.11.99, p. 76.

ainda que não registrado, não existia a constrição";[106] "*inexistente o registro, não se considera em fraude de execução a alienação, salvo a hipótese de quem alegar a fraude provar que o terceiro sabia que o imóvel adquirido estava penhorado*".[107] (grifos nossos)

7.3.3. A alienação do bem penhorado e suas implicações com a fraude de execução

Sem embargo do que já se disse a respeito da penhora, questiona-se sobre a possibilidade de o ato de constrição, por si só, ter a capacidade para afastar a eficácia do negócio jurídico realizado entre devedor e terceiro, sem que se valha dos fundamentos legais da fraude de execução. É certo que a penhora produz a afetação do bem à execução. Este é apreendido e depositado — art. 664 do Código de Processo Civil —, mas qual o alcance que possui o fato jurídico vinculante? Terá o ato de constrição força suficiente para afastar ou autorizar que se ignore, para efeitos da efetividade da execução, a eficácia do negócio jurídico realizado com terceiro de boa-fé? Qual o fundamento legal para tanto? Diante da tese de se ter a ineficácia da alienação como originária, porque a aquisição ocorreu com o bem já constrito, sendo a alienação permitida, de onde provém esta força? A todos os questionamentos só há uma resposta: não há fundamento legal suficiente para se atribuir ao ato de constrição força ou efeitos que, por si só, seriam capazes de se fazer considerar ineficaz o negócio jurídico realizado com terceiro. Frise-se, não se está dizendo que a alienação persiste diante da penhora ou que o ato não mereça censura. O que se pretende, em suma, é reconhecer que o Direito brasileiro não dispõe de norma expressa que atribua à penhora, por si só, o poder de tornar relativa a eficácia, que de regra é absoluta, dos atos de disposição de bens penhorados, sem auxílio do inciso II do art. 593[108] do Código de Processo Civil.

Com efeito, inegável a ausência de previsão legal expressa para se ter como ineficaz os atos de disposição de bem penhorado, observa-se que a doutrina brasileira, utilizando-se do direito comparado, formou convicção no sentido de serem ineficazes as alienações de bens penhorados, a fim de sanar a lacuna.[109] Assim, os autores,[110] quando apresentam as justificativas para afastar a eficácia do ato de disposição, após o bem já estar penhorado, comumente utilizam-se dos dispositivos legais, previstos nos códigos legais do Direito italiano ou do Direito português ou, ainda, em abono às suas teses, citam manifestações de autores portugueses e italianos.

---

(106) STJ, 3ª Turma, Recurso Especial n. 152.432/RS, Rel. Carlos Alberto M. Direito, DJU 19.04.99, p. 136.

(107) STJ, 3ª Turma, Recurso Especial n. 135.228/SP, Rel. Nilson Naves, DJU 13.04.98, p. 117.

(108) *Art. 593 Considera-se em fraude de execução a alienação ou oneração de bens: (...) II – quando, ao tempo da alienação ou oneração, corria contra o devedor demanda capaz de reduzi-lo à insolvência.*

(109) A expressão só é válida dentro do contexto em que está inserida. Obriga-nos ao registro de que o sistema jurídico complexo, a rigor, não deixa lacunas. A completabilidade do sistema de Direito sempre permite a busca da solução jurídica. Nesse sentido, Juarez Freitas: "A completabilidade é um valor a ser preservado", *In A interpretação Sistemática do Direito*, 2. ed., São Paulo: Malheiros, 1998, p. 96. Cumpre registrar que a hermenêutica juarezïana não nega a existência de lacunas, antes, assinala formas de superá-las.

(110) Nessa linha, entre outros: Yussef Said Cahali, *Fraudes contra credores*, p. 480; Cândido Dinamarco, *Execução Civil*, p. 302; Humberto Theodoro Júnior, *Fraude contra credores*, p. 219; Pontes de Miranda, *Comentários ao Código de Processo Civil*, tomo IX, p. 127 e Tomo X, pp. 71 e 77.

A exemplo do que se disse, *Yussef Said Cahali*, ao referir sobre a eficácia da alienação do bem penhorado, recorre à jurisprudência e à doutrina. Relativamente aos dispositivos legais a fundar sua tese, menciona o art. 847 do Código português, no qual está previsto serem os bens penhorados a garantia do cumprimento da obrigação, ainda que sejam transmitidos. Transcreve citações de autores portugueses, como *Artur Anselmo de Castro* e *Alberto dos Reis*, e de autores italianos, como *Sérgio Costa*. Estes autores, em suas respectivas obras, tecem comentários a respeito do direito pátrio que lhes correspondem.[111]

Humberto Theodoro Júnior[112] não nega totalmente a conexão entre a alienação do bem penhorado e a fraude de execução. Reconhece o autor não haver, no Direito brasileiro, norma que regule a alienação do bem penhorado, trazendo a lume o Direito italiano para justificar a ineficácia da alienação do bem penhorado e indicando que lá, "igualmente, o terceiro adquirente do bem penhorado torna-se titular de direito inoponível ao credor exeqüente".[113]

Não difere *Cândido Dinamarco*, ao tratar do tema alienação do bem penhorado, que em abono a sua tese de ineficácia do ato cita o art. 2.913[114] do Código Civil italiano que trata da ineficácia da alienação perante o exeqüente. *Cândido Dinamarco*[115] menciona ainda os italianos *Carnacini*, *Satta* e *Carnelutti*, os quais compactuam com a idéia de inoponibilidade da alienação do bem penhorado por parte do terceiro. Embora evidente, cabe registrar que, diante da existência de norma no Direito italiano referindo-se à ineficácia da alienação do bem constrito, outra não poderia ser a defesa dos autores italianos.

Por outro lado, além das justificativas baseadas no Direito europeu, verifica-se que a doutrina, ao analisar o tema, na tentativa de afastar ou distinguir a penhora do instituto da Fraude de Execução, muitas vezes finda por citar, justamente, os dispositivos legais concernentes à fraude de execução, ou por referir os requisitos previstos para a fraude.[116] A propósito, e nesta linha, *Sálvio de Figueiredo Teixeira* refere que a alienação de bens constritos é ineficaz perante a execução, porque o bem está sob constrição, portanto, submetido ao poder do Estado. Entretanto, em prosseguimento à sua análise, o autor manifesta preocupação ante a ausência de dispositivo legal a disciplinar a

---

(111) Vide *Fraudes contra credores*, pp. 473-479.

(112) Importa lembrar aqui a menção, já feita, de que Humberto Theodoro Jr. entende deva se aplicar o disposto no inciso I do art. 593, ou do art. 42 do Código de Processo Civil para, por analogia, afastar a eficácia da alienação do bem penhorado, à semelhança da alienação do bem, objeto do litígio, ou fundada em ação de direito real.

(113) *Fraude contra credores*, p. 219.

(114) Cumpre registrar que o autor cita o art. 2.913 como sendo do Código de Processo Civil italiano, o que o faz por provável equívoco, uma vez que o art. 2.913, que trata do tema, corresponde ao Código Civil italiano, *Execução Civil*, p. 302.

(115) Vide *Execução Civil*, p. 302.

(116) Nesse sentido, Pedro Barcelos: "Com a efetivação da penhora, não há o que se alegar sobre fraude na venda dos bens, porque isso não acontece, visto que o ato de penhora é público e o bem fica à disposição do Estado (...) É o que dispõe o inciso V do art. 592 do Código de Processo Civil". Ora, como se sabe, o inciso V do art. 592 trata justamente da fraude de execução. Dessa forma, verifica-se que o autor incorre na mesma contradição dos demais. *Fraude de Execução*, p. 49.

espécie, alienação ou oneração do bem penhorado, dizendo que "melhor seria que o legislador as tivesse incluído no art. 593".(117) O dispositivo, como é cediço, trata justamente da fraude de execução.

Corrobora, nesse sentido, *Donaldo Armelin* ao afirmar que "a alienação de bens penhorados, arrestados, seqüestrados ou arrolados, provoca a mesma ineficácia, evidenciando tratar-se de fenômeno jurídico processual diverso da fraude de execução".(118) Contudo, ao analisar a necessidade de registro da penhora, traz a lume o comando contido no art. 240 da Lei de Registros Públicos, no qual o registro da penhora serve como prova da fraude. Assim, fosse a penhora dotada de força e efeito suficientes para afastar a eficácia do negócio jurídico, realizado entre devedor e terceiro, não haveria o porquê de se falar em prova de fraude. Exemplo disso está no Direito europeu, no qual há previsão para a ineficácia das alienações do bem penhorado, e a questão não é tratada como fraude. Por evidente, desnecessário pensar em fraude pela alienação do bem penhorado para aqueles sistemas jurídicos. Em face das previsões legais, afastando a eficácia dos atos de disposição dos bens penhorados, não haveria por que se falar em fraude.

Humberto Theodoro Júnior, em recente trabalho, tratando da fraude de execução, diz que a penhora afeta o bem à jurisdição por vínculo instrumental, mas, ao justificar legalmente, equipara esse vínculo à alienação da coisa litigiosa do art. 42, e finda reconhecendo ser esta também "uma espécie de fraude de execução, prevista no art. 593 inciso I".(119)

Dada a relevância da obra de *Yussef Said Cahali*, analisa-se o tema referente à alienação do bem penhorado, suas implicações com a fraude de execução e a necessidade de registro da penhora na esteira de seus ensinamentos. Para o autor, a alienação ou a oneração dos bens penhorados é ineficaz, não devendo ser tratada como caso de fraude à execução. A ineficácia, nesses casos, *decorre do próprio vínculo imposto pela constrição judicial*. Segundo *Cahali*, "o vínculo da penhora se especializa sobre bens determinados e os faz permanecer sujeitos à execução, incondicionalmente, sem depender de prova do dano conseqüente à alienação; a coisa penhorada já foi apreendida".(120) Com esse entendimento, *Yussef Said Cahali* argumenta perder o interesse prático o exame da alienação da coisa penhorada sob o prisma da fraude de execução, visto que o resultado, em ambos os casos, é o mesmo, ou seja, *a declaração de ineficácia do ato de disposição*.(121) Afirma que a ineficácia da alienação de bem penhorado independe do estado de insolvência do devedor. Cita normas do Direito português prescrevendo a ineficácia das alienações de bens penhorados. Todavia, como já se disse, *Yussef Cahali*, assim como os demais autores brasileiros, não indica nenhum dispositivo legal, no Direito brasileiro,

(117) Vide *Código de Processo Civil anotado*, 5. ed., p. 355. No mesmo sentido, e pelo mesmo autor, *Fraude de execução*, pp. 235-236.

(118) Vide "Registro da penhora e fraude de execução", p. 72.

(119) Vide "A Fraude de Execução e o regime de sua declaração em juízo", *Revista Jurídica*, Porto Alegre, n. 279, ano 48, janeiro, 2001, pp. 05-21

(120) Cf. Yussef Said Cahali, *Fraudes contra credores*, p. 478.

(121) *Fraude contra credores*, p. 479.

para fundar a tese da ineficácia da alienação dos bens penhorados ou que atribua ao poder de império estatal o direito de ter por ineficaz os negócios jurídicos privados quando versados sobre bens constritos. Os fundamentos expressados na respeitável obra de *Yussef Cahali* dizem sempre de construções cognitivas derivadas da doutrina e da jurisprudência, conforme antes elencado, em que a ineficácia deve ser conferida pelo fato de ser a penhora um ato judicial realizado pelo poder de império Estatal, o qual deve ser preservado, devendo prevalecer ante atos privados.(122)

Todavia, prosseguindo em sua análise, o autor afirma: "Ora, se a simples constrição judicial já afeta por si só a disposição do bem para fazê-la ineficaz em relação ao credor exeqüente, toda digressão, em torno da necessidade ou da dispensa de inscrição da penhora, poderia qualificar-se como despicienda".(123) Com isso, deixa clara sua posição no sentido de dispensa de registro da penhora. Mas, assevera o autor, o problema de interesse surgiria naqueles casos em que o terceiro adquirente teria transcrito o ato de alienação do bem em seu nome, ou naqueles casos em que o terceiro já *tivesse transferido o bem a terceiro sucessivo.*(124) Concluindo, afinal, ser desnecessário o registro da penhora, visto ser a eficácia *erga omnes* derivada da penhora, como ato público, o mesmo verificando-se nas alienações sucessivas. Entretanto, ao arrolar os fundamentos de sua tese, registra que o ato de disposição da coisa penhorada é ineficaz, podendo ser levado à hasta pública, ainda que alienado em nome de terceiro; a inscrição da penhora incidente sobre o imóvel alienado, *fraudulentamente,* com registro no Ofício Imobiliário, encontra obstáculo no "princípio da continuidade do registro imobiliário", ante o pressuposto de que o adquirente não é parte na execução. Mesmo não sendo parte, "passa a ser patrimonialmente responsável pela dívida em razão da penhora sobre o bem que lhe pertence".(125) Após a extinção da execução, cancelar-se-á a execução para que possa ser passado o bem, agora em nome do devedor, para o adquirente-arrematante; deve ser observado o princípio da prioridade temporal, favorecendo o *terceiro adquirente que tenha registrado* o ato. Se o ato de disposição é anterior à penhora, "não é lícito sobrepor o que vem depois ao que veio antes";(126) o registro imobiliário também se rege pelo princípio da permanência, afastando a possibilidade de cancelamento provisório. É desnecessária a inscrição da penhora para que o bem possa ser praceado.(127)

Finalmente, diante do caso de alienação do bem anterior à penhora com registro posterior ao registro da penhora, o autor expressa ser irrelevante a data da aquisição anterior à penhora; uma vez que o direito decorrente de compra e venda é de natureza pessoal, o direito real só emerge no momento em que o ato é registrado no Ofício

(122) Cf. Yussef Cahali, *Fraudes contra credores*, pp. 473- 479.

(123) Yussef Said Cahali, *Fraudes contra credores*, p. 482.

(124) *Fraudes contra credores*, p. 483.

(125) *Ob. cit.*, p. 483.

(126) Cf. Yussef Said Cahali, *Fraudes contra credores*. O autor argumenta fundando-se em julgados do TASP n. 14/148 e do TJMT Cf. *RT* n. 607/163.

(127) Vide *Fraudes contra credores*, p. 483.

Imobiliário.[128] "Com o registro da penhora, posterior registro da alienação sofreria a restrição do art. 240 da Lei de Registros Públicos que trata da prova de fraude."[129]

Da análise, conclui-se que o autor não reconhece a necessidade do registro da penhora para que esta tenha eficácia. O efeito *erga omnes* decorre tão-só pela existência da penhora. É reconhecido no processo o caráter público a ponto de se presumir o conhecimento por terceiros. Cumpre salientar que o pronunciamento do autor data de 1989, portanto, anterior à reforma do Código de Processo Civil, quando ainda não havia previsão para registro da penhora. Distingue o precitado autor os efeitos da penhora dos efeitos da fraude de execução, o que não merece reparo. Todavia, ao elencar as hipóteses decorrentes do registro ou ausência deste, utiliza argumentos relativos à fraude como, por exemplo, remetendo o caso à solução do art. 240 da Lei de Registros Públicos, o qual trata da questão da prova de fraude na alienação; reconhece a prevalência do princípio da temporalidade que determina a preferência da anterioridade dos registros, sobrepondo-se inclusive à penhora não registrada. Dessa forma, reconhece a primazia do direito do terceiro que providenciou o registro preferindo à penhora não registrada. Por fim, é de se concluir que a tese inicial do autor, de que a penhora produz eficácia *erga omnes*, tratando-se de ato público, traz em si a presunção de publicidade, produzindo todos os efeitos contra terceiros, é questão não exaurida de forma suficiente, especialmente quanto à exclusão dos terceiros adquirentes nas alienações sucessivas. Desse modo, a possibilidade de conhecimento da penhora, bem como do recebimento dos efeitos dessa, não são distintos para o primeiro ou para o segundo adquirente. Isto é, se a eficácia da penhora produz efeitos *erga omnes* e o processo por si oferece a publicidade necessária, qualquer terceiro que venha a adquirir o bem deveria ser atingido pelos efeitos da penhora, e não só o primeiro. Por fim, reconhecendo-se a importância da obra, especialmente valorizada pela especificidade que lhe é inerente, conclui-se que o autor não resolve todas as questões por ele mesmo suscitadas sem o auxílio do instituto da Fraude de Execução. Por essas e outras razões que são mencionadas no presente estudo, em que pese o brilhantismo das teses esposadas, somos inclinados a concluir, um tanto diversamente, especialmente quanto à hipótese de se configurar a fraude de execução ante atos de disposição de bem penhorado.

Ainda a respeito do tema, *Pontes de Miranda*, de forma incisiva, afirma: "A penhora só por si torna ineficaz, quanto ao exeqüente, qualquer alienação de bem penhorado. Trata-se de proibição legal de alienação, posto que se baseia no ato judicial da penhora".[130] Como se pode perceber, o autor funda a sua tese de proibição legal de alienação no próprio ato de constrição, por ser este um ato judicial. *Pontes de Miranda*,[131] assim

(128) Cumpre registrar que o exame da matéria, pelo autor, foi realizado à luz de jurisprudência contemporânea ou anterior à data da análise, i.e., em meados de 1970 a 1984, quando ainda não havia sido pacificada a questão do aceite dos contratos de compra e venda particulares pelos tribunais, fato verificado na atualidade.

(129) Cf. Yussef Said Cahali, *Fraudes contra credores*, p. 490.

(130) Cf. *Comentários ao Código de Processo Civil*, t. X, p. 75.

(131) *Comentários ao Código de Processo Civil*, t. X, p. 76.

como os demais autores, ao analisar o tema, não indica nenhum dispositivo legal específico que condene a alienação dos bens penhorados à ineficácia do ato. Seu entendimento está ancorado nas manifestações de autores alienígenas, especialmente italianos. Mas, até mesmo *Pontes de Miranda*, em algum momento, mesmo que de forma rápida, relaciona a ineficácia da alienação do bem penhorado à fraude de execução. É o que acontece, por exemplo, nesta passagem: "A penhora importa proibição legal relativa de alienar, aí, a alienação seria relativamente ineficaz, por ser *in fraudem paratae ezecutiones*".(132)

Analisando as implicações da fraude de execução com a penhora, *Cândido Dinamarco*, após ressaltar a gravidade que representa a alienação do bem penhorado — afirmação que se mostra inafastável —, ensina que "a semelhança entre os institutos da fraude de execução e penhora é realmente grande e mostra-se até razoável qualificar a alienação de bem penhorado como espécie do gênero fraude de execução, mas é indispensável a consciência de que, para que se configure, não tem relevância o estado de insolvência do executado."(133) As observações do autor merecem prestígio, não só por serem emitidas por especialista da mais alta qualificação, mas, também, porque, além do estudo teórico, objetivam o direito de forma pragmática, contribuindo para a prática jurídica. Analisa o direito abstrato, revisitando o concreto, num exercício hermenêutico respeitável.

No mesmo patamar, registre-se a luz que empresta ao tema a obra de *Araken de Assis* que, ao analisá-lo, afirma ser "diversa a disciplina do Direito brasileiro, a qual fixa o termo inicial dos atos presumidamente fraudulentos, frente à existência de demanda capaz de reduzir o devedor à insolvência, bem antes da penhora, o que revela a insensatez da infindável controvérsia sobre o registro da penhora, a ineficácia se origina, *tout court*, da citação na demanda executória."(134) Assiste inteira razão ao autor, pois não há por que sustentar discussões a respeito da obrigatoriedade do registro da penhora, o qual serve, essencialmente, para dar publicidade ao ato — em cumprimento à exigência do § 4º do art. 659 do Código de Processo Civil —, pois, independente de qualquer registro, independente da penhora, e, muito antes desta, a fraude se configura pela simples existência de demanda capaz de levar o devedor à insolvência.

A venda do bem penhorado poderia ser tida como fraude no sentido literal do termo. Quer dizer, poder-se-ia considerar que a alienação do bem penhorado constitui-se em uma espécie particular de fraude, porque a alienação, aí, também constitui-se em ato substancialmente perfeito, uma vez que não é proibido pelo direito. Entretanto, nesse caso, como acontece sempre nas fraudes, se a transferência ocorre sem o conhecimento do terceiro da penhora que recai sobre o bem, alcançará um resultado condenável. Inafastável a censura que merece o ato pelo resultado alcançado. Contudo, embora intuitivo que o ato judicial da penhora mereça destaque de forma que possa efetivamente representar uma garantia do juízo na execução, é de se reconhecer que o Direito

(132) *Comentários ao Código de Processo Civil*, t. X, p. 76.

(133) *Execução Civil*, p. 303.

(134) Vide *Comentários ao Código de Processo Civil*, v. VI, p. 237.

Processual Civil brasileiro não contempla norma específica para disciplinar o caso, não há sanção prevista especificamente para essa espécie de fraude, tornando imprescindível que se busque auxílio no instituto da Fraude de Execução para se afastar a eficácia do negócio jurídico realizado entre devedor e o terceiro, quando em prejuízo da execução. Sem embargo do afirmado, por oportuno, registre-se a sugestão ao legislador para que insira no Código Processual norma cominando de forma diferenciada a alienação do bem quando se der com o bem já penhorado, nos moldes adotados no Direito europeu. Parece razoável que a alienação do bem penhorado seja ineficaz para todos os efeitos, sem ser necessário verificar-se os pressupostos exigidos para configurar a fraude de execução. Assim, independente de resultar na insolvência do devedor, a alienação do bem penhorado seria ineficaz diante da execução. Simples medida legislativa evitaria muita controvérsia.

De efeito, considerando a ausência de dispositivo legal no Direito brasileiro — a exemplo do que ocorre no Direito europeu — conferindo à penhora, por si só, a força ou efeito capaz de alcançar a eficácia do negócio jurídico, realizado entre devedor e terceiro, determinando-lhe a suspensão ante a execução, sempre que necessário, dever-se-á fazer valer o instituto da Fraude de Execução para que a eficácia do negócio, realizado em fraude, seja afastada a fim de que o bem penhorado e alienado, mesmo transferido para terceiros, garanta a execução.

7.3.4. Da alienação do bem penhorado no Direito brasileiro

No sistema legal brasileiro, "não há dispositivo que regule diretamente a questão pertinente à venda ou à oneração do bem penhorado".[135] A possibilidade de alienação do bem penhorado é questão pacificada. Contudo, diante a alienação do bem, após a penhora, a doutrina apresenta diversificadas posições. Os argumentos utilizados são, em geral, no sentido de que o ato de alienação do bem penhorado seria ineficaz, *de per si*, ante a execução, porque a alienação ofenderia o poder estatal e a aquisição do terceiro não poderia ser oposta contra a execução. A ineficácia da alienação independeria de declaração. Nesses casos, seria desnecessária a presença dos pressupostos de insolvência, menos ainda, do registro da penhora, porque o ato judicial seria dotado de caráter público. Enfim, é nesta linha de idéias que se expressam muitos autores. *Dinamarco* considera que neste caso a fraude é mais grave, "a alienação do bem penhorado ultraja a constrição judicial efetiva e pendente".[136] É, também, forte a posição doutrinária no sentido de que a alienação de bem penhorado é ineficaz *de per si*. Reforçam essa corrente *Frederico Marques*,[137] *Cândido Dinamarco*,[138] *Pontes de Miranda*,[139] entre outros. Para esta

(135) Cf. Cândido Dinamarco, *Execução Civil*, p. 304.

(136) Cf. Cândido Dinamarco, *Execução Civil*, p. 304.

(137) Vide *Instituições de Direito Processual Civil*, t. IV, p. 183.

(138) *Execução Civil*, pp. 305-306.

(139) Em *Comentários ao Código de Processo Civil*. Nesses termos: penhora não é direito real, não se transfere com o ônus (*cum onere suo*), é corte de eficácia de eventual disposição. T. XII, p. 220.

corrente doutrinária, estando diante dessa espécie de fraude, não é necessário ser atendido o pressuposto da insolvência. Também não há o porquê de se perquirir da data da alienação, pois sendo esta realizada após a penhora, o pressuposto de existência de demanda, evidentemente, estaria satisfeito e agravado, ante a existência formalizada da penhora. Ao terceiro caberia absorver o prejuízo ou buscar seu ressarcimento junto ao devedor-alienante. Nesse caso, o "atentado é direto ao Estado de concreta sujeição dos bens, e não mais tentativa de subtrair bem responsável e ainda não constrito".(140) Nessa acepção, com a penhora realizada, o bem está constrito, embora o efeito da penhora seja processual, o ato, sendo dotado de caráter público, "imprime responsabilidade na coisa apreendida, de forma tal que a coisa continua sujeita à execução, quaisquer que sejam os atos realizados pelo executado a seu respeito".(141) "A alienação total ou parcial do bem não pode ser oposta ao exeqüente e não pode impedir o prosseguimento da execução, permanecendo aquele bem ao poder executório Estatal."(142) "A preservação da autoridade do ato judicial impõe a ineficácia da alienação, que independe da ciência real ou presumida do adquirente".(143)

Sem embargo do exposto, cumpre salientar, neste momento, que a ausência de registro não desconfigura a fraude. De efeito, o registro da penhora não é elemento necessário indispensável e sua ausência não é suficiente para afastar a tese de fraude de execução. Como afirma *Dinamarco*, "no jogo entre a eficácia do ato de alienação e do ato imperativo do Estado, deve prevalecer este, sem que seja necessário outras considerações".(144) Contrário senso importaria em sérios incômodos para o credor com a procrastinação de seu intento executório e, até mesmo, possibilidade de levar ao insucesso a satisfação executiva.

Sílvio Rodrigues, ao comentar o caso da cessão de crédito do bem penhorado, afirma: "uma vez penhorado o crédito, não pode mais seu titular cedê-lo, pois a penhora, produzindo efeitos, vincula o bem ao resgate da obrigação e o fato de sua cedência representa fraude à execução".(145) Verifica-se, assim, a clara alusão do autor no sentido de ter a alienação do objeto penhorado como produzido em fraude de execução, não perquirindo sobre a eficácia da penhora, independente do instituto da Fraude de Execução.

Ao tratar dos atos de disposição dos bens penhorados, *Enrico Tullio Liebman*(146) afirma não se tratar de caso de fraude de execução e, sim, de ineficácia pelo efeito do vínculo imposto pela penhora. Com essas palavras, *Enrico T. Liebman* estende os critérios

(140) Cf. Cândido Dinamarco, *Execução Civil*, p. 304.

(141) Cf. Cândido Dinamarco, *Execução Civil*, p. 305.

(142) Cf. Enrico Tullio Liebman, *Processo de Execução*, p. 97; Titto Carnatini, *Contributo alla teoria del pignoramento*, p. 206.

(143) Cf. Leonardo Greco, ob.cit., v. II, p. 45.

(144) Vide em *Execução Civil*, p. 305.

(144) *Ações e Recursos no Direito Civil*, v. 2, item 175.

(146) Vide *Processo de Execução*, p. 98. O autor, em favor de sua tese, menciona: Lobão, *Tratado Encyclopedico sobre as execuções*, p. 306.

do Direito italiano ao sistema brasileiro. É que, no Direito italiano, como já se disse, a alienação de bem penhorado é tida, por expressa previsão legal, como ineficaz. O Direito italiano não trata como fraude, mas atribui à alienação do bem penhorado os mesmos efeitos de ineficácia que são produzidos pelo instituto da Fraude de Execução, que estão previstos no Direito brasileiro.

Nessa senda, *Pontes de Miranda* questiona-se sobre a eficácia da inscrição da penhora e responde à sua indagação, dizendo que esta tornaria "sem tutela à fé pública, a aquisição ao terceiro que haja adquirido, ou que adquiriu a despeito da penhora, esse adquirindo o bem, o adquiriu sem eficácia contra o exeqüente, mas o que adquiriu do novo titular, já o adquire sem essa ineficácia relativa, uma vez que não foi do penhorado que adquiriu".(147) Em prosseguimento, explica o autor que, estando registrada a penhora, o adquirente sucessivo também será atingido pela ineficácia que, emanada do ato constritivo, recai sobre o bem. Ressalva *Pontes* que "o registro da penhora não cria direito real, apenas atribui efeito *erga omnes* à relação jurídica pessoal".(148) Releva a importância da publicidade conferida, pelo autor, ao registro da penhora, fato que deverá refletir na apreciação da prova, dada a presunção de conhecimento decorrente do registro providenciado.

De efeito, se a fraude de execução pode ser alegada antes da realização da penhora, até mesmo de ofício pode ser declarada. Não se pode exigir o registro da penhora para que seja reconhecida a existência de fraude. Sem embargo do exposto, não se afasta a exigência do registro da penhora como elemento formal do ato. Concluindo-se que o registro da penhora não é pressuposto da fraude de execução e, sim, exigência legal para formalização do auto ou termo da penhora. Todavia, deve-se ter presente o valor probante que é produzido contra terceiros pela penhora registrada. É inegável a eficácia *erga omnes* do ato constritivo registrado, criando-se a presunção de conhecimento do ato por parte do terceiro.

Da mesma forma, ao tratar da alienação do bem penhorado, *Humberto Theodoro Júnior* avaliza: "a ineficácia da transferência perante o exeqüente não decorre, no caso de uma comum fraude de execução, de maneira que seu reconhecimento independe de prova ou mesmo de alegação de qualquer prejuízo efetivo sofrido pelo credor. O ato de disposição atenta contra uma situação processual de natureza pública, violando a função jurisdicional que o Estado exerce no processo. Não há que se cogitar nem de má-fé do devedor, nem de boa-fé do adquirente. A transmissão dos bens penhorados, perante a execução, será sempre inoperante".(149)

Segundo ensina *Amílcar de Castro*, "o fato de não ter sido registrada, ou inscrita a penhora, ou o arresto, ou o seqüestro, ou a citação, não impede a alegação de fraude à execução e, sim, somente tem a significação de ficar o exeqüente no ônus de provar

(147) *Comentários ao Código de Processo Civil*, t. X, p. 77.

(148) *Comentários ao Código de Processo Civil*, t. X, p. 75.

(149) Em *Comentários ao Código de Processo Civil*, v. IV, Rio de Janeiro: Forense, 1979, pp. 386-387, e em "Fraude de execução e o regime de sua declaração em juízo", p. 21.

que o adquirente tinha conhecimento ou de que sobre os bens estava sendo movida ação real ou reipersecutória, ou de que pendia contra o alienante demanda capaz de lhe alterar o patrimônio, de tal sorte que ficaria reduzido à insolvência."(150) Nas palavras de *Amílcar de Castro*, embora expressadas antes da inclusão da exigência formal, contida no § 4º do art. 659 do Código de Processo Civil, verifica-se a posição clara, no sentido de enquadrar a fraude pela alienação da coisa penhorada, como a fraude prevista no art. 593, ou seja, aquela que ocorre quando verificados os requisitos impostos pela lei. A saber: a existência de demanda pendente e o estado de insolvência do devedor, sem exigência de qualquer registro prévio. Com a devida vênia dos autores discordantes, cujos entendimentos estão munidos de fundamentos respeitáveis, conforme acima explicitado, embora deva atribuir-se valor expressivo ao fato de a alienação ter sido procedida após a penhora — fato que deverá ser considerado para efeito de prova(151) —, essa espécie de disposição só se enquadra no inciso I do art. 593, por analogia, visto que o mesmo trata da alienação de bem, objeto de ação, fundada em direito real. Também não se enquadra no conceito de bens litigiosos — art. 42 do Código de Processo Civil — porque, *a priori*, o bem objeto da penhora não é o objeto da execução, o objeto da execução é a satisfação do credor.(152) Diante do fato de inexistência de lei coibindo a alienação do bem penhorado para que se tenha referido ato de disposição, como realizado em fraude, o enquadramento deverá se dar pela previsão de fraude de execução, *lato sensu*, do inciso II do art. 593(153) do Código de Processo Civil. Não se olvidando que o referido dispositivo milita a favor da satisfação executiva e abarca todos os atos de disposição havidos na constância de demanda, inclusive de conhecimento, isto é, a fraude se configura pela alienação ou pela oneração de bens realizadas muito antes da penhora, antes até mesmo de iniciar a fase ou o processo executivo.(154) Daí por que resta fragilizada a tese da exigência de registro da penhora para se configurar a fraude pela alienação do bem penhorado.

É certo que a penhora é ato judicial, com valor e significado inerentes aos atos judiciais que foram determinados pelo Estado, representado pelo Juiz no processo. A alienação de bem penhorado deve ser tida como ofensa grave ao Estado, especialmente no que pertine às partes no processo, entretanto, parece demasiado pretender seja o ato da penhora dotado de eficácia *erga omnes*, atingindo terceiros, estranhos ao processo,

---

(150) Em *Comentários ao Código de Processo Civil*, v. VIII, 2. ed., São Paulo: Revista dos Tribunais, 1976, p. 182.

(151) Inegável a contribuição do legislador ao incluir a prescrição de registro da penhora no Código de Processo Civil com o fito de prevenir a ocorrência de fraude, como consta da justificativa do projeto da Lei n. 8.953/94. O registro da penhora leva ao conhecimento de terceiros, eventualmente interessados, a existência do gravame, mas o simples registro não evita a fraude. A interpretação da norma deve se dar de forma lógica e sistemática. Razão por que o registro da penhora, embora relevante, não pode ter valor absoluto de prova, comportando a defesa do terceiro prejudicado, mormente se a alienação se deu pouco antes da penhora e o devedor não é insolvente.

(152) Excetua-se a execução de sentença para entrega de coisa certa.

(153) *Art. 593 Considera-se em fraude de execução a alienação ou oneração de bens: (...) II – quando, ao tempo da alienação ou oneração, corria contra o devedor demanda capaz de reduzi-lo à insolvência.*

(154) No mesmo sentido, Clito Fornaciari Júnior, *A Reforma Processual Civil*, São Paulo: Saraiva, 1996, p. 177; Ronaldo Bretas C. Dias, "Fraude à Execução pela insolvência do devedor. Alienação do imóvel penhorado. Ausência de Registro", *Revista de Processo*, São Paulo, ano 24, n. 94, abril-junho, 1999, pp. 67-74.

sem que sequer tenha sido levada a registro e, principalmente, sem fundar-se no inciso II do art. 593 do Código de Processo Civil. Seguindo esta linha de pensamento, deve-se ter presente que não existe norma positivada atribuindo este poder à penhora, razão por que se deve considerar a ineficácia das alienações dos bens penhorados ante a penhora decorrentes de seu enquadramento como em fraude de execução. Em ambos os casos, a afronta é contra o ato judicial e atenta contra a dignidade da justiça. Por outro lado, e em complemento, diante da inexistência de norma coibindo a alienação do bem penhorado, bem como diante da ausência de norma concedendo ao ato da penhora a *eficácia reflexa*(155) que pretende emprestar parte da Doutrina, forçoso é concluir que a alienação do bem penhorado se coaduna à hipótese prevista no inciso II do art. 593 do Código de Processo Civil.

É questão de *lege ferenda.* Se o Direito brasileiro instituísse norma legal para proteção à penhora, com os mesmos critérios previstos no Direito português, muita controvérsia atualmente existente seria afastada. Beneficiaria ainda o sistema jurídico, principalmente valorizaria a penhora como ato judicial que é. A providência contribuiria para a segurança e a proteção de direitos de terceiros que não participam da execução.

Sem embargo do expressado, vale assinalar que o instituto da Fraude de Execução, prevista nos arts. 592 e 593 do Código de Processo Civil, abarca todos os atos de disposição do bem promovidos pelo devedor, fixando como marco inicial o tempo da demanda existente, com o que não há razão para se condicionar o reconhecimento da fraude de execução à providência do registro da penhora, dado que qualquer demanda pendente, mesmo derivada de ações pessoais, nas quais não se cogita de registro no Ofício Imobiliário, é capaz de configurar a fraude de execução, *ex vi* do art. 593 inciso II do Código de Processo Civil.

Aqui, um importante registro se impõe no sentido de que se houvesse norma expressa conferindo à penhora registrada o poder de afastar a eficácia do negócio jurídico que foi realizado entre devedor e terceiro, a questão ficaria esclarecida e a torrente de discussões a respeito do tema seria esvaziada. Todavia, a ausência de legislação especial não impede a proteção que deve ser oferecida à garantia da execução proporcionada pela penhora. Nesse caso, as previsões dos arts. 592 e 593 do Código de Processo Civil atuam como normas gerais, retirando a eficácia do ato de disposição realizado em prejuízo da execução, por enquadrá-lo — *lato sensu* — como fraude de execução.

Na análise jurisprudencial verifica-se que comumente os tribunais não fazem distinção entre a alienação de bem penhorado e a fraude de execução. Assim, ao examinar os casos de alienação de bem penhorado, diante da ausência de registro, não cogitam de declarar a alienação ineficaz, o que, sem dúvida, deveria ser feito, se a penhora *de per si* oferecesse tal possibilidade. Ao contrário, sempre se utilizam do instituto da Fraude de Execução, inclusive reclamando seus pressupostos, para afastar ou não a eficácia do

(155) O termo é utilizado no sentido de que a eficácia conferida à penhora tenha capacidade de refletir sobre os atos de disposição das partes, tornando-os ineficazes, tão-só pela existência da penhora.

ato de disposição a fim de fundamentar os julgamentos. Nesse sentido, colacionam-se alguns exemplos: "já está assentado na jurisprudência da Corte que, não existindo registro da penhora, não há falar em fraude à execução, salvo se aquele que alegar a fraude provar que o terceiro adquiriu o imóvel sabendo, comprovadamente, que estava penhorado";(156) "inexistindo registro da penhora sobre bem alienado a terceiro, incumbe ao exeqüente e embargado fazer a prova de que o terceiro tinha conhecimento da ação ou da constrição";(157) "fraude de execução. Compromisso não registrado. Penhora posterior. É indiscrepante a posição da Corte seja no que se refere ao afastamento da fraude pela ausência de registro da penhora, salvo se aquele que alegar a fraude provar que o terceiro adquirente sabia que o imóvel estava penhorado";(158) "inexistente o registro da penhora, não se considera em fraude de execução a alienação, salvo a hipótese de quem alegar a fraude provar que o terceiro sabia que o imóvel adquirido estava penhorado";(159) "como assentado em precedentes da corte, não havendo o registro da penhora não há falar em fraude de execução, ressalvada a possibilidade de o exeqüente provar que o adquirente sabia, efetivamente, que o bem estava penhorado, o que não ocorre no presente caso";(160) "inexistindo registro da penhora sobre bem alienado a terceiro, incumbe ao exeqüente e embargado fazer a prova de que o terceiro tinha conhecimento da constrição";(161) "hipótese anterior à vigência da Lei n. 8.953/94. Não registrada a penhora, a ineficácia da venda, em relação à execução, depende de se demonstrar que o adquirente, que não houve o bem diretamente do executado, tinha ciência da constrição. Prevalência da boa-fé";(162) "imóvel adquirido por terceiro quando não havia transcrição da penhora incidente sobre o imóvel; fraude de execução não caracterizada. No sistema anterior, para a caracterização da fraude de execução, relativa à alienação de bem constrito, cabia ao exeqüente, na ausência de registro da penhora, provar que o terceiro adquirente tinha ciência do ônus que recaía sobre o bem".(163)

7.3.4.1. Do requisito da insolvência diante da alienação de bem penhorado e o terceiro

Remetendo-se os casos de alienação de bens penhorados para a solução geral do art. 593, isto é, tratando-os como fraude de execução em geral, resta analisar se persiste a exigência do requisito da insolvência quando a penhora do bem alienado foi registrada.

(156) STJ, 3ª Turma, Recurso Especial n. 193.179/SP, Rel. Min. Carlos Alberto Menezes Direito, DJU 08.11.99, p. 76.

(157) STJ, 4ª Turma, Recurso Especial n. 66.180/PR, Rel. Min. Barros Monteiro, DJU 30.08.99, p. 71.

(158) STJ, 3ª Turma, Recurso Especial n. 152.432/RS, Rel. Min. Carlos Alberto Menezes Direito, DJU 19.04.99, p. 136.

(159) STJ, 3ª Turma, Recurso Especial n. 135.228/SP, Rel. Min. Nilson Naves, DJU 13.04.98, p. 117.

(160) STJ, 3ª Turma, Recurso Especial n. 79.402/RS, Rel. Min. Carlos Alberto Menezes Direito, DJU 22.09.97, p. 46.441.

(161) STJ, 4ª Turma, Recurso Especial n. 218.419/SP, Rel. Min. Barros Monteiro, DJU 12.02.01, p. 120.

(162) STJ, 3ª Turma, Recurso Especial n. 225.091/GO, Rel. Min. Eduardo Ribeiro, DJU 28.08.00, p. 78.

(163) STJ, 4ª Turma, Recurso Especial n. 214.990/SP, Rel. Min. Sálvio de Figueiredo Teixeira, DJU 11.10.99, p. 74.

De início, afigura-se negativa a resposta. O prestígio atribuído ao ato de constrição deve servir, no mínimo, como agravante contra quem o desrespeita. O devedor que aliena bem penhorado deve ser tratado com rigor, analisando-se, no caso concreto, a possibilidade de aplicação de penalidades pela afronta. Embora a alienação do bem penhorado não seja proibida, é evidente que eventual ato do devedor, sem a ciência do terceiro da constrição que recai sobre o bem, causará, no mínimo, entraves temporais ao processo, prejudicando o bom andamento da execução. O terceiro poderá alegar, e até provar, não conhecer a execução, mas o devedor, validamente citado, jamais poderá fazer o mesmo. Em face das considerações expressadas, é de se concluir que, *a priori*, o estado de solvência do devedor não é requisito a ser apreciado diante da alienação de bem penhorado em data posterior à penhora registrada. Na ausência de previsão expressa e específica, o juiz deve apreciar o caso recorrendo a situações análogas. A decisão deverá situar o caso concreto, valendo-se da analogia, além dos princípios do direito, inclusive, com fulcro no art. 4º da Lei de Introdução ao Código Civil. Nesse diapasão, aplicam-se os ensinamentos de *Juarez Freitas*: há sempre uma "solução jurídica de completabilidade por meio do processo sistemático de hierarquização".[164] "Todos os comportamentos não compreendidos na norma particular são regulados por uma norma geral exclusiva."[165] O metacritério de hierarquização racional e axiológica, utilizando os princípios do direito, no que couber, levará à melhor solução para o caso. O devedor não pode ser beneficiado, embora não coibido o ato de disposição do bem penhorado pelo devedor, sem a ciência do adquirente da constrição, além do terceiro, prejudicará o processo executivo. Considere-se ainda que o tempo para o exercício de preferência, pelo devedor, para indicar o bem à garantia da execução já passou. Dessa forma, parece razoável que seja afastado o requisito da insolvência, aplicando-se os mesmos critérios do inciso I do art. 593 do Código de Processo Civil, caso em que a situação de solvência do devedor não é relevante, uma vez que o bem, objeto da ação, é que deve ser buscado. *In casu*, o bem penhorado é que seria o objeto de interesse.[166]

A alienação do bem penhorado, com a ciência do terceiro, não oferece maiores indagações. Ciente o terceiro da penhora, consciente está da oneração que recai sobre o bem e que se mantém incólume em face do negócio jurídico realizado com o devedor. O interesse do terceiro em realizar o negócio, apesar da existência da penhora, diz respeito às partes, não interessa à execução, que prossegue como se não tivesse havido a alienação, indo até a hasta pública se não satisfeita a dívida exeqüenda. Nesses casos, o terceiro não pode opor à execução nem a qualquer ato a ela inerentes. A simples posse do bem, não é, nesse caso, fundamento a embasar qualquer pretensão contra a execução em andamento. A aquisição consciente da penhora significa que o bem continuará garantindo a execução, podendo ir à hasta pública, se, de outra forma, a execução não for extinta. O ato de alienação, realizado entre o terceiro e o devedor, não produz nenhuma eficácia contra a execução. Esta prossegue como se inexistisse o negócio jurídico realizado entre as partes.

---

(164) *A interpretação sistemática do Direito*, 3. ed., p. 124.

(165) Ob. cit., p. 120.

(166) Nessa linha, Humberto Theodoro Júnior, "A fraude de execução e o regime de sua declaração em juízo", p. 20.

A fraude estaria na alienação do bem sem ser levada em consideração a constrição existente sobre o imóvel. Isto é, sem que o terceiro tivesse conhecimento da penhora. Essa espécie de fraude, quando se trata de imóveis, é mais difícil de ocorrer, porque, normalmente, a penhora do imóvel é registrada no Ofício Imobiliário, inclusive em atendimento à norma processual, *ex vi* do § 4º do art. 659 do Código de Processo Civil. Mas não é impossível de se verificar, porque mesmo registrada pode acontecer de o terceiro não ter a informação ou, o que é pior, a alienação pode dar-se no interregno entre a lavratura do termo de penhora e o registro no Ofício Imobiliário. Infelizmente, ocorre, comumente, expressiva demora do serviço cartorial para finalizar os atos necessários, a fim de que o credor exeqüente possa formalizar o registro. Por evidente, também, é possível que o próprio credor retarde a providência do registro, não seja tão diligente a ponto de impedir a fraude. Apesar da introdução no código processual de norma, autorizando o registro da penhora, mesmo antes da intimação do executado — §§ 4º e 5º do art. 659 —, assim dispondo como forma de agilizar esses procedimentos, a eficácia ainda não foi alcançada. Da mesma forma, a alteração processual introduzida pelo art. 615-A, em que autoriza o averbação do ajuizamento de execução. Esse problema poderia ser resolvido com a adoção de medidas, a exemplo dos procedimentos feitos pelo Oficial de Justiça na Itália[167] ou como ocorre com as execuções da Fazenda Pública no direito pátrio, em que o Oficial de Justiça, ao lavrar o termo de penhora, entrega uma via do mesmo devidamente protocolada ao Ofício Imobiliário. Ao serviço de registro evidentemente caberia anotar a ocorrência junto ao registro do bem.[168] Inegável o benefício da publicidade para a segurança das relações jurídicas privadas. Sem embargo, a publicidade dos atos também está sujeita aos requisitos da lei. Assim não basta o registro, é preciso que o ato registrado seja válido e eficaz, porque não é o registro que lhe confere estes efeitos, *"la publicidad tiene su complemento indispensable en la legalidad, o sea, en la necesidad de que los titulos que llegem registro estén revestidos de todos los requisitos que las Leyes exigem para que sean perfectamente eficaces en Derecho"*.[169] "Irrelevante que a penhora não tenha sido inscrita; é absolutamente ineficaz a venda de bem penhorado, em prejuízo do exeqüente, inscrita ou não a penhora e independentemente da prova do dano conseqüente à alienação ou da insolvência do executado."[170]

Todavia, provada a impossibilidade de o terceiro ter conhecimento da penhora, abre-se a via, embora estreita, de ser aceita a indicação de bem do devedor, pelo terceiro

---

(167) Conforme previsão do art. 555 do Código de Processo Civil italiano, o Oficial de justiça ao lavrar o termo de penhora entrega uma via no Serviço Registral.

(168) Eventual preocupação do serviço de registro com relação às custas ou às taxas do serviço da anotação, deveria ser resolvida com o respeito e primazia que se devem dar ao interesse público no sentido de dar publicidade dos atos, ainda mais ao ato de constrição judicial, em benefício do terceiro como parte integrante da sociedade, mas, também, em prol da segurança jurídica das relações privadas que deve ser garantida pelo Estado. Sem contar os aspectos particulares indiretamente resultantes da medida, como a valorização do serviço cartorial, no sentido de efetivamente representar um órgão de informação atualizado, com dados que reflitam a real situação do imóvel.

(169) Cf. Raul Garcia Coni, *Derecho Registral Aplicado*, La Plata: Ed. Libreria Jur, 1972, p. 220.

(170) Cf. Pontes de Miranda, *Comentários ao Código de Processo Civil*, t. XII, p. 220.

adquirente do bem penhorado, frisando-se que esses bens devem estar livres e desembaraçados. Insere-se na hipótese, por exemplo, o caso de o terceiro ter adquirido o bem antes do registro da penhora, através de instrumento público, embora não tenha providenciado o registro da escritura pública. Esse fato pode ocorrer pelas mais diversas razões, inclusive ditadas pela distância, por vezes existente, no caso de ser a escritura lavrada em local distinto da sede do imóvel, ou, ainda, em execução fora da sede do bem adquirido.

Nos casos de efetiva alienação após a penhora, não é de se aceitar eventual defesa do devedor no sentido de que, não estando proibido de alienar o bem, poderia fazê-lo, fato que provocaria a indicação de outro bem para a execução com a autorização da justiça, visto que é afastado o requisito da insolvência. Nesses casos, a hipótese se assemelha ao inciso I do art. 593. Embora o bem penhorado não seja decorrente de ação fundada em direito real, nem a penhora se constitua em qualquer espécie de direito real, a analogia autoriza a fundamentação. Entretanto, diante do mesmo caso, o terceiro que provar não ter como conhecer a existência da penhora, nem da demanda — prova negativa de difícil execução —, poderá alegar, em seu favor, o estado de solvência do devedor, indicando bens livres e desembaraçados. A hipótese só excepcionalmente deve ser aceita; esse fato resultará, por vezes, em benefício do exeqüente, o qual verá seu crédito satisfeito sem contar com uma eventual ação desconstitutiva, se fosse o caso.

O fato de ser o bem alienado posteriormente à penhora deve ser visto como agravante contra o devedor alienante, em face da ofensa que representa seu ato. Devem ser impostas a ele as penalidades legais adequadas ao caso. Para o terceiro adquirente, cuja aquisição se deu em data posterior à penhora, tendo sido esta penhora registrada, é de se reconhecer a dificuldade, se não a impossibilidade, de defesa diante do seu conhecimento presumido. Conhecimento este que se presume pelo princípio da publicidade conferido aos registros públicos. Se não afastada a hipótese, é de se concluir pelo conluio do terceiro com o devedor. Embora não seja elemento do tipo previsto na norma legal, na fraude de execução, o conhecimento — *scientia fraudis* —, a situação, sendo escancarada, enseja considerar esses dados, no mínimo, como agravantes, podendo vir a ser tido como litigância de má-fé, *ex vi* do art. 17, c/c art. 14 do Código de Processo Civil. Cumpre salientar que a questão do desconhecimento do terceiro a respeito do ato de constrição que recai sobre o bem importa para admitir a sua defesa, entretanto não é suficiente para afastar a tese de fraude. A fraude de execução subordina-se aos requisitos do inciso II do art. 593 do Código de Processo Civil. Caso se enquadre nas previsões legais de litigante de má-fé, tal fato ensejará a aplicação das penalidades previstas para tanto, considerando-se a interposição de embargos de terceiro com manifesta intenção procrastinatória. Nesses casos, o requisito da insolvência é secundário e a troca do bem penhorado por outro só deverá ser aceita com a aquiescência do exeqüente. Forte no art. 656 do Código de Processo Civil. “Do contrário, sempre que alegasse não ser insolvente o devedor, poderia o adquirente criar o incômodo ônus *probandi* para o credor, impondo delongas à satisfação do crédito do exeqüente e talvez até obtendo a eficácia do ato de alienação."[170] É de se relevar a questão da preferência ditada pela penhora do bem na execução. Dessa forma, eventual alegação de conflito de direito de créditos entre o credor penhorante e o credor terceiro-adquirente seria, de plano, afastada em face da preferência do credor diligente em detrimento do credor adquirente, o qual, via de regra, estará desprovido de execução aparelhada.

Na ausência de registro da penhora, diante da alienação do bem, permanece a presunção de fraude, *ex vi* do inciso II do art. 593,[171] entretanto, nesses casos, a defesa do terceiro de boa-fé demonstrada com prova contundente poderá ser viabilizada, devendo ser aceita eventual tese capaz de afastar a presunção de fraude, como, por exemplo, a solvência do devedor. Convém, por oportuno, repisar as palavras de *Pontes de Miranda*: "É preciso nunca se perder de vista que o direito pode existir, sem que a sua eficácia seja diante de todos (...) A extensão da eficácia em relação a terceiros é outro problema, que se resolve segundo os princípios inerentes".[172] Nesta linha de pensamento, é possível inserir a aceitação da tese de solvência do devedor alegada pelo terceiro adquirente, em determinados e específicos casos, visando à aplicação do bom direito, embora deva-se admitir que este critério não pode ser adotado como regra geral, sob pena de se causar prejuízos ao credor, titular de direito de crédito contra o devedor e de direito à tutela pelo Estado.

A propósito do tema cita-se decisão judicial, em que o Tribunal julgou tomando a alienação do bem penhorado como fraude de execução, porém dispensando o requisito da insolvência. *In verbis:* "Na alienação ou oneração de bem sob constrição judicial (penhora, arresto ou seqüestro) *fraude de execução — não se indaga da insolvência, que aí é dispensável.* Se, porém, a constrição ainda não se efetivou, mas houve citação, a insolvência de fato é pressuposto, incidindo a norma do art. 593-II, Código de Processo Civil".[173] (grifo nosso).

---

(171) Cf. Cândido Dinamarco, *Execução Civil*, p. 292.

(172) *Art. 593 – Considera-se em fraude de execução a alienação ou oneração de bens: (...) II – quando, ao tempo da alienação ou oneração, corria contra o devedor demanda capaz de reduzi-lo à insolvência.*

(173) *Comentários ao Código de Processo Civil*, t. IX, p. 127.

(174) STJ, 4ª Turma, Recurso Especial n. 235.267/SP, Rel. Sálvio de Figueiredo Teixeira, DJU 08.03.00, p. 126.

Capítulo 8

FRAUDE DE EXECUÇÃO E OS CRÉDITOS DA FAZENDA PÚBLICA

8.1. Fraude aos créditos tributários

A fraude contra a Fazenda Pública, por dívidas tributárias, está prevista no Código Tributário Nacional, art. 185, com a redação que lhe foi dada pela Lei Complementar n. 118 de 09.02.05,[1] de seguinte teor: *Presume-se fraudulenta a alienação ou oneração de bens ou rendas, ou seu começo, por sujeito passivo em débito para com a Fazenda Pública*, por crédito tributário regularmente inscrito como dívida ativa.

O texto do referido artigo antes da alteração introduzida pela LC n. 118, vigente até 08.06.05, era o seguinte: *Presume-se fraudulenta a alienação ou oneração de bens, ou de rendas, ou seu começo, por sujeito passivo em débito para com a Fazenda Pública, por crédito tributário regularmente inscrito como dívida ativa* em fase de execução.

Comparativamente, a grande mudança no texto da norma foi apenas a supressão da expressão "em fase de execução". Essa supressão, no conteúdo do novo art. 185 do CTN, pretendeu introduzir uma significativa mudança no instituto da fraude de execução, no que concerne aos créditos tributários. É o que se depreende das discussões travadas em sede de projeto de lei. Entretanto, ao que parece, ao final, o legislador, no aspecto da fraude de execução, não atingiu seus objetivos.[2]

De efeito, o conteúdo do novo texto do art. 185 do CTN ao eliminar o termo "em fase de execução" excluiu do CTN a norma que tratava da fraude de execução que era dirigida à fase processual, quando da execução da dívida inadimplida. Agora, o que se tem é uma norma que trata das fraudes em geral, contra a dívida ativa regularmente inscrita. Porém, não há mais o direcionamento do Código Tributário ao processo de execução.

---

(1) A alteração legislativa entrou em vigor 120 dias após sua publicação, portanto em 09.02.2005.

(2) O projeto de lei que alterava a fraude de execução do art. 185 do CTN era anterior às alterações legislativas direcionadas à adaptação do CTN à nova Lei de Falências, objeto da LC n. 118/05. Todavia, ao final, as questões que visavam alterações na execução do crédito tributário foram incluídas na lei que altera o CTN para adaptá-lo à Lei da recuperação e falência e aprovadas rapidamente, sem que tenha havido amplo debate sobre o tema. O resultado é o que se vê, a alteração do texto do art. 185 não alterou o alcance da fraude de execução.

Veja-se que o fato de a norma presumir como fraude a alienação de bens desde a inscrição do tributo em dívida ativa não significa que o dispositivo esteja dirigido ao processo nem faz que se elimine a fase processual judicial. A lei tributária apenas refere que, nesses casos, a fraude será presumida. Ora, isso não acrescenta muito ao sistema legal vigente. Antes do ingresso da competente ação de execução judicial da dívida ativa não é possível o reconhecimento da fraude de execução contra a Fazenda Pública. A Administração Pública não tem competência para fazer esse julgamento. Eventual reconhecimento pela Fazenda Pública da existência dessa espécie de fraude não produz efeitos no mundo jurídico.

De outro lado, é importante notar que a Lei de Execuções Fiscais nada refere quanto à fraude contra a dívida tributária. Então, não estando o CTN a tratar de questão processual, nem a lei processual fiscal sequer mencionar o tema fraude de execução, a lei processual que irá reger a espécie terá que ser inevitavelmente o Código de Processo Civil, aplicável subsidiariamente conforme a previsão na LEF. E o CPC, nos arts. 592 e 593, c/c art. 585 VII, tutela a Fazenda Pública no que concerne à fraude de execução contra seus créditos quando em fase de execução judicial. Feita essa análise, verifica-se que, para a fase de execução judicial, a alteração do art. 185 não gerou nenhum efeito prático. Resta, agora, analisar-se quanto aos efeitos produzidos pela alteração legislativa com alcance às alienações, pelo devedor, realizadas antes da fase de execução judicial da dívida ativa da Fazenda Pública.

No capítulo 3 do presente, foi feita uma análise das diferenças e similitudes entre a fraude de execução processual e a fraude contra credores civil, de forma que aqui se cuidará do tema apenas dirigindo-se ao enfoque sob análise, ou seja, o alcance do regramento contido no atual art. 185 do CTN. Pois bem, as hipóteses de ocorrência de fraude contra a dívida ativa, regularmente inscrita, pelo contribuinte ou responsável tributário, realizada antes do ingresso da competente ação de execução[3] judicial terá que ser resolvida através do instituto da fraude contra credores, prescrita no Código Civil brasileiro, arts. 158 e ss. Lá o Direito tutela as fraudes ocorridas antes do ingresso da ação judicial. Isto é, as alienações e onerações realizadas pelo devedor que resta insolvente, que não reservou patrimônio suficiente para garantia do adimplemento da obrigação já existente, mas que ainda não é objeto de ação judicial.

Têm-se, então, dois marcos temporais de interesse. O primeiro, desde o momento da inscrição da dívida ativa tributária. Incide aí, se for o caso, a fraude contra credores, reconhecida através da competente ação autônoma — a ação pauliana. O segundo marco temporal é determinado na data do ingresso e citação da ação judicial de execução de título executivo extrajudicial — dívida ativa regularmente inscrita. Esses são, então, o alcance e a aplicação extraídos da previsão atual contida no art. 185 do CTN.

(3) Importa gizar que aqui se menciona a fraude de execução apenas na fase de execução, nada referindo quanto ao período anterior à execução, desde a citação da demanda comum condenatória — alcance total do instituto da fraude de execução —, porque a dívida ativa regularmente inscrita configura-se título executivo extrajudicial. Portanto, quando se está tratando da fraude aos créditos tributários, ter-se-á que se estar tratando de ação de execução judicial e não de outra espécie de demanda em curso.

Cumpre ainda, aqui, tratar-se da questão da presunção de fraude constante do art. 185 do CTN. No que se refere ao período em que a fraude se enquadra como fraude de execução — isto é, desde a citação do devedor da execução em curso —, o termo "*presunção*" nada acrescenta, uma vez que a norma inserta no art. 593 já traz, em si, a idéia de que a fraude é presumida através da expressão *configura-se em fraude* lá contida. Todavia, quando a análise se dirige ao tempo anterior à ação de execução, portanto, naqueles casos em que só pode se configurar a fraude contra credores, a qual será verificada e comprovada através de ação autônoma, o termo *presunção*, evidentemente, irá gerar efeitos jurídicos de presunção de fraude. Com isso, recairá sobre o devedor a presunção de ocorrência de fraude. À Fazenda Pública caberá apenas comprovar a situação de insolvência do devedor e a existência da dívida tributária, devidamente inscrita. Não haverá necessidade de o credor provar a presença do elemento volitivo, a intenção do devedor em realizar a fraude, nem o conluio com o terceiro adquirente. Pende em benefício da Fazenda Pública a presunção de que a ação foi fraudulenta quando o devedor alienar ou onerar seus bens, tornando-se insolvente. Na fraude contra credores, prevista nos arts. 158 e ss. do CCB, via de regra, a intenção fraudulenta deve ser provada, exceção a algumas situações especialmente previstas e inclusive, agora, a previsão do art. 185 do CTN. Destarte, o termo presunção constante da norma tributária oferece à Fazenda Pública uma facilidade a mais, nos casos de fraude contra credores. Não obstante, é bom frisar que a presunção de fraude prevista na norma tributária, fixando o marco temporal desde a inscrição do débito tributário em dívida ativa, não tem o condão de estender as hipóteses de ocorrência de fraude de execução a esse momento — data da inscrição do débito em dívida ativa —, de caráter meramente administrativo. O que a lei não diz ao intérprete não cabe entender. E a atual redação da norma tributária não diz tratar-se de fraude de execução. De outro lado, oportuno lembrar que a presunção de fraude, nos casos de fraude contra credores, também existe para credores privados, conforme prescrito no art. 163 do CCB.(4) Tal presunção de fraude, prevista na Lei, não libera o credor de ter que ingressar com a ação autônoma para ver a fraude declarada. Da mesma forma o credor tributário. De efeito, o termo presunção, expresso no art. 185 do CTN, diz respeito à questão de prova. A fraude é presumida. Assim, o credor tributário não precisa provar cumpridamente a ocorrência de fraude. De qualquer sorte, o devedor poderá produzir prova afastando a presunção de fraude.

Outro aspecto relevante que cumpre analisar é quanto ao fato de a norma que disciplina a fraude contra credores, em alguns momentos, dirigir-se somente aos credores quirografários e mencionar o concurso de credores, dando a entender que a fraude que ali se cuida é dirigida aos processos civis de insolvência, nos quais ocorre o concurso de credores. Não é o caso. Em que pesem as falhas técnicas do texto Civil, a norma tem aplicação em todos os casos de fraude contra credores e não só nos casos de insolvência civil, a insolvência pode não ser real, se não forem encontrados bens, será presumida.

---

(4) *Art. 163 – Presumem-se fraudatórios dos direitos dos outros credores as garantias de dívidas que o devedor insolvente tiver dado a algum credor.*

Não há, então, a necessidade de existir o concurso de credores. Menos ainda, é aceita atualmente a tese de que somente os credores quirografários poderiam intentar a ação de fraude contra credores. Qualquer credor, por mais privilegiado que seja, se não tem nenhuma garantia patrimonial para satisfação da dívida, pode fazer uso do instituto da fraude contra credores, prevista no CCB, para buscar as condições para satisfação do seu crédito. Com mais razão, poderá a Fazenda Pública fazer uso desse instrumento legal para efetivar seus créditos que são públicos.

Sem embargo do enfoque acima, é de se lembrar que não se deve confundir a fraude praticada com o propósito de lesar o fisco, relativamente à constituição do crédito tributário, com a fraude contra a efetividade da cobrança da dívida fiscal. A primeira diz respeito à composição do próprio crédito. A segunda se verifica quando realizada de forma a subtrair a garantia patrimonial que representaria a possibilidade de se levar a efeito a cobrança do crédito tributário já constituído. É sobre esta fraude que se cuida aqui.

O fisco cria seus próprios títulos e instrumentos de crédito.[5] Diferentemente, no direito privado os títulos são emitidos mediante acerto entre as partes. A inscrição do débito fiscal em dívida ativa "cria o título líquido e certo, ao passo que a certidão da inscrição documenta para a entrada da Fazenda em juízo".[6]

Constitui dívida ativa tributária aquela proveniente do crédito tributário regularmente inscrita, pela administração competente, depois de esgotado o prazo fixado para pagamento, pela lei, ou por decisão final, proferida em processo regular.[7] A dívida ativa tributária goza da presunção de certeza e liquidez e tem o efeito de prova pré-constituída.[8] Esclarece a norma do art. 204 do CTN em seu parágrafo único que a presunção é relativa, admitindo-se prova em contrário.

O crédito tributário, aludido no art. 185 do CTN, resulta de impostos, taxas, contribuições de melhoria e parafiscais, inclusive contribuições previdenciárias. Inclui os débitos tributários de natureza material ou formal. Quer dizer, a obrigação principal tributária, o tributo em si, bem como as obrigações acessórias, as penalidades pecuniárias derivadas, todas regularmente inscritas como dívida ativa.

As contribuições para a previdência social recebem os mesmos tratamentos previstos para os créditos da União, aos quais é equiparada por força do art. 246 do Decreto regulamentar n. 3.048/99. O mesmo decreto esclarece considerar-se dívida ativa os créditos provenientes do fato jurídico gerador das obrigações legais, ou contratuais[9] previdenciárias, desde que inscritos conforme a Lei n. 6.830/80.

---

(5) Cf. Aliomar Baleeiro, *Direito Tributário Nacional*, 10. ed., rev. atual. Rio de Janeiro: Forense, 1986, p. 626.

(6) Cf. Aliomar Baleeiro, *Direito Tributário Nacional*, p. 626.

(7) Cf. texto do art. 201 do Código Tributário Nacional.

(8) Cf. art. 204 do Código Tributário Nacional.

(9) Exemplo de fato gerador previdenciário contratual seriam os decorrentes dos acordos para pagamento, em especial, parcelamentos administrativos com títulos dados em garantia, sujeitos inclusive a protesto, conforme o § 3º do art. 245 do Decreto n. 3.048/99.

Antes da alteração do art. 185 do CTN, introduzida pela Lei Complementar n. 118/05, poder-se-ia dizer que para fulminar qualquer pretensão interpretativa, no sentido de que se pudesse estender a configuração de fraude de execução, mediante a verificação do pressuposto da simples existência de dívida ativa inscrita, bastaria lembrar os termos do projeto do art. 31 da Lei n. 6.830/80, o qual afinal não foi aprovado e, assim, prescrevia: *Considera-se fraudulenta a oneração ou alienação de bens, direitos ou rendas, ou seu começo, por quem esteja em débito para com a Fazenda Pública.* O texto do projeto foi modificado, passando a constar a exigência de prova de quitação da dívida ativa, para que fosse autorizada judicialmente a alienação de bens pelo administrador ou responsável nos processos de falência, concordata, liquidação, inventário, arrolamento ou concurso de credores. Optou o legislador, à época, por medidas preventivas, as quais, por vezes, atingem maior eficácia. Importante ressaltar não ser necessário, para concretização do negócio, que se apresentem certidões negativas de todas as Fazendas Públicas do país, mas "do local onde se processa o feito, do domicílio do devedor ou do local onde se situa o bem de acordo com as regras comuns de direito".[10] Não obstante, o novo texto do art. 185 do CTN, introduzido pela Lei Complementar n. 118, pretendeu retomar a idéia anterior do Decreto n. 22.866/33, qual seja, de configurar a fraude, para os créditos tributários, desde o momento de sua inscrição em dívida ativa. Importa lembrar que, para os demais créditos da Fazenda Pública, o CTN não se aplica, uma vez que a fraude prevista no art. 185 dirige-se exclusivamente aos créditos tributários.

Além dos dispositivos citados, encontram-se os atos normativos secundários, tendentes a regulamentar o instituto, sem alterar-lhe a substância. Assim, as disposições da Portaria Conjunta n. 663, de 10.11.1998, tratando do parcelamento de débitos para com a Fazenda Nacional, vedam *a concessão de parcelamento em processo de execução fiscal, onde tenha sido verificada, pelo juiz da causa, prova de fraude de execução, ou sua tentativa.* Evidentemente, o devedor fraudulento não pode merecer os beneplácitos do parcelamento. Da mesma forma, as disposições contidas no art. 28[11] da referida portaria dirigem-se à procuradoria, para que, em caso de suspeita ou indícios de fraude, solicite providências ao juízo da causa.

Enquanto vigia o texto anterior do art. 185, a fraude aos créditos da Fazenda Pública, nos termos da lei tributária, pressupunha a existência de *ação de execução* de dívida ativa regularmente inscrita. "Em conseqüência, o Código Tributário Nacional equipara o fisco ao credor particular por título executivo extrajudicial. No caso, por exemplo, de uma nota promissória, os pressupostos que caracterizam a fraude à execução são iguais."[12]

A alteração promovida no art. 185 do CTN, pela Lei n. 118 de 09.02.05, pretendia estender seu alcance para que o Fisco como credor contasse com uma garantia adicional.

(10) Cf. Leon Frejda Szlarowsky, "Créditos fiscais na falência – Execução fiscal", *Revista de Processo*, São Paulo, ano VIII, n. 31, julho-setembro, 1983, pp. 95-117.

(11) *Art. 28 – Nos casos de suspeita, indícios ou provas de fraude de execução fiscal, o Procurador da Fazenda Nacional deverá requerer ao juiz todas as medidas necessárias à apuração dos fatos.*

(12) Afirmativa de Milton Flaks. *In* "Fraude de Execução e Fraude contra a Fazenda", p. 78.

Seu crédito, desde a data em que fosse inscrito em dívida ativa, receberia a proteção do instituto da fraude de execução. Acolhendo, assim, antiga tese dos defensores da Fazenda Pública em que pretendiam uma interpretação extensiva do termo *execução*, constante do texto anterior do art. 185 do CTN, no sentido de que sua semântica abrangeria a fase de execução administrativa, ou seja, desde o momento em que o contribuinte ou seu responsável tivesse sido notificado da inscrição do crédito tributário em dívida ativa, pela administração pública, fixando-se, assim, o marco inicial da execução no âmbito dos atos administrativos da Fazenda Pública e não no âmbito dos atos realizados pela Procuradoria da Fazenda junto ao Judiciário. Essa tese não era, em geral, aceita pelos Tribunais, e o termo *execução* constante do texto anterior do art. 185 era considerado como referindo-se à ação de execução da dívida tributária. O novo texto do art.185 do CTN não contém mais o termo *execução*. Destarte, para o fisco, a fraude se configura desde o momento em que a dívida ativa é inscrita. Não há mais, no Código Tributário, o marco temporal fixado quando do ingresso da ação de execução pela Fazenda Pública para configurar a fraude de execução. Imprescindível, portanto, nos casos de fraude de execução, trazer-se a lume a norma do Código Processual, mesmo nas execuções tributárias.

8.1.1. Fraude de execução contra créditos da Fazenda Pública não tributários

Os créditos da Fazenda Pública incluem os créditos tributários, mas não só os créditos de natureza tributária. Os demais créditos de natureza extrafiscal, também são créditos da Fazenda. Assim, em face da previsão de fraude no CTN, somente para os créditos tributários, questiona-se se os créditos de natureza não tributária estariam abrangidos na proteção contra a fraude à execução.

Para melhor análise, faz-se necessário averiguar o significado do termo "dívida ativa". A Lei das Execuções Fiscais de n. 6.830/80, ao dispor sobre a cobrança judicial dos créditos da Fazenda Pública, remete à Lei n. 4.320, de 17.02.64, para referir o que seja dívida ativa da Fazenda Pública. Transcreve-se: Art. 2º – "*Constitui* dívida ativa da Fazenda Pública aquela definida como tributária, ou não tributária, *da Lei n. 4.320, de 17.03.64*" (grifos nossos). Logo a seguir, o seu § 1º dispõe que será considerada Dívida Ativa da Fazenda Pública *qualquer valor, cuja cobrança seja atribuída por lei às entidades de que trata o art. 1º*. O art. 1º, por sua vez, arrola as pessoas jurídicas de direito público abrangidas pela regra, que prevê: União, Estados, DF, Municípios e Autarquias.

A Lei n. 4.320/64 é mais precisa, dispondo que: Dívida ativa tributária *é o crédito da Fazenda Pública, proveniente de obrigação legal, relativa a tributos e respectivos adicionais e multas, sendo que* Dívida ativa não tributária *são os demais créditos da Fazenda Pública, tais como os provenientes de empréstimos compulsórios, contribuições estabelecidas em lei, multas de qualquer origem ou natureza, exceto as tributárias, foros, laudêmios, aluguéis ou taxas de ocupação, custas processuais, preços de serviços prestados por estabelecimentos públicos, indenizações, reposições, restituições, alcances dos responsáveis, definitivamente julgados, bem assim os créditos decorrentes de obrigações em moeda estrangeira, de sub-rogação de hipoteca, fiança, aval ou outra garantia, de contratos em geral ou de outras obrigações legais.*

Em resumo, o § 1º do art. 2º da Lei das Execuções alcança todo o rol contido na Lei n. 4.320/64, ao dizer que *Dívida Ativa* da Fazenda Pública é *qualquer valor cuja cobrança seja atribuída por lei às entidades de direito público.*

Pois bem, esclarecida a abrangência do termo "dívida ativa", como gênero, o que inclui todos os créditos da Fazenda Pública, sendo espécies dívida tributária e dívida não tributária, é de se verificar se, afinal, a dívida não tributária seria alcançada pela proteção conferida pelo instituto da fraude contra a execução.

A antiga Lei n. 22.866/33, no artigo segundo, dispunha que se consideravam feitas, em fraude contra a Fazenda Pública, as alienações ou seu começo, realizadas pelo contribuinte em débito. Os termos *em débito*, entendido no seu sentido amplo, levava ao entendimento de que tratasse de todo e qualquer débito para com a Fazenda Pública, e independentemente de ajuizamento de ação de cobrança. Posteriormente o Código Tributário Nacional, em 1966, trouxe temperamentos à exegese da fraude à execuçao de dívida tributária, exigindo a constância da execução com os atos de alienação ou oneração para se configurar a fraude. Contudo, o CTN tratou apenas da fraude contra os créditos tributários, os demais créditos da Fazenda Pública não foram abrangidos.

A Lei n. 22.866/33 não vige mais e a Lei n. 6.830/80 veio disciplinar as execuções fiscais. O art. 1º da referida lei diz que: *a execução judicial para cobrança da dívida ativa da União, dos Estados, do Distrito Federal, dos Municípios e respectivas autarquias será regida por esta lei e, subsidiariamente, pelo Código de Processo Civil.* Portanto, a Lei de Execuções deixa clara e expressa a aplicabilidade do código processual nas execuções da Fazenda Pública.

Destarte, imperioso concluir que os créditos da Fazenda Pública de natureza não tributária recebem a proteção do instituto da fraude de execução previsto no CPC, especialmente nos arts. 592 e 593. Desta forma, a exigência de demanda em curso prevista nas normas processuais civis impõe-se também aos créditos públicos quando não forem tributários.

De efeito, ao exame do regramento tributário, como já se viu, verifica-se que não está incluído todo o crédito fazendário, mormente o crédito diverso do tributário. Relativamente aos demais créditos da Fazenda Pública, os arts. 592 e 593 do Código de Processo Civil oferecem o suporte necessário para a proteção do crédito fazendário não tributário contra a possibilidade de fraude de execução.

8.2. Diferenciação necessária

Não se deve confundir o instituto da Fraude de Execução com outros institutos que dizem das preferências ou privilégios dos créditos fiscais ou das responsabilidades dos agentes — síndicos, administradores, gerentes, entre outros. O Código Tributário Nacional trata nos arts. 186 e ss. dos direitos de preferências do crédito tributário, bem como do privilégio do referido crédito, excluindo-o da sujeição ao concurso de credores, habilitação em falência, recuperação judicial, concordata, inventário ou arrolamento. No art. 184, o Código Tributário Nacional prevê o superprivilégio do crédito tributário, tendo preferência total sobre o patrimônio do sujeito passivo, espólio ou massa falida, incidindo até mesmo sobre bens gravados com ônus reais ou cláusulas de inalienabilidade, ou impenhorabilidade, seja qual for a data da constituição dos ônus ou da cláusula. Ressalva feita apenas aos créditos decorrentes da legislação do trabalho ou do acidente do trabalho.(13)

Ressalte-se o regramento do art. 184 do Código Tributário, cujo texto é quase idêntico no art. 30 da Lei n. 6.830/80. A diferença nos textos decorre da ampliação da norma protetiva. O Código Tributário Nacional refere-se somente aos créditos tributários. Na Lei das Execuções Fiscais, o direito de preferência foi ampliado para todos os créditos da Fazenda Pública, constituídos em dívida ativa. Em que pese a alteração, ampliando os créditos contemplados, a lei dirige-se a disciplinar os direitos de garantia e privilégios do crédito fazendário. Ao contrário do que se possa pensar, quando a norma trata da incidência sobre os bens gravados ou cláusulas de indisponibilidade, o faz de forma genérica, não havendo nenhuma necessidade de se perquirir se a oneração se deu por fraude. Com a devida vênia aos discordantes, não há sequer lógica em assim pensar. A uma, porque não importa a data do gravame, podendo ter sido instituído antes mesmo da existência do crédito tributário. A duas, porque, diante do fato de sujeição dos bens, mesmo onerados, servirem à garantia da satisfação tributária, não tem sentido cogitar-se da existência de fraude. A fraude aí, se existente, não produziria efeitos para o crédito tributário. E, diga-se, isto não acontece por incidência da disciplina legal sobre fraude de execução e, sim, pelo exercício do privilégio e da preferência quase absoluta que goza o crédito tributário. A diferença existente que sobressai é relativa à natureza do crédito, sendo privilegiado, como o é o crédito fiscal, sobrepõe-se aos direitos dos credores com garantia real ou mesmo os beneficiados por cláusulas de inalienabilidade e impenhorabilidade. O crédito privado, ao contrário, não goza desses privilégios e, por isso, quando da execução, só poderá obter a constrição dos bens, objeto de garantia real ou cláusulas protetivas, se estas ocorreram em fraude à execução, ainda assim atendidos os pressupostos dos arts. 592, V, e 593, I a III, do Código de Processo Civil.

Na esteira dos créditos baseados em certidão de dívida da Fazenda Pública, a questão é de inoponibilidade dos direitos reais de garantia, inalienabilidade e impenhorabilidade contra a Fazenda Pública, por crédito de dívida ativa, seja de natureza tributária ou não, *ex vi* do art. 30 da Lei n. 6.830/80 e do art. 184 do Código Tributário Nacional. Ali os mencionados atos "são inoponíveis, por impossibilidade de serem

(13) A preferência do crédito por acidente de trabalho foi inserida no art. 186 do CTN pela Lei Complementar n. 118 de 09.02.05.

opostos à Fazenda Pública, independente de fraude ou de qualquer outra condição".(14) Equivale dizer que a Fazenda Pública, para satisfação de seus créditos, pode excutir os bens do devedor que estejam gravados com cláusula de inalienabilidade, impenhorabilidade ou mesmo com ônus reais,(15) sem que, por causa do gravame, possa o executado ou terceiro, detentor do direito de garantia real, alegar e fazer valer seu direito sobre os bens. Os privilégios, conferidos aos créditos da Fazenda Pública, impedem a oposição nas execuções.

Com relação às responsabilidades pessoais por culpa, dolo ou excesso, enfim, àquelas decorrentes dos atos de gestão, por exemplo, as responsabilidades previstas na Lei n. 6.830/80, a qual autoriza que a execução seja promovida contra *o síndico, o comissário, o liquidante, o inventariante e o administrador, nos casos de falência, concordata, liquidação, inventário, insolvência ou concurso de credores, se, antes de garantidos os créditos da Fazenda Pública, alienarem ou derem, em garantia, quaisquer dos bens administrados, respondem, solidariamente, pelo valor desses bens.*(16) As pessoas arroladas no dispositivo legal se eximem de responsabilidade pessoal se observarem o comando do art. 31. Assim, se o responsável pelos bens se munir da certidão negativa de dívida ativa, expedida pela Fazenda Pública, não responderá pessoalmente. Da mesma forma, na presença de dívida a favor da Fazenda Pública, deverá ter a cautela de reservar bens suficientes para a satisfação do crédito. Somente quando o sujeito, a quem está afeto os bens do devedor, não observar os comandos legais que disciplinam a espécie é que irá responder pessoalmente. Gize-se que as leis em comento servem para disciplinar a administração dos bens e garantir o direito de preferência dos créditos da Fazenda Pública. A responsabilização das pessoas arroladas não está relacionada à existência de fraude de execução e, sim, decorrente dos atos de gestão sem observação do sistema normativo legal.

A penalidade imposta aos sócios por responsabilidade depende da espécie de sociedade formada ou decorre da má administração. Em algumas espécies de sociedades, como as sociedades de pessoas — sociedades simples, sociedade comandita simples ou sociedade em nome coletivo —, a responsabilidade dos sócios é solidária ou subsidiária e ilimitada. Há outros casos em que os sócios respondem com seus bens pessoais, em razão da falta de integralização do capital, por irregularidade na formação da sociedade, falta de registro social, sociedades de fato, empresário individual, e outros. Relativamente às irregularidades na administração, o Código Tributário Nacional, no art. 135, prevê, especificamente, a responsabilização pessoal dos diretores, gerentes ou representantes de pessoas jurídicas de direito privado que agirem com excesso ou em afronta à lei. Nos casos elencados, a execução pode voltar-se contra o responsável. Quando a responsabilidade decorre da participação social, os sócios serão responsáveis solidariamente

(14) Nesse sentido, Milton Flaks, "Fraude de execução e fraude contra a fazenda", *Revista Brasileira de Direito Processual*, Rio de Janeiro, v. 34, 4º bimestre de 1982, pp. 71-80.

(15) Registre-se a exceção, no caso de falência, quando, pela nova Lei n. 10.101 de 09.02.05, o credor com garantia real prefere ao credor tributário.

(16) Cf. art. 4º, §§ 1º e 2º da Lei n. 6.830/80.

entre si, mas somente serão exigidos na impossibilidade de cumprimento pelo devedor principal.[17] Caso a responsabilidade se dê por administração irregular, ela é pessoal, direta e plena. Diferentemente do caso anterior, não se trata apenas de responsabilidade solidária, mas, sim, de responsabilidade por substituição. "As pessoas indicadas no art. 135 passam a ser responsáveis ao invés do contribuinte."[18] A Lei Tributária é expressa quanto à responsabilização das pessoas que arrola, em especial os sócios administradores. O Decreto das Sociedades n. 3.708/19 já previa a responsabilidade dos sócios que tivessem agido com excesso de mandato ou violação do contrato ou da lei. O Código Civil brasileiro de 2002, especialmente no art. 1.011 c/c art. 1.016 e art. 1.017, disciplina a responsabilidade dos sócios que agirem com excesso de poder. Evidentemente, a violação depende de prova para a admissibilidade da penhora dos bens do sócio.[19] A propósito, transcreve-se trecho de decisão proferida pelo STJ, atribuindo aos sócios a responsabilidade por dívidas: "sócio-gerente que dissolve irregularmente a sociedade, deixando de recolher os tributos devidos, infringe a lei e se torna responsável pela dívida da empresa. Mesmo não constando da CDA o nome dos diretores, gerentes ou representantes das pessoas jurídicas de direito privado, podem ser citados, e ter seus bens penhorados para o pagamento de dívidas da sociedade da qual eram sócios".[20]

É certo, como afirma *Yussef Said Cahali*,[21] que a responsabilidade tributária do sócio — como solidário ou substituto — tem como base o ilícito praticado. Ilícito este que se traduz nos atos de gestão praticados com abuso. Mas esse ilícito pode ser de qualquer espécie e, frise-se, o ato contrário à lei é que determina a responsabilidade pessoal do sócio. Portanto, nesse caso também, a questão é de responsabilidade legal com aplicação ampla e muito rica em detalhes no campo do Direito, os quais não cabem aqui serem precisados. O que se pretende salientar é que a responsabilidade pessoal, prevista no Código Tributário Nacional e na Lei das Execuções, entre outras, é tema diverso da fraude aqui analisada. Esta se dirige aos casos de subtração patrimonial contra a satisfação da execução.

Não se afasta a possibilidade de os sócios responsáveis agirem em fraude de execução contra a Fazenda Pública para livrar seu patrimônio pessoal da penhora judicial, mas é preciso ter claro que os atos praticados nesse sentido não são atos que os levarão a ser responsáveis pelas dívidas da sociedade. Equivale dizer: primeiro, deverá ser verificado, provado e concluído através de cognição específica que o sócio agiu contrário à lei ou ao contrato e por isto será responsável direto pelo tributo.[22] Em um segundo

---

(17) Nesse sentido, vide Aliomar Baleeiro, *Direito Tributário Brasileiro*, pp. 488-492.

(18) *Idem*, p. 492.

(19) "A alegação de culpa ou dolo do sócio, que tem seus bens particulares penhorados, para o estabelecimento de sua responsabilidade pela dívida fiscal da sociedade, depende do processo de cognição." 1ª CC do TJMG, *RT*, v. 581, ano 73, São Paulo, março, 1984, p. 215.

(20) STJ, 1ª Turma, Recurso Especial n. 193226/SP, Rel. Garcia Vieira, DJU 08.03.99, p. 152.

(21) Em *Fraudes contra credores*, p. 717 e, também, conforme julgamento da 4ª Turma do TARJ: "A Fazenda Pública tem de fazer prova de que o embargante, como gerente da sociedade executada, praticou ato de administração em excesso de poder, ou em infração de lei, contrato social ou estatutos, para poder exigir-lhe o pagamento do tributo", RT, ano 68, v. 522, São Paulo, abril 1979, p. 223.

(22) Conforme arts. 134 e 135 do Código Tributário Nacional e art. 4º, inciso V, da Lei n. 6.830, de 22.09.80.

momento, far-se-á a análise para verificar se aquele sócio que é, então, reconhecidamente responsável pelo pagamento da dívida, alienou seus bens, tornando-se insolvente e, assim, fraudando a execução. Nesse sentido, correta a decisão do STJ, ao enquadrar, primeiramente, o sócio como responsável pelo pagamento da dívida, e somente após analisar a questão da fraude de execução pela alienação dos bens particulares do sócio responsável. *In verbis:* "No sistema jurídico-tributário vigente o sócio-gerente é responsável — por substituição — pelas obrigações tributárias resultantes de atos praticados com infração à lei ou cláusulas do contrato social. (...) Considera-se fraude à execução a alienação dos bens de sócio-gerente a seus filhos, após a propositura da ação executiva e citação da empresa executada, pela qual é responsável tributário".[23]

Com isto, verifica-se que esta fraude de autoria do sócio, responsável direto pelo tributo, é exatamente a mesma produzida por qualquer devedor, nos termos do art. 185 do CTN c/c arts. 592 e 593 do Código de Processo Civil. Para configuração da fraude de execução não importa a origem da dívida. Mas importa, para fins do presente estudo, distinguir-se os institutos da responsabilidade pessoal e da fraude de execução, bem como a sua aplicação.

Relativamente às fraudes que possam ocorrer durante a administração da empresa ou do patrimônio, a solução não difere. Nessa ordem de idéias, é possível a ocorrência de fraude de execução pela pessoa jurídica devedora. Para tanto, basta que os bens sejam alienados de tal sorte que a levem à insolvência e que esses atos tenham sido praticados após o lançamento do tributo em dívida ativa ou após a instauração da demanda judicial para os casos de execução de crédito não tributário. Nesses casos, também, a lei autoriza excutirem-se os bens alienados, pois considera-os em fraude, conforme art. 185 do CTN e arts. 592 e 593 do Código de Processo Civil.

Sem embargo do acima exposto, é de se perquirir da possibilidade de responsabilizar-se os sócios/administradores, pessoalmente, diante do ato contrário à lei — fraude à execução — em nome da pessoa jurídica. Ao que indicam os diplomas legais citados, há fundamentação para tanto. Entretanto, é de se questionar a validade da responsabilização pessoal, nesse caso, após a declaração de fraude de execução à pessoa jurídica. Veja-se que, com o reconhecimento de existência de fraude na alienação dos bens, o exeqüente pode ver satisfeito o seu crédito com o produto do bem objeto da fraude. Pensar em iniciar processo cognitivo de responsabilidade pessoal, após a declaração de fraude pela pessoa jurídica, para buscar os bens do sócio, não faz sentido para o exeqüente.[24] Sob o ponto de vista do terceiro prejudicado — aquele que adquiriu o bem, a título oneroso, de boa-fé —, pode-se chegar a conclusão diversa, isto é, o terceiro poderia utilizar-se do fato de ter sido a fraude reconhecida — ato contrário à lei — pela pessoa jurídica de quem adquiriu o bem e, então, buscar a compensação de seu

(23) STJ, 1ª Turma, Recurso Especial n. 81.297/RS, Rel. Min. Demócrito Reinaldo, DJU 16.12.96, p. 50.754.

(24) Não se pode olvidar que a execução deve dar-se na forma menos gravosa para o executado, *ex vi* do art. 620 do Código de Processo Civil. Além do mais, a legislação que prevê a responsabilização pessoal dos sócios administradores é clara ao exigir que a execução recaia, em primeiro lugar, sobre os bens do devedor principal. Nesse sentido, o § 3º do art. 4º da Lei n. 6.830/80.

prejuízo nos bens pessoais do sócio por responsabilidade pessoal.[25] Novamente, o caso é de responsabilidade. A fundamentação não será a tributária, mas, sim, terá por base outras leis, em especial, art. 10 da Lei n. 3.708/19, e art. 942 do Código Civil brasileiro de 2002, com seu correspondente no antigo Código, art. 1518.

O Código Tributário Nacional data de 1966,[26] enquanto o inciso VII do art. 585 do Código de Processo Civil é mais recente, foi inserido pela Lei n. 5.925/73 com alterações posteriores. O regramento processual, embora posterior ao Código Tributário, em nada diverge do dispositivo contido no Código Tributário que trata da fraude contra a execução, mantendo-a incólume. As alterações introduzidas pela Lei Complementar n. 118/05 não afetaram a norma processual fraudatória. Em face da especialidade da lei tributária, é ela que diz o que é crédito tributário ou como se constitui a dívida ativa. Esse fato em nada altera a sujeição do crédito tributário às normas processuais de execução.

Sem embargo do acima expressado não se pode deixar de mencionar a alteração do *Codex* Tributário com relação à inclusão do art. 185-A pela Lei Complementar n. 118/05. O novo regramento oferece mais um privilégio ao crédito tributário: a indisponibilidade de bens, determinada pelo juiz, de ofício. Para tanto, basta que o devedor tributário não pague nem indique bens à penhora, bem como que não sejam encontrados bens penhoráveis. Nesses casos, diz a nova lei, o juiz determinará a indisponibilidade dos bens e direitos do devedor. A indisponibilidade dos bens será comunicada, preferentemente por meio eletrônico, evidentemente por ser o meio mais rápido e de baixo custo, aos órgãos de registros públicos de imóveis, assim como às autoridades do mercado bancário e do mercado de capitais. Nesse sentido, o Banco Central e a Bolsa de Valores. Esse dispositivo representa importante instrumento em benefício da Fazenda Pública, auxiliando na efetividade das ações executivas tributárias. Todavia, trata-se de privilégio que se distingue da fraude de execução, embora possa facilitar sua prevenção, uma vez que estando o órgão competente com a ordem de indisponibilidade, não efetivará registros de transferências de propriedade e servirá também, para que terceiros de-boa fé tomem ciência da existência da ação de execução tributária.

8.3. Fraude fiscal e a presunção **iuris tantum**

No que se refere ao entendimento de que o crédito tributário, a teor do art. 185 do Código Tributário Nacional, geraria presunção absoluta de fraude — *juris et de jure* —, em que a prova em contrário não seria admitida, a doutrina não é tranqüila. Há autores que consideram válida a presunção absoluta, declarando ser este um privilégio da Fazenda Pública. A propósito, traz-se a lume as palavras de *Ricardo Lobo Torres*:[27]

(25) Nesse caso, os bens da sociedade, objeto da alienação, teriam servido para satisfação do credor exeqüente, deixando ao terceiro prejudicado apenas o direito à eventual sobra.

(26) Precisamente, Lei n. 5.172 de 25.10.1966.

(27) Ricardo Lobo Torres, *Curso de Direito Financeiro e Tributário*, [S.L.]: Renovar, 1996, p. 273.

"Outro privilégio em favor da Fazenda: cria-se a presunção *iuris et de iure*, não admite prova em contrário de ser fraudulenta a alienação ou oneração de bens ou rendas, ou seu começo, por sujeito passivo, em débito para com a Fazenda Pública, por crédito tributário, regularmente inscrito como dívida ativa, em fase de execução." Nessa mesma linha, segue *Hugo de Brito Machado*:(28) "Aliás, diga-se de passagem, a falta de uniformidade na doutrina, quanto a esse tema, não se dá só para o crédito tributário, mas, também, para os créditos de particulares". Há decisão do STJ atribuindo esse critério à fraude, *in verbis:* "A presunção de fraude prevista no art. 185 do Código Tributário Nacional é '*juris et de juri*'".(29) Com efeito, a questão da presunção relativa ou absoluta tem sido amplamente debatida em sede de fraude de execução de créditos tributários e, inclusive, de créditos de outra natureza jurídica.

De fato, a previsão de fraude contra a Fazenda Pública, por crédito tributário, está inserida no capítulo VI do Código Tributário Nacional, que trata das garantias e privilégios do crédito tributário. A seção I, quando no art. 185 o Código contempla a fraude, trata das garantias do crédito e não do privilégio específico, como o faz no art. 184, ou das preferências nos arts. 186 e ss. A garantia visa à efetividade da cobrança do crédito na execução. Como já se ressaltou no item 8.2, não se deve confundir direito de preferência e privilégio ou responsabilidades pessoais e inoponibilidades com o instituto da Fraude à Execução.

Na presunção relativa, é admitida a prova em contrário. A própria norma, insculpida no parágrafo único do art. 185, prevê, de plano, exceção à pretensão de se ter como absoluta a presunção de fraude prevista no *caput* do artigo, ao dispor que não se aplica o disposto no artigo — a presunção de fraude — quando tiverem sido reservados bens ou rendas suficientes à satisfação da dívida inscrita.(30)

A inclusão, no dispositivo, do termo *renda*, além dos bens reservados pelo devedor para o pagamento do débito fiscal, serve para elidir o pressuposto de estado de insolvência. Equivale dizer que, mesmo que o devedor tenha alienado todos os seus bens — em sentido *stricto* —, tendo renda disponível para suportar o encargo da execução, não há o porquê de se falar em fraude. Evidentemente, fosse a presunção absoluta, não haveria a possibilidade de o devedor comparecer à execução, ou mesmo antes desta, mas após a inscrição do tributo em dívida ativa, satisfazendo-a, ou oferecendo à penhora eventual renda. Nesse sentido, a lei processual autoriza a penhora dos frutos e dos rendimentos, inclusive, oriundos de bens inalienáveis, *ex vi* do art. 650 do Código de Processo Civil.

Para *Barros Carvalho*: "A presunção de fraude também não é absoluta, segundo acreditamos. Uma série de razões podem ser levantadas para demonstrar que essa independe da vontade do devedor. Todavia, a prova haverá de ser rigorosa e contundente.

(28) Vide Hugo de Brito Machado, *Curso de Direito Tributário*, São Paulo: Malheiros, 1998, p. 165.

(29) STJ, 1ª Turma, Recurso Especial 59.659/RS, Rel. Min. César Asfor Rocha, DJU 22.05.95, v. 83, p. 49.

(30) Conforme as alterações introduzidas pela Lei Complementar n. 118/05. Antes, o texto se referia à dívida em fase de execução. Agora, foi ampliado o alcance da norma abrangendo o período desde a inscrição da dívida ativa.

Caso contrário, prevalecerá o aspecto da fraude presumida."[31] Importa, no caso, relevar que o autor reconhece a possibilidade de serem produzidas provas contra a alegação de fraude, embora cumpra registrar que a vontade do devedor, mencionada pelo referido autor, não é elemento do tipo para configurar o instituto da Fraude à Execução. Todavia, o fato de se conseguir afastar sua presença nos objetivos do ato jurídico realizado será fator importante a ser considerado. De qualquer forma, não se pode deixar de registrar a possibilidade de serem aceitas outras provas importantes, as quais poderão afastar a presunção de fraude, pois "a presunção considera verdadeiro o que é provável, apenas".[32]

A presunção de fraude contida na norma tributária trata, sem dúvida, de presunção relativa. Sendo o direito presumido, caberá ao devedor interessado provar a inexistência de fraude. De efeito, não é de quem alega, mas contra quem se dirige a presunção, o encargo de produzir provas para afastá-la. O ônus probante, nesse caso, é do devedor alienante. Ao credor caberá o encargo de demonstrar, mesmo que de forma rápida, o estado de insolvência do devedor. Alegação que também pode ser afastada pelo devedor, mediante a indicação de bens próprios para garantia da dívida.

A garantia oferecida pelo Código Tributário Nacional ao crédito tributário — art. 185 — visa ao interesse público do fisco e à segurança jurídica na efetivação da cobrança dos tributos. Mas, como a própria norma excepciona no seu parágrafo único, a presunção não é absoluta, admite, sim, prova em contrário. Portanto, é de presunção relativa que o Código Tributário está tratando.

8.4. Enquadramento da fraude na execução da Fazenda Pública nas normas de processo civil

A Lei das Execuções Fiscais, que tomou o n. 6.830, de 22 de setembro, de 1980, prescreve, em seu art. 1º – *A execução judicial para cobrança da Dívida Ativa da União, dos Estados, do Distrito Federal, dos Municípios e respectivas autarquias será regida por essa Lei e, subsidiariamente, pelo Código de Processo Civil.* Portanto, é a própria Lei das Execuções Fiscais que remete a cobrança da dívida ativa, judicialmente, à disciplina do Código de Processo Civil.

O débito, regularmente inscrito em dívida ativa, referido no Código Tributário e Lei n. 6.830/80, complementado pela Lei n. 4.320/64, outro não é senão o título executivo fiscal previsto no art. 585, inciso VII do Código de Processo Civil: *São títulos executivos extrajudiciais: (...) VII – a certidão de dívida ativa da Fazenda Pública da União, dos Estado, do Distrito Federal, dos Territórios e dos Municípios, correspondente aos*

(31) Cf. Paulo de Barros Carvalho, *Curso de Direito Tributário*, 10. ed., São Paulo: Forense, 1998, p. 359.

(32) Por Flávio Mondaine, "Presunção de fraude à execução: garantia do crédito tributário do INSS regularmente inscrito como dívida ativa em fase de execução", *Revista da Procuradoria Geral do INSS*, Brasília, v. 6, n. 4, jan/março, 2000, pp. 35-45.

créditos inscritos na forma da lei. Sabido que a Dívida Ativa da Fazenda Pública é aquela regularmente inscrita de natureza tributária ou não, verifica-se que a norma processual incluiu todos esses créditos no rol de títulos executivos extrajudiciais.

Por outro lado, embora comumente as execuções da Fazenda Pública tenham por lastro o título executivo — certidão de Dívida Pública —, existem créditos da Fazenda Pública que podem ter, por fundamento executivo, não o título extrajudicial, mas a sentença judicial. Nesses casos, evidentemente, é afastada completamente a fundamentação do art. 185 do Código Tributário Nacional. Nessa linha, por exemplo, as dívidas originadas de ações em que se discutem contratos públicos, responsabilidade civil de qualquer natureza, condenações em geral. Não se olvidando que eventual demanda judicial, inclusive promovida pelo próprio contribuinte inadimplente, com vistas a desconstituir lançamento de tributo, quando a postulação for indevida ou parcialmente procedente, também caracterizará "a demanda pendente", exigida pela norma processual para configurar a fraude à execução, verificados os demais pressupostos para tanto, inclusive estado de insolvência. São pacíficas as doutrina e a jurisprudência no sentido de aceitar o processo de conhecimento como demanda pendente, capaz de atender à previsão inserta na norma que prevê a fraude à execução, *ex vi* do art. 593 do Código de Processo Civil.

Importa, nesse momento, ressaltar que a Lei das Execuções Fiscais não traz expresso um comando relativo à fraude contra a execução. Sem forçar interpretações, a disciplina da fraude contra a dívida tributária encontra-se no art. 185 do Código Tributário Nacional e, mais precisamente, quando contra a execução, nas regras do Código de Processo Civil, em que contempla não só as execuções tributárias, mas também toda a execução de crédito de Dívida Ativa da Fazenda Pública.

Portanto, a Fazenda Pública, em sede de execução de Dívida Ativa regularmente inscrita, não só de natureza tributária, como também oriunda de créditos de natureza não tributária, possui à sua disposição o instituto da Fraude de Execução, previsto no Código de Processo Civil.

8.5. Fraude do CTN & Fraude do CPC

A fraude contra a execução judicial fiscal não difere muito da fraude contra qualquer execução. Como já se viu aqui, a norma no campo do Direito Tributário, ao tratar especificamente da fraude contra dívida fiscal, em nada contraria a previsão da regra processual.

Para melhor análise, vejam-se os termos do art. 185 do Código Tributário Nacional, tratando da fraude contra a execução de Dívida Ativa Tributária: *Presume-se fraudulenta a alienação ou oneração de bens ou de rendas, ou seu começo, por sujeito passivo em débito para com a Fazenda Pública, por crédito tributário regularmente inscrito como dívida ativa. – Parágrafo único: O disposto neste artigo não se aplica na hipótese de terem sido reservados, pelo devedor, bens ou rendas suficientes ao total pagamento da dívida ativa.*

Sobre a matéria, o art. 592 do Código de Processo Civil assim dispõe: *ficam sujeitos à execução os bens: (...) V – alienados ou gravados com ônus real em fraude de execução.* Logo a seguir, o art. 593, do mesmo diploma legal, estabelece: *Considera-se em fraude de execução a alienação ou oneração de bens: (...) II – quando, ao tempo da alienação ou oneração, corria contra o devedor demanda capaz de reduzi-lo à insolvência; III – nos demais casos expressos em lei.*

Ao cotejo das normas acima colacionadas, verifica-se que ambas tratam de fraude contra a possibilidade de efetivar-se a cobrança de dívida; ambas classificam como fraudulentos os atos de oneração ou de alienação de bens pelo devedor que subtrai a garantia patrimonial. A lei tributária inclui, de forma expressa, *as rendas,* termo não constante da disciplina dos arts. 592 e 593 do Código de Processo Civil, mas cuja abrangência se deduz pela interpretação do disposto no inciso III do art. 593, antes transcrito, o qual remete a aplicação da fraude aos demais casos previstos em lei.

Conforme o texto legal antes transcrito, verifica-se que o comando tributário se refere *à presunção de fraude,* enquanto a norma processual utiliza o termo *configura-se em fraude.* Os termos são diferentes, mas o objetivo semântico é o mesmo. Ambos têm como configurada a fraude mediante a presença dos requisitos exigidos. E, pode-se dizer, ambos presumem a fraude, verificadas as condições estabelecidas.(33)

Cumpre ressaltar que, embora se diga que a presunção no caso do crédito tributário seria absoluta, isto é, *juris et de jure,* sem admitir prova em contrário, a doutrina e a jurisprudência têm flexibilizado a regra, admitindo prova contrária e, inclusive, só presumindo quando há motivos relevantes, notórios, incontroversos ou não impugnados. Nesse sentido, como bem assinala *Aliomar Baleeiro,*(34) a relatividade da presunção se coaduna com o princípio constitucional de que a lei não poderá excluir da apreciação do Poder Judiciário nenhuma lesão do direito individual — art. 153, § 4º da Constituição Federal.

A alienação, ou a oneração, ou *o seu começo,* é considerado em fraude pela lei tributária. Na norma processual, não constam os termos *ou o seu começo,* levando a crer que somente os atos de alienação e de oneração finalizados constituiriam fraude. Entretanto, não é possível antever quais os atos de alienação ou de oneração que, somente iniciados, poderiam ser tidos como fraudulentos. As promessas e os compromissos de compra e venda de bens, embora possam ser classificados como atos iniciais de alienação, são também tidos como capazes de configurar a fraude, uma vez que transferem direitos, no mínimo, de posse. A propriedade, conforme disposição

(33) Não se está negando o significado do termo "configurar" que significa, conforme Aurélio Buarque de Holanda, em *Dicionário da Língua Portuguesa*: *dar a forma de,* como aspecto exterior, figura, feitio, mas, sim, reconhecendo que é o mesmo utilizado no texto do art. 593, II, com sentido idêntico ao termo "presumir", significando: *um juízo baseado nas aparências,* utilizado no art. 185 do Código Tributário Nacional. Ao final, o que dizem as normas é que os atos realizados nas circunstâncias mencionadas levam à convicção de ocorrência de fraude.

(34) *Direito Tributário Brasileiro,* p. 128.

legal, só se perfectibiliza com o registro no Ofício Imobiliário. Mas a falta do registro no cadastro imobiliário não é suficiente para afastar o direito de terceiro, conforme reconhecido pelos Tribunais. Logo, o termo extra, contido na norma tributária, não acresce o campo de aplicação do instituto da Fraude.

Ao contrário do que se possa pensar, o requisito do estado de insolvência do devedor não é dispensado pela lei tributária para configurar a fraude contra a execução fiscal. Embora o termo não esteja expresso na lei, é possível deduzir sua presença. Assim, vejam-se: O parágrafo único do art. 185 excepciona a regra inserta no *caput*, afastando a presunção de fraude se o devedor reservou bens ou rendas suficientes para satisfação da dívida. Ora, a simples existência de patrimônio suficiente para satisfação do crédito fiscal é prova inafastável de solvência do devedor. Contrário senso, só se verificará a fraude se o devedor for insolvente.

Outro aspecto, comumente levantado como ensejador de diferenças entre os institutos da fraude, ditas fiscal ou processual civil, antes da alteração do art. 185 do CTN introduzida pela Lei n. 118/05, é o termo indicador do momento em que se configuraria a fraude. A norma tributária utilizava a expressão *fase de execução*, e a norma processual utiliza os termos *pendência de demanda*. Na essência, não havia distinção, pois se havia execução, havia demanda pendente. Demanda, no caso, é gênero, e execução é espécie. O fato de a regra tributária contemplar só a execução, devia-se à espécie de crédito a que visava. A Fazenda Pública cobra seus créditos tributários através de título com força executiva judicial: certidão de dívida ativa. Para constituição do crédito tributário, basta a atividade administrativa de lançamento, com ou sem processo administrativo. A execução só se dá pela via judicial. Antes, o que faz a administração fazendária para haver os seus créditos é realizar a cobrança. Efetivamente o termo *fase de execução* não pode emprestar significado ampliado, como pretendem alguns, com fulcro na tese de que a interpretação deve sempre ser a mais favorável à Fazenda Pública,[35] bem como pelo "atécnico entendimento, segundo o qual, quem conhece a linguagem fazendária sabe que a partir da remessa do processo administrativo, tendente ao lançamento do crédito tributário, para a Procuradoria da Fazenda, diz-se que está em fase de execução. Sobejam motivos de ordem técnico-jurídica para aduzirmos crítica a esses entendimentos, à luz do contexto em que a expressão fase de execução está colocada."[36] A Fazenda Pública não possui poderes para promover a execução forçada. Não pode excutir os bens do contribuinte inadimplente. Terá que fazê-lo pelo poder judiciário, com o ingresso da competente ação para executar o seu crédito. Portanto, não é possível aceitar a hipótese de serem os atos administrativos providenciados antes do ingresso da competente ação de execução judicial, considerados como "em fase de execução". De fato, o significado dos termos é de que já esteja em andamento

(35) Nesse sentido, Paulo de Barros Carvalho, ob. cit., p. 359; Celso Ribeiro de Bastos, *Curso de Direito Financeiro e de Direito Tributário*, 5. ed., São Paulo: Saraiva, 1997, p. 220; Hugo de Brito Machado, *Curso de Direito Tributário*, p. 165; Flávio Mondaine. "Presunção de Fraude à Execução...", p. 41.

(36) Flavio Mondaine, ob. cit., p. 41.

a execução judicial, portanto, pendente demanda executiva.[37] Conclui-se que a diferença terminológica levantada antes da supressão do termo "em fase de execução" do art. 185 do CTN, pela LC n. 118/05, era apenas de adequação ao campo de aplicação ditado pela natureza do crédito, não alterando o campo de aplicação do instituto da fraude à execução, previsto no *Codex* processual.

Os Tribunais manifestam-se a respeito da matéria, no sentido de exigir a execução judicial em curso, inclusive tomando a data da citação válida como marco inicial a configurar a fraude em face da execução fiscal. Transcrevem-se exemplos de julgados: "Execução fiscal. Alienação de bens antes da citação válida, *fraude não configurada*. Segundo a orientação firmada na 1ª Seção do STJ não se configura fraude à execução a alienação de bens ocorrida antes da citação válida do devedor";[38] "para que se configure a fraude à execução, *não basta o ajuizamento da ação fiscal, sendo necessário que o devedor tenha sido citado regularmente*";[39] "não configurada a alegada violação ao art. 185 CTN";[40] "a alienação do bem *só se configura* como fraude à execução fiscal após a propositura da *ação executiva e citação* da executada";[41] "não se configura fraude à execução *se não houve a intimação* do executado, alienação de bens feita por quem não se encontra em débito com a Fazenda Pública e tenha adquirido o bem, objeto de penhora ainda não registrada, amparada pela boa-fé, *não viola a regra do art. 185 CTN*";[42] "*presume-se fraudulenta a alienação de bens* por sujeito em débito com a Fazenda Pública, *por crédito regularmente inscrito, em fase de execução.* Mas não basta que a execução tenha sido distribuída. É necessário que o devedor tenha sido citado".(grifos nossos)[43] Todavia, quanto à necessidade de citação, na fraude contra a execução fiscal como na fraude contra a execução privada não há unanimidade nas decisões, verificam-se casos em que a simples existência de processo instaurado é considerado razão suficiente para configurar a fraude nas alienações pelo devedor. Nessa linha, decisões do STJ. *In verbis:* "Fraude de execução. Redirecionada a execução fiscal contra o sócio-gerente, o débito tributário já está em fase de execução contra este (CTN, art. 185), e, feitas as anotações próprias no setor de distribuição do foro, o fato já se reveste de publicidade, podendo ser conhecido pelas pessoas precavidas que subordinam os negócios de compra e venda de imóveis à apresentação das certidões negativas forenses";[44] "considera-se fraude à execução fiscal a alienação de imóvel quando já tiver sido *iniciada a execução*, ainda que não procedida a citação do executado".[45] (grifos nossos).

---

(37) Nesse sentido, Flavio Mondaine: "a expressão fase de execução revela que a ação de execução fiscal já foi ajuizada", em "Presunção de Fraude à Execução...", p. 42.

(38) STJ, 2ª Turma, Aga. n. 120.561/SP, Rel. Min. Nancy Andrighi, DJU 05.06.00, p. 137.

(39) STJ, 2ª Turma, Recurso Especial n. 138.461/SP, Rel. Min. Francisco Peçanha Martins, DJU 11.10.99, p. 59.

(40) STJ, 2ª Turma, Recurso Especial n. 138.461/SP, Rel. Min. Francisco Peçanha Martins, DJU 11.10.99, p. 59.

(41) STJ, 1ª Turma, Recurso Especial n. 188.037/MG, Rel. Min. Demócrito Reinaldo, DJU 14.06.99, p. 119.

(42) STJ, 2ª Turma, Recurso Especial n. 46.910/SP. Rel. Min. Peçanha Martins, DJU 03.08.98, v. 109, p. 83.

(43) STJ, 1ª Turma, Recurso Especial n. 92.733/RS, Rel. Min. Garcia Vieira, DJU 18.05.98, p. 30.

(44) STJ, 2ª Turma, Recurso Especial n. 87.547/SP, Rel. Min. Ari Pargendler, DJU 22.03.99, p. 160.

(45) STJ, 1ª Turma, Recurso Especial n. 59.659/RS, Rel. Min. César Asfor Rocha, DJU 22.05.95, v. 83, p. 49.

Do cotejo entre os dois textos que tratam da fraude — CPC e CTN — anteriormente à alteração, poder-se-ia concluir que não havia diferença significativa entre os dispositivos da lei tributária e da lei processual. Eventuais diferenças terminológicas não interferiam no significado final. E mesmo que se assim fosse, o inciso III do art. 593 da norma processual abrange todos os casos de fraude previstos em lei. Com o que é forçoso concluir que as normas contidas no Código de Processo Civil incidem e regem de forma ampla e geral os casos de fraude contra a execução de Dívida Ativa da Fazenda Pública tributária ou não. Não se justifica seja o instituto da fraude à execução por dívida fiscal tratado de forma diversa ou como espécie distinta da fraude de execução do processo civil.

Capítulo 9

DEFESA DO TERCEIRO

9.1. Sujeição patrimonial dos bens em poder do terceiro

"O conceito da relação jurídica processual proporciona ao processo sua auto-suficiência lógica, o fundamento de sua existência."[1] Às partes cabe provocar a atividade e acompanhar o desenrolar da mesma que se realiza pelo Estado, regulado pelo Direito Processual. Nessa esteira de idéias, "o conceito fundamental da relação processual é o poder, para o órgão judiciário, de exercer sua função em relação ao assunto deduzido em juízo".[2] Por outro lado, as partes possuem "poderes subjetivos processuais"[3] de um lado, provocam a atividade do Estado, influem nas decisões; de outro, sujeitam-se à atividade jurisdicional. O sistema é perfeito quando existe, de um lado, um credor de um direito e, de outro, um devedor, entretanto, para eficácia da tutela prestada pelo Estado, por vezes é preciso invadir a seara de terceiro. No caso de fraude de execução, a cognição sumária não exige sequer a presença prévia do terceiro, restando ao mesmo, via de regra, socorrer-se da ação de embargos de terceiro quando tiver o ato de constrição como contrário aos seus direitos.

Como adverte *Cândido Dinamarco*, "o princípio da instrumentalidade que, tão intimamente, vincula o Direito processual e o Direito material, se põe, modernamente, sob duplo sentido: sob prisma negativo, exigem que se evitem os males do 'exagerado processualismo'; e sob prisma positivo, impõem uma visão do processo como instrumento eficaz de acesso à ordem jurídica justa, apto a realizar os seus verdadeiros escopos, jurídicos, políticos e sociais."[4] Assim, como suposto, constata-se a necessidade urgente e impostergável de lutar pela ordem jurídica justa, o que só se realizará se a tutela for prestada de forma eficiente e eficaz. Equivale dizer que a tutela estatal deve ser prestada de forma correta, observados os princípios de direito, mas, também, atingindo a eficácia, o que se verifica somente se realizados os resultados postulados pelas partes, deduzidas de expectativas legítimas. Ademais, tendo como sensor necessário a possibilidade sempre presente e inaceitável de incorrer em excesso.

(1) Cf. Enrico Tullio Liebman, *Processo de Execução*, pp. 46-47.

(2) Cf. Enrico Tullio Liebman, ob. cit., p. 47.

(3) Enrico T. Liebman esclarece que a ação executória é um poder subjetivo processual no sentido de poder tomar a iniciativa e influenciar na atividade do juiz, mas não é propriamente um direito subjetivo, como este conceito é conhecido na teoria geral do direito. Ob. cit., p. 62.

(4) Cândido Rangel Dinamarco, *A instrumentalidade do processo*, 6. ed., São Paulo: Malheiros, 1998, pp. 450-451.

Diante dessa dicotomia tem-se à disposição o instituto da Fraude de Execução. Este, sem dúvida, serve à efetividade do direito, uma vez que "assegura à parte vitoriosa o gozo pleno da específica utilidade a que faz jus, segundo o ordenamento".[5] A idéia de acesso à justiça não se limita ao mero acesso aos Tribunais, mas, sim, ao de viabilizar a ordem jurídica justa. Em contrapartida, não se deve admitir que os mecanismos processuais, postos à disposição da sociedade, se prestem a gerar incertezas às relações negociais privadas, desestabilizando a segurança jurídica nos negócios realizados.

Diante das antinomias jurídicas, o julgador deve hierarquizar os princípios e as regras[6] que regulam o caso concreto, utilizando, sempre que necessário, o critério da proporcionalidade. "Os princípios impõem a optimização de um direito ou de um bem jurídico, tendo em conta a reserva do possível, fática ou jurídica."[7] Do ponto de vista da efetividade processual, o Estado tem o dever de prestar a tutela. Mas, qual a efetividade que se pode esperar dessa sujeição à tutela estatal? A efetividade deve corresponder à pretensão justa. Na execução, a pretensão posta em juízo é a de se efetivar o direito. O direito em si já foi reconhecido em sentença ou decorre da força executiva, conferida por lei, ao título que aparelha a execução. Todavia, não basta ao credor ter seu direito reconhecido, "o conflito permanece e traz em si o coeficiente de desgaste pessoal que o caracteriza, sendo também óbice à felicidade da pessoa".[8] Os conflitos só serão eliminados quando o credor obtiver a satisfação de seu crédito. A eficácia pacificadora do Estado deve proporcionar o resultado. Portanto, na execução, a efetividade é a própria satisfação da execução. "Com o monopólio da jurisdição pelo Estado, a ação deve ser uma espécie de realização da ação privada, a ação que foi proibida ao particular",[9] esta deve ser realizada a contento, atingindo, no mínimo, a mesma eficácia que teria se fosse realizada pelo particular. Evidentemente, diante da fraude contra a execução, fosse a execução privada, o bem alienado seria, sem dúvida, tomado para satisfação do crédito de forma inopinada. Sem embargo, na prestação jurisdicional, a par do direito do credor e do devedor, existe, do outro lado, o direito de pessoas que se vêem envolvidas na execução, no caso, o terceiro. A tutela jurisdicional deve ser adequada a todos os seus consócios,[10] o que envolve, em toda a sua extensão, a observação dos princípios e das regras do direito para todos, sem exceção.

Como ensina *Emílio Betti*, a responsabilidade do devedor decorre de uma relação obrigacional com o credor, porém a responsabilidade do terceiro é apenas um dever genérico de agir de modo a não prejudicar terceiros.[11] A sujeição patrimonial de

(5) Barbosa Moreira, *Notas sobre o problema da efetividade do processo*, São Paulo: Saraiva, 1982, p. 203.

(6) Nesse sentido, Juarez Freitas, *A interpretação sistemática do Direito*, 2. ed., p. 56.

(7) Cf. J. J. Gomes Canotilho, *Direito Constitucional e Teoria da Constituição*, 2. ed., Coimbra: Livraria Almedina, 1998, p. 1.123.

(8) Cf. Cândido Rangel Dinamarco, *Execução Civil*, p. 103.

(9) Luiz Guilherme Marinoni, *Novas linhas do processo civil*, São Paulo: Revista dos Tribunais, 1993, p. 130.

(10) Consócios: termo comumente utilizado por John Rawls para designar as pessoas que reconhecem e fazem parte de uma sociedade onde as regras visam à justiça para todos. Vide em *Uma Teoria da Justiça*. São Paulo: Martins Fontes, 1997, *Passim*.

(11) V. *Teoría general de las obligaciones*, p. 395.

bens em poder de terceiro tem sido aplicada, pelos tribunais, especialmente com base no art. 592 do Código de Processo Civil. Nessa linha o STJ, em recurso durante a execução, reconheceu a possibilidade de a execução sujeitar o patrimônio de terceiro, nesses termos:

> I – *O princípio da responsabilidade patrimonial, no processo de execução, origina-se da distinção entre débito (Schuld) e responsabilidade (Haftung), admitindo a sujeição dos bens de terceiro à excussão judicial, nos limites da previsão legal;* II – A responsabilidade pelo pagamento do débito pode recair sobre devedores não incluídos no título judicial exeqüendo e não participantes da relação processual de conhecimento, considerados os critérios previstos no art. 592, Código de Processo Civil; III – O processo de conhecimento e o de execução têm autonomia, cada qual com seus pressupostos de existência e validade. Enquanto no primeiro se apura a obrigação, no segundo se permite ao credor exigir a satisfação do seu direito.[12] (grifo nosso)

9.2. Significado dos embargos de terceiro

Embargos de terceiro é normalmente a denominação dada às intervenções de pessoas estranhas ao processo, para a defesa de direito próprio, em razão de ato ou ordem judicial. Para *Pontes de Miranda*, o elemento caracterizador dos embargos seria o da *retratação*, contrariando antiga idéia de irretratação de pronunciamento judicial.[13]

Embargos são, em suma, a ação com a qual um sujeito, sem ser parte na causa, intervém para assegurar direito ou interesses próprios. Ou, como no dizer de *Enrico T. Liebman*: "os embargos são ação proposta por terceiro em defesa de seus bens".[14] É um meio regular de defesa a ser exercido no processo. "São uma ação de cognição sumária."[15]

9.3. Fundamentos e objeto

Os embargos de terceiro se submetem, de início, a dois pressupostos de "ordem objetiva".[16] Primeiro, à existência de um processo em andamento, e, segundo, à existência de uma ordem emanada ou efetivada de constrição judicial. A penhora, segundo *Lafayete*, "effectuada em bens que não são do devedor, mas de terceiro, a penhora torna-se um acto illegal e como tal se converte em um verdadeiro attendado contra a posse".[17]

---

(12) STJ, 4ª Turma, Recurso Especial n. 225.051/DF, Rel. Sálvio de Figueiredo Teixeira, DJU 18.12.00, p. 201.

(13) Em Pontes de Miranda, *Embargos, Prejulgado e Revista no Direito Processual Brasileiro*, Rio de Janeiro: A. Coelho Branco editor, 1937, p. 95.

(14) Em *Processo de Execução*, 2. ed., p. 176.

(15) Cf. Leonardo Greco, ob. cit., v. II, p. 632.

(16) Cf. Ernani Fidelis dos Santos, *Comentários ao Código de Processo Civil*, v. VI, Rio de Janeiro: Forense, 1978, p. 491.

(17) Rodrigues P. Lafayete, *Direito das Coisas*, p. 155.

Servem os embargos de terceiro à defesa de direitos contra decisão considerada injusta, com o fito de "impedir ou obstar os efeitos de um ato ou decisão judicial".[18] "Ninguém pode sofrer diminuição em seus direitos por obra de um julgado a que é estranho."[19] No caso de embargos de terceiro relativos à fraude de execução, os embargos terão o objetivo de combater a decisão que determinou a penhora, arresto, seqüestro, ou arrematação/adjudicação de bem que o terceiro reconhece como seu, "desde que concorra a condição do prejuízo, equivale dizer, desde que a execução seja incompatível com o seu direito".[20]

Nos embargos, não serão discutidas as questões relativas ao objeto da ação entre autor e réu do processo embargado, em que foi proferida a ordem constritiva do bem, mas, tão-somente, no que se referir à exclusão do bem da constrição efetivada ou na iminência de sê-lo.

Na ação de embargos, a princípio "o terceiro nada tem a ver com a formação e desenvolvimento do processo de onde se originou a apreensão da coisa. Não pode alegar incompetência do juízo, nem argüir nulidades processuais, nem nulidade do título".[21] Quer dizer, o terceiro não poderá discutir as questões relacionadas à ação principal da qual não faz parte. Nessa mesma linha, *Mattirolo*: "O terceiro no juízo de oposição não pode fazer valer outros motivos do que aqueles relativos ao seu direito, ao seu prejuízo; por isto não pode argüir, por exemplo, incompetência, nulidade ou similares".[22] Todavia, poderá o terceiro argüir questões de nulidade relacionadas ao bem objeto da constrição, por exemplo, quanto ao documento nos autos, indicando outro titular que o terceiro não reconheça. Naturalmente, a alegação deverá basear-se em prova consistente.

De forma sintética, pode-se dizer que o objeto visado nos embargos de terceiro, no que se relaciona com o tema em estudo, terá sempre por fim livrar o bem, objeto da constrição judicial, podendo, ou não, haver declaração prévia de fraude pelo juízo. A parte que trata das razões dos embargos, fundada em fatos ou normas não relacionados à fraude, não será tratada aqui. No que pertine à fraude de execução, havendo alegação prévia, o terceiro embargante deverá, em sua inicial, deduzir matéria de defesa, a qual só poderá versar sobre as questões que representam os verdadeiros pressupostos para configuração da fraude. A saber: o estado de insolvência do devedor ou a exclusão da presunção de insolvência diante da existência de outros bens; a data da alienação ou oneração em confronto com a data da instauração da demanda. Admitindo-se exceções, como, por exemplo, impossibilidade jurídica de existência de fraude de execução ante o fato de que o bem, objeto da constrição, nunca pertenceu ao devedor; existência de

---

(18) Cf. Paulo Henrique dos Santos Lucon, *Embargos à execução*, São Paulo: Saraiva, 1996, p. 12.

(19) Cf. Giuseppe Chiovenda, *Instituições de Direito Processual civil*, v. I, 2. ed., p. 333.

(20) Cf. Giuseppe Chiovenda, *Instituições de Direito Processual civil*, v. I, 2. ed., p. 337.

(21) Cf. Ernane Fidélis, *Comentários ao Código de Processo Civil*, p. 490.

(22) Luigi Mattirolo, *Instituciones de Derecho Judicial Civil*, v.III, Trad. Eduardo Ovejero, 1. ed., Madrid: Editorial Reus S. A., 1934, p. 592.

outros bens livres e desembaraçados na época do negócio jurídico de alienação/ oneração. Esta hipótese, de certa forma, coincide com a anterior no que diz respeito ao estado de insolvência do devedor, requisito que não estaria satisfeito. Ressalta-se, pelas características diferenciadoras que oferece, visto que se refere ao estado solvente do devedor, na data do negócio, mas diante da inexistência de bens no momento da execução, por exemplo, caso em que o devedor, no ato da alienação, possuía outros bens, portanto era solvente, com bens suficientes para garantir a dívida exeqüenda. Entretanto, acontecimentos posteriores modificaram o estado de solvência do devedor, especialmente diante de situações diversas, como: o bem perece; o imóvel pega fogo; a plantação é consumida por pragas; o gado morre de peste. Enfim, ocorrem modificações no patrimônio do devedor independente de sua vontade e, por vezes, decorrentes de caso fortuito ou força maior que excluem a hipótese tipificada como fraude, embora não disponíveis no ato de constrição judicial, derivadas de fatos que desqualificariam a fraude quanto ao bem específico.

Da mesma forma a justificativa legal que garanta a preferência ou o privilégio do crédito de forma prevalente sobre os direitos do credor exeqüente. Para melhor ilustrar, cita-se exemplo, em que o ato de transferência, no caso dação em pagamento, se verifica para pagamento de crédito preferencial, por dívida alimentar, crédito trabalhista ou por acidente de trabalho, crédito tributário, dação em pagamento tributário, e outros. Ressalte-se a possibilidade de que outra demanda seja instaurada posteriormente à demanda da ação executiva e se resolva antes da penhora de bens, transferindo bens a terceiros, por transação, acordo judicial ou mesmo por hasta pública. No caso, evidentemente, afastando-se a tese de processo simulado. Em todo o caso, há de se verificar, de forma irrefutável, a comprovação da existência anterior da dívida. Sendo que também é passível de aceitação a dação de bens imóveis em pagamento de contribuição previdenciária ou de impostos, fatos comuns na esfera fazendária, autorizados por lei, portanto, plenamente legais, os quais, independente de processo judicial, podem ocorrer. Nesses dois casos, em que pese a frustração do credor exeqüente, não há ofensa ao Estado como poder jurisdicional, afastando-se, portanto, a tese de fraude de execução do processo civil, com fulcro nos arts. 592 e 593 do Código de Processo Civil. No máximo pode ser um caso de fraude contra credores, conforme as primeiras hipóteses, se realizadas na ausência de demanda processual.

É de se registrar a possibilidade de argüição, pelo terceiro, de ocorrência de prescrição, se lhe aproveita. Assim, se for verificada a prescrição nos termos da legislação em vigor, seja quanto ao direito do crédito, seja quanto ao direito de executá-lo, poderá o fato ser argüido pelo terceiro embargante, por estar presente o interesse na sua decretação. Essa esvazia a pretensão do exeqüente, afastando o direito de excutir o bem alienado para satisfação da execução, se prescrita. Nessa linha, a Súmula n. 150[23] do STF reconhece que a prescrição da execução se dá no mesmo prazo da prescrição do ato.

(23) Súmula n. 150: "Prescreve a execução no mesmo prazo de prescrição da ação".

Com efeito, a matéria de defesa em sede de alegação de fraude de execução, nos termos do inciso II do art. 593 do Código de Processo Civil, quanto ao mérito, diretamente, só poderá versar sobre os pressupostos para configuração da fraude, previstos em lei, ou seja, quanto ao estado de insolvência do devedor e quanto à data da alienação, anterior à data da demanda em curso. Sendo certo, ante o caso de fraude, enquadrado na previsão do inciso I do art. 593, a dispensa do requisito da insolvência, visto que a fraude, ali prevista, dirige-se ao próprio bem objeto do litígio.

O objeto dos embargos, em sede de fraude contra a execução, pode emergir de situações diversas verificadas concretamente. Ressalte-se algumas: a) de ofício,(24) é determinada ou realizada a penhora de bens em posse de terceiro, sem que tenha sido discutida a questão da fraude de execução, portanto, sem alegação por parte do exeqüente, nem decisão sobre o mérito da fraude. A tese de fraude, nesse caso, é levantada, em sede de defesa dos embargos, pelo exeqüente e será apreciada pelo juízo na mesma ação de embargos; b) é determinada/realizada a penhora de bem com manifestação de ofício pelo juiz, declarando fraudulento o ato de alienação/oneração; c) é determinada a penhora de bem com base em alegação do credor de alienação/oneração fraudulenta, mas sem manifestação sobre o mérito pelo juízo; d) é determinada/realizada a penhora do bem após decisão judicial, quanto ao mérito da alegação de fraude pelo exeqüente.

Infelizmente, para o terceiro adquirente do bem, a prática mais comum consiste em o juiz reconhecer a fraude mediante simples alegação do exeqüente. Com isto, determina a realização da penhora, deixando ao adquirente, se quiser, o recurso de discutir a inexistência de fraude pelos embargos de terceiro.(25)

Cândido Dinamarco(26) reconhece a prática em que a determinação da "constrição executiva" é procedida, "sem prévio pronunciamento judicial", quanto à fraude, porque, como "é originária, e não sucessiva a ineficácia do ato eivado em fraude de execução", nada obsta que, neste caso, em sede de defesa de embargos de terceiro o exeqüente venha a argüir a tese de fraude de execução. Observe-se que o caso tratado por *Dinamarco*, enquadra-se no item "c" antes indicado. O juiz determina a penhora sem apreciar o mérito da alegação de fraude pelo credor. Por certo, o mandado para constrição compreende uma aceitação implícita da tese de fraude alegada pelo exeqüente, entretanto, o juiz estará relegando, para a fase seguinte, o julgamento quanto ao mérito, o que deverá fazê-lo mediante a defesa do terceiro, se embargar. Nesse caso, em parte, estará resguardado o exercício do contraditório pelo adquirente do bem.

A seu turno os tribunais têm reconhecido a possibilidade de embargos de terceiro, em sede de alegação de fraude de execução, como simples defesa de posse, mediante o documento de compra e venda sem registro. *In verbis*: "embargos de terceiro — fraude

---

(24) Nesse sentido, Yussef Said Cahali: "a fraude de execução pode ser reconhecida independente da pauliana, invalidando ou desconstituindo o ato de disposição fraudulenta (...) declarando-se sua ineficácia até mesmo de ofício", *in Fraudes contra credores*, p. 85

(25) Cf. anota Frederico Cais, "Embargos de terceiro e fraude à execução", p. 135. No mesmo sentido Décio Antônio Érpen, "A declaração da fraude à execução", p. 17.

(26) *Execução Civil*, p. 197.

à execução não reconhecida pelas instâncias ordinárias — admissibilidade dos embargos ainda que a escritura de compra e venda não tenha sido levada a registro quando transferida a posse a terceiro".[27]

Entretanto, verifica-se que a flexibilidade dos julgadores, aceitando como prova a promessa de compra e venda, não é ilimitada, tanto é assim que em outro julgado, quando a posse não foi fortemente provada com documentos idôneos, os embargos foram afastados e a penhora sobre os bens mantida. Transcreve-se trecho do julgado: "Decidido pela Corte estadual que os terceiros embargantes não comprovaram suficientemente a posse ou a propriedade sobre os bens objeto da penhora, arrimando a conclusão na prova dos autos e na interpretação de cláusulas contratuais. Mantida a decisão".[28]

Em outro caso foram julgados improcedentes os embargos, porque a penhora fora levantada nos autos da execução. Em sua defesa o credor alegara que "a penhora foi efetivada pelo Oficial de Justiça sem provocação da exeqüente e de que o levantamento do ato se operou tão logo conhecida a titularidade da embargante".[29] Constitui-se o caso em perda de objeto para embargar.

9.4. Legitimidade

Na acepção de *José Alberto dos Reis*, o conceito de terceiro contrapõe-se à parte. É terceiro, em relação a um processo, quem nele não figure como parte. É com a intervenção em processo alheio que o terceiro se transforma em parte.[30] No Direito português, o art. 1.037 do Código de Processo Civil considera "terceiro aquele que não tenha intervindo no processo ou no acto jurídico de que emana a diligência judicial, nem represente quem foi condenado no processo ou quem no acto se obrigou. São também admitidos os embargos de terceiro preventivos para evitar que se efectue a diligência já ordenada, mas ainda não realizada."[31]

Mandrioli diz que, a princípio, terceiros são todos que não são, de nenhum modo, credor ou devedor no processo de execução. Mas, acrescenta, em linhas práticas, deve-se negar a qualidade de terceiro a todos que assumem ou que poderiam assumir de fato a relação de credor ou devedor, podendo o sujeito intervir como terceiro somente quando a lei expressamente prevê, *in casu: frente alla espropriazione presso terzi.*[32]

Chiovenda, simplificando, conceitua a parte no processo: *El concepto de parte derivase del concepto de processo y de la relación processual; es parte el que demanda en*

(27) STJ, 3ª Turma, Aga. n. 217.972/SP, Rel. Min. Waldemar Zveiter, DJU 20.03.00, p. 72.

(28) STJ, 4ª Turma, Recurso Especial n. 163.546/PR. Rel. Min. Aldir Passarinho Júnior, DJU 28.02.00, p. 86.

(29) STJ, 4ª Turma, Recurso Especial n. 12.489/SP, Rel. Barros Monteiro, DJU 01.07.99, p. 179.

(30) José Alberto dos Reis, *Processos Especiais*, Coimbra: Coimbra Ed. Ltda., 95, p. 119.

(31) Cf. Eurico Lopes Cardoso, *Manual da Acção Executiva*, p. 355.

(32) Crisanto Mandrioli, *Diritto Processuale Civile*, p. 23.

nombre proprio, o en cuyo nombre es demandada, una actuación de ley, y aquel frente al qual ésta es demandada.(33)

Carnelutti distingue "parte" no sentido material e 'parte' no sentido processual, nos seguintes termos: *Así, la parte "sujeto de la litis o del negocio" pasa a ser también "sujeto del processo", y junto a la nación "pasiva" se perfila la noción activa de ella. La palabra parte tiene, por tanto, un doble significado, para evitar confusión, al sujeto de la litis se lo denomina parte en "sentido material"; y al sujeto del processo se lo llama parte "en sentido procesal".*(34)

Os ensinamentos de *Chiovenda* e *Carnelutti*, juntos, completam a noção de parte. Mas a legitimação para embargos de terceiro não pode ser vista de modo simplista. A parte indicada no art. 1.046 do Código de Processo Civil deve ser entendida de forma ampla, guardadas as peculiaridades de cada caso. "Ser terceiro e ser prejudicado nos direitos representam as duas condições de admissibilidade, cada uma delas, tomada isoladamente, não basta."(35)

Vale lembrar as palavras de *Moacir Amaral Santos*, para o qual terceiros "são pessoas estranhas à relação de direito material deduzida em juízo e estranhas à relação processual já constituída, mas que, sujeitos de uma relação de direito material que àquela se liga intimamente, intervém no processo sobre a mesma relação, a fim de defender interesse próprio".(36)

Pontes de Miranda, com precisão, explica que, a princípio, somente pode embargar como terceiro quem não tomou parte no feito, mas pondera que, de forma mais precisa e científica, "se há de dizer que não pode usar de embargos de terceiro quem quer que esteja sujeito à eficácia do ato judicial que pretende embargar".(37)

Mas, é em *Enrico Tullio Liebman* que se encontra a clareza e a amplitude necessárias ao conceito de terceiro. *In verbis*: "para determinar se uma pessoa é ou não parte no processo, não é suficiente considerar a sua identidade física, devendo-se, ao contrário, tomar em conta também a qualidade jurídica em que compareceu no feito. Uma pessoa física pode ser simultaneamente parte e terceiro com relação a determinado processo, se são diferentes títulos jurídicos que justificam esse duplo papel que ela pretende representar, se são distintas as posições jurídicas que ele visa a defender".(38)

O Código de Processo Civil caracteriza, em seus arts. 1.046 e ss., as pessoas que possuem legitimidade ativa para embargar como terceiro. Assim, é parte legítima para propor ação de embargos de terceiro, o terceiro senhor e possuidor ou somente

---

(33) Giuseppe Chiovenda, *Principios de derecho processal civil* (Trad. Espanhol), 3ª.ed., t. II, José Casais y Santaló. Madrid: Reus, 1977, p. 6.

(34) Francesco Carnelutti, *Instituiciones del Proceso Civil*,Trad. Santiago Sentis-Melendo, 5. ed., v. I, Editora Ejea, 1973, p. 175.

(35) Cf. Giuseppe Chiovenda. Cumpre registrar que o autor se refere à *oposição*, intervenção comum no Direito italiano, prevista para defesa pelo terceiro. *Instituições de Direito Processual Civil*, v. I, 2. ed., p. 509.

(36) Moacyr Amaral Santos, *Primeiras Linhas de Direito Processual Civi*, 5. ed., v. 2, São Paulo: Saraiva, 1974, p. 24.

(37) Em *Comentários ao Código de Processo Civil*, 2. ed., v. IX, p. 23.

(38) Enrico Tullio Liebman, *Processo de Execução*, 4. ed., São Paulo: Saraiva, 1980, p. 46.

possuidor. Relativamente à fraude de execução, serão legitimados o adquirente ou o beneficiário da coisa alienada em *fraus executionis*. Inclui-se, nesse conceito de terceiro, aquele que recebeu a coisa do terceiro adquirente ou é beneficiário em primeira, segunda, ou sucessivas transferências. Equipara-se a terceiro a parte que defende bens que não podem ser objeto de constrição judicial ou o cônjuge que defende a posse de bens próprios, dotais, reservados ou de sua meação.[39] Entretanto, a mulher não poderá opor embargos em defesa própria da meação, quando a ação tenha sido movida em face dela — quando figura como litisconsorte passiva — visto que, fundada em dívidas, contraídas pelo marido, em benefício da família (art. 10, III do CPC). Nesse caso, a responsabilidade dos bens comuns fazem parte da sujeição patrimonial que integra a lide, sendo assim, não poderá a mulher defender-se com os embargos de terceiro, pois o instrumento jurídico de defesa seriam os embargos de devedor.[40] Sem embargo, se o cônjuge não fizer parte da lide, mas tiver sido intimado da penhora do imóvel do casal, poderá opor embargos de terceiro para a defesa de sua meação, *ex vi* da Súmula n. 134[41] do STJ. Finalizando, o cônjuge, sendo intimado da penhora, pode embargar a execução, visando discutir o débito em si, mas pode também oferecer embargos de terceiro[42] para defesa de sua meação a fim de que o bem comum não responda pela dívida cobrada.[43] Entendimento este aplicável, por exemplo, se o executado possuir bens próprios. Não obstante, importa lembrar a recente modificação introduzida pela Lei n. 11.382/06 em seu art. 655-, em que prescreve que, em caso de penhora de bem indivisível, a meação recairá sobre o produto da alienação do bem. De outro lado, os credores, com direitos de garantia real, e as sociedades,[44] quando da penhora de suas cotas por dívida de terceiro, também podem opor embargos de terceiro.

A lei possibilita ao possuidor, mesmo que não detenha título de propriedade, apresentar os embargos. Nessa linha, concorda *Humberto Theodoro Júnior*.[45] Deste modo, abre-se espaço para os casos de posse com título advindo de compromisso de compra e venda de imóvel. O citado autor entende que deve existir o registro do contrato, mas, segundo entendimento do STJ, ao qual nos filiamos, cabem embargos de compromissários compradores, inclusive os desprovidos de registro.[46] De fato, a lei não

(39) Conforme previsão dos §§ 2º e 3º do art. 1.046 do Código de Processo Civil.

(40) Nesse sentido, Humberto Theodoro Júnior, *Processo de execução*, 19. ed., São Paulo: Ledur, 1999, p. 413.

(41) "Embora intimado da penhora em imóvel do casal, o cônjuge do executado pode opor embargos de terceiro para defesa de sua meação." (DJU 05.05.95)

(42) No Direito português, conforme informa João de Castro Mendes, *in Direito da Família*. Edição revista por Miguel Teixeira de Souza, [S.L.: s.n.], 1991 (pp. 142 e 151), há previsão expressa no Código de Processo Civil, para que o cônjuge, em execução contra seu parceiro por dívidas incomunicáveis, seja intimado da pretensão de penhora de bens comuns para que promova, em dez dias, a partilha, como forma de garantir sua meação, sob pena de, não o fazendo, ser penhorado o bem na sua totalidade. No Direito brasileiro, não há essa previsão, logo os bens comuns do casal não podem ser objeto de penhora, se a dívida não for em proveito da família ou por qualquer outra razão de responsabilidade do casal.

(43) Nessa linha, Frederico Fontoura da Silva Cais, *Embargos de terceiro e fraude à execução*, p. 118.

(44) Nesse sentido, também, Leonardo Greco, ob. cit., v. II, p. 630.

(45) *Processo de execução*, p. 415.

(46) Nesse sentido, a Súmula n. 84 do STJ: "É admissível a oposição de Embargos de Terceiro fundados em alegação de posse advinda de compromisso de compra e venda de imóvel, ainda que desprovido de registro".

exige registro do título, protege o detentor de posse a qualquer título, independente do domínio. Os famosos "contratos de gaveta", que representam, em última análise, compromissos de compra e venda particulares, sem a interveniência do agente financeiro, muito comuns no sistema econômico brasileiro, emprestam reforço à tese de que não se deve exigir o registro do contrato. Mesmo porque o sistema registral não acolhe o pedido de registro desses contratos, firmados à revelia do credor com garantia real. Vale lembrar, no Direito português também é aceita a intervenção do possuidor em nome alheio, sendo considerada a legitimação extraordinária do possuidor "em nome de um terceiro, em substituição processual do titular". Nesse caso, "não basta a legitimação para os embargos de terceiro a titularidade de um interesse próprio do possuidor em nome alheio, sendo indispensável a articulação desse interesse com o da pessoa em nome de quem ele possui".(47) Abarcado, nesses casos, o promitente adquirente, cuja excepcionalidade de legitimação para embargar como possuidor, em nome alheio, só foi incluída no Código Processual português após a revisão.(48)

O usufrutuário, conforme lições de *Pontes de Miranda*, também é parte legítima para embargar a execução como terceiro, visto que é senhor. "Se a penhora não lhe respeita o direito, pode embargar como terceiro."(49) O domínio, como afirma *Hamilton de Moares e Barros*,(50) também está incluído nos direitos protegidos pelos embargos de terceiro, segundo se depreende da leitura do texto do art. 1.046, § 1º.

O terceiro hipotecante é, segundo *Araken de Assis*, parte legítima, assim como todos os sujeitos, enquadrados no art. 592 do Código de Processo Civil, para se fazer presente no processo executivo, visto que são tidos como "responsáveis" e "figurarão como parte legítima, porque há coincidência entre a situação legitimamente prevista, a quem se oferece como parte".(51) Sendo assim, reconhecidos como parte legítima no processo ou fase de execução, deverão ingressar, se for o caso, com embargos à execução e não com embargos de terceiro.

O sócio citado em nome próprio não tem legitimidade para opor embargos de terceiro visando livrar seu patrimônio, segundo a Súmula n. 184(52) do TFR. Nesse caso, deverá apresentar embargos de devedor. De qualquer forma, o princípio da fungibilidade, no caso dos embargos, satisfeito o requisito do prazo, enseja a aceitação de ambos.

A qualidade de terceiro deve ser fixada partindo-se do princípio de que, para ser terceiro, não deve ser parte no feito, posto que pudesse ter sido. Sem embargo, equipara-se a terceiro aquele que, embora tenha participado do processo, o fez, "em determinada

(47) Todas as citações do parágrafo são de José Lebre de Freitas, *A Acção Executiva*, p. 240.

(48) Cf. José Lebre de Freitas, ob. cit., p. 240.

(49) Em *Comentários ao Código de Processo Civil*, 2. ed., v. IX, p. 6.

(50) Vide *Comentários ao Código de Processo Civil*, 2. ed., v. IX, p. 361.

(51) Cf. Araken de Assis, *Fraude à execução e legitimidade do terceiro hipotecante*, p. 15.

(52) Texto da Súmula n. 184: "Em execução movida contra sociedade por quotas, o sócio-gerente, citado em nome próprio, não tem legitimidade para opor embargos de terceiro, visando livrar da constrição judicial seus bens particulares".

qualidade que, pelo título de aquisição ou outro fundamento jurídico, pode levar à defesa do bem que não pode ser atingido pela apreensão judicial".(53)

É então legítimo o terceiro possuidor do bem que, mesmo sem ter qualquer relação com as partes do processo em curso, sofre violação ou ameaça em seu direito. Podendo, assim, utilizar-se do direito de defesa através da ação de embargos. Os embargos de terceiro são "ação especial, de procedimento sumário, destinada a excluir bens de terceiro que estão sendo, ilegitimamente, objeto de ações alheias".(54) Não é, entretanto, terceiro, e sim parte aquele que foi citado para sofrer a constrição judicial, mesmo que alegue ilegitimidade. Com efeito, segundo a doutrina tranqüila: "a qualidade de parte se adquire, com abstração de toda referência processual, da proposição de uma demanda perante o juiz: a pessoa que propõe a demanda e a pessoa contra quem se propõe a demanda, adquirem sem mais, por este só fato, a qualidade de partes (...) mesmo que a demanda seja infundada".(55)

Contrário senso ao que se expôs, não são legitimados para opor embargos de terceiro o sujeito demandado ou demandante, na qualidade de autor ou réu, assistentes ou oponentes, chamados à lide ou à autoria, ainda que tenham sido revéis, o interveniente voluntário, qualquer que seja o título que o legitimou para intervenção, inclusive os litisconsortes. Em todos estes casos, não podem embargar como terceiro aqueles que participaram do processo e que estejam sujeitos à eficácia do ato judicial.(56)

No pólo passivo, no que se refere a embargos de terceiro, será legitimado ordinário o exeqüente e "eventualmente o próprio executado, na hipótese de ser ele quem nomeou à penhora os bens ou os direitos do terceiro".(57) Nesse caso, *ad cautela*, o magistrado determinará também a sua citação, e esta deve ser pedida pelo embargante na peça contestatória.(58) No caso de ser o réu o próprio executado, na ação de embargos, será em litisconsórcio necessário, ao lado do exeqüente, beneficiário da execução. Nesse sentido, *Pontes de Miranda*: "O juiz, opostos os embargos, mandará citar o exeqüente para apresentar defesa. Entretanto, se o bem foi oferecido à constrição por parte do executado, também a este se cita, o qual então, passará a litisconsorte do exeqüente".(59) Havendo conexão entre as razões da assistência e o bem objeto dos embargos, deverão também os assistentes serem citados.

Em análise da jurisprudência verifica-se casos em que o STJ aceitou embargos de terceiro opostos pela companheira em união estável com o objetivo de defender a sua

(53) Cf. Vicente Greco Filho, *Direito Processual Civil Brasileiro*, 12. ed., v. III, São Paulo: Saraiva, 1997, p. 254.

(54) Cf. Hamilton de Moraes e Barros, *Comentários ao Código de Processo Civil*, 2. ed., v. IX, Rio de Janeiro: Forense, 1980, p. 358.

(55) Cf. Piero Calamandrei, *Direito Processual Civil*, v. II, Campinas: Bookseller, 1999, p. 229. No mesmo sentido: Athos Gusmão de Carneiro, *Intervenção de Terceiros*, 2. ed., São Paulo: Saraiva, 1985, p. 4, e Leo Rosenberg, *Tratado de Derecho Procesal Civil*, v. I, Buenos Aires: Ejea, 1955, p. 211.

(56) Cf. Pontes de Miranda, *Comentários ao Código de Processo Civil*, v. IX, p. 22.

(57) Antônio Carlos Marcato, *Procedimentos especiais*, 6. ed., São Paulo: Malheiros, 1994, p. 196.

(58) Cf. Edson Prata, "Embargos de Terceiro", *Revista dos Tribunais*, São Paulo, n. 24, nov. 1988, pp. 17-24.

(59) Em *Comentários ao Código de Processo Civil*, v. IV, p. 238.

meação da penhora incidente sobre imóvel adquirido com o esforço comum. Transcreve-se: "Reconhecida a união estável por sentença é a companheira parte legítima para oferecer embargos de terceiro com o objetivo de excluir a sua meação da penhora sobre imóvel adquirido em conjunto com o companheiro. Recurso especial conhecido e provido".[60] Noutro caso, em julgamento de embargos de terceiro contra execução em que o cônjuge varão era responsável pelo débito tributário da empresa, da qual era sócio, o STJ reconheceu a legitimidade da mulher: "na defesa da sua meação, pode a mulher casada utilizar-se dos embargos de terceiro, embora intimada da penhora".[61] Evidentemente, a defesa deverá observar o disposto no art. 655-A do Código processual.

Reconheceu também o STJ em recurso especial contra decisão em embargos de terceiro a legitimidade do possuidor para propor embargos de terceiro, afirmando que no caso, "seria legitimado, tanto pelo proprietário quanto pelo possuidor".[62] Em outra decisão o Superior Tribunal de Justiça entendeu que "o terceiro, como segundo adquirente, tem legitimidade para embargar a execução, presumindo-se em seu favor a boa-fé. Bem imóvel vendido pelo executado, após o ajuizamento da execução, e pelo comprador, vendido a uma terceira pessoa, o terceiro".[63] Nesse caso, o terceiro não adquirira do devedor executado e sim do adquirente desse, portanto tratavam-se de alienações sucessivas.

Interessante decisão do STJ afastou a pretensão do embargante, uma vez que era cônjuge da devedora e a penhora recaíra em bem dessa, adquirido antes do casamento. No caso não havia interesse próprio, não poderia ser considerado terceiro, não havia direito à meação, portanto, concluiu o Tribunal não ter a parte interesse próprio para agir. *In verbis:* "A legitimidade do marido para propor embargos de terceiro restringe-se aos casos em que esteja defendendo a sua meação, o que não ocorreria na hipótese em tela, uma vez que o imóvel penhorado foi adquirido pela mulher antes do casamento, realizado com regime de comunhão parcial de bens".[64] O sócio-gerente de sociedade limitada possui legitimidade para recorrer. Assim decidiu o STJ: "o sócio não citado na execução fiscal para responder como co-responsável tem legitimidade para opor embargos de terceiro".[65] No mesmo sentido, porém do lado inverso, julgamento do STJ declarando que a sociedade tem legitimidade para apresentar embargos de terceiro, visando a afastar a penhora incidente sobre cotas do sócio.[66] A esse respeito declarou ainda o STJ que "o responsável tributário, citado na qualidade de parte, não tem legitimidade para ajuizar embargos de terceiro".[67] Entretanto, em outro julgamento, diferentemente decidiu o STJ, considerando ser parte legitima para embargar como

(60) STJ, 4ª Turma, Recurso Especial n. 93.355/PR, Rel. Min. Barros Monteiro, DJU 18.12.00, p. 197.

(61) STJ, 2ª Turma, Recurso Especial n. 38.056/SP, Rel. Min. Antônio de Pádua Ribeiro, DJU 02.09.96, p. 31.054.

(62) STJ, 1ª Turma, Recurso Especial n. 257.954/SP, Rel. Min. Garcia Vieira, DJU 04.09.00, p. 132.

(63) STJ, 2ª Turma, Recurso Especial n. 112.445/SP, Relª. Minª. Eliana Calmon, DJU 21.08.00, p. 106.

(64) STJ, 3ª Turma, Recurso Especial n. 231.364/SP, Rel. Min. Eduardo Ribeiro, DJU 07.02.00, p. 162.

(65) STJ, 2ª Turma, Recurso Especial n. 109.502/SP, Rel. Min. Francisco P. Martins, DJU 13.12.99, p. 130.

(66) STJ, 3ª Turma, Recurso Especial n. 248.417/SP, Rel. Min. Eduardo Ribeiro, DJU 14.08.00, p. 168.

(67) STJ, 1ª Turma, Recurso Especial n. 10.571/ES, Rel. Min. Garcia Vieira, DJU 02.03.98, p. 12.

terceiro o ex-sócio de sociedade limitada que detinha o gerenciamento da firma, uma vez que possui responsabilidade pela execução fiscal ajuizada contra sociedade por quotas de responsabilidade limitada, dissolvida irregularmente, respondendo pelos débitos fiscais da empresa, como devedor substituto.(68) Em outro julgamento o STJ entendeu haver ilegitimidade dos sócios. *In verbis*: "os sócios-gerentes respondem, na qualidade de responsáveis por substituição, pelos débitos tributários e, se citados em nome próprio, como no caso, não têm legitimidade para opor embargos de terceiro".(69) Situação singular em que o embargante alegava prescrição, o STJ entendeu que o sócio-gerente era parte ilegítima ativa para propor embargos de terceiro, porque era sócio da empresa, e para ter os embargos como de devedor seriam já intempestivos. Transcreve-se: "aquele que figura no pólo passivo na execução deve opor embargos à execução e não embargos de terceiro. Não se pode reconhecer a prescrição em ação de embargos de terceiro, extinguindo-se o processo sem julgamento do mérito, quando a parte for ilegítima e postulou fora do prazo dos embargos à execução".(70)

Em outro caso julgado pelo STJ, a respeito da legitimidade dos herdeiros para embargar, declarou o Tribunal: "se os herdeiros embargantes são parte na execução, não podem ingressar com o procedimento que o direito positivo reservou para os terceiros".(71)

O usufrutuário também é parte legítima, segundo decisão do TRF- 4ª R., *in verbis*: "o proprietário que constituiu o usufruto tem legitimidade para ajuizar embargos de terceiro destinados a excluir os bens que constituem aquele direito real da execução proposta contra o usufrutuário; o usufruto só se pode transferir, por alienação, ao proprietário da coisa".(72) Na mesma linha decisão do STJ: *"constituem os embargos de terceiro, meio idôneo para o usufrutuário se opor à execução da penhora que recaiu sobre a plena propriedade"*.(73) (grifo nosso)

9.5. Procedimento

Os embargos de terceiro observarão o procedimento especial, previsto nos arts. 1.046 a 1.054 do Código processual. Esta ação possibilita a defesa da posse ou do direito real, em favor de quem esteja sofrendo turbação ou esbulho, por ato de apreensão judicial, em casos como de penhora, depósito, arresto, seqüestro, alienação judicial, arrecadação, arrolamento, inventário, partilha.

O procedimento dos embargos de terceiro se dará de forma sumária. O embargante deverá, de plano, apresentar prova de suas alegações no que pertine à

(68) STJ, 1ª Turma, Recurso Especial n. 78.581/MG, Rel. Min. Demócrito Reinaldo, DJU 19.05.97, p. 20.572.
(69) STJ, 2ª Turma, Recurso Especial n. 20.997/BA. Rel. Min. Antônio de Pádua Ribeiro, DJU 28.08.95, p. 26.621.
(70) STJ, 2ª Turma, Recurso Especial n. 76.393/SP, Rel. Min. Franciulli Netto, DJU 08.05.00, p. 78.
(71) STJ, 3ª Turma, Recurso Especial n. 22.0731/SP, Rel. Min. Carlos Alberto Menezes Direito, DJU 01.08.00, p. 266.
(72) TRF, 4ª R, 1ª Turma, AC 940443508-2/PR, Rel. Min. Ari Pargendler, DJU 29.03.95, p. 16.999.
(73) STJ, 4ª Turma, Rec. Espec. n. 8999-0/RJ, Rel. Min. Barros Monteiro, DJU 17.08.92, v. 01, p. 12.502.

qualidade de terceiro; o interesse de agir e a prova da posse ou do título que detém sobre o bem. Os documentos probatórios e o rol de testemunhas deverão ser apresentados juntamente com a inicial, o possuidor direto pode alegar domínio alheio. Havendo necessidade, na hipótese de não ser possível ao possuidor apresentar, de plano, toda a prova, poderá ser realizada audiência preliminar, a ser designada pelo juiz para produção de prova oral.

São cabíveis os embargos de terceiro em sede de execução, realizada no Juizado Especial, conforme a Lei n. 9.099/95. Seria incompatível com os ditames da justiça pensar-se em inviabilizar essa espécie de defesa, ainda mais considerando serem os embargos de rito célere.[74]

Trata-se de ação autônoma, de caráter incidental, formalmente proposta contra o exeqüente, podendo, excepcionalmente, voltar-se contra o executado,[75] se for este quem indicou o bem para constrição. O terceiro se volta contra o ato do Estado na parte que afete seus direitos no processo ou na fase de execução em curso. Observe-se que a indicação dos bens para penhora é feita pelas partes, posto que o Estado, através do Juiz, é quem determina a execução do ato constritivo. Os embargos correrão ante o juízo da execução e suspendem a execução,[76] se versarem sobre a totalidade dos bens, objeto da execução, do contrário, continuará a execução sobre os bens remanescentes, *ex vi* do art. 1.052 do Código de Processo Civil.

Os tribunais são assentes quanto aos procedimentos em sede de embargos de terceiro. Traz-se a lume, como exemplo, decisão do STJ: "os embargos de terceiro constituem uma ação de procedimento especial incidente e autônoma, de natureza possessória, admissível sempre que o terceiro sofrer turbação ou esbulho na posse de seus bens por ato de constrição judicial."[77]

9.6. *Da competência*

A competência para processar e julgar a ação de embargos será do juízo que ordenou o ato de constrição[78] — penhora, arresto, seqüestro, apreensão, arrematação/adjudicação — do bem. Sendo o caso de execução por carta precatória, com indicação expressa do bem a ser constrito, ao juízo deprecado, competente será o juízo deprecante. Todavia, se a carta precatória não for expressa quanto ao objeto da constrição, será determinado pelo juízo deprecado e, portanto, será este competente para julgar os

(74) Nessa linha, Frederico Fontoura da Silva Cais, ob. cit., p. 124.

(75) Cf. bem lembrado por Araken de Assis: "Há possibilidade, embora remota, no caso de fraude de execução, de que, face à indicação do bem à penhora pelo devedor, seja este legitimado como sujeito passivo na ação de embargos, instalando-se um litisconsórcio passivo". *Manual do Processo de Execução*, p. 1.065.

(76) Conforme previsão dos arts. 1.052 e 1.049 do Código de Processo Civil.

(77) STJ, 4ª Turma, Recurso Especial n. 107.295/SC, Rel. César Asfor Rocha (Oneida), DJU 22.06.98, v. 112, p. 209.

(78) Conforme texto do art. 1.049 do Código de Processo Civil.

embargos de terceiro. Conforme explica *Humberto Theodoro Júnior*: "o mesmo raciocínio pode ser aplicado à execução de garantias reais, como a hipoteca e o penhor, em que a ordem de penhora, emanada do juízo deprecante, refere-se a bens especificados no próprio título executivo. Falece, em semelhante conjuntura, competência ao juízo deprecado para examinar embargos de terceiro que pretendam opor-se à eficácia real do gravame, constituído no título exeqüendo".(79)

A ação de embargos é autônoma e possui instrução sumária no rito especial, de acordo com o disposto no art. 803 do Código de Processo Civil, isto é, de acordo com o procedimento aplicável às medidas cautelares, sendo "asseguradas às partes a produção de todas as provas".(80) De forma subsidiária, aplicam-se as regras do procedimento ordinário para as providências preliminares nos embargos de terceiro.(81) Mas, como bem lembra *Yussef Cahali*, o rito dos embargos de terceiro deve se ater a limites estreitos.(82) O processo corre no mesmo juízo da execução, por dependência, em face da conexidade entre ambas, uma vez que o juízo terá que rever os atos praticados no processo principal, conforme prescrição dos arts. 1.051 e 1.052 do Código de Processo Civil.

Sobre o tema, *Pontes de Miranda* afirma: "competente para a ação de embargos de terceiro é sempre o juiz que proveio a constrição. Se o processo principal passou a outro juízo, os autos dos embargos de terceiro o acompanham, mas sempre distintos".(83) O Código processual foi expresso, no art. 1.049, ao determinar o juiz que deverá julgar os embargos, devendo ser aquele que expediu a ordem para constrição do bem. Portanto, pode ser o juízo deprecante ou o deprecado, exatamente, aquele que determinou a penhora do bem.

Relativamente à competência, em execução por carta, decidiu o Tribunal ser competente o juízo deprecado, uma vez que o juízo deprecante não indicara o bem para a penhora. Transcreve-se: "no caso de embargos de terceiro, determina-se a competência segundo o princípio inscrito na Súmula n. 3 do TFR, princípio acolhido pelo Superior Tribunal. Tratando-se de caso em que se não indicou bens, o juízo deprecado é o competente para julgar os embargos de terceiro".(84) Da mesma forma em outra decisão, o STJ assim se pronunciou: "na execução por carta, compete ao juízo deprecado processar e julgar os embargos de terceiro, salvo no caso de o bem objeto da constrição ter sido indicado pelo juízo deprecante".(85)

No caso de indicação de bens pelo juízo deprecante a competência para julgar os embargos de terceiro se altera. Nessa linha decisão do STJ: "Se o bem penhorado na execução por carta foi indicado pelo juízo deprecante, a ele compete julgar os embargos

(79) *Processo de execução*, 19. ed., p. 416.
(80) Cf. Frederico Fontoura da Silva Cais, *Embargos de terceiro e fraude de execução*, p. 123.
(81) Nesse sentido Araken de Assis, citando Galeno Lacerda e outro em *Manual do Processo de Execução*, p. 1.082.
(82) Vide *Fraudes contra credores*, p. 363.
(83) *Comentários ao Código de Processo Civil*, v. IX, p. 83.
(84) STJ, 2ª Seção, CC n. 26.768/PR, Rel. Min. Nilson Naves, DJU 28.08.00, p. 51.
(85) STJ, 2ª Seção, CC n. 13.166/RO, Rel. Min. Carlos Leite, DJU 29.05.95, p. 15.457.

de terceiro".[86] Nesse mesmo sentido decisão do STJ: "Tendo o bem objeto da penhora sido indicado pelo juízo deprecante, a ele compete o julgamento dos embargos de terceiro".[87] Outra decisão do STJ, na mesma linha: "A competência para julgar os embargos de terceiro e do juízo deprecante, quando a penhora é efetuada por sua indicação".[88]

Em caso de tratar-se de matéria de competência da Justiça Federal, em execução junto a juiz de Direito, o STJ decidiu, em execução proposta pela Caixa Econômica Federal, ser competente o juízo federal deprecante: "Caracteriza-se a competência *ratione personae* da Justiça Federal, na forma do art. 109, inciso I, da CF, para processar e julgar embargos de terceiro opostos contra a CEF, com o objetivo de afastar penhora realizada por juízo de Direito, em cumprimento de carta precatória em ação de execução proposta pela embargada perante o juízo federal, deprecante".[89]

9.7. Da medida liminar em embargos de terceiro

É possível deferimento liminar nos embargos de terceiro, para tanto é necessário que esteja a situação provada de forma suficiente. Assim, o embargante será mantido ou restituído na posse do bem, objeto da constrição, de forma provisória, até o julgamento da ação.

Para o deferimento liminar, o art. 1.051 do Código de Processo Civil, prevê a necessidade de caução que será prestada pelo embargante, nos termos do art. 826, para garantir a devolução do bem, no caso de a ação vir a ser julgada improcedente. A regra processual no art. 1.051 é expressa quanto à exigência da caução, de tal sorte que não cabe ao juiz a opção de exigir ou não a caução. A norma é cogente, deve o juiz exigir a caução. Entretanto, a aplicação da regra, consubstanciando-se nos princípios constitucionais de direito, em especial inciso XXXV do art. 5º da Constituição Federal tem sofrido temperamentos. De forma incisiva, *Barbosa Moreira* defende a dispensa da caução, em prol dos princípios constitucionais citados. *In verbis*: "A garantia neste consagrada reduzir-se-ia a mero *flactus vocis* se reputasse autorizado o legislador ordinário a estabelecer restrições que importem praticamente relegá-la a uma classe de pessoas e por motivo odioso, à carência de recursos financeiros".[90] Na mesma linha, *Araken de Assis* se manifesta, consentindo a dispensa da caução: "do contrário o terceiro hipossuficiente que, nada obstante, sofreu ilegal e injusta agressão no seu patrimônio medíocre, restará impossibilitado de reaver a posse do bem".[91]

---

(86) STJ, 4ª Turma, Recurso Especial 130.446/MG, Rel. Min. Sálvio de Figueiredo Teixeira, DJU 08.06.98, p. 116.

(87) STJ, 2ª Seção, CC n. 14.670/SP, Rel. Min. César Asfor Rocha, DJU 18.11.96, p. 44.833.

(88) STJ, 4ª Turma, Recurso Especial n. 74.503/RJ, Rel. Min. Ruy Rosado de Aguiar, DJU 25.03.96, p. 8.583.

(89) STJ, 2ª Seção, CC n. 17.949/PI, Rel. Min. Carlos Alberto Menezes Direito, DJU 09.12.97, p. 64.586. Na mesma linha: STJ, 2ª Turma, CC n. 17.713/GO, Rel. Min. César Asfor Rocha, DJU 16.06.97, p. 27.309.

(90) Barbosa Moreira, *Comentários ao Código de Processo Civil*, 7. ed., Rio de Janeiro: Forense, 98, p. 181.

(91) *Manual do processo de execução*, 7. ed., p. 1.156.

Na prática, tem sido comum — tratando-se de imóveis — diante da oposição dos embargos o juiz paralisar os atos de integração de posse do pretendente até o julgamento dos embargos, sem exigência de caução por parte do terceiro. A medida não pode ser condenada, quando diante de elementos comprobatórios idôneos, suficientes para o convencimento judicial, no sentido de que, efetivamente, o direito está com o embargante.

Segundo *Jorge Americano*, em comentário ao antigo Código de Processo, "o recebimento dos embargos para discussão tem como conseqüência a faculdade concedida ao terceiro embargante, de se imitir desde logo na posse da coisa prestando fiança".(92) E na vigência do Código atual, *Pontes de Miranda* expressa que "um dos efeitos do recebimento *in limine* dos embargos de terceiro é ser mantido o *status quo* anterior à constrição — primeira atuação do mandamento negativo, que é aliás condicionado à prestação de caução à restituição dos bens e dos frutos".(93)

Para obtenção de liminar em sede de embargos de terceiro, opostos contra decisão judicial de constrição de bens, cuja transferência se teria dado em fraude de execução, com declaração prévia, é necessário, no mínimo, que o embargante prove através de documentos idôneos, preferentemente lavrados por instrumento público, que os requisitos da insolvência e da demanda em curso não se verificam naquele caso. Quer dizer, deverá o terceiro provar, de plano, a data da transferência anterior à instauração da demanda ou que o executado não é insolvente, indicando, desde logo, os bens livres de propriedade do devedor.

Contra a decisão judicial que nega ou concede a medida liminar, evidentemente, o destinatário, insatisfeito com a decisão, terá à sua disposição o recurso de agravo de instrumento.

A questão em apreço tem sido debatida nos tribunais. Destacam-se alguns exemplos. Decisão do STJ em sede de embargos de terceiro em que foi deferida medida cautelar para dar efeito suspensivo aos embargos, *tendo em vista a relevância dos fundamentos e inegável o "periculum in mora"*.(94) Noutro caso, foi indeferido liminarmente os embargos de terceiro à mulher casada contra penhora de bem do casal, em que o esposo executado fora avalista do devedor. Não foi reconhecido seu direito à meação, porque não se desincumbiu do ônus da prova da repercussão econômica.(95) *Data venia*, não parece ser este o melhor direito, não é ônus da embargante, no caso, provar que o aval do marido não repercutiu a favor da família. Em outro julgamento, o STJ manteve o indeferimento da liminar em embargos de terceiro, embora o juízo monocrático tenha admitido a ação de embargos, sob fundamento de que não é obrigatório, a liminar depende das provas apresentadas e da cognição que o juízo faça dessas. *In verbis*: "admite-se que o magistrado, ante a ausência de provas da posse, suficientes para sustentar a

(92) *Comentários ao Código de Processo Civil*, v. I, p. 345.

(93) *Comentários ao Código de Processo Civil*, v. IV, p. 233.

(94) STJ, 3ª Turma, MC n. 1.933/SP, Rel. Min. Eduardo Ribeiro, DJU 07.02.00, p. 148.

(95) STJ, 4ª Turma, Aga. n. 46.153/SP, Rel. Min. Aldir Passarinho Júnior, DJU 18.09.00, p. 130.

liminar prevista no art. 1.051 do Código de Processo Civil, indefira essa proteção cautelar e, simultaneamente, permita o processamento dos embargos de terceiro. Por outro lado, o processamento destes não confere ao embargante direito líquido e certo a obtenção da liminar."[96] Aliás, para a concessão da medida liminar, a questão da prova é essencial. Nesse sentido em sede de exame de mandado de segurança visando à obtenção de liminar em embargos de terceiro o STJ afastou a pretensão, em razão da prova insatisfatória da posse a afastar a pretensão ajuizada.[97] Em outro caso, semelhante, o STJ, apreciando mandado de segurança contra o ato judicial de indeferimento de liminar, nos autos de embargos de terceiro entendeu que o mandame não se presta como sucedâneo ou substitutivo de recurso previsto em lei, salvante, nos casos em que se configure situação de caráter excepcional, de modo a justificar a admissibilidade do remédio heróico, como o caso em julgamento. "Só se admite a impetração do mandado de segurança, para emprestar efeito suspensivo a recurso que não o tenha, desde que o ato judicial seja manifestamente ilegal e dele resulte prejuízo irreparável ou de difícil reparação".[98] Entretanto, em outras decisões, o Tribunal não concedeu o efeito suspensivo aos embargos. *In verbis:* "Apelação de decisão que rejeita liminarmente embargos de terceiro não tem efeito suspensivo quanto à execução".[99] Todavia, o entendimento não é pacífico, há decisões concedendo o efeito suspensivo ao recurso de apelo em que os embargos foram rejeitados. Transcreve-se: "A apelação de sentença que rejeita embargos de terceiro em processo de execução tem duplo efeito, suspensivo e devolutivo".[100]

9.8. Do prazo

O art. 1.048 do Código de Processo Civil prescreve que os embargos de terceiro podem ser opostos na execução até cinco dias depois da arrematação, adjudicação ou remissão, mas sempre antes da assinatura da respectiva carta. Restando claro que podem ser opostos a qualquer momento, durante a fase executiva. Com efeito, o Código de Processo admite que os embargos de terceiro possam ser oferecidos em qualquer fase da ação até sentença final, mesmo que passados muitos dias da ciência, por parte de terceiro, do ato que veio a prejudicar sua posse ou seu direito. Nessa linha, acentua *Jorge Americano*: "o código deixou de fixar qualquer prazo contado da data do conhecimento do ato turbativo, para que a parte oponha seus embargos de terceiro. Desde

(96) STJ, 3ª Turma, Recurso Especial n. 121.077/MS, Rel. Min. Carlos Alberto Menezes Direito, DJU 16.03.98, v. 107, p. 216.

(97) STJ, 3ª Turma, Recurso Ordinário em Mandado de Segurança n. 4.399/RS, Rel. Min. Antônio Torreão Braz, DJU 14.08.95, p. 24.027.

(98) STJ, 1ª Turma, Recurso Ordinário em Mandado de Segurança n. 6.050/RJ, Rel. Min. Demócrito Reinaldo, DJU 20.11.95, p. 39.559.

(99) STJ, 3ª Turma, Recurso Ordinário em Mandado de Segurança n. 2.101/SP, Rel. Min. Costa Leite, DJU 05.08.96, p. 26.341.

(100) TJDFT, 4ª Turma, Agravo de Instrumento n. AGI644996/DF (87.409), Rel. Everards Mota e Matos, DJ 04.09.96, p. 15.286.

que haja o ato turbativo, até a sentença final, pode a parte embargar para recobrar a posse".[101] Pouco adiante especifica o autor que a expressão "em qualquer tempo" rege, não só a fase de conhecimento antes da sentença, como a qualquer tempo durante a execução, e depois da arrematação, até cinco dias. *Leonardo Greco*[102] lembra que não havendo arrematação ou adjudicação o prazo contará da data da extinção do processo.

O termo inicial se dará ante a existência de causa a embasar a ação. Assim, a princípio, antes de serem penhorados os bens, não se pode embargar. Mas, assevera *Araken de Assis*: "a ameaça se caracteriza pela simples ordem de apreensão".[103] "A segurança do juízo torna o bem afetado aos fins da execução e, por vezes, retira-o da posse do devedor, tornando esse ato de suma onerosidade para o executado."[104] Decorrente deste entendimento, tem sido, em alguns casos, admitida a defesa antes da penhora. Nesse sentido, a ordem para penhorar ou para que sejam realizados quaisquer atos de constrição sobre o bem, serve como marco inicial a autorizar os embargos pelo terceiro. Entretanto, após o decurso do prazo estabelecido de cinco dias, depois de expedida a carta de arrematação, adjudicação ou remição, descabem os embargos. Este prazo corre, inclusive no período das férias forenses, conforme preceitua o art. 173, inciso II, do Código de Processo Civil.

Com o decurso dos prazos para embargos, esgota-se a via processual especial, mas o terceiro prejudicado possui ainda à disposição para defesa, versando sobre a posse do bem objeto da constrição judicial, a via ordinária, com a finalidade de anular o ato. De efeito, resta ao prejudicado, se for o caso, a ação[105] de anulação ou nulidade, para desconstituir o ato. Nesta acepção *Humberto Theodoro Júnior*, manifestando-se inclusive no sentido de que a decisão de embargos de terceiro não faz coisa julgada quanto ao direito do terceiro, "não prejudica definitivamente os direitos do terceiro, que poderá em qualquer caso defendê-los em processo ordinário como a ação reivindicatória".[106] Com o decurso do prazo, prescreve o direito do terceiro à ação sumária de embargos, mas "não perde para sempre a oportunidade de defender o seu direito, poderá usar a ação que lhe competir, enquanto for possível seu exercício".[107]

A decisão em embargos de terceiro não faz coisa julgada sobre o direito do terceiro, à medida que não julgou este direito. Veja-se que, para o presente estudo, o objeto dos embargos será a turbação provocada pelo ato de constrição judicial. Portanto, o objetivo

(101) Em Jorge Americano, *Comentários ao Código de Processo Civil*, v.I, 2. ed., São Paulo: Saraiva, 1959, p. 110.

(102) *Ob.cit.*, p. 633.

(103) Vide *Manual do Processo de Execução*, p. 1066.

(104) Cf. Luiz Fux, *Curso de Direito Processual Civil*, Rio de Janeiro: Forense, 2001.

(105) Na possibilidade de ação anulatória dos atos praticados pelas partes, terá por fundamento o art. 486 do Código de Processo Civil, enquanto a ação de nulidade processual terá por base o regramento processual, combinado com as normas civis a respeito da nulidade, bem como, com fulcro na Constituição, conforme o direito que tenha sido ofendido.

(106) Vide *Processo de execução*, 7. ed., São Paulo: Leud, 1975, p. 368.

(107) Cf. José Flávio Bueno Fischer, "Dos embargos de terceiro", *Revista jurídica*, Porto Alegre, Ano XXXIII, n. 114, p. 19-39, julho-agosto, 1986, p. 31.

será livrar o bem da execução. A decisão rejeitará ou acolherá o pedido para liberar o bem. Neste aspecto, fará coisa julgada. Todavia, não fará coisa julgada contra o terceiro, no que pertine aos seus direitos sobre o bem, porque esses não serão discutidos na ação de embargos. Nessa linha, *Enrico Liebman* explica com base em dados históricos: "Estabelecida por uma constituição do Imperador Caracala, a ação podia ser, em direito romano, proposta por terceiro cuja coisa tinha sido penhorada na execução (*pignus in causa indicati captum*), devendo, então, o juiz *summatim cognoscere* da propriedade da coisa, ordenando logo que fosse a mesma compreendida ou excluída da execução, sem que sua decisão produzisse coisa julgada sobre a questão da propriedade (Lex a divo Pio, fr.15,§ 4º, Dig, de re iudicata, 31I). A sumariedade da cognição e a brevidade do processo eram possíveis, porque a *addictio* não prejudicava os direitos de terceiros sobre a coisa, pois ele os podia, depois, defender em processo ordinário".(108)

São claros os ensinamentos de *Ernane Fidélis*: "a decisão dos embargos de terceiro não alcançará o direito de propriedade do terceiro. Evidentemente, que a coisa julgada terá sua incidência naquilo que foi ou podia ter sido articulado. Se, por exemplo, for reconhecida a propriedade do embargante, não há nada que impeça a parte contrária de propor a ação pauliana, pois esta não é matéria admissível em contestação de embargos".(109)

O STJ, ao examinar a questão de prazo para opor os embargos de terceiro, não tem sido uniforme. Encontram-se decisões fixando o prazo peremptório de cinco dias da arrematação, conforme prescrito no art. 1.048 do Código de Processo Civil, conforme exemplos que se transcreve: "No processo de execução, o prazo para os embargos de terceiro é contado dos atos mencionados na parte final do art. 1.048 do CPC e não do conseqüente ato de imissão na posse. Recurso provido".(110) O prazo para o credor hipotecário também é de cinco dias, conforme afirma o STJ: "O credor hipotecário que queira opor embargos de terceiro à arrematação de bem imóvel dado em garantia deve agir no prazo de cinco dias previsto no art. 1.048 do CPC".(111)

Todavia, encontram-se também decisões reconhecendo que o prazo deve ser contado a partir da agressão à posse. *In verbis:* "o prazo para oferecimento de embargos de terceiro flui a partir da data em que este sofrer a agressão à sua posse".(112)

Em outro caso o Tribunal, ao apreciar a questão, reconheceu que o prazo de ajuizamento contra posse deferida em execução em que o terceiro não teve conhecimento da execução, art. 1.048, Código de Processo Civil, deve ser de cinco dias da imissão e não da arrematação. Transcreve-se: "o possuidor com justo título de direito de ajuizar embargos de terceiro para defesa de sua posse, tendo início o prazo com o efetivo ato

(108) *Processo de Execução*, p. 79.

(109) Cf. Ernane Fidélis, *Comentários ao Código de Processo Civil*, p. 521.

(110) STJ, 3ª Turma, Recurso Especial n. 61.711/SC, Rel. Min. Costa Leite, DJU 20.05.96, v. 83, p. 183. Da mesma forma: STJ, 3ª Turma, Recurso Especial n. 204.858/PR, Rel. Min. Nilson Naves, DJU 25.09.00, p. 99.

(111) STJ, 4ª Turma, Recurso Especial n. 29.592/PB, Rel. Min. Ruy Rosado de Aguiar, DJU 31.03.97, p. 9.632.

(112) STJ, 4ª Turma, Recurso Especial n. 258.800/GO, Rel. Min. Ruy Rosado Aguiar, DJU 27.11.00, p. 170.

de turbação. II – Conquanto a evolução doutrinária e jurisprudencial admita ordem de imissão na posse advinda do juízo da execução em que arrematado o bem, dispensando ação própria para tanto, o ato pressupõe depósito do bem em nome do possuidor direto ou convocação do mesmo para se defender. III – O despojamento de bens tem por premissa contraditório regular, não se admitindo ato espoliativo sem qualquer defesa por parte do interessado".(113)

9.9. Do ônus da sucumbência

Os ônus sucumbenciais serão, via de regra, atribuídos ao sucumbente. Se o bem, objeto dos embargos, foi indicado pelo devedor, deverá arcar com os ônus. De efeito, para fins de embargos de terceiro, embargado é quem provocou o ato de constrição judicial, devendo responder pelas custas processuais e honorários, quando vencido na ação.

Questão controvertida origina-se do ato de constrição realizado pelo oficial de justiça, sem indicação da parte. "Será justo que, vindo a concordar com o embargante, tenha o embargado que arcar com as custas e despesas, se não desejou nem deu causa ao ato? Entendo que não, nesse caso não lhe pode ser imputado a nenhum título, sendo ademais que não terá havido derrota".(114) Quanto ao tema afirma, *Ernane Fidélis*: "em hipótese como esta, a falha seria decorrente do aparelhamento judiciário e, por conseguinte, só o Poder Público poderia responder por suas conseqüências".(115)

Em ação de embargos, a qual ocorre durante o processo executivo, mas à parte deste, o critério para atribuir os ônus sucumbenciais deve ser substituído pelos critérios de atribuições das despesas, cabendo a cada um o custo do que deu causa. Nessa linha, *Mandrioli*, em comentário sobre o tema: *Perciò, in questo processo, al criterio della soccombenza si sostituisce il criterio dell"attribuzione delle spese a carico di chi subisce l'esecuzione.*(116)

A princípio, a execução se realiza por impulso do credor, devendo a ele serem atribuídos os ônus das providências indevidas, inclusive a penhora realizada no seu interesse. Naturalmente, se for o caso, caberá ressarcimento junto ao devedor, debitando-se à conta da execução. Vale lembrar aqui as palavras de *Pedro Madalena*: "Deve o juiz ter muita cautela na aplicação do princípio da sucumbência, em ações de embargos de terceiro, já que nem sempre o embargado age com culpa de modo a causar prejuízo ao embargante".(117)

---

(113) STJ, 4ª Turma, Recurso Especial n. 57.461/SP, Rel. Min. Sálvio de Figueiredo Teixeira, DJU 29.09.97, v. 102, p. 137.

(114) Cf. Frederico Fontoura Silva Cais, ob. cit., p. 123.

(115) Vide *Procedimentos especiais I*, p. 277.

(116) Crisanto Mandrioli, *Diritto Processuale Civile*, p. 37.

(117) Vide Pedro Madalena, "Embargos de terceiro, sucumbência — Inexistência de culpa do credor", *Revista dos Tribunais*, São Paulo, v. 517, ano 67, novembro 1978, pp. 245-247.

Na análise jurisprudencial verifica-se, especialmente em decisões do STJ, ser reconhecida a aplicação do principio da causalidade, em detrimento do princípio da sucumbência. Nesse sentido decisão, em que o embargante, promitente comprador sem registro no Ofício Imobiliário, obteve êxito nos embargos, entretanto não lhe foi deferido o benefício do ressarcimento dos encargos sucumbenciais. Transcreve-se:

> Sem embargo do princípio da sucumbência, adotado pelo Código de Processo Civil vigente, é de atentar-se para outro princípio, o da causalidade, segundo o qual aquele que deu causa à instauração do processo, ou ao incidente processual, deve arcar com os encargos daí decorrentes. II – Tratando-se de embargos de terceiro, imprescindível que se averigúe, na fixação dos honorários, quem deu causa à constrição indevida. III – O credor não pode ser responsabilizado pelos ônus sucumbenciais por ter indicado à penhora imóvel registrado no Cartório de Imóveis em nome dos devedores, mas prometidos à venda aos terceiros-embargantes. A inércia dos embargantes-compradores, em não providenciar o registro do compromisso de compra e venda, deu causa à penhora indevida.(118)

Em sentido similar outra decisão proferida pelo Tribunal:

> Requerendo a exeqüente, expressamente, que a penhora incidisse exclusivamente sobre a meação do cônjuge devedor, e nesses exatos termos deferida a diligência pelo Juízo, inexiste responsabilidade da credora se o Oficial de Justiça, indevidamente, procede à constrição no todo do imóvel, alcançando a parte pertencente à meeira. Caso, inclusive, em que após o acontecido, a autora imediatamente concordou com o levantamento da penhora sobre a meação da esposa. II. Desfigurada, assim, a sucumbência da exeqüente, indevida é a sua condenação ao pagamento de honorários advocatícios.(119)

Na mesma linha, decisão em que o Tribunal entendeu que a causa é que ensejaria o encargo de suportar a sucumbência, e, nesse caso, estando o imóvel registrado em nome da executada, o credor exeqüente dera causa "de modo objetivamente inquirido aos embargos, devendo-se antes a constrição à desídia do embargante, que não diligenciou a transcrição dos títulos, não lhe podem ser impostos os ônus sucumbenciais".(120)

Entretanto, nem sempre as decisões ocorrem nessa linha de pensamento. Destarte, traz-se à colação decisão, no mínimo questionável, em que o Tribunal atribuiu ao embargante os ônus, porque poderia ele ter requerido o levantamento da penhora por simples petição. *In verbis:* "Penhora efetivada sobre bem imóvel de terceiro, que não é parte no processo, por iniciativa exclusiva do Oficial de Justiça. A desconstituição da penhora poderia ter sido postulada através de simples petição nos autos da execução;

---

(118) STJ, 4ª Turma, Recurso Especial n. 264.930/PR, Rel. Min. Sálvio de Figueiredo Teixeira, DJU 16.10.00, p. 319.
(119) STJ, 4ª Turma, Recurso Especial n. 75.008/MG, Rel. Min. Aldir Passarinho Júnior, DJU 22.11.99, v. 130, p. 312.
(120) STJ, 3ª Turma, Recurso Especial n. 70.401/RS, Rel. Min. Costa Leite, DJU 09.10.95, v. 76, p. 33.560.

optando pela via dos embargos de terceiro, deve arcar com as custas processuais, pelo manejo indevido deste remédio processual".[121]

Em outro caso, o STJ, em caso de penhora sobre bem pertencente a homônimo, diante dos embargos de terceiro houve resistência à pretensão pela exeqüente-embargada, tendo por esta razão sido condenada à verba sucumbencial. Transcrevem-se excertos:

> A jurisprudência do STJ tem reconhecido a possibilidade de o exeqüente ser isentado do pagamento da verba de sucumbência imposta em embargos de terceiro, se provado que a penhora ocorrida sobre bem alheio ao do executado decorreu, exclusivamente, de equívoco do Oficial de Justiça, portanto da máquina judiciária, sem que o exeqüente opusesse qualquer resistência ao levantamento da constrição, uma vez apontado o erro (...). Caso, todavia, em que recaindo a penhora sobre imóveis pertencentes a homônimo, a exeqüente ofereceu impugnação aos embargos, resistindo ao pedido, o que culminou, inclusive, com a realização de perícia grafotécnica, pelo que, em face dessas circunstâncias, deve responder pelos ônus processuais respectivos.[122]

Em diversificados julgamentos, o STJ tem-se manifestado, em geral, no sentido de atribuir a quem deu causa os ônus sucumbenciais, assim, em caso de cancelamento da penhora antes da citação do embargado, exclui-se a condenação ao exeqüente, aos ônus da sucumbência na ação de embargos.[123] Quando julgado extinto o processo, nos termos do art. 267, IV, do Código de Processo Civil, por perda de objeto, "a condenação da exeqüente nos ônus da sucumbência em face de ter o executado exercido seu direito de defesa, que a alternativa lhe obrigava".[124] Da mesma forma, quanto à extinção do processo por fato superveniente enseja, em regra, a condenação nos ônus da sucumbência daquele que deu causa injustificadamente à demanda, devendo o juiz fazer esta avaliação. "No caso de ser reconhecida a impossibilidade de penhora de bem objeto de alienação fiduciária, a resistência ao levantamento da referida constrição enseja a condenação do exeqüente nos ônus da sucumbência, após a celebração de acordo entre o executado e o credor-fiduciario, autor dos embargos".[125] "via de regra a justificativa do princípio da sucumbência está na causalidade".[126] Assim, também quando "não tendo sido citado o embargado, descabe impor-se-lhe os encargos da sucumbência".[127] Nos casos de anistia do débito, que veio extinguir a execução fiscal, decidiu o Tribunal que a anistia "alcança tão-somente o tributo e não as verbas decorrentes da sucumbência".[128]

---

(121) STJ, 3ª Turma, Recurso Especial n. 148.322/RS, Rel. Min. Waldemar Zveiter, DJU 11.05.98, p. 93.
(122) STJ, 4ª Turma, Recurso Especial n. 176.589/MG, Rel. Min. Aldir Passarinho Júnior, DJU 26.06.00, p. 177.
(123) STJ, 4ª Turma, Recurso Especial n. 145.620/MS, Rel. Min. Ruy Rosado de Aguiar, DJU 29.06.98, p. 196.
(124) STJ, 3ª Turma, Recurso Especial n. 132.180/MG, Rel. Min. Waldemar Zveiter, DJU 15.12.97, p. 66.385.
(125) STJ, 3ª Turma, Aga. n. 114.218/RS, Rel. Min. Carlos Alberto Menezes Direito, DJU 05.05.97, p. 17.051.
(126) STJ, 3ª Turma, Recurso Especial n. 74.438/MG, Rel. Min. Waldemar Zveiter, DJU 06.05.98, p. 14.414.
(127) STJ, 4ª Turma, Recurso Especial n. 61.677/MS, Rel. Min. Barros Monteiro, DJU 02.10.95, v. 83, p. 254.
(128) STJ, 2ª Turma. Recurso Especial n. 32.734/SP, Rel. Min. Américo Luz, DJU 07.08.95, p. 23.027.

9.10. Da natureza jurídica da decisão em embargos de terceiro

A natureza jurídica da sentença que julga a ação de embargos não é questão pacificada na doutrina. Para *Pontes de Miranda,*(129) *trata-se de mandamento negativo*, porque não há necessidade de execução. Diante do acolhimento dos embargos de terceiro, o juiz dá uma contra-ordem, para retirar os efeitos da constrição sobre o bem. O juiz não expede mandado contra ele mesmo, apenas torna sem efeito a penhora ordenada ou realizada, desfaz o ato judicial.(130) *Frederico Marques*(131) diz ser constitutiva processual a sentença que julga os embargos de terceiro. *Léo Rosenberg* afirma que a natureza jurídica dos embargos é de ação constitutiva negativa, uma vez que visa "desconstituir o ato judicial abusivo, restituindo as partes ao estado anterior à apreensão impugnada".(132) *Ernane Fidélis*(133) refuta a classificação quinária de *Pontes de Miranda*, reconhecendo apenas a natureza declaratória, condenatória ou constitutiva nas sentenças, e considera a sentença em apreço de natureza declaratória. Mas, conciliando com *Pontes de Miranda* estão, *Luiz Ambra*: "Não nos parece que, na hipótese dos embargos de terceiro, se possa fugir a esta conclusão que é mandamental e negativa":(134) e *José Horácio Cintra Pereira*: "Não obstante as opiniões em contrário, não podemos senão reconhecer na sentença que acolhe os embargos de terceiro sua natureza mandamental".(135)

Por sua vez, *Araken de Assis* reconhece a força mandamental como eficácia principal da sentença de embargos de terceiro, ressalvando que esta classificação se faz sem prejuízo de outros efeitos.(136) No Direito italiano, informam *Montesano* e *Arieta*, a sentença que reconhece inexistente o direito do credor penhorante, portanto acolhe a tese do terceiro, é de caráter modificativo, no sentido de impor ao juiz da execução a remoção *ex tunc* através de provimento de ineficácia dos atos que tenham lesado os direitos do terceiro indevidamente. *Deve di rimuovere concretamente ogni efficácia della sanzione esecutiva ingiustamente applicata.*(137) Com efeito, a sentença que acolhe os embargos do terceiro é mandamental, à medida que ordena a modificação no ato de constrição. A ordem é emitida pelo próprio juiz, para que seja levantada a penhora ou o arresto.

Naturalmente, sendo sentença, a decisão que julga a ação de embargos de terceiro deverá, se houver interesse processual, ser atacada com o recurso do apelo.

A questão quanto ao instrumento jurídico a ser utilizado contra a decisão que rejeita liminarmente os embargos de terceiro também não está pacificada na doutrina.

---

(129) *Comentários ao Código de Processo Civil*, t. IX, p 35.

(130) Cf. Pontes de Miranda, *Comentários ao Código de Processo Civil*, t. XV, p. 89.

(131) Em *Instituições de Direito Processual Civil*, v. V, p. 457.

(132) Cf. Humberto Theodoro Júnior, *Processo de execução*, 19. ed., p. 416. Na mesma linha, Leo Rosenberg, *Tratado de Derecho Procesal Civil*, v. III, p. 128.

(133) *Comentários ao Código de Processo Civil*, p. 516.

(134) Vide Luiz Ambra, *Dos embargos de terceiro*, São Paulo: Revista dos Tribunais, 1971, pp. 84-85.

(135) José Horacio Cintra G. Pereira em *Dos Embargos de terceiro*, São Paulo: Atlas, 2002, p. 64

(136) Vide *Manual do Processo de Execução*, p. 1.083.

(137) Luiggi Montesano e Giovani Arieta, *Diritto Processuale Civili*, v. III, p. 178.

Ernane Fidélis dos Santos julga que "não há recurso para o caso de rejeição ou recebimento liminar dos embargos de terceiro, pois afirma que inicialmente não há um contraditório entre autor e o réu, mas simplesmente há uma ação entre autor e o juiz".[138] Entretanto, na opinião de *Araken de Assis*[139] e *Hamilton de Moraes e Barros* entre outros, a decisão que rejeita liminarmente os embargos de terceiro constitui-se em sentença e, por isto, deverá ser atacada por apelação, mas se os embargos forem recebidos liminarmente, caberá agravo de instrumento.[140] Na doutrina de *Buzaid*, "toda decisão que põe termo ao processo, é final; esta pode ser definitiva quando julga a lide, ou terminativa, quando encerra o processo, sem resolver o mérito da causa".[141] Com acerto os autores. A decisão que admite os embargos é uma decisão interlocutória, e, como tal, só é passível de ser combatida com o competente agravo de instrumento. No que se refere à decisão que rejeita a ação de embargos, a situação é outra. Há manifestação quanto ao mérito, ou rejeição formal com relação à inicial, condições da ação ou outros motivos. Sempre de caráter terminativo. Nesse caso, poderá o embargante apelar de acordo com as razões de decidir, inclusive, se for o caso, com base no art. 296 do Código de Processo Civil.

Relativamente à pretensão do terceiro em efetuar o pagamento da dívida, após expedida carta de arrematação ou adjudicação do bem, a norma processual não prevê esta possibilidade, devendo, a princípio, o terceiro ter que se submeter à vontade do arrematante, se já foi expedida a carta e transcorrido o prazo para os embargos. Evidentemente, antes da praça, sempre é possível o pagamento. Quanto ao efeito suspensivo do recurso de apelo contra a decisão que nega liminarmente o recebimento dos embargos de terceiro, em que pese a Súmula n. 267[142] do STF, em sentido contrário, temos que o instrumento do mandado de segurança poderá ser utilizado. Remédio jurídico que também serve diante da negativa de recebimento dos valores da dívida. Sendo este oferecido pelo terceiro como pagamento, após expedição da carta de arrematação/adjudicação, quando efetivamente o terceiro possuidor do bem não teve conhecimento antes da execução e do ato expropriatório. A questão é controvertida, mas a favor do terceiro, tem-se que os tribunais estão, de certa forma, minimizando o comando da Súmula n. 267 do STF, admitindo o mandado de segurança, para os casos citados.[143]

Apesar do comando da Súmula n. 268 do STF desautorizando o mandado contra decisão com trânsito em julgado, quando tratar-se de direito de terceiro: "A jurisprudência considera aceitável a segurança direcionada à coisa julgada pertinente ao terceiro que não foi parte na ação, mas teve direito líquido e certo aviltado pela decisão".[144]

(138) Em *Procedimentos especiais*, 3. ed. São Paulo: Ed. Lued, 1979, p. 96.
(139) *Manual do Processo de Execução*, p. 1.074.
(140) *Comentários ao Código de Processo Civil*, 2. ed., v. IX, p. 138
(141) Alfredo Buzaid, *Do concurso de credores no processo de execução*, p. 98.
(142) Cf. Súmula: "Não cabe mandado de segurança contra ato judicial passível de recurso ou correção".
(143) Nesse sentido Acórdão do TAPR, MS n. 59/81, *RT* v. 564, ano 71, São Paulo, outubro, 1985, p. 221.
(144) Cf. Fabrício Matielo, *Mandado de Segurança*, Porto Alegre: Síntese, 1996, p. 54.

Relativamente ao uso da medida de segurança, contra decisão que nega liminar em embargos de terceiro em decisão proferida pelo STJ, ao examinar mandado de segurança contra ato judicial, requerimento formulado por terceira na execução movida contra o seu ex-marido, ao invés da apresentação dos embargos de terceiro: "Admissibilidade, no caso, do *writ* impetrado. Incidência da Súmula n. 202-STJ. Em hipóteses excepcionais, cabe o uso do remédio constitucional contra decisão que desafie a interposição de recurso desprovido de efeito suspensivo, quando se cuidar de ato abusivo ou manifestamente ilegal, presente ainda a perspectiva da irreparabilidade do dano. A impetração de segurança por terceiro, contra ato judicial, não se condiciona à interposição de recurso".(145)

9.11. *Da fraude contra credores em embargos de terceiro*

Questiona-se da possibilidade de ser alegada a fraude contra credores, em sede de defesa de embargos de terceiro, especialmente quando afastada a tese inicial de fraude de execução. Muitos autores(146) acenam negativamente, inadmitindo a tese. Mas há quem os admita, como, por exemplo, *Washington de Barros Monteiro*, o qual diz que o reconhecimento da ação pauliana depende de ação revocatória na generalidade, mas admite poder ser também proclamada em concurso de credores e, inclusive, em embargos de terceiro.(147)

Yussef Said Cahali ressalva que, embora, em princípio, seja exigido o exercício da ação revocatória para declarar a fraude contra credores, a jurisprudência vem se firmando no sentido de admitir essa modalidade de fraude, suscitada pelo embargado credor na ação de embargos de terceiro, pelo adquirente do bem.(148) O autor cita outros autores que aceitam seja a fraude contra credores apreciada em embargos de execução, corroborando no sentido de se acreditar que compactua com a idéia, o que afinal o faz de forma expressa, mas não sem antes ressaltar argumentos contrários, além dos favoráveis à sua tese. Ressalte-se os seguintes argumentos: o exeqüente, ao defender-se em ação de embargos de terceiro, não pode suscitar a fraude contra credores, postulando a anulação do ato jurídico. Na opinião do autor, uma das principais razões, a afastar a pretensão de julgamento de fraude contra credores em sede de embargos de terceiro, reside no fato de os embargos de terceiro não comportarem a reconvenção, posto que não tenha forma de reconvenção a defesa oferecida pelo embargado.

---

(145) STJ, 4ª Turma, Recurso Ordinário em Mandado de Segurança n. 8.315/SC, Rel. Min. Barros Monteiro, DJU 28.09.98, p. 58.

(146) Nesse sentido, Humberto Theodoro Júnior, *Fraude contra credores*, p. 164; Amílcar de Castro, *Comentários ao Código de Processo Civil*, p. 86; Pontes de Miranda, *Comentários ao Código de Processo Civil*, t. IX, p. 450; Cândido Rangel Dinamarco, *Execução Civil*, p. 103; Hamilton de Moraes e Barros, *Comentários ao Código de Processo Civil*, v. IX. n. 190, p. 396; Nelson Nery da Silva Júnior, "Fraude contra credores e embargos de terceiro", *Revista Ajuris, Porto Alegre, n. 23, ano VIII, pp. 97-106, nov 1981 RJTJESP*, SP, ano 16, julho-agosto/ 1982, v. 77, p. 21.

(147) Vide *Curso de Direito Civil*, v. 1, p. 223.

(148) Vide *Fraudes contra credores*, p. 85.

O legislador não quis que a contestação tivesse valor reconvencional, porque assim não foi previsto. Quando o legislador quer, ele é intencionalmente expresso.[149] Na mesma acepção do mencionado autor, tratando da reconvenção, em sede de embargos de terceiro, *Clito Fornaciari* assim se pronuncia: "Os embargos de terceiro também não comportam a reconvenção. Em primeiro lugar porque a participação do embargado é bastante mitigada, somente se permitindo ele pugnar pela manutenção do ato judicial atacado".[150] O art. 1.053 do Código de Processo Civil menciona apenas a contestação como forma de manifestação do réu, com a defesa na forma do art. 803 do Código de Processo Civil, "onde a reconvenção não tem assento".[151] É de se lembrar que o art. 315 do Código de Processo Civil, no seu § 2º, veda a reconvenção em procedimento sumaríssimo. A razão é de ordem prática, este rito deve ser célere. Os embargos de terceiro devem ser levados de forma sumária, pela necessidade da celeridade e por tratar-se de incidente processual, e não ação autônoma. O campo e o alcance da instrução da ação incidental são menores que os da ação ordinária, portanto, não se pode pretender que a ação de embargos abarque a ação ordinária, e, sendo assim, haveria prejuízo para ambas as peculiaridades de cada uma ficariam prejudicadas.

Em resumo, cita *Yussef Said Cahali*, ainda a título de fundamento contra a apreciação da fraude contra credores em sede de embargos de terceiro, os seguintes aspectos: o negócio jurídico, praticado em fraude contra credores, é anulável, e não nulo de pleno direito; a nulidade somente pode ser demandada por ação pauliana, pois reclama a integração da lide no pólo passivo de todos os que participaram do ato fraudulento; a ação pauliana, possibilita ampla dilação probatória, seja quanto ao libelo ou quanto à defesa; a nulidade relativa ou anulabilidade não se pronuncia de ofício, devendo ser julgada por sentença; a sentença pauliana é de anulação, resolvendo-se na desconstituição do ato; somente na ação pauliana, anulado o ato fraudulento, restituir-se-ão as partes ao estado em que antes dele se achavam.[152]

A favor da apreciação da fraude contra credores, em sede de embargos de terceiro, os seguintes argumentos trazidos a lume por *Yussef Cahali*: é possível, pois inexiste lei que impeça o exame da fraude pauliana em embargos de terceiro. A falta de participação do executado, alienante de direitos, é meramente formal; a pretensa estreiteza do âmbito dos embargos não vale como argumento em favor da parte contrária, pois a experiência demonstra que, embora havendo procedimento especial, não impede que seja assegurado aos interessados ampla dilação probatória; também no processo ordinário o juiz poderá dispensar a realização da audiência de instrução, julgando antecipadamente a lide e verificando a necessidade de produção de prova testemunhal; a decisão dos embargos não deve se limitar à aplicação formal do § 2º do art. 939 do Código de

---

(149) Vide *Fraude contra credores*, pp. 358-361.

(150) Clito Fornaciari, *Da Reconvenção do Direito Processual Civil Brasileiro*, 2. ed., São Paulo: Saraiva, 1983, p. 37.

(151) *Da Reconvenção do Direito Processual Civil Brasileiro*, 2. ed. Nesse mesmo sentido, veja-se Hamilton de Moraes e Barros, *Comentários ao Código de Processo Civil*, 2. ed., p. 374; Nelson Nery da Silva Júnior, "Fraude contra credores e os embargos de terceiro", *Revista Ajuris*, Porto Alegre, ano VIII, 1981, n. 19, p. 94.

(152) *Fraudes contra credores*, pp. 366-368.

Processo Civil, mas, com mais amplitude, deve partir da própria evidência de fraude; tendo um ato fraudulento anulável e desconstituída a sentença que o anula, a sentença que rejeita os embargos, acolhendo a exceção da fraude contra credores, desfaz o negócio jurídico, assim como a sentença pauliana. Embora existam entendimentos no sentido de que o embargado pode alegar e discutir a fraude em sua defesa, e se esta for havida como procedente, a conseqüência será não a declaração de nulidade do negócio jurídico, mas a improcedência do pronunciamento mandamental, requerido pelo embargante; o art. 231 da anterior Lei dos Registros Públicos dispunha que o registro poderá ser retificado ou anulado pelas decisões proferidas sobre fraude de credores, quer em ação direta, quer indiretamente, quando rejeitados embargos de terceiro. A lei atual prevê no art. 216 que o registro poderá também ser retificado ou anulado por sentença em processo contencioso, ou por efeito do julgado em ação de anulação, ou de declaração de nulidade do ato jurídico, ou de julgado sobre fraude à execução; a falta de participação dos executados é meramente formal, visto que não é verossímil que eles ignorem a existência desse procedimento acessório à execução e a ela apensado.(153)

Registre-se a opinião citada pela maioria dos autores que tratam do tema, numa acepção, diga-se, permissiva do italiano *Antônio Butera*, a ação pauliana ou revocatória, unificação da originária ação pauliana ou do interdito fraudatório, pode fazer valer-se, por via de ação ou de exceção e, também, em linha reconvencional ou de réplica, ou de intervenção.(154) Não se pode olvidar que a cognição de *Butera* tem por base o Direito italiano, com características diferenciadas do Direito brasileiro, especialmente no que diga respeito ao processo executivo. Recorde-se não haver previsão processual para a fraude de execução no Direito italiano e que as questões de penhora de bens, entre outras, eminentemente de caráter processual, são tratadas no italiano, com o que é possível entender a ausência de distinção entre as questões de direito processual com as questões de direito privado.

Para *Pontes de Miranda*, a matéria da *actio* pauliana é passível de ser aceita nos embargos de terceiro. Afirma o autor: "Errada a afirmação de que a matéria da *actio* Pauliana não cabe nos embargos de terceiro".(155) A discussão sobre o dolo ou outro vício, inclusive fraude a credores, não se dirige contra o "negócio jurídico processual", pois o ataque é ao negócio jurídico material. Destarte, a "ação pauliana apenas enche o pedido de mandamento negativo".(156) Pretende o autor que sirva a fraude contra os credores como fundamento para resolver sobre a constrição judicial sobre o bem, embora não julgue o negócio jurídico realizado entre o terceiro e o devedor.

Em que pese os respeitáveis argumentos favoráveis, a Súmula n. 195(157) do STJ se posiciona contra a apreciação da fraude contra credores, em sede de embargos.

(153) *Fraudes contra credores*, pp. 366-370.

(154) *Dell'Azione Pauliana*, o Revocataria, Turim. UTET, 1934, p. 347.

(155) Pontes de Miranda, *Comentários ao Código de Processo Civil*, t. XV, p. 43.

(156) Em *Comentários ao Código de Processo Civil*, t. XV, pp. 43-44.

(157) "Em embargos de terceiro, não se anula ato jurídico por fraude contra credores".

No mesmo sentido, *Cândido Dinamarco*: "A fraude a credores não é suscetível de discussão nos embargos de terceiro, porque o negócio fraudulento é, originariamente, eficaz e só uma sentença constitutiva negativa é capaz de lhe retirar a eficácia prejudicial ao credor. Essa sentença de desconstituição é a que lhe acolhe a chamada "ação pauliana" e, sem ou antes que seja dada, o bem não responde pela obrigação do vencedor e a penhora é indevida e ilegal. Os embargos opostos hão de ser acolhidos, desde que presentes os requisitos indispensáveis, sem qualquer consideração à eventual fraude a credores perpetrada pelos contraentes".(158)

A seu turno, adverte *Humberto Theodoro Júnior*: "Ajuizados os embargos de terceiro, não seria possível ao credor invocar em singela contestação o que, pela lei, depende de anterior ação e sentença constitutiva. Daí que, inquestionavelmente, não cabe, sem quebra de sistemática do próprio tratamento legal da fraude, pretender solucionar semelhante conflito no campo acanhado dos embargos de terceiro".(159) A propósito, conclui *Mário Aguiar Moura*: "Embora tenha presente a valorização do caráter instrumental do processo, (...), considero que a orientação mais consentânea com os preponderantes princípios processuais, esgrimidos no tema, é a que contraria a possibilidade de desconstituição de contrato em fraude contra credores, por via dos embargos de terceiro. Só a via própria da ação pauliana (...), em obediência aos postulados de segurança e estabilidade do instrumento processual da lide".(160)

Nos tribunais, a questão foi bastante debatida, com alterações ao longo do tempo, por parte do STF, inicialmente favorável à idéia,(161) alterando posteriormente seu posicionamento, concluindo contrariamente.(162) Após a Constituição de 1988, a matéria passou para a competência do STJ, onde foi reaberta a discussão, de início, aceitando(163) a alegação de fraude contra credores em sede de execução. Posteriormente, a jurisprudência evoluiu, chegando afinal à Súmula n. 195 do STJ, vedando tal hipótese, com o seguinte comando: *Em embargos de terceiro, não se anula ato jurídico por fraude contra credores.*

Agiu com acerto o STJ, quando sumulou no sentido de inadmitir a apreciação de fraude pauliana em sede de defesa de embargos de terceiro. Vale lembrar que os embargos são opostos à execução. A alegação cabível seria de fraude de execução, e nunca fraude contra credores. A ação prevista no Código Civil é ordinária. As questões de mérito, a serem apreciadas, sujeitam-se às regras estabelecidas no direito material.

(158) Cândido Rangel Dinamarco, "Fraude contra credores alegada nos embargos de terceiro", *In: Fundamentos do processo civil moderno*, 5. ed., t. 1, p. 567.

(159) *Curso de Direito Processual Civil*, v. III, 16 . ed., Rio de Janeiro: Forense, 1997, p. 325.

(160) Mario Aguiar Moura, "Fraude contra credores e embargos de terceiro", *Revista dos Tribunais*, São Paulo, n. 617, março, 1987, pp. 25-27.

(161) Rec. Extraordinário n. 75.043, Rel. Min. Djaci Falcão, DJU, 04.12.78. Na mesma linha: RE. n. 86.225 Rel. Min. Xavier de Albuquerque, *RTJ* n.80, abril, 1977, Brasília, p. 305.

(162) Nessa linha, vejam-se as seguintes decisões: STF, RE n. 102.564, 1ª T, Min. Rafael Mayer, j. 03.08.84, *RTJ*, v. 111, Brasília, janeiro, 1985, p. 449; STF, RE n. 103.907-8, *RT* n. 595, maio 1985, São Paulo, p. 285; RE n. 110.106-SP, 1ª Turma, Rel. Min. Rafael Mayer, j. 10.09.86, *RTJ*, v. 119, Brasília, fevereiro, 1987, p. 897.

(163) Nesse sentido: STJ, 4ª Turma, Rec. especial n. 5.307, Rel. Athos Gusmão Carneiro, DJU 08.03.93, p. 3.119.

"Assim, não seria possível ao credor, em simples embargos de terceiro intentado pelo adquirente, argüir como matéria de defesa a ocorrência de fraude contra credores."[164] É de se observar que o principal sujeito passivo da ação de fraude contra credores é o alienante, que, na execução, é o devedor, o qual, em sede de embargos de terceiro, via de regra, não participa.[165] Se participar, será como litisconsorte do credor, na hipótese de ser ele — devedor — que tenha indicado o bem para penhora. O adquirente, por sua vez, poderia ser demandado como litisconsórcio passivo, na pauliana, ao lado do devedor. Nos embargos, é autor e demanda contra o credor, eventualmente, contra o devedor. Diante dessas observações, é imperioso deduzir que a admissão da pauliana em sede de embargos causaria confusão entre as partes, sendo este um motivo relevante e suficiente para afastar a sua admissibilidade.

A lei processual nada dispõe a respeito dos bens em fraude de credores, devendo ser buscada a solução no Direito privado, especificamente no Código Civil de 2002, arts. 158 a 165, para, com seu resultado, aproveitar futura execução. Vale aqui lembrar as enfáticas palavras de *Cândido Dinamarco*: quanto à discussão "em torno da admissibilidade de ser considerada, no julgamento dos embargos de terceiro, a fraude contra credores, alegada pelo embargado-credor a resposta é negativa. A fraude a credores não é suscetível de discussão nos embargos de terceiro".[166] Com efeito, a sede para apreciação de fraude contra credores é a ação pauliana — trata dos atos jurídicos, disciplinados pelo direito privado, não podendo servir para tanto os embargos de terceiro — ação incidental — em execução, disciplinado pelo direito processual. A fraude de execução tem por escopo a insubordinação à autoridade estatal, representada pelo juiz no processo, enquanto o instituto da fraude contra credores visa atacar diretamente o negócio jurídico realizado na esfera privada.

Entretanto, como já se disse antes, a alegação de fraude à execução, pelo embargado, em defesa dos embargos do terceiro é admitida. Sendo esta uma prática comum, diante da defesa apresentada pelo terceiro, atacando o ato de constrição do bem, sob argumento de ser titular de direito sobre o bem e de ser estranho à execução.

A jurisprudência é tranqüila no sentido de inadmitir argüição de fraude contra credores, em sede de apreciação de embargos de terceiro, contra penhora, em processo executivo. Nesse sentido, colacionam-se excertos de julgados: "Já decidiu a Corte que a fraude contra credores não pode ser reconhecida em embargos de terceiro, requerendo o ajuizamento de ação própria";[167] "consoante a doutrina tradicional, fundada na letra do Código Civil, a hipótese é de anulabilidade, *sendo inviável concluir pela invalidade em embargos de terceiro, de objeto limitado*, destinando-se apenas a afastar a constrição judicial sobre bem de terceiro";[168] "*a fraude contra credores não pode ser reconhecida*

---

(164) Cf. Amílcar de Castro, *Comentários ao Código de Processo Civil*, p. 86.

(165) Cf. Hamilton Moraes e Barros, *Comentários ao Código de Processo Civil*, p. 376.

(166) Cf. Estudos publicados na Revista *Ajuris*, v. 23, pp. 93-105.

(167) STJ, 3ª Turma, Recurso Especial n. 257.657/RS, Rel. Min. Carlos Alberto Menezes Direito, DJU 11.12.00, p. 196.

(168) STJ, 3ª Turma, Recurso Especial n. 80.584/SP, Rel. Min. Eduardo Ribeiro, DJU 16.03.98, v. 89, p. 281.

em embargos de terceiro, necessitando ação própria (Súmula 195/STJ)";[169] "o reconhecimento de *fraude contra credores*, com a participação do adquirente do bem, só pode se dar na ação própria";[170] "Nos termos do Enunciado n. 195 da súmula desta Corte, 'em embargos de terceiro não se anula ato jurídico, por fraude contra credores'";[171] "consoante a doutrina tradicional, fundada na letra do Código Civil, a hipótese é de anulabilidade, sendo inviável concluir pela invalidade em embargos de terceiro, de objeto limitado, destinando-se apenas a afastar a constrição judicial sobre bem de terceiro";[172] "inviável o reconhecimento de fraude contra credores em sede de embargos de terceiro";[173] "Embargos de terceiro: *O reconhecimento de fraude contra credores*, com a participação do adquirente do bem, só pode se dar na ação própria";[174] "*fraude contra credores, embargos de terceiro*/ação pauliana, a fraude é discutível em ação pauliana, e não em embargos de terceiro";[175] "consoante a doutrina tradicional, a hipótese é de anulabilidade, sendo inviável concluir pela invalidade em embargos de terceiro, de objeto limitado, destinando-se apenas a afastar a constrição judicial sobre bem de terceiro".[176] (grifos nossos)

9.12. A defesa do terceiro e a fraude de execução em face da alienação de bens objeto de ação fundada em direito real

Os bens, objeto de ação fundada em direito real, estão sujeitos à execução. Desta forma, o terceiro adquirente está sujeito à sentença proferida na ação litigiosa que versa sobre o direito real, por força do art. 42 combinado, no que couber, ao inciso I do art. 593 e incisos I e V do art. 592 do Código de Processo Civil.

Na ação fundada em direito real, a norma processual autoriza, especificamente, a participação do terceiro adquirente do bem.[177] Poderá, se assim consentir a parte contrária, substituir o alienante ou cedente. Poderá, no entanto, independente de consentimento, intervir no processo, assistindo o alienante/cedente.[178] Com a previsão legal, estará o terceiro adquirente em condições de, pelo menos, acompanhar o processo. Nesse caso, a matéria a ser alegada em embargos de terceiro ficará mais limitada. Evidentemente, questões apreciadas quanto ao mérito, na ação principal, não poderão ser renovadas pelo terceiro em sede de embargos.

---

(169) STJ, 3ª Turma, Aga. n. 217.972/SP, Rel. Min. Waldemar Zveiter, DJU 20.03.00, p. 72.

(170) STJ, 2ª Turma, Recurso Especial n. 54.150/SP, Rel. Min. Ari Pargendler, DJU 17.03.97, p. 7.461.

(171) STJ, 4ª Turma, Recurso Especial n. 159.919/SP, Rel. Min. Sálvio de Figueiredo Teixeira, DJU 14.06.99, p. 200.

(172) STJ, 3ª Turma, Recurso Especial n. 122.523/SP, Rel. Eduardo Ribeiro, DJU 08.03.99, p. 217.

(173) STJ, 3ª Turma, Recurso Especial n. 145.001/SP, Rel. Min. Waldemar Zveiter, DJU 08.06.98, p. 94.

(174) STJ, 2ª Turma, Recurso Especial n. 162.419/MG, Rel. Min. Ari Pargendler, DJU 25.05.98, p. 87; STJ, 2ª Turma, Recurso Especial n. 54.150/SP, Rel. Min. Ari Pargendler, DJU 17.03.97, p. 7461; STJ, 2ª Turma, Recurso Especial n. 45.453/SP, Rel. Min. Ari Pargendler, DJU 16.12.96, p. 50.826.

(175) STJ, Corte Especial, Recurso Especial n. 46.192/SP, Rel. Min. Nilson Naves, DJU 05.02.96, v. 101, p. 351.

(176) STJ, 3ª Turma, Recurso Especial n. 40.805/RJ, Rel. Min. Eduardo Ribeiro, DJU 08.05.95, p. 12.386.

(177) Nesse sentido, Yussef Said Cahali, *Fraudes condtra credores*, p. 415.

(178) Conforme §§ 1º e 2º do art. 42 do Código de Processo Civil.

Importante ressaltar que a sentença proferida entre as partes originárias estenderá seus efeitos ao adquirente ou ao cessionário conforme previsão do § 3º do art. 42 do Código de Processo Civil.(179) Diante da prescrição na norma, conclui-se que, no caso da participação do terceiro durante o processo, mesmo que somente como assistente, dificilmente restarão argumentos novos para serem levantados em sede de embargos de terceiro.

A fraude nesse caso poderia ter alguma razão de ser para efeitos de embargos de terceiro, na hipótese de o adquirente desconhecer a ação, não participar da mesma nem mesmo como assistente. De qualquer forma, a lei é clara ao estender, à sujeição direta, os bens alienados ou cedidos, quando forem objeto de ação fundada em direito real, *ex vi* do inciso I do art. 593 do Código de Processo Civil. Dessa forma, o terceiro não poderá se opor à execução. Os efeitos da sentença o atingem, a lei autoriza a execução sobre tais bens.

A alienação do direito relativo ao bem litigioso não se configura fraude. Assim, o demandado pode transferir os direitos e as obrigações decorrentes da sentença que será proferida no processo. Nesse caso, o terceiro, conscientemente, assume o risco de sujeitar-se à execução, porque não adquiriu o próprio bem. Todavia, se o réu "alienou o próprio bem frauda à execução, na forma do art. 593, I, do Código de Processo Civil".(180)

Em todos os casos, no que incidir o inciso I do art. 593, a defesa contra a alegação de fraude de execução só poderá versar sobre os pressupostos para configuração da fraude. Nesse caso, a insolvência do devedor não é requisito para constituir a fraude, não sendo relevante o fato de o executado possuir outros bens, porque justamente o que pretende o autor da execução da ação é o bem e não a satisfação pecuniária. Portanto, a defesa se restringe às questões de existência de ação fundada em direito real, relativamente ao marco inicial da ação, comparado com a data do negócio jurídico realizado entre o terceiro e o devedor.

Embora não seja requisito para configurar a fraude o registro da ação fundada em direito real, previsto no art. 167 da Lei n. 6.015/73, evidentemente, o fato de ter sido providenciado o registro faz prova contra o terceiro adquirente do bem, tornando bastante limitada sua defesa. Nesse sentido *Pontes de Miranda*: "Inscritas as ações reais, ou reipersecutórias, inclusive possessórias, quando for o caso (...) ficam, desde logo, considerados bens litigiosos para o efeito de apreciação de fraude de posteriores alienações".(181) De forma precisa, *Moacyr Amaral Santos* afirma que, não havendo registro da ação, "ainda aí existe a fraude, cumpre ao exeqüente prová-la".(182) Numa clara alusão de que o registro faz prova a favor do credor, contrário senso, contra o terceiro adquirente. Na opinião do referido autor, o credor deverá provar que o terceiro adquirente

(179) Nessa linha de pensamento, Yussef Said Cahali, *Fraudes contra credores*, p. 414.

(180) Cf. Carlos Alberto Álvaro de Oliveira, *Alienação da coisa litigiosa*, Rio de Janeiro: Forense, 1986, p. 139 e Araken de Assis, *Comentários ao Código de Processo Civil*, p. 234.

(181) Em *Comentários ao Código de Processo Civil*, t. VI, p. 470.

(182) *Primeiras Linhas do Direito Processual Civil*, 5. ed., v. III, n. 880, p. 252.

do bem ou beneficiário com a oneração tinha conhecimento da ação pendente, contra o alienante ou instituidor do ônus real. Na mesma linha, *Amílcar de Castro* expressa que, se a inscrição no registro imobiliário não for feita, a posição do autor-credor se alterará, cabendo, nesse caso, ao autor provar, pelos meios admitidos em direito, *que houve fraude, que o terceiro tinha ciência da ação.*(183)

Na acepção de *Ronaldo Bretas de Carvalho Dias*, a presunção do inciso I do art. 593 é *iuris tantum*, ou relativa da fraude, admitindo-se ao terceiro adquirente do bem, objeto do litígio, o ônus de provar que o ato não se deu em fraude. Segundo o autor, a mera existência da ação oferece a publicidade necessária para que o terceiro adquirente, observando a cautela necessária, possa aquilatar a situação dos envolvidos, mediante a obtenção de certidões negativas de distribuição em nome do alienante, no foro do imóvel e no foro do alienante. Em face da previsão legal dos arts. 42, 635 e 626, do Código de Processo Civil, o terceiro é atingido pela sentença, devendo depositar a coisa, objeto do litígio, para somente depois ser ouvido. Portanto, o terceiro terá que propor ação de embargos para aduzir sua defesa. Como autor embargante, terá o ônus de provar o seu desconhecimento sobre a existência da ação fundada em direito real. A prova negativa é de difícil execução, e, nesse passo, a presença das certidões negativas seria de curial importância. Entretanto, assevera *Ronaldo Bretas* que, se for feita a inscrição do ato citatório da ação fundada em direito real, "esta tem o condão de acarretar a presunção *iuris et de iure* de que o adquirente tinha conhecimento da ação litigiosa".(184)

A questão da presunção absoluta, diante do registro da ação, bem como da penhora, é tema abordado no item próprio que trata do registro, o que releva aqui salientar é que, para efeitos de defesa do terceiro, a questão na doutrina é controvertida, sendo difícil a defesa contra alegação de fraude no caso de aquisição de bem, objeto de litígio judicial, ainda mais se houver sido registrada a ação.

Cumpre ressaltar para aqueles que defendem a obrigatoriedade do registro da ação(185) que, quando se tratar de ação fundada em direito real, por força da norma que trata dos registros públicos, deve ser lembrado que, diante do afastamento da tese da fraude, decorrente da ausência do registro da ação, hipótese difícil de ser aceita judicialmente, restaria ainda, a favor do credor exeqüente, e contra o terceiro, o disposto no art. 593, II, o qual amplia o campo de aplicação do instituto da fraude, abrangendo todos os casos de alienação de bens realizados a partir do momento em que é instaurada a demanda, inclusive de conhecimento muito antes da penhora. Naturalmente, nesse caso, o pressuposto da insolvência teria influência.

Ante o exposto por último, sugerem a cautela e a boa técnica de defesa em favor do terceiro que, além da discussão a respeito das questões que possam ser suscitadas a partir da incidência do inciso I do art. 593, deve-se, sempre que possível, de plano,

(183) Vide *Comentários ao Código de Processo Civil*, p. 471.

(184) Vide "Da Fraude à Execução...", p. 290.

(185) Vide, com especificidade, no título próprio: Fraude de execução e o sistema registral, no presente trabalho.

dada a sumariedade com que são levados os embargos, apresentar, junto com a inicial, as provas da solvência do devedor executado, na data da transferência do bem, o que afastaria a aplicação do inciso II do art. 593.

Naturalmente, a questão do registro da ação prevista no art. 167, itens 5, 21, 25, e art. 240, da Lei de Registros Públicos, deve ser vista como fator importante no sentido de prova. Equivale dizer, havendo registro da ação no Ofício Imobiliário, o ônus da prova de inexistência de fraude e de boa-fé caberá ao embargante, incumbência extremamente difícil de levar a cabo. É de se considerar ainda que reside contra o terceiro, no caso de aquisição de bem litigioso, a corrente doutrinária(186) que defende serem indiferentes os aspectos subjetivos relativamente ao adquirente, no que se refere à aquisição. Nessa linha, a boa ou má-fé do adquirente é irrelevante, o bem litigioso sujeita-se sempre à execução, restando ao terceiro, de boa-fé, buscar o ressarcimento através de ação própria a ser exercitada contra o alienante, devedor na execução.

Não havendo registro da ação no serviço registral, ainda assim a norma processual protege o autor da ação, uma vez que registro não é requisito para configurar a fraude, a prova pelo terceiro se mostra viável. Sem embargo do exposto, é de se considerar que a transferência do bem feita pelo demandado na ação que versa sobre direito real, quando afinal tem contra si a sentença, equivale à alienação de bem de terceiro, sem autorização deste. Veja-se que tendo sido vencido na ação, o bem será reconhecidamente de propriedade do autor da ação, portanto, não será do réu. Se este réu alienou o bem, objeto da ação, afinal alienou o que não era seu, nesse caso pode-se dizer que não tinha titularidade para alienar, sendo ineficaz o ato de transferência, cabendo ao terceiro prejudicado, se for o caso, a ação de ressarcimento dos prejuízos.

Todavia, como já analisado no item 5.5, os critérios objetivos visados no exame da fraude de execução, em que pese os requisitos objetivos prescritos no art. 592, V, c/c inciso I do art. 593, têm sido mitigados pela doutrina e pela jurisprudência. A esse respeito, traz-se exemplo de julgado em que o desconhecimento do terceiro foi julgado relevante para afastar a tese de fraude de execução. *In verbis:* "Não caracteriza fraude à execução a alienação do bem sem que haja o registro de citação válida em ação real ou pessoal, que possa repercutir sobre os bens do devedor, nem se podendo afirmar que o adquirente tivesse ciência da constrição."(187) O Tribunal manteve a decisão de primeiro grau, uma vez que o acórdão recorrido entendeu não haver provas suficientes nos autos que caracterizassem o seu conhecimento da execução ou do ato de constrição. No mesmo sentido outra decisão do Tribunal: "A caução, direito real de garantia, deve estar averbada no registro de imóveis para ser oponível ao terceiro adquirente".(188) Em outro julgamento, a existência de registro da hipoteca, executada posteriormente, serviu como prova presumida do conhecimento pelo terceiro adquirente; neste caso, os embargos do terceiro foram afastados em face de a aquisição por instrumento particular

(186) Cf. Arruda Alvim, "O Terceiro Adquirente...", p. 193.
(187) STJ, 3ª Turma, Recurso Especial n. 111.899/RJ, Rel. Eduardo Ribeiro, DJU 08.11.99, p. 75.
(188) STJ, 3ª Turma, Recurso Especial n. 164.472/MS, Rel. Eduardo Ribeiro, DJU 03.08.98, p. 236.

ter se dado em data anterior ao registro da hipoteca no Ofício Registral. *In verbis*: "A execução da hipoteca, formalizada e inscrita, não pode ser obstaculizada por direito de posse de outrem, nem pela posterior alienação da coisa sobre a qual incide. Não há incompatibilidade entre a execução prevista no Decreto-lei 70/66 e a Constituição Federal".[189]

9.13. A defesa do terceiro e a fraude pela alienação de bens livres e desembaraçados

A fraude de execução verificada pela alienação ou oneração de bens que se encontram livres e desembaraçados no patrimônio do devedor está prevista no inciso II do art. 593 do Código de Processo Civil. É a fraude mais habitual prevista pelo direito, dada a abrangência do instituto da fraude. Observe-se que a norma processual considera, em fraude de execução, as alienações e onerações feitas desde quando pendia qualquer demanda contra o executado, seja ação de conhecimento, cautelar ou mesmo de execução. Assim, todo ato de alienação ou oneração realizado pelo devedor, enquanto pendia demanda, é passível de ser enquadrado como fraude. Mas não basta a existência de demanda, é preciso que se verifique a presença do segundo requisito, qual seja, de que a alienação ou oneração realizada leve o devedor à insolvência. Com efeito, "para caracterizar-se a fraude à execução, é imprescindível a prova da insolvência do devedor".[190] Ou, ainda: *"se, porém, a constrição ainda não se efetivou, mas houve citação, a insolvência de fato é pressuposto, incidindo a norma do art. 593-II, Código de Processo Civil"*.[191] (grifos nossos) A demanda como mencionado no presente, é contada a partir da citação válida, nessa linha decisão do STJ: "Segundo a orientação firmada na 1ª Seção do STJ não se configura fraude à execução a alienação de bens ocorrida antes da citação válida do devedor."[192]

Nesse caso, a rigor, não há por que se cogitar de registro de ação nem de penhora. Não está em jogo específico e determinado bem, mas, sim, a garantia potencial representada pelo patrimônio do devedor. Evidente que, existindo registro da citação da ação, mesmo que a ação não trate de direito real,[193] o registro confere à ação o caráter de publicidade, dificultando ao terceiro a prova de que desconhecia a existência de demanda contra o devedor.

Conjugando-se os dois requisitos, ou seja, existência de demanda e insolvência, configurada está a fraude de execução, *ex vi* do inciso II do art. 593 do Código processual.

---

(189) TRF, 1ª Região, 4ª Turma, Apelação Cível n. 1999.010.00.38887-7/PA (00099878), da Rel. Juiz Ítalo Mendes, DJ 04.08.00, p. 232.

(190) STJ, 4ª Turma, Recurso Especial n. 153.020/SP, Rel. Barros Monteiro, DJU 26.06.00, p. 176.

(191) STJ, 4ª Turma, Recurso Especial n. 235.267/SP, Rel. Sálvio de Figueiredo Teixeira, DJU 08.03.00, p. 126.

(192) STJ, 2ª Turma, Agravo Regimental no Recurso Especial n. 120.561/SP, Rel. Nancy Andrighi, DJU 05.06.00, p. 137.

(193) Vale lembrar a Lei n. 6.015/73, prevendo o registro das citações das ações pessoais reipersecutórias no item 21 do art. 167.

Evidentemente, deve-se observar se o ato de alienação ou oneração, realizado na constância da demanda, provocou a insolvência do devedor transmitente. Seguindo esta linha, decidiu o STJ: "Com citação precedente válida o reconhecimento da existência de fraude de execução na alienação dependeria da prova de que a demanda reduziria os devedores à insolvência".(194) Em outro caso, no mesmo sentido: "Configura fraude de execução a alienação de bem sob constrição desde que atendidos os pressupostos de pendência de demanda, com citação válida, e do estado de insolvência a que, em virtude da alienação ou oneração foi conduzido o devedor".(195) Assim, se na época da transferência ou da oneração do bem, o devedor possuía outros bens em seu patrimônio, com capacidade para garantir as dívidas existentes ou decorrentes da demanda iniciada, a fraude, quanto ao ato em apreço, é desconfigurada. A fraude dar-se-á a partir do ato que torna o devedor insolvente. As transferências, realizadas daí em diante, são tidas como fraude de execução, as anteriores não. Sem embargo do afirmado, a *fraude de execução se contenta com a insolvência de fato.*(196)

Diante da sintética exposição, é possível extrair, em defesa do terceiro embargante, os seguintes aspectos a serem alegados e provados, adequando-os ao caso concreto. Primeiro, se o ato de alienação ou de oneração do bem ao terceiro deu-se antes da instauração da demanda. Nesse caso, a prova é mais simples. A apresentação de documento idôneo, de preferência por instrumento público, certidão do registro de imóveis, ou mesmo escritura pública não registrada, compromisso de compra e venda lavrado em cartório, ou outros documentos que, de alguma forma, possam oferecer, de forma contundente, prova de que tenham sido realizados antes da demanda. O compromisso de compra e venda particular com firmas autenticadas por tabelião à data do feito, será prova a ser apreciada, mas, com certeza, de valor inferior aos documentos públicos. O conhecimento notório da posse faz prova a favor do terceiro contra a fraude e é prova relativa. De qualquer forma, poderá servir de complemento à prova de aquisição realizada por documento particular.

No Direito italiano, os documentos capazes de fazer prova a favor do terceiro, contra ato de constrição judicial realizado sobre bens de sua propriedade, estão previstos legalmente. O DPR 602/73 exige que a prova do terceiro, para se opor à execução, seja feita através de documento público ou sentença transitada em julgado, ou, ainda, documento escrito particular autenticado, contendo data certa anterior ao ato constritivo.(197)

---

(194) STJ, 3ª Turma, Recurso Especial n. 145.296/SP, Rel. Waldemar Zveiter, DJU 20.03.00, p. 70.

(195) STJ, 5ª Turma, Recurso Especial n. 190.695/SP, Rel. José Arnaldo da Fonseca, DJU 04.10.99, p. 90.

(196) STJ, 4ª Turma, Recurso Especial n. 101.472/RJ, Rel. Sálvio de Figueiredo Teixeira, DJU 28.04.97, p. 15.876.

(197) Com base nessa exigência legal, o Tribunal Italiano de Pistóia repeliu defesa de terceiro, em face do mesmo ter apresentado documento particular registrado, mas não autenticado. Entendeu o Tribunal que a prova não atendia à exigência legal. Decisão n. 5.433 de 22.12.00 proferida por dott. Pierpado Grauso. Diante do exposto, verifica-se que o Tribunal italiano valoriza mais a autenticação do que o registro para efeito de prova dos atos de disposição. V. <www.sulpm.net/sulpm/ aggiornamenti_professionali/ruolo-pignoramento.htm>, acessos em 21 e 28 de set. 2002.

A legislação brasileira adotou, através das alterações introduzidas pela Lei n. 11.382/06, a presunção de fraude de execução, quando a alienação do bem for providenciada após a averbação do ajuizamento de execução junto ao órgão competente. Assim, Ofício Imobiliário, DETRAN e outros.

Não se olvide que, nos casos de ter sido o ato de transferência/oneração do bem realizado antes da demanda capaz de levar o devedor à insolvência, é possível ao credor exeqüente a alegação de fraude contra credores, mas esta se dará através de ação autônoma, a chamada ação pauliana, desde que observados os requisitos para configuração da mesma e os prazos prescricionais que, no caso, são de quatro anos, conforme previsto no Código Civil de 2002, no inciso II do art. 178, com seu correspondente no Código de 1916, no art. 178, incisos V e IX.

O segundo elemento a ser observado para defesa do terceiro embargante, diante da alegação de fraude de execução, diz respeito ao estado de insolvência do devedor. Nesse sentido, poderá o terceiro provar que o devedor possui ou possuía outros bens à data do ato de disposição. De efeito, se ao tempo da alienação, da oneração do bem objeto dos embargos, o devedor, executado na ação principal, possuía outros bens com capacidade para garantir a dívida exeqüenda, basta fazer prova da situação de fato. Equivale dizer, o terceiro deverá provar a existência de bens do devedor, àquela época, o que pode ser feito através de qualquer documento idôneo. Novamente, os registros públicos se prestam perfeitamente, não se afastando a possibilidade de prova através de documentos particulares capazes de provar, com segurança, a alegação do terceiro. A comprovação de bens, fora da sede da execução, notadamente casa de veraneio, sítio de lazer ou qualquer outro bem, também se prestam a fazer prova do estado de solvência do devedor, fazendo prova a favor, no interesse do terceiro. Se efetivamente o devedor se desfez de todo seu patrimônio, estando de fato insolvente, deverá se ver qual a última alienação ou oneração que resultou em estado de insolvência. Assim, se o bem do terceiro embargante foi alienado antes de o devedor atingir o estado de insolvência, a execução deverá se voltar contra os bens alienados posteriormente.

Importa, para efeitos dessa espécie de fraude, a insolvência do devedor como situação presumida, considerando a dívida exeqüenda. Dessa forma, outras dívidas de credores diversos ou originadas de decisões judiciais em demandas promovidas por outros sujeitos que não o credor, não deverão ser levadas em conta. A insolvência que refere o art. 593, II, dirige-se à situação do devedor diante da dívida exeqüenda e não ao estado de insolvência no sentido de civil. Isto é, o devedor pode ter dívidas para outros credores de importâncias maiores, por exemplo, no total de 100 mil, sendo executado por um credor que lhe cobra 20 mil e possuindo apenas uma casa de veraneio no valor de 30 mil. Para efeitos de insolvência civil, será efetivamente insolvente, mas, a despeito disto, a execução corre como se solvente fosse. A insolvência civil utiliza os parâmetros contábeis para verificar a capacidade de o devedor solver suas dívidas ou, melhor dizendo, o seu estado de insolvência. No caso de fraude de execução, pelo art. 593, II, não há necessidade de declaração prévia de insolvência. O critério contábil não é utilizado, o estado de insolvência é considerado só relativamente à dívida exeqüenda. Destarte, no exemplo dado, o devedor não pode ser tido por insolvente diante da execução. A indicação do bem, no caso, casa de veraneio no valor de R$ 30 mil, é capaz de satisfazer o valor de R$ 20 mil, da dívida executada, portanto, é suficiente para afastar o requisito da insolvência previsto na norma processual. Desta feita, o terceiro, informando a existência do bem livre de propriedade do devedor, livra-se do ato de constrição que recai sobre o seu bem.

Servindo-nos ainda do exemplo dado, na hipótese de o devedor alienar a casa de veraneio depois da data em que alienou o bem para o terceiro embargante. Nesse caso, a tese da fraude poderá ser afastada, uma vez que "as alienações feitas *in fraudem execucionis,* em diferentes momentos, estabelecem série no tempo. Esta série cria, por sua vez, ordem inversa de acesso do Estado ao poder de dispor à penhora".(198) Portanto, para o terceiro adquirente do bem, objeto da constrição, a fraude de execução não se configura. Nesse caso, quando da alienação, o devedor não estava insolvente, pois possuía ele, ainda, a casa de veraneio, a qual tinha capacidade para garantir a dívida exeqüenda. Será contra esta alienação que o credor, autor da execução, deverá se voltar com a tese de fraude de execução, não contra o bem do embargado.

Enfim, a matéria de defesa do terceiro que pretender embargar à execução, em sede de fraude de execução, deverá, no primeiro plano, visar à desconfiguração da tese de fraude, provando a ausência dos requisitos previstos no inciso II do art. 593 do Código de Processo Civil, isto é, a alienação na constância de demanda ou estado de solvência do devedor. Em segundo, não sendo possível enfrentar os requisitos objetivos, poderá valer-se de critérios subjetivos, como o de desconhecimento da demanda instaurada. Cumpre ressaltar que, embora não exista previsão legal processual para se tomar a boa-fé, havendo o desconhecimento pelo terceiro, como prova capaz de afastar a tese de fraude, os Tribunais têm apreciado a questão, acolhendo a tese da defesa em muitos casos. Ademais, com o advento da previsão processual(199) determinando o registro da penhora para que se tenha por presumido, de forma absoluta, o conhecimento do terceiro foi introduzido, no direito instrumental, o pressuposto subjetivo. Embora preceito dirigido especialmente à penhora, sua observação reflete sobremaneira no instituto da Fraude de Execução. No sentido do afirmado, colaciona-se exemplo de decisão do Tribunal, em que o conhecimento do terceiro é fator relevante para análise da tese de fraude: "Na ausência de registro, ao credor cabe o ônus de provar que o terceiro tinha ciência da demanda em curso. Segundo orientação firmada pela Quarta Turma, não tendo sido promovido o registro da citação para a ação de conhecimento, ao credor cabe o ônus de provar que o terceiro tinha ciência da demanda em curso". (200)

(198) Cf. Pontes de Miranda, *Comentários ao Código de Processo Civil,* p. 466.

(199) Conforme § 4º do art. 659 do Código de Processo Civil, com redação pela Lei n. 10.444/02.

(200) STJ, 4ª Turma, Recurso Especial n. 153.020/SP, Rel. Barros Monteiro, DJU 26.06.00, p. 176.

9.14. O terceiro e a fraude pela alienação de bens penhorados

Embora não seja proibida a venda do bem penhorado, a penhora produz efeitos sobre o bem. *Carnelutti* considera que a penhora "produz um enfraquecimento do direito do devedor".(201) Entretanto, para *Enrico T. Liebman*,(202) no Direito brasileiro, a penhora não produz sequer enfraquecimento do direito de disponibilidade do devedor.

A penhora não se enquadra na previsão do inciso I do art. 593 do Código de Processo Civil, alienação de bens objeto de ação fundada em direito real, a não ser por aproximação analógica. A lei não impede a transferência do bem, mas, segundo a doutrina,(203) a transferência do bem penhorado a terceiro não tem força para excluir a responsabilidade que recai sobre o bem. A alienação, a princípio, é ineficaz perante o credor penhorante. Sendo assim, continua o bem garantindo a execução.(204) Em assemelhada acepção decidiu o STJ, *in verbis*: "Na alienação ou oneração de bem sob constrição judicial, que não caracteriza propriamente fraude de execução, não se indaga da insolvência, que aí é dispensável".(205)

O bem fica afetado à execução; todavia, conforme já se viu antes, a alienação de bens penhorados não é proibida pelo Direito brasileiro. Assim, é perfeitamente aceitável que o devedor proprietário do bem constrito judicialmente promova a transferência deste bem a terceiro. Pode, por exemplo, vender, prometer vender, dar em troca de outra coisa, doar; enfim, os atos de disposição não são coibidos legalmente. Sendo do conhecimento do adquirente, assume ele o risco do negócio. Pode o adquirente ou mesmo o devedor inclusive solver a dívida exeqüenda, liberando o bem da constrição judicial e tornando eficaz a alienação. Nesse sentido, *Pontes de Miranda* cita três alternativas que podem se originar da alienação do bem penhorado: a primeira ocorre quando o devedor paga a dívida; a segunda, quando o adquirente do bem penhorado solve a dívida, ou ainda por outra razão a execução cesse e, em terceiro lugar, quando a coisa penhorada é substituída.(206) Nos três casos citados, a providência aproveita ao terceiro adquirente, uma vez que livra o bem penhorado do processo executivo.

Em que pese boa parte da doutrina tratar a alienação do bem penhorado como ineficaz *de per si*, inclusive classificando a disposição dos bens constritos como ofensa severa, uma vez que o bem se encontra afetado à execução, os tribunais, ao julgar casos de alienação do bem objeto da penhora, normalmente, relacionam-no à fraude de execução. Nesse sentido, transcrevem-se alguns exemplos: "A alienação de bem penhorado após a inscrição da penhora no registro imobiliário presume-se fraude em

(201) Vide *Lezioni de Diritto Processuale Civile*, v. II, n. 267.

(202) *Processo de Execução*, p. 96.

(203) A propósito do tema, veja-se item específico deste trabalho n. 7.3.

(204) Vejam-se nessa linha: Cândido Rangel Dinamarco, *Execução Civil*, p. 103; Enrico Tullio Liebman, *Processo de Execução*, p. 95; Amílcar de Castro, *Comentários ao Código de Processo Civil*, p. 175.

(205) STJ, 4ª Turma, Recurso Especial n. 235.267/SP, Rel. Sálvio de Figueiredo Teixeira, DJU 08.03.00, p. 126.

(206) Em *Comentários ao Código de Processo Civil*, t. X, p. 162.

execução, que independe de prova da insolvência do executado, e é ineficaz em relação ao credor";(207) "tratando-se de alienação de bem penhorado, submetido, pois, ao poder jurisdicional do Estado, sua venda é ineficaz perante o credor, pouco importando que a penhora não tenha sido inscrita no registro imobiliário. O bem alienado fraudulentamente continua a responder pela execução";(208) "tratando-se de venda de bem penhorado por parte do executado, a alienação é ineficaz em face do credor exeqüente, independentemente da perquirição da boa ou má-fé da adquirente, posto que considerada em fraude à execução";(209) "mesmo que se admita a ineficácia da alienação de bem penhorado, esta declaração diz respeito ao credor e ao devedor fraudulento e proclama que a alienação ou a oneração é ineficaz em relação ao exeqüente, posterior garantia hipotecária dada com o mesmo imóvel a terceiro de boa-fé não anula eventual penhora".(210)

Segundo *Frederico Marques*,(211) a alienação de bem penhorado é totalmente ineficaz perante o credor penhorante, salvo se, posteriormente, for desfeita por alterações no processo. Como, por exemplo, o pagamento, a extinção do processo ou a substituição da garantia. Para *Humberto Theodoro Júnior*,(212) ante a penhora é sempre ineficaz a alienação do bem penhorado. O ato é inoperante para a execução.

Registre-se aqui opiniões divergentes de alguns autores,(213) se a penhora não foi registrada, a fraude de execução estará configurada somente se o credor provar a ciência do terceiro adquirente ou beneficiário da oneração, da existência da demanda em curso. Ou, aceitando-se a tese de fraude de execução, deverá o credor provar que o terceiro tinha ciência da existência dos atos constritivos da penhora, arresto ou seqüestro.(214)

Amílcar de Castro opina no sentido de que o fato de não ter sido registrada a penhora não impede a alegação de fraude de execução, significando nesse caso que o credor exeqüente terá que provar que o adquirente tinha conhecimento de que contra o alienante pendia demanda capaz de levá-lo à insolvência.(215)

---

(207) TJDFT, 3ª Turma Cível, Agravo de Instrumento n. 19990020027168/DF (121368), Rel. Jair Soares, DJ 09.02.00, p. 11.

(208) TAMG, 7ª Câmara Cível, Agravo de Instrumento Cível n. 0265570-9, Rel. Juiz Lauro Bracarense, j. 26.11.98. [*Site* e d. cit.]

(209) TAPR, 2ª Câmara Cível, Apelação Cível n. 0092842300, Ac.: 7200, Rel. Juiz Conv. Rogério Coelho DJ 11.10.96. [*Site* e d. cit.]

(210) TAPR, 3ª Câmara Cível, Agravo de Instrumento n. 105453300, Ac.: 8827, Rel. Juiz Conv. Jorge Massad, DJ 29.08.97, [*Site* e d. cit.].

(211) Cf. *Instituições de Direito Processual Civil*, v. V, p. 118.

(212) Em *Comentários ao Código de Processo Civil*, v. IV, p. 386.

(213) Vide "Fraude de Execução", Des. Sálvio de Figueiredo Teixeira pp. 96-97; Amílcar de Castro, *Comentários ao Código de Processo Civil*, v. VIII, p. 87.

(214) Vide "Fraude de Execução", Des. Sálvio de Figueiredo Teixeira, pp. 96-97; Amílcar de Castro, *Comentários ao Código de Processo Civil*, v. VIII, p. 87.

(215) Vide *Comentários ao Código de Processo Civil*, v. X, p. 83.

Entretanto, ao contrário do que pode, à primeira vista, parecer, o *consiliun fraudis* — vontade de fraudar — não é elemento típico do instituto da Fraude de Execução, da mesma forma, relativamente à *scientia fraudis* — conhecimento, pelo terceiro adquirente, da existência de execução e no caso da penhora —, não constituem pressupostos para configurar a fraude.

Em face das divergências na doutrina, caberá ao terceiro adquirente analisar o caso com cautela, providenciando as provas necessárias de forma a almejar sucesso, caso oponha embargos a fim de afastar a constrição sobre o bem adquirido.

A questão da existência ou não do registro da penhora não diz respeito à obrigatoriedade da medida, mas, sim à necessidade da mesma. Assim, considera-se que o registro serve para dar publicidade do ato. "O registro da penhora visa dar eficácia *erga omnes* ao gravame da penhora."(216) Esta eficácia é mantida diante dos negócios realizados posteriormente, em sucessivas transferências. Nesse sentido traz-se a lume decisão do Tribunal de Alçada de SP. *In verbis:* "Incidência sobre imóvel objeto de alienações sucessivas. Necessidade do registro do ato constritivo para ter eficácia *erga omnes* — Presunção de boa-fé do adquirente. Aquisição válida, não alcançada pela fraude à execução".(217)

De efeito, o registro da penhora de imóveis não é obrigatório, mas providenciada esta, torna irrefragável a presunção do conhecimento das condições legais de fraude por parte de terceiro, podendo, diante da alegação, ser o embargante reputado de má-fé, sofrendo os ônus oriundos dessa condição. Entretanto, na ausência de registro, a possibilidade de configuração de fraude não é afastada, mediante verificação das condições previstas no inciso II do art. 593.

Diante de sucessivas alienações, passíveis de se verificar, mormente considerando a demora judicial como ocorrência normal nos dias de hoje, a doutrina também não é unânime. Para *Pontes de Miranda*, a primeira alienação do bem penhorado é ineficaz, entretanto, a segunda não. Explica o autor que, nesse caso, o terceiro adquiriu o bem não do penhorado, mas de outro terceiro, portanto adquire sem a ineficácia relativa. Entretanto, assevera *Pontes*, se providenciado o registro da penhora, ante o registro, qualquer alienação posterior é ineficaz.(218) Com razão o ilustre processualista, pois o registro anterior da penhora produz presunção absoluta de conhecimento contra os adquirentes. Na mesma linha, *Humberto Theodoro Júnior*, ao dizer que a primeira alienação promovida pelo devedor constitui-se em afronta à execução, pois viola o direito ao ato solene da penhora. Esse ato de disposição é ineficaz, entretanto, as alienações sucessivas, que não são realizadas pelo devedor executado, não prescindem do registro da penhora para atingir os terceiros, adquirentes de boa-fé.(219)

(216) Cf. Marcus Augustus Cavalcanti de Albuquerque, "A compra e venda de bens penhorados", *Revista dos Tribunais*, São Paulo, ano 76, v. 620, p. 259-261, Junho, 1987, p. 261.

(217) 1º TACiv/SP, 1ª Câmara, Apelação Cível n. 0611421-8, São José dos Campos, Rel. De Santi Ribeiro, j. 19.06.1995. Vide *in site* <www.ptac.sp. gov.br>, acesso em 16.07.03.

(218) Em *Comentários ao Código de Processo Civil*, t. X, p. 163.

(219) Em *Comentários ao Código de Processo Civil*, v. IV, p. 214.

Portanto, em que pese eventuais danos que possam sofrer os terceiros diante da existência de penhora, sendo esta registrada no Ofício Imobiliário, precedentemente ao ato de alienação/oneração, dificilmente o terceiro terá sucesso ao propor embargos. E mesmo diante de sucessivas onerações, os terceiros adquirentes ficam sempre em igual situação, a eficácia dos negócios realizados não opera efeitos contra a execução, pois quem compra bem penhorado recebe-o, como se disse, *cum onere suo*; e assim o transfere.(220) Ao contrário, não existindo o registro, o terceiro nas alienações sucessivas não é atingido, conforme decisão proferida pelo STJ:

> Não há fraude de execução na aquisição feita por terceiro de boa-fé, que compra o bem de outro que não o executado, antes da penhora, sem que houvesse inscrição da distribuição do processo de execução e sem prova de que o adquirente sabia da existência da demanda capaz de levar o primitivo proprietário à insolvência. Nesse caso, a declaração da ineficácia da primeira venda não atinge o terceiro subadquirente de boa-fé.(221)

Importa ressaltar que, contrário senso, não é aplicável ao caso as sucessivas alienações de bens penhorados, mesmo que a penhora não tenha sido registrada, não faz presumir, de forma absoluta, a boa-fé dos terceiros adquirentes, admitindo-se prova em contrário. A princípio, todas as vendas de bem penhorado são ineficazes. Devendo o julgador, em cada caso, utilizando-se de critérios de proporcionalidade, sopesar os direitos dos terceiros ante os direitos do credor exeqüente. Dessa cognição, conclui-se que mesmo o terceiro de boa-fé, se pretender embargar a execução em que o bem constrito lhe pertence, deve se munir de provas suficientes a seu favor, de sorte a afastar a possibilidade de que o negócio jurídico de aquisição do bem venha a ser declarado em fraude de execução. Nesse caso, restaria ao terceiro o direito de pleitear uma indenização daquele que lhe transferiu o bem que foi subtraído à execução.(222)

Registre-se que a alienação realizada antes da penhora, embora registrada no Ofício Imobiliário, após a data do termo de penhora, pode ser alegada como defesa pelo terceiro. Nesse caso, é relevante a data da alienação. Sendo na constância da demanda, enfraquece a defesa, enquadrando-se a fraude no inciso II do art. 593 do Código de Processo Civil. Sendo antes da demanda, é afastada a tese de fraude. De igual forma, se a alienação se deu antes da penhora, embora na constância da demanda, mas se o devedor possui outros bens livres e desembaraçados, a defesa do terceiro deverá ser aceita. A preferência por bens livres e desembaraçados é determinada pelo Código processual, embora condicionada à conveniência do credor — art. 656, inciso III —; neste caso entende-se deva ser relativizada a ordem, quando diante de terceiro manifestamente de boa-fé.

---

(220) Cf. Cândido Rangel Dinamarco, *Execução Civil*, p. 307.

(221) STJ, 4ª Turma, Recurso Especial n. 246.625/MG, Rel. Ruy Rosado de Aguiar, DJU 28.08.00, p. 90.

(222) Nesse sentido, Leonardo Greco, ob. cit., v. II, p. 43; Marcus C. de Alburquerque, ob.cit., p. 261.

Quadro demonstrativo das hipóteses – Alienação X Penhora X Registro:

Tipo	Primeira ocorrência	Registro 1ª	Segunda ocorrência	Registro 2ª	Alienação X Penhora X Registro
1	Alienação	não	Penhora	não	
2	Alienação	sim	Penhora	não	Registro da alienação antes da penhora
3	Alienação	sim	Penhora	não	Registro da alienação após a data da penhora
4	Alienação	sim	Penhora	sim	Registro da alienação após o registro da penhora
5	Alienação	não	Penhora	sim	
6	Alienação	sim	Penhora	sim	Registro da alienação antes do registro da penhora
7	Penhora	não	Alienação	não	
8	Penhora	não	Alienação	sim	
9	Penhora	sim	Alienação	não	
10	Penhora	sim	Alienação	sim	Registro da penhora antes do registro da alienação
11	Penhora	sim	Alienação	sim	Registro da alienação antes do registro da penhora

Considerando o registro do ato como elemento de prova de publicidade, analisa-se o quadro acima.

Nas hipóteses elencadas nos itens 1 ao 6, se o ato de disposição foi realizado antes da demanda, a hipótese de fraude é afastada. Restringir-se-á, aqui, à análise dos casos em que a disposição se verifica na constância de demanda, portanto, enquadrando-se no art. 593 do Código de Processo Civil.

Relativamente à publicidade conferida pelo registro nas hipóteses 2, 3, 6, 8 e 11, o terceiro tem a prova a seu favor, uma vez que não há registro do ato constritivo, ou se há — itens 6 e 11 —, foi providenciado após o registro da alienação. Isto é, no momento do registro da alienação a penhora não fora registrada. Sendo assim não há presunção de conhecimento pelo terceiro.

Nos casos previstos no item 4, o registro do ato de disposição não fará prova a favor do terceiro, porque, no momento em que o providenciou, já existia o registro da penhora. Nesse caso, o exeqüente tem a seu favor a presunção de conhecimento da demanda pelo terceiro.

Ocorrendo as previsões dos itens 1 e 7, não haverá razão para debate sobre prova de conhecimento presumido, gerado pela publicidade para ambas as partes no processo. Nesses casos, nenhuma das partes providenciou no registro do ato.

No caso do item 5, embora a alienação tenha se dado antes da penhora, e não tenha sido registrada, o registro da penhora faz presumir o conhecimento do ato após o seu registro, não antes; portanto, o terceiro, quando da aquisição do bem, não teria como saber da penhora porque ela não havia ocorrido. Quer dizer, o efeito produzido pela publicidade oficial do registro é enfraquecido relativamente à aquisição que precede à penhora.

Nas hipóteses previstas nos itens 9 e 10, a alienação ocorre após penhora e o registro da penhora foi realizado antes da alienação, a defesa do terceiro resta prejudicada.

Da análise procedida é possível concluir que o registro é prova importante a ser levada a efeito. O adquirente ou o exeqüente diligente na providência aproveitará o resultado produzido pela publicidade conferida pelos registros públicos de presunção de conhecimento.

O problema das alienações do bem penhorado, quando realizadas após a penhora e antes do registro desta, resolve-se pelo inciso II do art. 593. Segundo *Araken de Assis*, a questão da alienação do bem penhorado não difere das demais alienações feitas quando realizadas em fraude, atendendo aos requisitos da insolvência e da existência de demanda. *In verbis*: "Há ineficácia relativa, porque, estando alienado o bem penhorado, arrestado ou seqüestrado após a citação, o obrigado se reduziu à insolvência e não porque o bem é objeto de constrição judicial".(223)

De todo o exposto conclui-se que a fraude de execução de bem penhorado prescinde de registro para se ver configurada. A exigência do registro da penhora, bem como do registro da citação da ação fundada em direito real relevaria a fraude a graduação inferior à prevista no inciso II do art. 593 do Código de Processo Civil. De acordo com essa norma é prescindível qualquer registro, exige, simplesmente, os pressupostos objetivos da fraude, a saber: insolvência e existência de demanda.

De qualquer forma, embora não imprescindível para configurar a fraude, o registro no Ofício Imobiliário confere o efeito de publicidade para presunção absoluta de conhecimento ao terceiro, servindo de prova contra o adquirente. O art. 659, § 4º, do Código de Processo Civil, prescreve que a penhora dos bens imóveis deverá ser realizada mediante auto ou termo de penhora e inscrição no respectivo registro, cuja providência presumirá, de forma absoluta, o conhecimento do terceiro. O texto leva ao entendimento de que o registro, é da substância do ato e, nesse caso, a penhora só estaria concretizada com o registro. É de se notar que o registro da penhora prescinde de mandato, podendo ser efetivada através de certidão emitida pelo escrivão de inteiro teor, dando conta da penhora.

Sob o ponto de vista do terceiro embargante, a aquisição de bem penhorado resolve-se da mesma forma que na aquisição do bem, antes da penhora. A diferença está no fato de que a penhora, especialmente aquela que foi registrada, portanto, dada a devida publicidade registral na sede do imóvel, torna o convencimento do juízo bastante dificultado. De efeito, o registro da penhora é prova contundente de fraude na alienação realizada após esse.

9.15. *Eficácia da sentença*

A eficácia da sentença proferida em julgamento de embargos de terceiro produzirá efeitos e terá força de coisa julgada somente sobre a matéria julgada, a exemplo de

(223) Cf. Araken de Assis, *Comentários ao Código de Processo Civil*, v. VI, p. 237.

qualquer sentença de mérito. Em sede de exame de fraude de execução, o mérito a ser examinado relaciona-se à constrição judicial e não com o negócio jurídico realizado entre o terceiro e o devedor.

Conforme ensina *Cândido Dinamarco*, sendo acolhidos os embargos, o terceiro terá obtido sucesso na sua postulação, livrando o bem da constrição judicial. A penhora deverá ser levantada, visto que, reconhecidamente, o bem não fazia mais parte do patrimônio do executado, portanto, não estava sujeito a servir de garantia da execução. O bem "será liberto do ato judicial de sujeição".(224) Desse modo é reconhecido o direito do terceiro embargante e a tese de fraude é afastada, e o exeqüente arcará com os ônus da sucumbência na ação de embargos. A princípio, a decisão proferida em sede de embargos de terceiro não faz coisa julgada(225) sobre a posse ou direito, turbado ou esbulhado.

Do ponto de vista do exeqüente, a sentença que acolhe os embargos produzirá o efeito de fazer que a execução retorne ao estado anterior à penhora, isto é, sem garantia. Sendo pressuposto da argüição de fraude, a insolvência do devedor diante da procedência dos embargos do terceiro, a execução está, pelo menos até que a situação de insolvência se modifique, desprovida de condições de ser efetivada.

No caso de improcedência da ação de embargos proposta pelo terceiro, a sentença declarará a fraude contra a execução, isto é, que o ato de alienação ou oneração do bem objeto da penhora, na execução embargada pelo terceiro, foi produzido de forma fraudulenta. Arcará o embargante com os ônus da ação. Com a declaração de fraude de execução, a eficácia do ato de alienação ou oneração realizado entre terceiro e devedor será retirada, relativamente, e para os efeitos da satisfação executiva em que foi apreciada a questão, e somente desta.

Importante ressaltar aqui os efeitos da sentença que reconhece a fraude contra a execução, como já se disse, não declaram nulo, nem anulam o negócio jurídico privado, realizado entre terceiro e devedor. O negócio permanece hígido para todos os efeitos, menos para a garantia da execução. A penhora do bem permanece e a execução, após o trânsito em julgado dos embargos, seguirá seu curso normal, com a alienação em hasta pública, embora "continue como legítimo dono o terceiro adquirente-embargante".(226)

Ao terceiro de boa-fé que não obteve sucesso nos embargos de terceiro, terá ainda a sua disposição a possibilidade de ingressar com a ação autônoma contra o devedor alienante, para ressarcir-se dos prejuízos causados. O direito protege as partes que se "conduzem segundo a boa-fé, e, por conseguinte, as expectativas legítimas que a mesma lhe crie, quanto à validade e à eficácia do negócio".(227) Nesse caso o devedor

---

(224) Cf. Cândido Rangel Dinamarco, *Execução Civil*, p. 301.

(225) Nesse sentido, Pontes de Miranda, *Comentários ao Código de Processo Civil*, t. IX, p. 468; Enrico Tullio Liebman, *Processo de Execução*, p. 97.

(226) Cf. Cândido Rangel Dinamarco, *Execução Civil*, p. 301.

(227) Cf. Luiz Edson Facchin (coord.), *Repensando Fundamentos do Direito Civil Contemporâneo*, 2. ed., Rio de Janeiro: Renovar, 2000, p. 134.

deverá ressarcir ao terceiro os prejuízos que este sofreu com base na responsabilidade contratual, por evicção ou mesmo objetiva. De qualquer sorte, se a hipótese não se enquadrar nas previsões normativas, não restando alternativa para o terceiro buscar o ressarcimento de seu prejuízo junto ao devedor alienante, restará ainda a possibilidade de buscar o seu direito à restituição do que tiver pago, na medida do seu empobrecimento ou igual ao acréscimo verificado nas condições patrimoniais do devedor, com base no princípio que veda o enriquecimento sem causa;[228] atualmente previsto nos arts. 884 e ss. do Código Civil brasileiro.

(228) A respeito v. Cledi de Fátima Manica Moscon, *O enriquecimento sem causa e o novo Código Civil Brasileiro*, pp. 18-31.

SÍNTESE CONCLUSIVA

O instituto da Fraude de Execução visa, precipuamente, a garantir a execução contra atos de alienação ou de oneração de bens que se traduzem em ofensa ao poder estatal, uma vez que praticados na constância de demanda. Os efeitos da declaração de fraude beneficiam aquele que buscou a tutela jurisdicional: o credor. Com o reconhecimento da fraude de execução, o ato de transferência do bem, realizado pelo devedor insolvente, para terceiros, é declarado pelo juiz como ineficaz, mediante simples incidente nos autos da execução.

O fundamento estrutural da fraude de execução advém da aplicação dos princípios norteadores do processo executivo. A execução parte da certeza do Direito. Não é uma certeza absoluta, mas suficiente para movimentar o Judiciário a favor do credor, o qual se encontra prejudicado pelo inadimplemento de seu crédito. Assim, a inobservância dos preceitos jurídicos impõe a atividade estatal. O inadimplente sujeita-se à execução justamente porque não cumpriu, voluntariamente, com sua obrigação. Destarte, sujeita-se à vontade sancionatória do Estado. Esta vontade é representada pelo sistema normativo existente. No que pertine à fraude de execução, sua declaração constitui-se em sanção pelo Estado. A sanção deriva da necessidade da intervenção estatal para a eficácia da prestação da tutela jurisdicional. *In casu*, a efetividade da execução.

A sujeição patrimonial do devedor está vinculada à responsabilidade para com suas obrigações. A disponibilidade patrimonial do devedor, a princípio, é livre; o Estado só interfere quando o ato de disposição é realizado em prejuízo da prestação jurisdicional que se encontra em andamento. Os deveres processuais são para com o Estado. Por isso, o ato de disposição constitui-se em afronta à eficaz prestação jurisdicional.

Em última instância, a fraude de execução constitui-se em ato, ou conjunto de atos, que são realizados por quem é devedor, de modo a afastar a disponibilidade patrimonial de possível constrição judicial quando este estiver em estado de insolvência, ou seja, reduzido a tanto pela alienação ou pela oneração dos bens, causando prejuízo ao credor, frustrando a execução e, com isto, afrontando o poder jurisdicional.

A natureza jurídica da fraude de execução é, sem dúvida, instituto de Direito Público inserido nas normas instrumentais do Direito Processual Civil. O interesse visado é coibir a afronta à jurisdição, impedindo a prestação efetiva da tutela jurisdicional. O benefício ao credor é decorrência da declaração da fraude, como reflexo da atividade estatal.

O instituto da Fraude de Execução, em apreço, possui afinidades com a fraude contra credores e com a fraude contra a execução universal. Contudo, distinções importantes separam sua aplicabilidade. Nesse diapasão, na fraude contra a execução coletiva o prejuízo causado é contra a universalidade de credores. O benefício da declaração de fraude atende a todos os credores inscritos, respeitadas suas preferências e seus privilégios individuais. A questão subordina-se à normatividade específica que está inserida nos arts. 748 e ss. do Código de Processo Civil. No que concerne à fraude contra credores, há forte conexidade com a fraude de execução, em que pese se tratar de institutos autônomos e distintos entre si. A principal distinção diz respeito ao momento em que o ato é praticado. Na fraude contra credores, a ofensa dirige-se ao credor, ocorre na esfera privada, porque o ato é realizado quando ainda não foi instaurado processo judicial. Na fraude de execução, o ato de disposição de bens ocorre na constância de demanda, traduzindo-se em ofensa à atividade estatal. Em ambas as espécies de fraude, seu reconhecimento judicial retira a eficácia do ato de disposição realizado em prejuízo do credor. Embora conste da legislação civil a expressão anulação, na prática jurídica tem sido reconhecido que os efeitos devem ser de ineficácia relativa. Este entendimento, discussão sempre atual, não representa novidade no Direito alienígena, em especial no Direito italiano, no qual, pelo menos há mais de um século, já era adotada esta interpretação. Assim, a ineficácia relativa opera para os atos de disposição realizados em ambas as fraudes.

Na análise do Direito alienígena encontra-se alguma semelhança com a fraude de execução do Direito brasileiro nas previsões legais do Direito inglês e do Direito americano. Nos demais direitos analisados não se vislumbrou previsão legal idêntica àquela tratada pelo instituto da Fraude de Execução do Direito pátrio. Nos demais países, a questão das alienações ou das onerações realizadas pelos devedores, com o fim de subtrair os bens à garantia da satisfação executiva, é tratada de modo distinto, por vezes conferindo efeitos equivalentes ao da fraude à execução, mesmo que parciais, ao instituto da penhora. Isso ocorre, especialmente, no Direito português e no Direito italiano. Outras vezes, o sistema normativo prescreve certas medidas que retiram os efeitos dos atos realizados de forma a garantir a satisfação do crédito executivo. Este aspecto é encontrado nas normas de Direito francês, italiano, alemão e costa-riquenho.

Nesse contexto, no Direito português há previsão legal determinando a ineficácia das alienações dos bens cuja penhora foi registrada. A proteção à penhora objetiva evitar a subtração da garantia patrimonial. Mas não basta a penhora, é preciso seu registro. Antes do registro, a penhora, por si, não tem o condão de produzir efeitos contra terceiros, favorecendo o exeqüente. O sistema legal português é farto no detalhamento das questões que possam se originar da ausência de registros dos atos de alienação e da penhora, visando à disciplina no caso concreto. A defesa do terceiro é favorecida com três espécies de instrumentos, a saber: protesto verbal, oposição e embargos de terceiro. Entretanto, a norma é expressa para afastar pretensões de terceiros que se configurem em tentativas de subtrair os bens à execução.

O Direito italiano também prescreve a ineficácia das alienações dos bens penhorados. Todavia, o ato de penhora é feito concomitante à entrega de uma via do termo ao Ofício registral. Assim, não há interregno entre a penhora e o registro, afastando-se as discussões a respeito. Providência semelhante é adotada no Direito brasileiro, nos casos de penhora realizadas em execuções pela Fazenda Pública. Tal medida, se estendida às execuções privadas, afastaria muitas discussões judiciais. De outro lado, ainda sobre o Direito Italiano, há previsão legal específica sujeitando diretamente à execução os bens objeto de ação. Nesses casos, observam-se semelhanças com os efeitos de ineficácia produzidos pelo disposto no inciso I do art. 593 do Código de Processo Civil brasileiro. Contudo, a questão lá não é tratada como fraude. Não obstante, há também previsão expressa no Direito processual italiano, tratando como fraude a alienação dos bens, quando esses tenham sido objeto de sentença, autorizando o seqüestro judicial dos referidos bens. A defesa do terceiro é bastante valorada no Direito italiano. Há previsão legal para o comparecimento do terceiro ao processo, em caso de penhora de bens cuja posse esteja com ele. O direito real de propriedade, na Itália, não se constitui pelo registro. Assim, fica mitigada a necessidade do registro dos atos de alienação ou oneração. Como conseqüência, a prova do direito do terceiro é facilitada. E, para dirimir dúvidas, existe um ato normativo arrolando as espécies de documentos que devem ser aceitos como prova da propriedade ou posse do terceiro anterior à penhora. Provando o terceiro a anterioridade de seu direito relativamente à penhora do bem, afasta-se a incidência da norma que retira a eficácia dos atos de alienação de bens em proveito do credor penhorante.

No Direito francês, a lei das execuções prescreve a indisponibilidade dos atos de alienação dos bens penhorados desde a data da penhora, sem necessidade de outra providência. A penhora pode ser realizada como medida preventiva com a finalidade de conservar o bem para garantia do credor. Há previsão na lei de execução atribuindo a responsabilidade do terceiro que estiver com os bens penhorados, sob as penas das sanções previstas no Código Penal francês, a qual prescreve a pena de multa e prisão para o terceiro que destruir ou ocultar o bem penhorado, e ao devedor que, de forma fraudulenta, organizar ou agravar sua insolvência, subtraindo bens de seu ativo ou reduzindo seus ingressos, estando já reconhecido judicialmente como responsável por uma dívida

No Direito espanhol releva salientar a previsão legal no Código Civil de que se presumem fraudulentas as alienações onerosas de bens por pessoas contra as quais fora pronunciada sentença condenatória, em qualquer instância. Portanto, não exige a lei o trânsito em julgado da decisão. É, também, tida como realizada em fraude a alienação do bem quando tenha sido expedido mandado de penhora. O Direito processual espanhol antigo, porém ainda em vigor, contempla, especificamente, a fraude. Entretanto, a norma é dirigida aos casos de insolvência na execução coletiva.

No Direito da Costa Rica há previsão para que as alienações dos bens penhorados e registrados não produzam efeitos contra o exeqüente. Esse Direito valoriza os registros da penhora e os atos de alienação. Entretanto, prevê exceções à regra, especialmente quando contempla norma admitindo a defesa do terceiro detentor da posse do bem penhorado. Assemelha-se aos efeitos da ineficácia relativa conferidos pelo art. 593 do Código de Processo Civil brasileiro quando admite que o resultado da venda do bem penhorado, após satisfação da execução, reverterá ao terceiro adquirente do bem alienado em fraude de execução.

Interessante destaque se faz ao Direito inglês, uma vez que contempla norma vigente, embora antiga — Ato de Elizabeth, de 1571, e Ato da Ilha de Man, de 1736 —, a qual muito se assemelha ao instituto da Fraude de Execução do Direito brasileiro. O Ato de 1571 aplica-se a todos os integrantes da *common law*, da qual faz parte a Ilha de Man. Sem embargo, a Ilha de Man possui norma mais nova instituída em 1736 com uma seção ainda vigente, a qual justamente trata das transferências fraudulentas que produzam a insolvência do devedor. Prescreve a referida norma a presunção de fraude em caso de alienações de bens que reduzam o devedor à insolvência ao tempo da demanda. Conforme interpretação jurisprudencial, o elemento volitivo não integra a *fattispecie*. O julgamento de Heginbotham ocorrido em 1999, comentado no presente trabalho, demonstra a vigência da norma.

Os *requisitos* necessários para *configurar a fraude de execução* que estão previstos nas normas processuais brasileiras, especialmente arts. 592 e 593 do Código de Processo Civil, são puramente *objetivos*, a saber: *pendência de demanda* e *estado de insolvência*. A pendência de demanda é assim considerada, conforme assente na doutrina e na jurisprudência majoritárias, a partir da citação válida do demandado por demanda condenatória ou executiva. O estado de insolvência do devedor consiste em inabilidade para solver as dívidas. No cômputo do patrimônio do devedor, para verificação do estado de insolvência, não integram os bens impenhoráveis, assim, por exemplo, a residência familiar.

No que se refere aos requisitos subjetivos, efetivamente estes não integram a *fattispecie* da fraude de execução prevista nos arts. 592 e 593 do CPC, com exceção da previsão processual do art. 672, § 3º, do Código de Processo Civil. Dessa forma, não se há de perquirir sobre a existência do *consilium fraudis*. Segundo boa parte da doutrina estudada, a intenção fraudulenta estaria *in re ipsa*, por isto a lei presume *juris et de jure* a fraude no caso da incidência do art. 593 do Código de Processo Civil.

Com efeito, as normas reguladoras do instituto da Fraude de Execução não exigem a comprovação da subjetividade. Quando se analisam os aspectos da sujeição do devedor à execução, especialmente no que pertine à fraude de execução, considerando o poder como dever do Estado e os direitos do credor, a defesa pela exclusividade dos critérios objetivos para caracterizar a fraude de execução são facilmente assimilados. Todavia, ao se proceder a mesma análise levando em consideração os direitos do terceiro adquirente, especialmente quando a título oneroso e de boa-fé, estranho ao processo executório, a mesma conclusão não se pode almejar sem correr o risco de promoção de graves injustiças. É que num Estado Democrático de Direito as medidas que podem se configurar em arbitrariedades contra pessoas de boa-fé, estranhas ao processo, não devem ser aceitas. Nesses casos, apresenta-se razoável a exigência da prova da ciência por parte do terceiro, a fim de que a declaração de fraude de execução o atinja. Aceitável possa a ciência ser presumida, porém, somente diante de provas ou fortes indícios a embasar esse entendimento, suficientes a tornar irrefutável a hipótese de que o terceiro não teria como saber da demanda em curso e do estado de insolvência do vendedor.

Conforme amplamente demonstrado no presente estudo, em que pesem dissensões doutrinárias, boa parte dos autores, embora refiram somente os requisitos objetivos a configurar a fraude de execução, ao analisar a defesa do terceiro admitem a exigência da *ciência do adquirente* do bem objeto da constrição de que existia demanda em curso e que o devedor era ou ficaria insolvente com o ato.

Os procedimentos necessários para a declaração da fraude de execução, quando não declarada de ofício — o que só deverá ocorrer extraordinariamente —, devem ser precedidos da análise dos documentos e das circunstâncias ensejadoras, sendo razoável oportunizar a manifestação do devedor antes de proferir a declaração de fraude. Ousa-se dizer que, sempre que possível, deverá ser admitida a presença do terceiro, senão como assistente, ao menos para prestar esclarecimentos. As normas de Direito brasileiras autorizam os procedimentos indicados. Em que pese a inexistência de previsão legal específica, a exemplo do constante no Direito estrangeiro mencionado, os princípios constitucionais brasileiros de ampla defesa, com exercício do adequado contraditório, observando-se o devido processo legal garantido pela Constituição, exigem seja oportunizado o comparecimento do terceiro ao processo quando o bem objeto da constrição lhe pertencer. O procedimento deve possibilitar a apresentação de documentos e, até mesmo, a realização de audiência, se necessário. As normas processuais autorizam o juízo a chamar os terceiros para prestarem esclarecimentos, bem como a compeli-los a apresentar documentos úteis ao deslinde do feito. Com mais razão deverá fazê-lo quando se tratar de alegação de fraude de execução, cujo objeto em questão é um bem adquirido por esse terceiro, o qual poderá vir a ser prejudicado pela declaração de fraude de execução.

A natureza do ato decisório que declara a fraude de execução é, sem dúvida, uma decisão interlocutória. Uma vez procedida, *incidenter tantum*, traduz-se em reação da ordem jurídica contra o ato fraudulento, por isso desnecessária uma ação especial para atingir o ato realizado em fraude. Este, embora válido entre as partes, não produz efeitos contra a execução. Os bens objeto de disposição do devedor continuam à responsabilidade executória como se não tivessem saído do patrimônio do executado.

Modernamente, consolidou-se na doutrina entendimento de que, na fraude de execução, os efeitos do negócio jurídico do ato de alienação ou de oneração dos bens realizados pelo devedor não alcançam o credor exeqüente. Para este credor, o ato é tido por ineficaz. *De efeito, a ineficácia dos atos de alienação, realizados em fraude de execução, é relativa.* Esta relatividade da ineficácia decorre do fato de ser a fraude de execução assim considerada somente para os efeitos da execução em curso. Assim, não se retira a eficácia do negócio jurídico realizado pelo devedor para todos os efeitos, mas, sim, somente para os efeitos de satisfação da execução promovida, no limite pertinente à potencialidade de produzir prejuízo ao credor exeqüente, o qual está sob a tutela protetiva do Estado. Destarte, os efeitos do reconhecimento de fraude de execução alcançam somente o que no presente trabalho se nominou de *ineficácia suficiente à execução*. Isto é, o negócio jurídico realizado entre o devedor e o terceiro é válido para todos os efeitos, só não o é na medida em que deva atender à execução. Satisfeita a execução, eventual sobra será destinada ao terceiro adquirente do bem cuja alienação foi declarada em fraude, haja vista que o negócio não foi anulado e, portanto, o valor que restar lhe pertence.

O instituto da Fraude de Execução não trata de anulação nem de nulidade do ato, do negócio jurídico. Trata-se de norma processual de Direito Público. Sua interferência é dirigida à efetividade da execução e não ao negócio jurídico privado realizado entre o devedor e o terceiro. Em que pese a disponibilidade patrimonial do devedor, em face da dívida inadimplida, há, de outro lado, a sujeição desse patrimônio. É nessa ordem de idéias que o Direito concebe a possibilidade de se retirar a eficácia do negócio realizado para satisfação da execução — seu objetivo principal — sem adentrar o negócio jurídico realizado entre o devedor e o terceiro, em todos os outros aspectos que não venham em prejuízo do credor exeqüente.

A força probante dos registros dos atos judiciais, especialmente da citação da ação e da penhora, restou evidenciada. Importante conclusão emergiu da análise da necessidade dos registros da penhora, especialmente dirigida à aplicabilidade e ao alcance da fraude de execução processual. Demonstrou-se, em análise pormenorizada, que, de acordo com o sistema legal brasileiro vigente, o ato de constrição judicial não possui, *de per si*, força e efeito suficientes, capazes de afastar a eficácia dos atos de alienação realizados com os bens constritos. Contudo, a ineficácia da alienação do bem penhorado mostra-se viável com fulcro no art. 593 do Código de Processo Civil, tendo-se como realizado em fraude de execução. É que o Direito brasileiro, diferentemente de outros países, não possui norma expressa que discipline a matéria sobre a invalidade das alienações de bens penhorados. Portanto, inexiste fundamento legal a embasar tal pretensão. Diante do fato, lança-se mão da proteção processual conferida pelo instituto da Fraude de Execução, o qual abrange todas as alienações realizadas desde o início da demanda.

A solução apontada tem por base a legislação existente. Todavia, faz-se o registro de sugestão de alteração legislativa, de forma que o Direito brasileiro passe a contemplar com mais rigor, especificamente, prescrevendo invalidade, *de per si*, a alienação do bem penhorado.

A fraude de execução prescrita no Direito Processual abrange os casos em que o exeqüente é a Fazenda Pública, não havendo razão suficiente para impingir-se tratamento diferenciado. A proteção conferida à execução pelos arts. 592 e 593 do CPC é ampla, contemplando toda espécie de execução, inclusive os créditos da Fazenda Pública de natureza tributária ou não. Na configuração da fraude de execução prevista no

Código Tributário são contemplados como fraudulentos os atos de disposição desde o momento em que o débito tributário é inscrito em dívida ativa. A alteração legislativa introduzida pela Lei Complementar n. 118, de 9 de fevereiro de 2005, retirou do texto o termo em *fase de execução*. Esta supressão não representa alteração relativamente ao instituto da Fraude de Execução, uma vez que o Código processual tutela, também, os créditos tributários.

O resultado da alteração no art. 185 do CTN, introduzida pela LC n. 118/05, diz respeito à presunção de fraude desde o momento em que o crédito tributário é inscrito em dívida ativa. Este novo marco temporal vai repercutir nos casos de fraude contra credores — a ação pauliana prescrita nos arts. 158 e ss. do Código Civil brasileiro. Todavia, é importante registrar que esse marco temporal, fixado pela data da inscrição da dívida tributária, não produz efeitos para o instituto da Fraude de Execução, haja vista que a Lei de Execuções Fiscais nada refere sobre o tema, sendo, então, a norma a reger a espécie o *Codex* processual. Destarte, imperioso concluir que o instituto da Fraude de Execução processual continua vigente para os casos de fraudes de execução realizadas contra a Fazenda Pública. A alteração legislativa no CTN não alcançou a fraude de execução prevista no CPC.

A defesa do terceiro não deve ficar restrita à admissão dos embargos. Sempre que possível, sua presença deve ser admitida, seja para defender seus interesses, seja para esclarecer o juízo antes da declaração de fraude. As normas processuais acrescidas das previsões constitucionais autorizam o procedimento. Mais que autorizar, a Constituição garante o direito de defesa e o exercício do contraditório. Por isso, deve ser oportunizada sua manifestação, mormente quando se verifica que o bem, objeto de constrição, lhe pertence.

Por fim, ao terceiro, adquirente do bem alienado em fraude de execução, caberá buscar o ressarcimento dos prejuízos sofridos junto ao devedor-alienante com base na responsabilidade contratual ou civil. Não sendo possível alcançar seus objetivos através desses institutos, restará ainda, por derradeiro, requerer a restituição do que houver pago ao devedor, na medida de seu empobrecimento, com fulcro no princípio que veda o enriquecimento sem causa, contemplado nos arts. 884 e ss. do novo Código Civil brasileiro.

CONSIDERAÇÕES FINAIS

I. Noções, sanção e sujeição patrimonial

1. O presente estudo tem enfoque acadêmico-científico. Todavia, em face da integração da teoria com a pragmática jurídica, representa relevante ferramenta jurídica oferecida aos operadores do Direito;
2. Modernamente, o termo fraude superou a idéia de embuste, armadilha, má-fé, cilada;
3. O termo fraude contido na norma processual significa proveito do devedor em prejuízo do credor;
4. O elemento volitivo vontade de fraudar não é pressuposto para a configuração da fraude de execução;
5. O Direito brasileiro trata da fraude em diversas acepções. Assim, no Direito Civil, através do instituto da Fraude contra Credores, na Lei de Falências, prevendo os casos de fraudes contra a falência, no Código Penal, quando tipifica a fraude processual ou a fraude à execução e, mais especialmente, no Direito Processual Civil, art. 592, inciso V, e art. 593, incisos I, II e III;
6. A sanção no direito processual visa a obter, por outros meios, os mesmos resultados que seriam obtidos tivesse a obrigação sido cumprida espontaneamente;
7. A atividade desenvolvida pelo Judiciário para atuação da sanção é a execução;
8. A execução parte da certeza do direito. Certeza não necessariamente absoluta, mas suficiente a embasar a execução;
9. Há duas vontades na execução judicial: do credor em ver seu direito adimplido; do Estado, ao aplicar a sanção, para ver a prestação jurisdicional efetivada, porque esta é sua função e representa o interesse da sociedade;
10. A vontade sancionatória do Estado está implícita no conjunto de normas sobre a execução forçada. Concretiza-se com a sua aplicação;
11. A declaração de ineficácia produzida pelo Juízo, em sede de Fraude de Execução, constitui-se em sanção Estatal;
12. O patrimônio do devedor representa, genericamente, para o credor, uma garantia potencial ao cumprimento de suas obrigações;

13. O devedor não deve afrontar o poder estatal, subtraindo os bens de seu patrimônio, a fim de livrá-los da constrição judicial;
14. A Fraude de Execução decorre de ato lesivo praticado contra a garantia patrimonial, representada pelo patrimônio do devedor.

II. Conceituação e natureza jurídica da fraude de execução

15. A norma processual da fraude de execução objetiva o fato jurídico, resultante do ato de disposição quando atentatório à dignidade da justiça;
16. A fraude de execução é mais grave do que a fraude contra credores do Direito Civil, porque, além de causar prejuízo ao credor, ofende a dignidade da Justiça;
17. A fraude de execução constitui-se em ato ou conjunto de atos realizados na constância de demanda por quem é devedor, afastando a disponibilidade patrimonial de possível constrição judicial quando em insolvência ou atingindo o estado de insolvência pelo ato de transferência ou de oneração, causando prejuízo ao credor, frustrando a execução e, com isso, afrontando o poder jurisdicional;
18. Na fraude de execução há conexão e dependência entre os fatos jurídicos: negócio jurídico realizado, estado de insolvência, existência de demanda e prejuízo do credor;
19. O tempo de realização do ato de alienação ou de oneração deve coincidir com o tempo do processo judicial em curso;
20. Seguindo a teoria sancionista de *Kelsen*, a norma primária é a que prevê a sanção, determinando que o ato seja tido como fraude. A norma secundária é aquela que prevê certa conduta para a situação existente da dívida e da garantia.
21. A primeira regra de conduta está oculta, é a regra que diz que o devedor deve pagar suas dívidas; a segunda regra de conduta decorre da primeira, só vai interessar se a primeira regra não for observada, a saber: o devedor deve manter a garantia potencial existente em seu patrimônio para cumprimento de suas obrigações;
22. A natureza jurídica do instituto da Fraude de Execução é de Direito instrumental Público;
23. O instituto da Fraude de Execução visa a coibir os atos atentatórios ao eficaz desenvolvimento da função jurisdicional do Estado, e não o negócio jurídico realizado entre o devedor e o terceiro;
24. O benefício do credor, com a declaração da fraude de execução, é a conseqüência. O objetivo da norma é a salvaguarda do poder Estatal;
25. A declaração de ineficácia do negócio jurídico realizado entre o devedor e o terceiro é o meio pelo qual o Estado garante a efetividade da execução judicial;

26. O interesse público na fraude de execução tem fulcro na função estatal de realizar o direito, de ser efetivo, de fazer justiça;
27. O ato de alienação ou de oneração realizado pelo devedor é, para todos os efeitos, perfeito, verdadeiro, válido, eficaz. Só não o é para o credor, em processo que esse ato tenha sido declarado em fraude de execução.

III. Fraude de Execução e Fraude contra Credores ou Execução Universal

28. A fraude de execução distingue-se da fraude contra credores do Direito Civil. A principal distinção diz que o ato de alienação desta é realizado contra o credor. Ocorre na esfera privada. Já na fraude de execução, o ato é realizado contra os ditames do direito de ordem pública. Afronta o eficaz desenvolvimento da função jurisdicional do Estado;
29. A fraude de execução só se configura após início da demanda. A fraude contra credores ocorre antes da demanda em juízo;
30. A fraude contra credores exige ação autônoma. A fraude de execução resolve-se em simples incidente, nos autos da execução;
31. Na ação pauliana há previsão legal para anulabilidade do ato. Todavia, a jurisprudência remansosa inclina-se para ter apenas como ineficaz o ato realizado em fraude contra credores;
32. Anular o ato de disposição significaria desfazer o negócio jurídico realizado e devolver ao patrimônio do devedor o bem transferido em fraude;
33. Anular o negócio jurídico realizado entre o devedor e o terceiro significa ir além da intervenção estatal necessária, que é apenas e tão-somente a satisfação da execução;
34. Após a satisfação da obrigação, ao credor não existe mais subtração à garantia patrimonial. Não existe mais o prejuízo do credor. Logo, não existem mais os pressupostos a configurar a fraude. Daí por que só a declaração de ineficácia, na medida necessária à satisfação da execução, é possível em sede de fraude de execução e de fraude contra credores;
35. Diferentemente da fraude de execução, na fraude contra credores o *concilium fraudis* (participação consciente) ou a *sciencia fraudis* (conhecimento) integram a *fattispecie*. Não obstante, o *consilium fraudis* (vontade de fraudar) não necessita estar presente para configurar a fraude de execução nem para a fraude civil;
36. Na fraude contra credores, a alegação de ausência de ciência, pelo adquirente, do estado de insolvência do devedor, é inoponível, quando for notória ou houver razões para ser do seu conhecimento. Na fraude de execução, não há menção legal a considerar a ciência do adquirente como elemento a integrar a *fattispecie*.
37. Há identidade quanto aos objetivos privados a serem alcançados na fraude de execução e na fraude contra credores. Ambas beneficiam, por fim, o credor;

38. A fraude contra a execução universal difere da fraude de execução, especialmente pela existência de declaração de insolvência e concurso universal de credores;

39. Na fraude à execução universal, a declaração de fraude aproveita a todos os credores, obedecendo à ordem de classificação de créditos. Na fraude de execução, a declaração só aproveita ao credor exeqüente.

IV. Fraude de Execução no Direito comparado

40. A menção feita por diversos autores atribuindo à *Liebman* a afirmação de que não existiria previsão legal no direito estrangeiro, tratando de fraude de execução, não se confirma. Há previsão legal expressa de fraude de execução no Direito alienígena e, nos países onde não existe, o Direito local confere mais força à penhora;

41. É evidente a influência das antigas normas inglesas no instituto da Fraude de Execução do Direito brasileiro;

42. No Direito comparado, existem normas para maior proteção à alienação do bem penhorado, diferentemente do Direito brasileiro, em que não há norma que coíba a alienação do bem penhorado;

43. O Direito alemão protege contra a alienação de bem que seja objeto de execução forçada. No Direito francês, o bem penhorado torna-se indisponível. No Direito italiano as alienações de bens penhorados são ineficazes. O Direito português considera a penhora registrada direito real;

44. O Direito italiano e o português oferecem diversos meios de defesa ao terceiro, adquirente de bem objeto de penhora;

45. O Direito inglês possui normas antigas, de 1571 e 1736, ainda em vigor, tratando das alienações fraudulentas. Exige demanda em curso à semelhança do Direito brasileiro;

46. O Direito americano reeditou, recentemente, texto de norma muito antiga do Direito inglês para tratar das alienações fraudulentas.

V. Requisitos da Fraude de Execução

47. Os atos de alienação, a serem considerados, para efeitos de fraude de execução, são todos os possíveis, incluindo-se, aí, as transferências diversas, como, por exemplo: a doação, a renúncia, a dação em pagamento. Da mesma forma, em casos excepcionais, as partilhas em separação de casamento ou de união estável;

48. Nos atos de oneração, passíveis de serem vistos como realizados em fraude, incluem-se toda espécie, inclusive hipoteca, alienação fiduciária, penhor ou anticrese; cláusulas de impenhorabilidade, incomunicabilidade, usufruto e outros;

49. Não há dispositivo legal coibindo a alienação ou a oneração de bens. Todavia, se o ato for realizado em fraude de execução, poderá ser declarado ineficaz pelo juízo, para satisfação da execução;

50. São pressupostos a configurar a fraude de execução, do inciso II do art. 593 do CPC, o ato de alienação; a demanda em curso; o estado de insolvência do devedor, mesmo que de forma presumida; e, por fim, o prejuízo do credor;

51. O pressuposto de existência de ação fundada em direito real atende à previsão do inciso I do art. 593 do CPC, para configurar fraude de execução;

52. Os outros casos de fraude de execução, previstos em lei, fundar-se-ão no inciso III do art. 593 do CPC;

53. A alienação do bem, objeto de ação fundada em Direito real, também não é proibida. Todavia, o adquirente assume os riscos e se sujeita aos resultados da sentença que for proferida na ação que discute o direito sobre o bem;

54. A demanda em curso, referida na norma processual, apta a configurar a fraude de execução é aquela que foi posta em juízo;

55. Consolidou-se na jurisprudência que o marco inicial da demanda em curso, a ser considerado para efeitos de fraude de execução, é a data da citação do devedor;

56. O critério da citação inicial deve ser relativizado diante de prova inequívoca de conhecimento da ação iniciada pelo devedor;

57. As espécies de demanda em curso que assinalam o início do marco no tempo para configurar a fraude são as ações de conhecimento, ou de execução, inclusive as demandas preparatórias, como o arresto ou o seqüestro. Incluem-se também as sentenças penais condenatórias;

58. A demanda em curso deve estar relacionada à execução em que se pretende a declaração de fraude de execução;

59 É minoritária a doutrina no sentido de que qualquer demanda em curso poderia aproveitar a credores distintos;

60. A demanda em curso, a ser considerada para declaração de fraude de execução, deve ser aquela capaz de levar o devedor à insolvência;

61. O estado de insolvência consiste na inabilidade potencial ou efetiva para solver as dívidas;

62. A insolvência, a configurar a fraude de execução, é presumida *iuris tantum*. Não se exigem rebuscadas e infindáveis buscas pelo credor;

63. Não conhecendo o credor bens livres e desembaraçados do devedor, tem-se, por presunção, a insolvência do devedor;

64. A existência de bens penhoráveis, mesmo que em comarcas distintas, impede a observação do requisito da insolvência para configurar a fraude de execução;

65. Os bens impenhoráveis não são considerados para efeitos de verificação de insolvência a configurar a fraude de execução;

66. O estado de insolvência que interessa para declaração da fraude de execução é aquele verificado no momento da execução. Todavia, deverá ser analisado o momento inicial da insolvência;

67. Se o devedor aliena ou onera bens de sua propriedade, mas deixa outros bens para garantia potencial da dívida, objeto de demanda judicial, não se configura a fraude de execução, por ausência do requisito da insolvência no momento da realização do ato de transferência;

68. Somente os últimos bens alienados ou onerados, correspondentes aos atos de disposição, pelo devedor que o tornam insolvente, se prestam a configurar a fraude;

69. A insolvência deve ser considerada em relação ao patrimônio e à demanda. Em conta de subtração, do valor do patrimônio se extrai o valor da alienação. Se o resultado for capaz de suportar a demanda em curso não há fraude de execução;

70. O devedor insolvente pode satisfazer a execução desconfigurando-se a fraude, por falta de objeto: prejuízo do credor;

71. A perda ou perecimento de bem, por causa fortuita ou força maior, descaracterizam a fraude de execução, relativamente a outros bens que tenham sido alienados anteriormente à ocorrência da perda;

72. Também pode descaracterizar a fraude de execução a alienação ou a oneração de bem, quando realizada para atender a direito de crédito preferencial ou privilegiado em relação ao crédito exeqüendo. Ex.: dação em pagamento para quitar dívida alimentar judicialmente; transação para quitar dívida tributária, etc.;

73. Da mesma forma, descaracteriza a fraude a insolvência verificada como resultado de alienações judiciais realizadas em processo distinto;

74. Segundo a lei, os critérios para análise da fraude de execução, sob o ponto de vista do devedor, são somente objetivos: demanda em curso, insolvência e prejuízo do credor;

75. A consideração dos elementos objetivos, previstos em lei, vale e é suficiente para configuração da fraude de execução no que pertine à relação credor e devedor;

76. Conforme a Doutrina, a intenção fraudulenta está *in re ipsa*. Não há por que se perquirir dos elementos subjetivos na análise da fraude de execução;

77. Não há previsão legal para considerar os elementos subjetivos na apreciação da fraude de execução;

78. A Doutrina e a Jurisprudência estão tornando a teoria objetiva de *Buzaid* superada, admitindo o elemento *sciencia fraudis* como matéria de defesa do terceiro;

79. A teoria objetiva de *Liebman*, mencionada pela doutrina, é um equívoco. *Liebman* admite o não conhecimento, pelo terceiro, como matéria de defesa;

80. O limite de intervenção na esfera patrimonial de terceiro é ditado pelos princípios constitucionais de ampla defesa, direito ao contraditório, direito de propriedade, proteção aos atos de boa-fé. Assim, os direitos do exeqüente devem ser sopesados com os direitos do terceiro, com a aplicação dos critérios da proporcionalidade e da razoabilidade;

81. A fraude de execução tem para o credor eficácia *iuris et de iure*, mas, para o terceiro, a eficácia é *iuris tantum*. É preciso conceder-lhe a faculdade de defesa;

82. O alcance no patrimônio de terceiro também é possível. Todavia, nas alienações onerosas, este pode defender-se através dos embargos de terceiro, se o ato se deu sem seu conhecimento de demanda em curso e estado de insolvência do devedor.

VI. Procedimentos para reconhecimento da fraude

83. A argüição ou a verificação de fraude de execução, nas execuções singulares, independe de procedimento especial;

84. As diligências necessárias para verificar a existência de bens livres e desembaraçados são as normais. Não se espera buscas infindáveis;

85. Não encontrando bens, o devedor indicará para penhora o bem alienado, sob argumento de que a alienação se deu em fraude de execução;

86. A indicação, pelo devedor, de bens livres e desembaraçados, desconfigura a fraude de execução, por afastar o requisito da insolvência do devedor;

87. É possível, em casos especiais, a declaração *ex officio* de fraude de execução;

88. Pode requerer a declaração de fraude de execução aquele legitimado ordinário ou, extraordinariamente, como sujeito ativo, na execução;

89. É legitimado todo credor, em execução, quando o ato de alienação ou de oneração, realizado pelo devedor causar-lhe prejuízo;

90. O terceiro interessado, presente no processo, pode ser parte legítima para argüir a fraude de execução;

91. O Ministério Público é parte legítima para levantar a tese de fraude de execução e requerer sua declaração;

92. O arrematante, como terceiro interessado, pode ser legitimado para argüir a fraude de execução, quando o bem arrematado tiver sido alienado;

93. O arrematante que não conseguir tornar ineficaz a alienação do bem arrematado, por fraude à execução, poderá ressarcir-se do valor do lanço, através da *accio in re versa* — ação de enriquecimento sem causa;

94. A fraude de execução resolve-se em incidente, nos autos da execução. O processo deve ser suspenso até resolver o incidente;

95. A instrução do incidente, se necessária, será procedida de forma simples e rápida, de forma sumária;
96. Ao devedor deve ser oportunizado replicar sob a alegação de fraude de execução pelo credor;
97. Os direitos do credor não podem ser olvidados. A cautela recomenda, em alguns casos, seja feito, pelo menos, o arresto do bem, enquanto pende incidente de fraude de execução, para evitar sucessivas transferências;
98. O terceiro pode ser chamado ao processo para informar ao juízo sobre a aquisição do bem;
99. O terceiro pode comparecer ao processo, no incidente de fraude de execução, como assistente litisconsorcial;
100. Em respeito aos princípios constitucionais, se necessária, poderá ser realizada a audiência para ouvir as partes e o terceiro adquirente do bem alienado em fraude de execução;
101. Na prática, a realização de audiência, em sede de incidente de fraude de execução, não tem sido comum;
102. A natureza jurídica da decisão que declara a fraude de execução é, sem dúvida, interlocutória;
103. O ato de alienação ou de oneração realizado em fraude de execução não é nulo nem anulável. É válido para todos os demais, só não o é para a execução;
104. Não se trata de nulidade nem de anulabilidade, porque então o negócio jurídico realizado entre devedor e terceiro seria nulo ou anulado e o bem retornaria ao patrimônio do devedor, alienante;
105. Inaceitável o retorno do bem ao patrimônio do alienante, pois propiciaria o benefício do devedor com o ato realizado pela sua própria torpeza;
106. Retornando o bem ao patrimônio do devedor, o terceiro seria prejudicado, além do necessário à execução em que foi declarada a fraude de execução;
107. A declaração de nulidade ou de anulabilidade do ato de alienação ou de oneração realizado em fraude de execução extrapola o poder do Estado, o qual, no caso, só deve atender à execução e nunca ir além desta;
108. O instituto da fraude de execução é norma processual de Direito Público. Sua interferência é dirigida à efetividade da execução e não ao negócio jurídico realizado entre o devedor e o terceiro;
109. Modernamente consolidou-se na doutrina e na jurisprudência que o efeito da decisão que declara o ato de alienação ou de oneração em fraude de execução é de ineficácia;
110. Essa ineficácia só opera relativamente à execução em que a fraude é declarada;

111. Na fraude de execução, a ineficácia do ato de disposição é relativa à execução, no limite necessário à satisfação da dívida exeqüenda. É o que se denominou de ineficácia suficiente;

112. O recurso contra a decisão de declaração de fraude de execução, pelo devedor, é o agravo de instrumento. Descabe agravo retido, em sede de execução;

113. Se o bem alienado está em nome do terceiro, é da jurisprudência que o devedor não poderá se valer dos embargos de devedor, porque não teria legitimidade;

114. Se o terceiro estiver no processo como litisconsorte poderá agravar a decisão incidental.

VII. Sistema registral e fraude de execução

115. Os principais objetivos do registro público são os de dar publicidade, autenticar e fazer prova;

116. A constituição de efeitos como eficácia, autenticidade e segurança, assim como o direito real pelo registro público, subordinam-se à expressa previsão nas leis civis;

117. Os registros públicos têm finalidade específica e função subsidiária ao sistema legal civil. A hierarquia decorre de previsão na própria Lei de Registros Públicos;

118. O registro prova a existência do ato, mas sua ausência não significa inexistência do ato, o qual pode ser provado de outra forma;

119. O registro do ato confere efeito, mesmo que de forma ficta, de que o ato seja de conhecimento público;

120. O registro produz efeito de publicidade de caráter público e idôneo, oferecendo segurança às relações negociais;

121. Os registros dos atos de disposição produzem efeito *erga omnes* de conhecimento público;

122. Em face do registro, existe a presunção de que o ato seja válido, até prova em contrário;

123. O registro da penhora faz prova quanto à fraude de execução. Todavia, sua ausência não afasta, *de per si*, a fraude de execução;

124. Os efeitos da nulidade ou da anulabilidade dos atos em geral serão os decretados na decisão judicial, independentemente de registro;

125. A especialidade da Lei de Registros Públicos refere-se aos registros dos atos. Não tem por escopo ditar regras de Direito civil ou processual;

126. A presunção de conhecimento de terceiro, da penhora, quando registrada, decorre do próprio ato de registro, dado o caráter deste que oferece publicidade oficial.

VII. 1. Caráter público e Publicidade

127. O caráter público do processo não significa que tenha efeitos de publicidade. Público e publicidade são aspectos distintos. O registro do ato confere publicidade. Essa publicidade, conferida pelos Registros públicos, é de cunho oficial;

128. O processo é de caráter público, mas não é presumidamente de conhecimento geral;

129. A verificação de existência de processo contra o devedor junto a todos os foros é tarefa que não se pode exigir do adquirente de imóvel;

130. Demonstra-se razoável exigir que o terceiro adquirente verifique os foros do local do bem e da sede do alienante.

VII. 2. Registro da penhora, da ação e a prova

131. A falta de registro da ação ou do ato de constrição confere ineficácia relativa aos atos produzidos pelas pessoas envolvidas no processo;

132. A ineficácia produz efeitos em relação às pessoas que figuram no processo;

133. O registro é meio de prova. Sua falta leva ao credor o ônus de provar a ciência do terceiro da demanda em curso;

134. A regra ditada no art. 659, § 4º, refere o registro da penhora para presunção de forma absoluta do conhecimento pelo terceiro, não à presunção absoluta de fraude;

135. A ausência de registro do ato ou da ação não afasta, *de per si*, a tese de fraude de execução;

136. Na ação que versa sobre direito real, a ausência de registro atrai para o credor o ônus da prova de fraude;

137. O registro da penhora faz prova a favor do exeqüente, para os atos de disposição realizados após o registro, mas sua ausência não afasta a tese de fraude de execução;

138. Inafastável o benefício dos registros públicos quanto aos atos judiciais ao conferir os efeitos de publicidade e contribuir para a segurança das relações privadas;

139. A aquisição por arrematação ou adjudicação em processo diverso, de bem objeto de ação de direito real, em princípio, não é afetada pelo disposto no art. 42 do CPC e afasta a tese de fraude de execução;

140. A citação da ação que versa sobre direito real deve ser registrada no Ofício de registros públicos. Sua ausência não afasta a tese de fraude, porém atrai para o credor o ônus de provar que o terceiro adquirente do bem sabia da demanda;

141. O registro da citação da ação que versa sobre direito real constitui importante meio de prova, mas sua falta não afasta a tese de fraude;

142. Toda ação que, afinal, objetiva um imóvel deve ser registrada no Ofício de registros Públicos.

VII. 3. *Alienação do bem penhorado e registro*

143. O objetivo da penhora é o de vincular o bem à execução como garantia específica, para satisfação da execução; é também ato inicial preparatório para a futura expropriação; serve, ainda, para determinar a conservação do bem, ficando o depositário responsável pela guarda e conservação do referido;

144. A penhora, no Direito brasileiro, não torna o bem indisponível;

145. O ato de constrição sobre um bem não tem o condão de afastar a eficácia dos atos de transferências deste bem;

146. Não há fundamento legal suficiente para se atribuir ao ato de constrição força ou efeitos que, por si só, seriam capazes de se fazer considerar ineficaz o negócio jurídico realizado com terceiro;

147. O ato de alienação de bem penhorado merece censura, mas o Direito brasileiro não possui norma proibindo a alienação ou a oneração de bem penhorado;

148. Não há sanção prevista, especificamente, para a alienação de bem penhorado;

149. Todos os autores pesquisados, ao referirem a ineficácia da alienação do bem penhorado, fundamentam-se em normas estrangeiras prescritas para a penhora, em locais onde não existe a fraude de execução e nos quais a penhora possui normas especiais que a fortalecem e a protegem;

150. No Direito brasileiro, as normas da fraude de execução são as únicas que protegem o credor contra a alienação do bem penhorado;

151. Independente de penhora, independente de registro, a fraude de execução se configura desde o início da demanda por força do disposto no inciso II do art. 593;

152. É o instituto da Fraude de Execução, com seus pressupostos, que vai proteger o credor pela ineficácia da alienação do bem penhorado, porque realizado em fraude;

153. O registro da penhora não cria direito real. O ato apenas produz publicidade;

154. A alienação de bem penhorado deve ser tida como ofensa grave ao Estado, mas a fundamentação legal para afastar a eficácia do negócio jurídico realizado é a norma da fraude de execução;

155. Sugere-se ao legislativo que edite norma legal a conferir ineficácia de alienação de bem penhorado;

156. O requisito da insolvência pode ser afastado para configurar a fraude de execução em caso de alienação de bem penhorado;

157. A alienação de bem penhorado, com o conhecimento do terceiro, não encontra óbice no Direito. O adquirente assume o risco;

158. Provado que o terceiro adquirente do bem penhorado não tinha conhecimento da constrição, o pressuposto ausente da insolvência do devedor pode ser invocado e deve ser aceito;

159. Não pode ser aceita a troca de bem penhorado por outro, pelo simples fato de o devedor tê-lo alienado;

160. O devedor que aliena bem penhorado pode ser tido como litigante de má-fé e punido na forma prevista nos art. 17 c/c art. 14 do CPC;

161. A fraude de execução é também ato atentatório à dignidade da justiça, punível, inclusive, com multa, conforme os arts. 600 e 601 do CPC.

VIII. Fraude de execução e a Fazenda Pública

162. A fraude contra o crédito fiscal está prevista no art. 185 do CTN, mas a fraude de execução do CPC continua sendo aplicada à Fazenda Pública, mesmo com o advento das alterações introduzidas pela LC n. 118/05;

163. Antes da alteração introduzida pela LC n. 118/05, as fraudes de execução previstas no CTN ou no CPC tinham o mesmo alcance para aplicação;

164. Após a alteração introduzida pela Lei Complementar n. 118/05, a fraude prevista no CTN passou a ser gênero, incluindo a fraude de execução nos moldes do CPC e a fraude contra credores nos moldes do CCB;

165. A dívida ativa tributária que constitui título executivo é aquela proveniente do crédito tributário regularmente inscrito;

166. Há presunção de certeza e de liquidez no crédito tributário regularmente inscrito. Admite-se prova em contrário;

167. O crédito tributário resulta de impostos, taxas, contribuições de melhoria e para fiscais;

168. O crédito tributário inclui os débitos tributários de natureza formal ou material;

169. As contribuições para a previdência social (autárquicas) são equiparadas aos créditos da União, considerando-se dívida ativa para os créditos inscritos conforme a LEF;

170. Os créditos da Fazenda Pública incluem os créditos tributários e os créditos de natureza não tributária;

171. Dívida ativa não tributária são os demais créditos da Fazenda Pública de natureza não tributária;

172. A simples constituição de dívida ativa tributária não marca o início temporal para se considerar a alienação de bens, pelo devedor, como realizadas em fraude;
173. O ingresso da demanda judicial, também para a Fazenda Pública, é que constitui o termo inicial para se verificar eventual configuração de fraude de execução.

VIII. 1. Fraudes diversas e responsabilidade pessoal

174. A fraude de execução não se confunde nem se assemelha à fraude praticada com o propósito de lesar o fisco, relativamente à constituição do crédito tributário;
175. Não se deve confundir fraude de execução com responsabilidade pessoal decorrente de cargo ou função. Assim, dos agentes, antigos síndicos de massa falida, comissários, administradores, gerentes, entre outros previstos no art. 186 do CTN;
176. As responsabilidades por atos de gestão, com culpa, dolo ou excessos, autorizam a execução contra o responsável, não dão azo, *de per si*, à tese de fraude de execução;
177. Pode haver fraude de execução contra a Fazenda Pública, por atos dos responsáveis tributários, desde que verificados os pressupostos da Fraude de Execução, e não pelo simples fato de serem responsáveis pela dívida tributária;
178. É possível responsabilizar pessoalmente o administrador que age com culpa, dolo ou excesso, pelo fato de a pessoa jurídica praticar atos configurados em fraude de execução;
179. Essa responsabilização pessoal pode interessar ao exeqüente, quando não for possível desconstituir o negócio jurídico realizado, ou ao terceiro, que for prejudicado com a declaração de fraude de execução, quando adquirente de boa-fé.

VIII. 2. Direito de preferência e privilégios creditórios do crédito tributário e Fraude de Execução

180. O direito de preferência ou de privilégio que goza o crédito tributário, exclui-o, conforme a lei, do concurso de credores em falência ou insolvência, ou em inventário e arrolamentos;
181. O caráter superprivilegiado do crédito tributário faz com se sobreponha à clausula de impenhorabilidade ou inalienabilidade dos bens objetos de constrição;
182. Na prática, o crédito tributário sujeita-se à ordem da classificação dos créditos, especialmente quando deve observar a preferência dos créditos trabalhistas e acidentários;
183. Discussões sobre a preferência de créditos, como por exemplo, a possibilidade de o credor trabalhista penhorar bem gravado com hipoteca, ou mesmo, bem já penhorado em execução fiscal, não configuram e não dizem respeito à fraude de execução.

184. Eventuais inobservâncias dos privilégios ou das preferências do crédito tributário, inclusive constituições de gravames sobre bens, podem ser corrigidas com base no direito privilegiado e preferente da dívida tributária, sem necessidade de fulcrar-se no instituto da Fraude de Execução;

185. São inoponíveis os direitos reais de garantia, inalienabilidade e impenhorabilidade contra créditos da Fazenda Pública;

186. O CTN trata apenas da preferência do crédito tributário. A Lei de Execuções Fiscais abarca todos os créditos da Fazenda Pública constituídos em dívida ativa.

VIII. 3. Fraude de Execução e a nova previsão do CTN

187. A previsão contida no art. 185 do CTN aplica-se somente aos créditos tributários. Todavia, em relação à fraude de execução, traz pouca influência;

188. As restrições contidas em atos normativos secundários, referindo-se à fraude de execução, não alteram a substância do instituto, nem poderiam, em razão da regra de hierarquia das leis;

189. A alteração introduzida pela LC n. 118 no texto do art. 185 do CPC suprimiu o termo *em fase de execução*. Com isso, a norma passou a considerar em fraude as transferências realizadas, pelo devedor, desde a inscrição da dívida ativa tributária;

190. A fraude mencionada no atual art. 185 é gênero, tendo como espécie a fraude contra credores e a fraude de execução;

VIII. 4. Fraude contra a Fazenda Pública

191. A existência de ação é imprescindível para a declaração incidental de fraude de execução ou, de forma autônoma, para a fraude contra credores, as quais devem sempre ser judiciais;

192. Os créditos da Fazenda Pública, de natureza não tributária, recebem a proteção do instituto da Fraude de Execução do CPC;

193. A fraude de execução pode ser praticada pela pessoa física ou pela pessoa jurídica ré em demanda judicial;

194. A presunção de fraude contra a Fazenda Pública não é absoluta. Admite-se prova em contrário, portanto, trata-se de presunção relativa;

195. O termo renda, incluído na norma tributária, serve para elidir a tese de fraude, uma vez que havendo rendas do devedor, não há o estado de insolvência;

196. O ônus probante para afastar a tese de fraude é do devedor;

197. As normas processuais têm aplicação subsidiária nas execuções judiciais para cobrança de dívida ativa pública;

198. O débito inscrito em dívida ativa, prescrito no CTN e na LEF, é o mesmo previsto no art. 585, inciso VI, do CPC;

199. A previsão do art. 185 do CTN não contempla os créditos da Fazenda Pública quando não originados de dívida tributária;

200. A demanda judicial contra a Fazenda Pública, visando a desconstituir lançamento de tributo, quando improcedente, também caracterizará a "demanda pendente" prescrita no art. 593, inciso II, do CPC;

201. O art. 185, mesmo após as alterações introduzidas pela Lei Complementar 118/05, não altera nem dispensa a proteção da norma processual conferida pelo inciso II do art. 593;

202. A norma processual protege o credor, Fazenda Pública, contra a fraude de execução, em cobrança de dívida tributária e não tributária;

203. A fraude prevista no art. 185 do CTN se assemelha, pelo termo, à fraude de execução, mas difere na essência, no alcance e nos objetivos;

204. O termo renda prescrito no art. 185 do CTN é abrangido pela previsão inserta no inciso III do art. 593 do CPC;

205. O termo presunção de fraude do CTN assemelha-se ao termo "configura-se em fraude" do CPC;

206. Em ambas as previsões, processual e tributária, a presunção é relativa, e não absoluta;

207. O termo *começo* contido no art. 185 do CTN não altera a substância da fraude de execução contra a Fazenda Pública.

IX. Fraude de execução e a defesa do terceiro

208. Pode haver interesse do terceiro quando a fraude de execução for declarada ou quando for realizada ou ordenada a constrição de bem que o terceiro tem por seu;

209. Os bens do devedor sujeitam-se à atividade jurisdicional provocada pelo credor;

210. Para eficácia da tutela jurisdicional, por vezes, é preciso invadir a seara do terceiro;

211. Há necessidade urgente e impostergável de lutar pela ordem jurídica justa;

212. O acesso à justiça não se limita ao mero acesso aos Foros Judiciais. A ordem jurídica justa só é atingida se a tutela for prestada de forma eficiente e eficaz;

213. Na prestação da tutela deve estar sempre presente como sensor necessário a possibilidade inaceitável de incorrer em excesso;

214. O instituto da Fraude de Execução assegura à parte a efetividade de seu direito;

215. A efetividade na prestação jurisdicional deve corresponder à pretensão justa;

216. Na execução, a pretensão é de se efetivar o direito, alcançar o bem da vida que é devido;

217. A eficácia pacificadora do Estado deve proporcionar o resultado justo;

218. Na execução, a efetividade é a própria satisfação da execução;

219. A atividade estatal deve proporcionar ao credor o mesmo resultado que obteria se exercesse seu direito de forma particular;

220. O bem alienado em fraude de execução seria, sem dúvida, tomado para a satisfação da execução se fosse realizada de forma direta pelo credor;

221. A responsabilidade do devedor decorre de obrigação com o credor;

222. A responsabilidade do terceiro é apenas um dever genérico de agir de modo a não prejudicar terceiros;

223. Embargos de terceiro são a ação pela qual o sujeito, sem ser parte na causa, intervém para assegurar os direitos ou os interesses próprios;

224. Os embargos de terceiro submetem-se a dois pressupostos objetivos: existência de um processo e existência de uma ordem ou de uma constrição judicial efetivada;

225. Em sede de fraude de execução, os embargos à execução terão como objetivo combater a decisão que determinou a penhora, arresto, seqüestro, ou arrematação/adjudicação de bem que o terceiro reconhece como seu, com ou sem declaração de fraude de execução pelo juízo;

226. Nesses embargos serão discutidas as questões relativas à constrição efetivada ou iminente;

227. Em embargos de terceiro, o autor não pode discutir as questões relacionadas à ação principal;

IX. 1. Argüições pelo terceiro

228. O objetivo dos embargos de terceiro será o de livrar o bem objeto da constrição judicial;

229. Para afastar a tese de fraude de execução, o terceiro deverá demonstrar a ausência dos pressupostos da fraude;

230. Os pressupostos a serem analisados serão: o estado de insolvência do devedor ou a exclusão do estado de insolvência pela existência de outros bens, a data da alienação ou da oneração do bem em confronto com a data da instauração da demanda;

231. É possível, por exceção, alegação de impossibilidade jurídica de fraude, se o bem objeto da constrição nunca pertenceu ao devedor, ou pela existência de outros

bens livres e desembaraçados na época da alienação do bem objeto da constrição. Da mesma forma, se o bem foi adquirido em sede de outra demanda judicial;

232. A prescrição do direito de execução do credor pode ser argüida pelo terceiro, em sede de embargos de terceiro, uma vez que esvazia o objeto executivo;

233. Na hipótese do inciso I do art. 593 do CPC, o terceiro não poderá alegar em seu favor o estado de solvência do devedor, haja vista que o bem constrito é o próprio bem objeto do litígio;

234. Se houver alegação de fraude de execução, pelo credor, e determinação de constrição judicial sobre o bem que o terceiro entende ser seu, mesmo que inexista declaração de fraude, deverá, nos embargos de terceiro, oferecer defesa à tese de fraude de execução.

IX. 2. Legitimação para a ação de embargos de terceiro

235. Os tribunais têm aceitado, embora o tema não esteja pacificado, a simples defesa de posse do bem, por parte do terceiro, mediante apresentação de documento particular de compra e venda devidamente registrado no Ofício Imobiliário;

236. O possuidor em nome alheio, promitente adquirente sem registro do instrumento, pode, extraordinariamente, ser admitido como legitimado para opor embargos de terceiro;

237. O usufrutuário e o nu proprietário são partes legítimas para a ação de embargos de terceiro;

238. O terceiro hipotecante, o sucessor, os sócios, o cônjuge são partes legítimas para se fazerem presentes no processo como responsáveis. Portanto, salvo hipóteses excludentes, deverão apresentar embargos de devedor e não embargos de terceiro;

239. É parte legítima, para a ação de embargos de terceiro, a pessoa que simultaneamente é terceiro com relação às partes no processo e é prejudicado pelo ato ordenado ou realizado;

240. O terceiro pode, eventualmente, ocupar duas posições: de parte e de terceiro, no mesmo processo, conforme o direito que ele objetiva defender;

241. Em sede de fraude de execução, é parte legítima o terceiro adquirente ou beneficiário da coisa alienada em *fraus executionis*, em primeira, em segunda, ou em sucessivas transferências;

242. Equipara-se a terceiro a parte que defende bens que não podem ser objeto de constrição judicial, ou o cônjuge em defesa de direitos próprios, dotais, reservados ou de meação;

243. O cônjuge não é parte legítima para opor embargos de terceiro quando a ação tenha sido movida em face de dívida a bem da família;

244. Se o cônjuge não fizer parte da lide, quando intimado da penhora de imóvel pertencente ao casal, poderá opor embargos de terceiro, inclusive para reserva da meação;

245. São também legitimadas as sociedades — pessoas jurídicas —, quando forem penhoradas as quotas sociais por dívidas de seus sócios;

246. É legitimado, como sujeito passivo, o exeqüente e, excepcionalmente, o próprio devedor, quando foi este quem indicou o bem do terceiro à penhora;

247. È possível, à companheira, em união estável, opor embargos de terceiro para defender a sua meação no bem, objeto da constrição judicial;

248. O cônjuge, em união com separação total de bens, ou em união com comunhão parcial de bens, relativamente ao bem adquirido antes do casamento, não é parte legítima para opor embargos de devedor, e sim embargos de terceiro;

249. Aquele que responde, pessoalmente, como responsável tributário em dívida da sociedade, é parte, e não terceiro no processo.

IX. 3. Procedimentos para os embargos de terceiro em sede de fraude de execução

250. Trata-se de ação autônoma, de caráter incidental, proposta contra o exeqüente e, excepcionalmente, contra o executado, se foi este quem indicou o bem à penhora;

251. O procedimento para os embargos de terceiro é especial. Far-se-á pelo rito sumário. Está prescrito nos arts. 1.046 a 1.054 do CPC;

252. Os embargos possibilitam a defesa da posse ou do direito real, em favor de quem esteja sofrendo turbação ou esbulho, por ato de apreensão judicial;

253. O embargante deverá apresentar, de plano, prova de sua condição de terceiro, interesse de agir e título de posse ou de propriedade;

254. Cabem embargos de terceiro em sede de Juizado Especial Cível;

255. É competente para julgar a ação de embargos, o juízo que ordenou o ato de constrição do bem.

256. Em execução fora da comarca de origem, pode ser competente o juízo deprecante ou o deprecado, ou mesmo, o juízo de continuidade da execução, nos termos da nova lei do cumprimento da sentença. Sempre aquele que ordenou a constrição.

IX. 4. Da liminar em embargos de terceiro

257. A manutenção ou restituição de posse, mesmo que provisória, pode ser deferida liminarmente;

258. A lei processual exige a caução a ser prestada pelo embargante. A norma é cogente. Todavia, em prol de princípios constitucionais, é possível a dispensa da caução, especialmente quando se tratar de hipossuficiente;

259. A decisão liminar, positiva ou negativa, poderá ser combatida por Agravo de Instrumento;

260. Admite-se, excepcionalmente, o mandado de segurança para emprestar efeito suspensivo à execução, quando negado na via recursal própria.

IX. 5. Do prazo para os embargos de terceiro

261. O prazo para opor os embargos de terceiro pode ser a qualquer momento da fase executiva, mesmo que passado muito tempo da data em que o terceiro tomou conhecimento do ato que veio a prejudicar sua posse ou seu direito. A lei processual prescreve ser de até cinco dias após a arrematação, adjudicação ou remição, sempre antes da assinatura da respectiva carta;

262. Esse prazo de cinco dias não se interrompe, e corre, inclusive, durante as férias forenses;

263. Há precedente jurisprudencial no sentido de aceitar o termo inicial do prazo de cinco dias, para opor embargos de terceiro, a contar da emissão da posse ao adquirente via judicial;

264. A ameaça, verificada pela ordem emanada, para constrição do bem, abre via para os embargos de terceiro;

265. Decorrido o prazo para embargar, resta ao terceiro a via ordinária, através da ação de anulação ou de nulidade.

IX. 6. Dos ônus sucumbenciais em embargos de terceiro

266. Os ônus sucumbenciais, se procedentes, deverão ser suportados pelo embargado. Em geral o credor, mas pode ser o devedor, se foi este quem indicou o bem à constrição judicial;

267. Se o Oficial de Justiça realiza a penhora sem indicação pelo credor ou pelo devedor, a rigor, o Poder Público deveria arcar com os ônus sucumbenciais;

268. O princípio da causalidade é aplicado pela jurisprudência, em sede de embargos de terceiro, em detrimento do princípio da sucumbência. Nessa linha, o embargante que obteve êxito, com base em título de posse ou de propriedade particular, não possui direito a ressarcimento das custas e despesas processuais que arcou para sua defesa.

IX. 7. Da natureza jurídica da decisão em embargos de terceiro e recursos próprios

269. A sentença proferida em ação de embargos de terceiro que acolhe a tese é mandamental. Ordena a modificação do ato de constrição;

270. A decisão liminar que rejeita os embargos de terceiro constitui-se em sentença, é de caráter terminativo. Recorrível através do apelo;

271. A decisão que recebe os embargos de terceiro é interlocutória, combatida com Agravo de Instrumento;

272. O efeito suspensivo à decisão que nega o recebimento dos embargos de terceiro, se não obtido em sede de apelo, ou pendente a apreciação deste, em situações especiais, pode ser obtido através do mandado de segurança;

273. Da mesma forma, nos casos de oferecimento de pagamento pelo terceiro, após a expedição da carta de arrematação/adjudicação, quando o terceiro não tinha conhecimento antes da execução e do ato expropriatório;

274. A decisão proferida, em sede de ação de embargos de terceiro, relativamente à turbação provocada pelo ato de constrição, não faz coisa julgada quanto aos direitos de propriedade do terceiro sobre o bem adquirido;

275. É possível a ação anulatória ou de nulidade, mesmo tendo sido tentada a ação de embargos de terceiro.

IX. 8. Da fraude contra credores em embargos de terceiro

276. A ação revocatória é necessária para a declaração de fraude contra credores;

277. Há precedentes nos tribunais e na doutrina minoritária a favor da tese que admite a alegação de fraude contra credores na ação de embargos de terceiro;

278. A corrente doutrinária majoritária é contrária a se aceitar argüição de fraude contra credores em sede de execução ou de embargos de devedor. A Súmula n. 195 do STJ confirma a linha da doutrina;

279. Somente a fraude de execução pode ser admitida em sede de execução, embargos de devedor, impugnação à execução de sentença ou em de embargos de terceiro.

IX. 9. O terceiro em sede de fraude de execução, em ação que versa sobre direito real

280. Na ação fundada em direito real, a norma autoriza a presença no processo do terceiro adquirente do bem, objeto do litígio;

281. A sentença proferida entre partes originárias, na ação fundada em direito real, produzirá efeitos que atingirão os terceiros adquirentes dos bens;

282. No caso de ação fundada em direito real, o terceiro só poderá embargar se não conhecer nem fizer parte da ação, ou se surgirem fatos novos não suscetíveis de serem apreciados na execução;

283. A alienação do direito, relativo ao bem litigioso, a terceiro com ciência da ação não se configura em fraude. Neste caso, o terceiro conscientemente assume o risco e se sujeita à sentença que for prolatada;

284. A insolvência do devedor não é requisito para a configuração da fraude inserta no inciso I do art. 593 do CPC;

285. O registro da ação fundada em direito real faz prova contra o terceiro adquirente do bem e dificulta sobremaneira a defesa do referido. Não obstante, a ausência de registro não afasta a possibilidade de alegação de fraude de execução.

286. Na fraude de execução ocorrida em sede de ação que versa sobre direito real, cabe ao terceiro provar que não poderia saber da demanda em curso;

287. A fraude de execução do inciso II do art. 593 abrange todas as fraudes, inclusive a prevista no inciso I do art. 593, com o que, a defesa do terceiro, contra alegação de fraude de execução em ação que versa sobre direito real (inciso I), deverá, por cautela, apresentar defesa contra os pressupostos previstos para a fraude de execução em geral, inclusos no inciso II;

288. A alienação do bem, objeto de litígio, pelo demandado, quando a sentença reconhece o direito do autor, caracteriza alienação de bem que afinal não lhe pertence;

289. O bem objeto de litígio, em ação fundada em direito real, sujeita-se à execução. Nesse sentido, o terceiro prejudicado deverá buscar o ressarcimento do dano através de ação própria.

IX. 10. A defesa do terceiro em sede de fraude de execução do inciso II do art. 593 do CPC

290. A fraude de execução do inciso II do art. 593 do CPC exige demanda em curso, insolvência do devedor e prejuízo do credor. O terceiro não faz parte dos pressupostos a configurar a fraude;

291. O registro da ação, o registro da penhora ou dos atos de constrição determinados judicialmente são requisitos essenciais para configurar a fraude de execução. Não obstante, a existência dos registros faz prova relevante no processo;

292. É fator a ser argüido em sede de defesa do terceiro: a anterioridade da alienação em relação à demanda em curso. A prova é documental. O documento elaborado de forma pública — certidão, escritura, compromisso de compra e venda lavrado em cartório ou com firma reconhecida por autenticidade — tem valor especial. São também aceitos os documentos particulares: compromisso de compra e venda, contratos, arras etc.

293. A dação em pagamento por devedor que por este ato se torna insolvente, procedida em processo judicial, por conta de crédito mais privilegiado — por exemplo — o crédito alimentar, acidentário, trabalhista ou fiscal, nesta ordem —, não configura em fraude de execução;

294. O conhecimento notório da posse faz prova a favor do terceiro contra a fraude de execução. É, porém, prova relativa;

295. O afastamento da tese de fraude de execução, pela anterioridade da data da alienação em relação à demanda em curso, não elide a possibilidade de fraude contra credores a ser argüida em sede de ação própria;

296. A existência de outros bens, pertencentes ao devedor, mesmo que em cidades distintas da sede da execução, na data da alienação ou de oneração, fazem prova a favor do terceiro adquirente do bem, objeto da alegação da fraude de execução;

297. As alienações feitas pelo devedor estabelecem série no tempo, só configurando a fraude de execução no momento em que determinada e específica alienação o torna insolvente;

298. Outras dívidas do executado, distintas daquelas, objeto da execução, não são consideradas para verificação do estado de insolvência, apto a atender o pressuposto para configurar a fraude de execução;

299. Por fim, não sendo possível o afastamento da tese de fraude de execução, com afastamento dos requisitos objetivos, poderá o terceiro valer-se dos critérios subjetivos, como a ausência de ciência da demanda em curso;

300. A inclusão do § 4º do art. 659 do CPC introduziu no direito positivo a consideração da subjetividade, mesmo que somente para efeitos de presunção do conhecimento de terceiros, da existência da penhora, em face do registro.

IX. 11. O terceiro e a fraude pela alienação do bem penhorado

301. A alienação do bem penhorado não é coibida pelo Direito brasileiro. Pode o devedor, proprietário do bem penhorado, alienar, onerar, doar, dar em pagamento, ceder, prometer vender etc.;

302. Se o ato de transferência ou de oneração do bem é realizado com o conhecimento do terceiro da penhora que recai sobre o bem, o terceiro adquirente está assumindo os riscos da possível perda do bem. O ato não merece censura;

303. O terceiro, adquirente do bem, pode solver a dívida exeqüenda e levantar a penhora que recai sobre o bem que adquiriu; pode oferecer outro bem, inclusive de melhor liquidez, sujeito ao aceite do credor para liberar o bem constrito;

304. A penhora produz um enfraquecimento do direito do devedor. O bem está vinculado à execução por força judicial estatal. Todavia, esse enfraquecimento não impede a venda do bem penhorado;

305. A penhora, por ser penhora, não se enquadra na previsão do inciso I do art. 593, que trata da ação que versa sobre bem litigioso;

306. Em que pese críticas doutrinárias e jurisprudenciais, na tentativa de considerar inválida a alienação de bem penhorado *de per si*, é fato que não há lei no Direito brasileiro a fundar esse entendimento;

307. O Direito alienígena é farto em previsões legais coibindo, tornando ineficaz ou penalizando a alienação ou a oneração do bem penhorado;

308. É fato a ausência de lei no Direito brasileiro proibindo ou tornando ineficaz a alienação de bem penhorado apenas por estar penhorado. Contudo, essa alienação do bem penhorado é ineficaz perante o credor, por força do dispositivo contido no inciso II do art. 593 do CPC. Isto é, porque a alienação do bem penhorado se enquadra como fraude de execução;

309. O registro da penhora ou a sua ausência dizem respeito à prova do conhecimento pelo terceiro. Não é, *de per si*, suficiente para afastar a tese de fraude;

310. No caso de sucessivas alienações, há entendimentos, embora não de forma unânime, considerando que o vício da fraude de execução não acompanha as transferências realizadas a *posteriori* por pessoas que não fazem parte no processo. Nesse caso, o terceiro adquire o bem de outro terceiro, e não da parte no processo. Assim, estaria adquirindo sem a ineficácia relativa que vicia a primeira transferência;

311. Havendo registro da penhora ou da ação, mesmo em caso de sucessivas transferências, há presunção de conhecimento dos terceiros. Destarte, todos os adquirentes sofrerão os efeitos da declaração de ineficácia da alienação do bem para servir à execução em que é reconhecida a fraude;

312. A defesa do terceiro, adquirente de bem penhorado, resolve-se da mesma forma que a defesa do adquirente de bem antes da penhora. Todavia, o registro da penhora dificulta a defesa do terceiro.

IX. 12. Eficácia da sentença

313. A eficácia da sentença de embargos de terceiro produzirá efeitos e terá força de coisa julgada somente sobre a matéria apreciada. Em sede de fraude de execução, a matéria a ser argüida diz respeito ao ato de constrição judicial, e não ao negócio jurídico realizado entre o devedor e o terceiro;

314. Para o credor, a sentença de embargos de terceiro, quando procedente, provoca o retorno do processo ao estado anterior à penhora;

315. Quando a sentença de embargos de terceiro for improcedente, a fraude de execução remanesce. A eficácia do ato de disposição entre o devedor e o terceiro é afastada para que o bem sirva à execução até sua capacidade ou até o limite do valor exeqüendo;

316. Satisfeita a execução, o saldo remanescente, se houver, será entregue ao terceiro, adquirente do bem penhorado;

317. O terceiro de boa-fé, que não obteve sucesso nos embargos de terceiro, terá, ainda, a possibilidade de ingressar com ação autônoma contra o devedor alienante para ressarcir-se dos prejuízos causados;

318. Não havendo responsabilidade civil do devedor, poderá, ainda assim, o terceiro, buscar o ressarcimento do que perdeu, com fulcro no instituto que veda o enriquecimento sem causa.

REFERÊNCIAS BIBLIOGRÁFICAS

ABRÃO, Carlos Henrique. "Fraude à Execução Fiscal". *Revista Dialética de Direito Tributário*, São Paulo, n. 27, pp. 14-19, dez. 1997.

ALBUQUERQUE, Magnus Augustus Cavalcanti de. "A compra e venda de bens penhorados". *Revista dos Tribunais*, São Paulo, ano 76, v. 620, pp. 259-261, jun. 1987.

ALEMANHA. *Código Civil*. Tradução: Souza Diniz. Rio de Janeiro: Distribuidora Record, 1960.

ALLORIO, Enrico. "Per l'oggettività del raffronto tra il codice del processo civile austriaco e il Codice Italiano". *Studi in onori di Enrico Redenti*, Milano, v. 1, pp. 57-76, 1951.

______________. *Commentario du Codice di Procedura Civile* – livro primo – tomo secondo. Torino: Torinense, 1973.

______________. – *Livro III – Do Processo*. v. III. Porto: Athena, 1972.

ALMOYNA, Julio Martínez. *Dicionário Espanhol-Português*. Porto: Porto Editora, 1979.

ALTEMANI, Nelson. "Fraude de execução". *Jurisprudência Brasileira*. Curitiba, v. 13, pp. 15-29, 1978.

ALTRA, Antonini C. Infranco ed. "Corte Di Cassazione, Sez. III civ., sentenza 9 ottobre 1998, n. 10028". *Rivista di Diritto Processuale*, n. 4, Anno LIV (Seconda Serie), pp. 1.182-1.206, out.-dic. 1999.

AMBRA, Luiz. *Dos embargos de terceiro*. São Paulo: Revista dos Tribunais, 1971.

AMERICANO, Jorge. *Comentários ao Código de Processo Civil*. v. I. 2. ed. São Paulo: Saraiva, 1959.

______________. *Da Ação Pauliana*. 2. ed. São Paulo: Saraiva, 1932.

ANDRIOLI, Virgilio. *Codice di Procedura Civile e Norme Complementari*. Milano: Dott. A. Giuffrè Editore, 1978.

______________. "Espropriazione forzata e normativa catastale". *Studi in memoria di Salvatore Satta*, Padova, v. 1, pp. 81-96, 1982.

______________. "Profiti Processuali della nuova disciplina della simulazione". *Studi in onori di Enrico Redenti*, Itália, v. 2, pp. 441-459, 1951.

ARIETA, Giovanni; MONTESANO, Luigi. *Diritto Processuale Civile*. v. III. Torino: G. Giapichelli Editore, 1999.

ARMELIN, Donaldo. "Registro da penhora e fraude de execução". *Revista do Advogado*, São Paulo, n. 40, pp. 69-75, Jul. 1993.

ARRUDA, Alvim. "O terceiro adquirente de bem imóvel do réu, pendente ação reivindicatória não escrita no registro de imóveis, e a eficácia..." *Revista do Processo*, São Paulo, n. 31, ano VIII, pp. 189-198, jul.-set. 1983.

ASSIS, Araken de. *Comentários ao Código de Processo Civil.* v. VI. Rio de Janeiro: Forense: São Paulo, 2000.

_____________. v. IX. São Paulo: Revista dos Tribunais, 2000.

_____________. *Cumulação de Ações.* 3. ed. rev. atual. São Paulo: Revista dos Tribunais, 1998.

_____________. 4. ed. rev. atual. São Paulo: Revista dos Tribunais, 2002.

_____________. "Extinção do processo por superveniência do dano irreparável". *Revista Jurídica*, Porto Alegre, n. 277, pp. 60-78, nov. 2000.

_____________. "Fraude à execução e a legitimidade do terceiro hipotecante". *Revista Jurídica*, Porto Alegre, ano XXXIX, n. 168, pp. 05-20, out. 1991.

_____________. *Manual do Processo de Execução.* 4. ed. rev. atual. São Paulo: RT, 1997.

_____________. v. II. Porto Alegre: Lejur, 1987.

ASSIS, Carlos Augusto de. "A Fraude de execução e boa-fé do adquirente". *Revista de Processo*, Porto Alegre, n. 105, ano 27, pp. 221-239, jan.-mar. 2002.

BALEEIRO, Aliomar. *Direito Tributário Brasileiro.* 10. ed. rev. atual. Rio de Janeiro: Forense, 1986.

BARBI, Celso Agrícola. *Comentários ao Código de Processo Civil.* v. 1. Atualizada por Eliana Barbi Botelho. 11. ed. Rio de Janeiro: Forense, 2002.

BARCELOS. Pedro dos Santos. "Fraude de execução". *Revista dos Tribunais*, São Paulo, v. 658, ano 79, pp. 43-51, ago. 1990.

BAREL, Bruno. et al. *Commentario breve al Codice Civile.* Padova: CEDAM – Casa Editrice Dott. Antonio Milani, 1981.

BARROS, Hamilton de Moraes e. *Comentários ao Código de Processo Civil.* v. IX. 2. ed. Rio de Janeiro: Forense, 1980.

BARTOLINI, Francesco. *Il Nuovo Codice Civile.* 8. ed. Piacenza: Casa Editrice La Tribuna, 1999.

BARTOLINI, Francesco; REPREGOSI, Maria Luisa. *Il Codice del nuovo Contenzioso Tributario.* 2. ed. Piacenza: Casa Editrice La Tribuna, 1997.

BASTOS, Celso Ribeiro de. *Curso de Direito Financeiro e de Direito Tributário.* 5. ed. São Paulo: Saraiva, 1997.

BATALHA, Wilson de Souza Campos. *Defeitos dos Negócios Jurídicos.* 1. ed. Rio de Janeiro: Forense, 1985.

BECKER, Anelise. *Teoria Geral da Lesão nos Contratos.* São Paulo: Saraiva, 2000.

BESSONI, Darcy. *Do contrato – Teoria geral.* 4. ed. São Paulo: Saraiva, 1997.

BETTI, Emilio. *Teoría General de las Obligaciones.* T. I e II. Madrid: Ed. Rev. Derecho Privado, 1970.

_____________. *Teoria Geral do Negócio Jurídico*. v. III. Trad. Fernando Miranda. Coimbra: Coimbra Editora, 1969.

BEZERRA, Manoel Justino Filho. "Fraude a credores e fraude à execução – Possibilidade ou não de discussão de fraude a credores em embargos de terceiro". *Revista dos Tribunais*, São Paulo, v. 581, ano 73, pp. 25-34, mar. 1984.

BOBBIO, Norberto. *Teoria della Norma Giuridica*. Turim: Giappichelli, 1957.

BRASIL. STF – Supremo Tribunal Federal. *Súmulas* citadas. Disponíveis em <http://www.stf.gov.br>, acesso no período de ago. a dez. 2002.

BRASIL. STJ – Superior Tribunal de Justiça. *Acórdãos* diversos. Disponível em <http://www.stj.gov.br>, acessos diversos no período de abr. 2001 a dez. 2002.

BRASIL. Tribunal Regional Federal da 4ª Região. *Processos e acórdãos* citados da JF do 1º Grau do TRT4. AC 940443508-2/PR; JF/RS P: n. 2001.71.00.008627-4; JF/RS – AI n. 2001.04.01.046570-8 e JF/RS P: n. 2000.71.000.014020-3. Disponível em <www.trf4.gov.br>.

BUTERA, Antonio, *Dell'azione Pauliana o Revocataria*, Turim: Utet, 1934.

BUSSADA, Wilson. *Fraude à execução e fraude contra credores*. Bauru: Edipro, 1994.

BUZAID, Alfredo. *Do concurso de credores no processo de execução*. São Paulo: Saraiva, 1952.

CAGNOLATI. Giorgio e Madalena. *Dizionario dei termini giuridici*. Itália: A. Vallardi, 1999.

CAHALI, Yussef Said. *Fraudes contra credores*. São Paulo: Revista dos Tribunais, 1989.

CAIS, Frederico Fontoura da Silva. "Embargos de terceiro e a fraude a execução". *Revista dos Processo*. São Paulo, ano 26, n. 102, pp. 109-138, abr.-jun. 2001.

CALAMANDREI, Piero. *Direito Processual Civil*. v. II. Campinas: Bookseller, 1999.

_____________. *El Processo Civil*. Trad. de Santiago Sentis Melendo. Buenos Aires: Editorial Bibliografica, 1945.

_____________. *Istituzione di Diritto processuale civile – Opere Giuridiche*. Napole: Jovene. 1970.

CALVOSA, Carlo. "Riflessioni sulla frode alla legge nel processo". *Studi in onore di Enrico Redenti*, Milano, v. 1, pp. 205-251, 1951.

CANDIAN, Aurelio. Poteri del sequestratario. *Studi in onori di Enrico Redenti*, Milano, v. 1, pp. 253-282, 1951.

CANOTILHO, José Joaquim Gomes. *Direito Constitucional e Teoria da Constituição*. 2. ed. Coimbra: Livraria Almedina, 1998.

CARDOSO, Eurico Lopes. *Código de Processo Civil Anotado*. 2. ed. Coimbra: Coimbra, 1981.

_____________. *Manual da Acção Executiva*. 3. ed. Coimbra: Liv. Almedina, 1996.

CARNACINI, Tito. *Contributo alla teoria del pignoramento*. Castello-Itália: Tipografica S.A, 1936.

_____________. "Prolegomeni al nuovo codice sull'espropriazione forzata". *Studi in memoria di Salvatore Satta*, Padova, v. 1, pp. 219-232, 1982.

CARNEIRO, Athos Gusmão de. *Intervenção de Terceiros*. 2. ed. São Paulo: Saraiva, 1985.

CARNELUTTI, Francesco. *Istitucione del Proceso Civil.* Trad. Santiago Sentis-Melendo, Editora Ejea, 1973.

_____________. *Lezione di Diritto Processuale Civile – Processo di Esecuzione.* v.I. Padova: CEDAM – Casa Editrice Dott Antonio Milani, 1932.

CARPI, Federico. et al. *Commentario breve al Codice di Procedura Civile.* Padova: Cedam, 1984.

CARVALHO, Cristiane; PAVAN, Dorival Renato. "Da necessidade do registro da penhora como condição para se operar a fraude à execução". *Revista de Processo,* São Paulo, ano 22, n. 88, pp. 92-101, out.-dez. 1997.

_____________. *Revista dos Tribunais,* São Paulo, ano 87. v. 748, pp. 132-143, fev. 1998.

CARVALHO, Paulo de Barros. *Curso de Direito Tributário.* 10. ed. São Paulo: Forense, 1998.

CASTRO, Amílcar de. *Comentários ao Código de Processo Civil.* v. X. 2. ed. Rio de Janeiro: Forense, [s.n.], 1963.

_____________. v. VIII. 2. ed. São Paulo: Revista dos Tribunais, 1976.

CASTRO, Artur Anselmo. *Direito Processual Civil Declaratório.* v. 1. Coimbra: Livraria Almedina, 1981.

_____________. *Lições de Processo Civil.* vs I e III. Corrigida e publicada: Abélio Neto e Revista: Artur Anselmo de Castro. Coimbra: Coimbra, 1971.

CASTRO, Federico. *Codigo Civil de España.* Madrid: Instituto de Cultura Hispanica, 1959.

CENEVIVA, Walter. *Lei dos Registros Públicos.* São Paulo: Saraiva, 1979.

_____________. 9. ed. São Paulo: Saraiva, 1994.

CHAVEAU, Adolphe. *Les lois de la procédure civile.* 30. ed. Paris: Cosse, Imprimeur – Éditeur-Librairie Générale de Jurisprudence, s/d.

CHIOVENDA, Giuseppe. *Instituições de Direito Processual Civil.* vs. I, II e III. Tradução Paolo Capitanio. 2. ed. Campinas: Bookseller, 1998.

_____________. v. V. São Paulo: Saraiva, 1969.

_____________. *Principios de derecho processal civil.* (Trad. Espanhol). T. II. 3. ed. José Casais y Santaló. Madrid: Reus, 1977.

CINTRA, Antonio Carlos de Araújo; DINAMARCO, Cândido Rangel; GRINOVER; Ada Pellegrini. *Teoria Geral do Processo.* 8. ed. rev. atual. São Paulo: Revista dos Tribunais, 1991.

COAD. ADVI – *Advocacia informatizada.* Jurisprudências tribunais estaduais e federais. jan./1991 a jun./2000.

CÓDIGO NAPOLEÃO ou *Código Civil dos franceses.* Traduzido por Souza Diniz. Rio de Janeiro: Distrib. Record. 1962.

COLETÂNEA JURÍDICA EM CD. n. 4. MPSOFT Códigos: Tributário, Consumidor e Comercial (incluindo Lei das S/A) Civil (atual e Novo), CPC, CLT, Penal, Processo Penal, Constituição Federal e Estaduais. Versão 0108r06.

COMPARATO, Fábio Konder. "Direitos e deveres fundamentais em matéria de propriedade". *Revista CEJ*, Brasília, v.1, n. 3, pp. 92-99, set.-dez. 1997.

CONI, Raul Garcia. *Derecho Registral Aplicado*. La Plata: Libreria Jur, 1972.

CONIGLIO. Antonino. "Sui Provvedimenti Cautelari Innominati". *Studi in onore di Enrico Redenti*, Milano, v. 1, pp. 317-337, 1951.

COUTURE, Eduardo J. *Vocabulário Jurídico*. Buenos Aires: Depalma, 1976.

COSTA, Ary de Almeida Elias da; COSTA, Fernando Carlos Ramalho da Silva; SOUSA, João A. Gomes Figueiredo de. *Código de Processo Civil Anotado e Comentado*. v. III. Coimbra: Coimbra, s/d.

COSTA RICA. *Codigo de Procedimentos Civiles*. 2. ed. Coleccion jurídica Lehmann. San José Costa Rica. 1980.

CRESCI, Elício Sobrinho. *Dever de Veracidade das Partes no Processo Civil*. Lisboa: Cosmos. 1992.

DALL'AGNOL, Antonio Jurandyr Júnior. "Fraude contra credores estrutura e função". *Revista Ajuris*, Porto Alegre, ano XX, n. 58, pp. 05-41, jul. 1993.

_____________. "Embargos de Declaração. *Revista do Processo*". Ano 26. n. 102. Abr.-jun. 2001.

DELMANTO, Celso. *Código Penal Comentado*. 2. ed. Rio de Janeiro: Renovar, 1988.

DIAS, Maria Berenice. "Fraude à Execução". *Revista Ajuris*, Porto Alegre, ano XVII, n. 50, pp. 72-81, nov. 1990.

DIAS, Ronaldo Bretas C. "Fraude à execução pela insolvência do devedor. Alienação do imóvel penhorado. Ausência do registro". *Revista de Processo*, São Paulo, ano 24, n. 94, pp. 67-74, abr.-jun. 1999.

_____________. "Fraude de execução – ausência do registro da penhora – alienações posteriores". *Revista de Processo*. São Paulo, ano X, n. 38, pp. 221-229, abr.-jun. 1985.

DINAMARCO, Cândido Rangel. *A Instrumentalidade do Processo*. São Paulo: Rev. dos Tribunais, 1987.

_____________. *A instrumentalidade do processo*. 6. ed., São Paulo: Malheiros, 1998.

_____________. *Execução Civil*. 6. ed. São Paulo: Malheiros, 1998.

_____________. 8. ed. rev. atual. São Paulo: Malheiros, 2002.

_____________. *Fundamentos do Processo Civil Moderno*. v. I. 5. ed. São Paulo: Malheiros, 2000.

_____________. v. I. Revisão e atualização: Antônio Rulli Neto. 4. ed. São Paulo: Malheiros, 2001.

_____________. Revisão e atualização: Antônio Rulli Neto. T. I. 5. ed. São Paulo: Malheiros, 2002.

DINIZ, Maria Helena. *Compêndio de Introdução à ciência do Direito*. 2. ed. São Paulo: Saraiva, 1989.

ERPEN, Décio Antônio. "A declaração da fraude à execução". *Revista dos Tribunais*, São Paulo, v. 675, ano 81, pp. 17-20, jan. 1992.

______________. *Boletim Informativo ADV*, n. 38, ano 18, pp. 543-544, 27 set. 1998.

______________. "A fraude à execução e a nova lei das escrituras públicas". *Revista Ajuris*, Porto Alegre, v. 40, ano XIV, pp. 26-38, jul. 1987.

______________. "A fraude à execução e a publicidade registral". *Revista Ajuris*, Porto Alegre, v. 28, ano X, pp. 58-71, jul. 1983.

______________. "A fraude à execução e o desprestígio da função jurisdicional". *Revista dos Tribunais*, São Paulo, v. 672, ano 80, pp. 80-89, out. 1991.

______________. "A fraude à execução e o desprestígio da função jurisdicional". *Revista Jurídica*, São Paulo, n. 190, pp. 05-19, ago. 1993.

______________. "Registro da penhora e eficácia frente a terceiros". *Revista Ajuris*, Porto Alegre, v. 27, ano X, pp. 74-85, mar. 1983.

ESPANHA. "Ley de Enjuicyamento Civil". *Boletim Oficial del Estado de Madrid.* 1981.

EUA. Califórnia. *Acórdãos* n. B149569. Tribunal de Recursos da Califórnia. Disponível em <http://www.fraudulenttransfers.com/2002_CA_McClellan-Sadat.htm>, acessos em out. e nov. 2002, e em 23.07.03.

EUA. Califórnia. Legislação citada *Código Civil da Califórnia* (seções 3.439 e ss.). Disponível em <http://www.leginfo.ca.gov/cgi-bin/displaycode?section=civ&group =03001-04000&file=3439-3439.12>, acesso em set. 2002.

EUA. *Código dos Estados Unidos.* Disponível em <http://www4.law.cornell. edu/uscode/>, acessos diversos no período de ago. a dez. de 2002.

EUA. UFTA. *Ato Uniforme de Transferência Fraudulenta dos Estados Unidos.* Disponível em <http://www.fraudulenttransfers.com>, acessos diversos no período de set. a dez. 2002.

FACHIN, Luiz Edson. *Novo conceito de ato e negócio jurídico – conseqüências práticas.* Curitiba: Editora da PUCPR, 1988.

______________. (Coord.). *Repensando Fundamentos do Direito Civil Brasileiro Contemporâneo.* 2. ed. Rio de Janeiro: Renovar, 2000.

FALZEA, Angelo. "I principi generali del diritto". *Rivista di Dirittto Civile.* Padova, anno XXXVI, n. 3, pp. 455-473, set.-out. 1991.

FAZZALARI, Elio. "La successione nel diritto controverso". *Studi in memoria di Salvatore Satta*, Padova, v. 1, pp. 481-494, 1982.

______________. *Lezioni di diritto Processuale Civile.* v. II. Padova: CEDAM, 1986.

FERREIRA, Antônio Gomes. *Dicionário latim-português.* Portugal: Ed. Porto, 1987.

FIGUEIREDO, Haroldo Cabral. "Fraude de Execução". *Jurisprudência Brasileira*, Curitiba, n. 104, pp. 13-15, 1985.

FISCHER, José Flávio Bueno. "Dos embargos de terceiro". *Revista jurídica*, Porto Alegre, Ano XXXIII, n. 114, pp. 19-39, jul.-ago. 1986.

FLAKS, Milton. "Fraude de execução e fraude contra a fazenda". *Revista Brasileira de Direito Processual*, Rio de Janeiro, v. 34, pp. 71-80, 4º bimestre de 1982.

FORNACIARI, Clito Júnior. *A Reforma Processual Civil*. São Paulo: Saraiva, 1996.

______________. *Da Reconvenção do Direito Processual Civil Brasileiro*. 2. ed. São Paulo: Saraiva, 1983.

FRANÇA, Limongi. *Instituições de Direito Civil*. 5 ed. ver. e atual. São Paulo: Saraiva, 1995.

FRANCO, João Melo. *Dicionários de Conceitos e Princípios Jurídicos*. 3. ed. reimpressão. Coimbra: Liv. Almedina, 1995.

FREITAS, José Lebre. *A Acção Executiva*. 3. ed. Coimbra: Editora Coimbra, 2001.

______________. *Código de Processo Civil anotado*. Coimbra: Coimbra, 1999.

______________. *Direito Processual Civil*. v. I. Lisboa: Revista da Faculdade de Lisboa, 1996.

FREITAS, Juarez. *A interpretação sistemática do Direito*. 2. ed. rev. ampl. São Paulo: Malheiros, 1998.

______________. 3. ed. rev. ampl. São Paulo: Malheiros, 2002.

FURNO, Carlo. *Disegno sistematico delle opposizioni nel processo esecutivo*, Florença: Cya, 1942.

FUX, Luiz. *Curso de Direito processual civil*. Rio de Janeiro: Forense, 2001.

GIANULO, Wilson. *Código Civil Integrado e referenciado*. São Paulo: Editora Jurídica, 2002.

GOMES, Orlando. *Direitos reais*. 13. ed. Rio de Janeiro: Forense, 1998.

______________. *Introdução ao Direito Civil*. 13. ed. atual. Rio de Janeiro: Forense, 1998.

GRANDINETTI, Eugênio Achille. "Fraude à Execução". Pontos controvertidos. *Jurisprudência Brasileira*, Curitiba, v. 118, pp. 13-25, 1987.

GRECO, Leonardo. *O Processo de Execução*. v. I e II. Rio de Janeiro: Renovar, 2001.

GRECO, Vicente Filho. *Direito Processual Civil Brasileiro*. v. III. 12. ed. São Paulo: Saraiva, 1997.

GRINOVER, Ada Pellegrini. "O controle do raciocínio judicial pelos tribunais superiores brasileiros". *Revista Ajuris*, Porto Alegre, ano XVII, n. 50, pp. 05-20, nov. 1990.

GUASTINI, Riccardo. "Concetti e criteri di validitá". *Rivista Trimestrale di Diritto e Procedura Civile*, Milano, anno XLIII, n. 4, pp. 867-878, dez.1989.

GUERRA, Willis Santiago Filho. "Responsabilidade patrimonial e fraude à execução". *Revista do Processo*, São Paulo, ano 17, n. 65, pp. 175-181, jan.-mar. 1992.

HABSCHEID, Walther J. "Giurisdizione civile e processo civile nella República Federale Tedesca". *Rivista di Diritto Procesuale*. v. XLII, Padova: CEDAM, 1987.

HAMMES, Bruno Jorge. *O direito da propriedade intelectual*. 2. ed. São Leopoldo: Ed. Unisinos, 1998.

INFRANCO, Antonini C. "Gurisprudenza – Corte di Cassazione". *Rivista di Diretto Procesuale*, Itália, out.-dez.1999.

INGLATERRA. Ilha de Man. *Legislação da Ilha de Man de 1736 e Julgamento de Heginbotham.* Disponível em: <http://www.riserlaw.com/publications/ap/hegin.htm>; <http://www.primeglobal.com/hegi n.htm> ou <http://www.skyefid.com/index.htm?>; <http://www.skyefid.com/cgi-bin/editorial.pl?february,2001>, acessos diversos no período de set. a dez. 2002.

ITÁLIA. *Decisão do Tribunal de Pistóia.* Disponível em <http://www.sulpm.net/sulpm/aggiornamenti_professionali/ruolo-pignoramento.htm>, acessos em: 21 e 28 set. 2002.

ITÁLIA. Tribunal Constitucional – Corte Constitucionale. *Acórdãos* citados. Disponível em <www..corteconstitucionale.it/>, acessos diversos de ago. a dez. 2002.

ITÁLIA. Tribunal de Recursos Nacional. Corte de Cassazione. *Acórdãos* citados. Disponível em: <www.cassazione.it/> e < www.giustizia.it/cassazione/ bancadati. html/>, acessos diversos no período de ago. a dez. 2002.

JAUFFRET, Alfred; PARISOT, Daniel. *Manual de Procedure Civile et voies d'execution.* Paris: CAPACITÉ – Librarie Generale de Droit et Jurisprudence, 1971.

JENKS, Edward, e outros. Trad. do francê por T. Baumann e Paul Goulé. V. II. *Revista de Jurisprudência* (s/ed.) Paris, 1923.

KELSEN, Hans. *Teoría General del Estado.* Trad. L. Legaz y Lacambra. México: Ed. Nacional, 1957.

______________. *Teoria Pura do Direito.* 2. ed. Trad. João Batista Machado. Coimbra: Armênio Amado Ed. 1962.

LAFAYETE, Rodrigues P. *Direito das Coisas.* 6. ed. Rio de Janeiro: Freitas Bastos, 1956.

LANCELLOTTI, Franco. "Esibizione di Prove e Sequestri". *Studi in onori di Enrico Redenti,* Itália, v. 2, pp. 517-561, 1951.

LENZ, Luís Alberto Thompson Flores. "A natureza das normas processuais e o registro da penhora". *Revista dos Tribunais,* São Paulo, ano 77, v. 627, pp. 60-68, jan. 1988.

LEVENHAGEM, Antônio José de Souza. *Processo de Execução.* 3. ed. São Paulo: Atlas, 1996.

LIEBMAN, Enrico Tullio. *L'efficacia ed autorità della sentenza.* Milano: Dott. A. Giuffrè – Editore, 1962.

______________. *Estudos sobre o Processo Civil Brasileiro,* notas: Ada Pellegrini Grinover. 2. ed. São Paulo: Bushatsky Ltda., 1976.

______________. *Processo de Execução.* 3. ed. São Paulo: Saraiva, 1968.

______________. 4. ed. São Paulo: Saraiva, 1980.

LIMA, Alcides de Mendonça. *Comentários ao Código de Processo Civil.* v. VI. t. II. São Paulo: Forense, 1974.

______________. v. VI. T. II. 3. ed. rev. atual. Rio de Janeiro: Forense, 1979.

______________. *Processo de conhecimento e processo de execução.* 2. ed. Rio de Janeiro: Forense, 1992.

LIMA, Alvino. *A fraude no direito civil.* São Paulo: Saraiva, 1965.

LIMA, Fernando Andrade Pires de; VARELA, João de Matos Antunes. *Código civil anotado.* v. II. Coimbra: Coimbra, 1968.

LUCON, Paulo Henrique dos Santos. *Embargos à execução*. São Paulo: Saraiva, 1996.

LUGO, Andrea. *Codice di Procedura Civile*. 2. ed. Milano: Dott. A. Giuffrè Editore, 1942.

MACHADO, Hugo de Brito. *Curso de Direito Tributário*. São Paulo: Malheiros, 1998.

MADALENA, Pedro. "Embargos de terceiro. Sucumbência-inexistência de culpa do credor". *Revista dos Tribunais*, São Paulo: v. 517, ano 67, pp. 245-247, nov. 1978.

MAGRI, Berenice Soubhie Nogueira. *Ação anulatória*. v. 41. 1. ed. São Paulo: Revista dos Tribunais, 1999.

MAIERINI, Angelo. *Della revoca degli atti fraudolenti*. 4. ed. Firenze: Casa Editrice Libraria Fratelli Commeli. 1912.

MANDRIOLI, Crisanto. *Diritto Peocessuale Civile*. 30. ed. Torino: G. Giappichelli, 2000.

MARCATO, Antônio Carlos. *Procedimentos Especiais*. 6. ed. São Paulo: Malheiros, 1994.

MARIANO, Henrique. "Fraude de execução e fraude contra credores". *Revista Trimestral de Jurisprudência*, São Paulo, v. 131, ano 18, pp. 45-49, dez. 1994.

MARINONI, Luiz Guilherme. *Novas linhas do processo civil*. São Paulo: Revista dos Tribunais, 1993.

MARQUES, José Frederico. *Instituições de Direito Processual Civil*. v. 5. São Paulo: Forense, 1960.

______________. *Manual de Direito Processual Civil*. 2. ed. v. IV. São Paulo: Saraiva, 1976.

MARTINDALE, Hubbell. *Law Directory*. 122. ed. v. Chicago. USA: VIII. RR. Donnelley & Sons Company, 1990.

MATHEUS, Rodrigo. "Registro da penhora e fraude à execução". *Revista de Processo*, São Paulo, ano 23, n. 92, pp. 125-141, out.-dez. 1998.

MATIELO, Fabrício. *Mandado de Segurança*. 1. ed. Porto Alegre: Síntese, 1996.

MATTIROLO, Luigi. *Tratado de Derecho Judicial Civil*. v. III. Tradução Eduardo Ovejero. 1. ed. Madrid: Editorial Reus S.A., 1934.

MAXIMILIANO, Carlos. *Hermenêutica e Aplicação do Direito*. 10. ed. Rio de Janeiro: Forense, 1988.

MEIRELLES. Hely Lopes. *Mandado de Segurança*. Atual. Arnoldo Wald. 15. ed. São Paulo: Malheiros, 1994.

MELLO, Celso Antônio Bandeira de (Org.). *Direito administrativo e constitucional*. São Paulo: Malheiros, 1997.

MELLO, Marcos Bernardes de. *Teoria do Fato Jurídico – Plano da Existência*. 7. ed. atual. São Paulo: Saraiva, 1995.

______________. *Teoria do Fato Jurídico – Plano da Validade*. 4. ed. São Paulo: Saraiva, 2000.

MENDES, Gilmar Ferreira. "Limites da revisão: Cláusulas pétreas ou garantias de eternidade possibilidade jurídica de sua superação". *Revista Ajuris*, Porto Alegre, v. 21, n. 60, pp. 249-254, 1994.

MENDES, João de Castro. *Acção Executiva*. Lisboa: Lisboa, 1980.

______________. *Direito de Família*. Edição revista por: Miguel Teixeira de Souza. [S.L.: s.n.], 1991.

MESSINEO, Francesco. "Constituzione di Pegno, mediante compossesso fra creditore pignoratizio e datore, e suoi effeti". *Studi in Onori di Enrico Redenti*, Itália, v. 2, pp. 19-30, 1951.

MÉXICO. *Leyes y Codigos de Mexico*. Codigo Civil para el distrito y territorios federales. 21. ed. México.: Editorial Porrua, S/A, 1968.

MICHELI, Gian Antonio. "Ancora in tema di presunzioni in materia tributaria". *Studi in memoria di Salvatore Satta*. Padova, v. 1, pp. 883-892, 1982.

______________. "Compensazione Legale e Pignoramento". *Studi in onori di Enrico Redenti*, Itália, v. 2, pp. 31-59, 1951.

MIGUEL, Carlos de. "Ultimas evoluciones en materia de ejecucion forzosa singular". *Revista de Processo*. São Paulo, ano IX, n. 36, pp. 185-231, out.-dez. 1984.

MILHOMENS, Jonatas; ALVES, Geraldo Magela. *Manual das Execuções: (civil, penal, trabalhista)*. Rio de Janeiro: Forense, 1999.

MONDAINE, Flávio. "Presunção de fraude à execução: garantia do crédito tributário do INSS regularmente inscrito como dívida ativa em fase de execução". *Revista da Procuradoria Geral do INSS*. Brasília, v. 6, n. 4, pp. 35-45, jan./mar. 2000.

MONTEIRO. Washington de Barros. *Curso de Direito Civil – Direito das Coisas*. 13. ed. atual. São Paulo: Saraiva, 1974.

______________. *Curso de Direito Civil – Direito das Obrigações* – 1ª parte. v. I. 24. ed. atual. São Paulo: Saraiva, 1990.

______________. *Curso de Direito Civil – Parte Geral*. 29. ed. atual. São Paulo: Saraiva, 1990.

MONTESANO, Luiggi. ARIETA, Giovani. *Diritto Processuale Civile III*. 3. ed. Torino: Giappchelli Editore, 1999.

MOREIRA, Barbosa. *Comentários ao Código de Processo Civil*. 7. ed. Rio de Janeiro: Forense, 1998.

______________. *Notas sobre o problema da efetividade do processo*. São Paulo: Saraiva, 1982.

______________. *Novo Processo Civil Brasileiro*. 17ª ed. rev. e atual. Rio de Janeiro: Forense, 1995.

MOSCON, Cledi de Fátima Manica. "Concurso de preferências e privilégios na execução (com alterações do novo Código Civil brasileiro)", *Revista Forense*, v. 366, mar.-abr. 2003, São Paulo: Forense, 2003.

______________, *O Enriquecimento sem Causa e o Novo Código Civil Brasileiro*. Porto Alegre: Síntese, 2003.

MOURA, Mario Aguiar. Fraude contra credores e embargos de terceiro. *Revista dos Tribunais*. São Paulo, n. 617, pp. 25-27, março. 1987.

______________. "Fraude de execução pela insolvência do devedor". *Revista Ajuris*, Porto Alegre, ano V, n. 12, pp. 59-70, mar. 1978.

MOURA, Mário de Assis. *Da intervenção de terceiros.* São Paulo: Saraiva, 1932.

NASCIMENTO, Cláudio Nunes. "Fraude de execução. Caracterização: Desnecessidade da inscrição da penhora". *Revista dos Tribunais,* São Paulo, v. 490, ano 65, pp. 19-21, ago. 1976.

NAUFEL, José. *Novo Dicionário Jurídico Brasileiro.* 8. ed. atual. Rio de Janeiro: Ícone, 1987.

______. *Novo Dicionário Jurídico Brasileiro.* 8. ed. São Paulo: Ícone, 1989.

NERY Nelson. *Vícios do Ato Jurídico e Reserva Mental.* São Paulo: Revista dos Tribunais, 1983.

______. "Fraude contra credores e os embargos de terceiro". *Revista de Jurisprudência do TJESP.* São Paulo: Lex editora, v 77, pp. 17-25, jul./ago. 1982.

______. "Fraude contra credores e os embargos de terceiro". *Revista AJURIS.* 19, Porto Alegre, ano VII, pp. 94-106, nov. 1981.

NEVES, Celso. *Comentários ao Código de Processo Civil.* v. VII. 2. ed. Rio de Janeiro: Forense, 1977.

______. v. VII. 7. ed. Rio de Janeiro: Forense, 1999.

NONATO, Orozimbo. *Fraude contra credores.* Rio de Janeiro: Ed. Jurídica e Universitária, 1969.

NUNES, Hélio da Silva. "Jurisprudência Comentada – Execução de cessão de crédito – Alienação em fraude à execução – ineficácia – Adquirente falido – numerário entregue ao exeqüente". *Revista de Direito Mercantil,* São Paulo, ano XL, n. 124, pp. 199-207, out./dez. 2001.

NUNES, Pedro. *Dicionário de Tecnologia Jurídica.* vs. I e II. 8. ed. corr. ampl. atual. São Paulo: Freitas Bastos, 1974.

NUNES, Rodrigues. *Dicionário Jurídico RG – FENIZ.* 3. ed. São Paulo: RG Editores Associados Ltda., 1995.

OLIVEIRA, Carlos Alberto de. *Alienação da coisa litigiosa.* Rio de Janeiro: Forense, 1986.

OLIVEIRA, José Sebastião de. *Fraude à execução – Doutrina e jurisprudência.* 2. ed. atual. ampl. São Paulo: Saraiva, 1988.

ONNIBONI, Claudia. "Note suela legittimazione ad impugnare la sentenza che definisce il giudizio di accertamento delliobbligo del terzo pignorato". *Rivista Trimestrale di Diritto e Procedura Civile,* Milano, jun. 2000.

PACHECO. José da Silva. "Da fraude de execução". *Boletim Informativo ADV,* n. 33, ano 19, pp. 534-535, 22 ago. 1999.

______. "Fraude de execução – Comentários ao acórdão do STJ, R. Esp. 215.306-MG, Rel. Min. Sálvio de Figueiredo". *Boletim Informativo ADV,* n. 52, ano 19, pp. 862-863, 02 jan. 2000.

PACHECO, José Ernani de Carvalho. "Fraude à execução – alienação – único bem – insolvência". *Jurisprudência Brasileira,* Curitiba, n. 85, pp. 175-181, 1984.

PALMA, Carlos. *Acção Executiva.* Lisboa: [s.n.], 1980.

PASSOS, Calmon de. *Esboço de uma teoria das nulidades aplicada às nulidades processuais.* Rio de Janeiro: Forense, 2002.

PEREIRA, José Horácio Cintra G. *Dos embargos de terceiro.* São Paulo: Atlas, 2002.

PERROT, Roger. "La riforma francese delle procedure civili d'execuzione". *Rivista di Diritto Processuale.* v. IXVII, Padova: CEDAM, 1992.

_____________, "La coercizione per dissuasione nel diritto francese". *Rivista di Diritto Processuale.* v. LI, Milano: CEDAM, 1996.

PISANI, Andrea Proto. *Commentario del Codice di Procedura Civile.* v. II. Turim: Utet, 1973.

PLANIOL, Marcel. *Traité Elementaire de Droit Civil.* v. II. 4. ed. Paris: Libr. Générale de Droit, 1907.

PONTES DE MIRANDA, Francisco Cavalcanti. *Comentários ao Código de Processo Civil.* T. IV e V. IX, X, XI, XII. 3. ed. Rio de Janeiro: Forense, 1997.

_____________. *Embargos, Prejulgado e Revista no Direito Processual brasileiro.* Rio de Janeiro: A. Coelho Branco editor, 1937.

_____________. *Tratado das Ações.* T. IV. São Paulo: Revista dos Tribunais, 1973.

_____________. *Tratado de Direito Privado.* 4. ed. T. IV. São Paulo: Revista dos Tribunais, 1974.

PORTO, Eduardo Heitor. "Embargos à execução – Alienação de bem antes da decisão definitiva". *Revista dos Tribunais,* São Paulo, v. 760, ano 88, pp. 155-159, fev. 1999.

PORTUGAL. *Código de Processo Civil.* Coimbra: Livraria Almedina, 1987.

_____________. Coimbra: Livraria Almedina, 1991.

PORTUGAL. Superior Tribunal de Justiça. *Acórdãos* citados. Disponíveis em <http://www.stj.pt/>, acesso em ago. a dez. 2002.

PRATA, Edson. *Embargos de Terceiro. Revista dos Tribunais,* São Paulo, n. 24, pp. 17-24, nov. 1988.

REQUIÃO, Rubens. *Curso de Direito Falimentar.* v. I. 15. ed. atual. São Paulo: Saraiva, 1993.

REIS, Alberto dos. *Código de Processo Civil Anotado.* 2. ed. aum. ampl. Coimbra: Coimbra, 1940.

_____________. v. I. 3. ed. Coimbra: Coimbra Editora Ltda., 1948.

REIS, José Alberto dos. *Comentários ao Código de Processo Civil.* v. I. Coimbra: Coimbra Editora Ltda., 1944.

_____________. *Processo de Execução.* v. 1. 2. ed. Coimbra: Coimbra Editora Ltda., 1957.

_____________. v. 1. 2. ed. Coimbra: Coimbra Editora Ltda., 1982.

_____________. v. 2. 2. ed. Coimbra: Coimbra Editora Ltda., 1982.

_____________. *Processos Especiais.* Coimbra: Coimbra Editora Ltda, 1995.

RETORTILLO, Cirillo Martin. *La lucha contra el fraude civil.* s/d. s/l.

ROCCO, Alfredo. *Il Fallimento.* Milano: Dott. A. Giuffrè Editore, 1962.

RODRIGUES, Dirceu A. Victor. *Dicionário de brocardos jurídicos.* 8. ed. São Paulo: Sugestões Literárias S/A, 1976.

RODRIGUES, Eulâmpio Filho. "Alienação em fraude de execução – ineficácia relativa". *Revista de crítica judiciária*, Minas Gerais, v. 01, 1º trimestre, pp. 131-142, 1987.

RODRIGUES, Silvio. *Direito Civil.* v. 5. 14. ed. São Paulo: Saraiva, 1997.

ROPO, Enzo. *O Contrato.* Trad. Ana Coibra e M. Januário C. Gomes. Coimbra: Livraria Almedina, 1977.

ROSENBERG, Leo. *Tratado de Derecho Procesal Civil.* v. I. Buenos Aires: Ejea, 1955.

SANTOS, Ernane Fidélis dos. *Comentários ao Código de Processo Civil.* v. VI. Rio de Janeiro: Forense, 1978.

____________. 3. ed. São Paulo: Ed. Leud, 1979.

SANTOS, J. M. Carvalho. *Código Civil Brasileiro Interpretado.* v. II. 7. ed. Rio de Janeiro: Freitas Bastos, 1958.

SANTOS, Moacyr Amaral. *Direito Processual Civil.* v. II. 4. ed. São Paulo: Saraiva, 1972.

____________. 5. ed. v. III. n. 880 São Paulo: Saraiva, 1981.

____________. *Primeiras Linhas de Direito Processual Civil.* 5. ed. São Paulo: Saraiva, 1977.

SATTA, Salvatore. "Esecuzione ed espropriazione". *Studi in onori di Enrico Redenti II*, Itália, v. 2, pp. 321-331. 1951.

____________. *Trattato di Diritto Civile Italiano – L'esecuzione Forzata.* v. XV. T. I. Torino: Unione Tipografico – editrice Torinnese, 1950.

SCAEVOLA, Q. Mucius. *Código Civil comentado y concordado extensamente.* Madrid: Sociedade Editorial Española, T. XX, 1904.

SCHOLLER, Henrich. "O princípio da proporcionalidade no Direito Constitucional e Administrativo na Alemanha", *In: Curso de Aperfeiçoamento em Direito Público Comparado*, 20.11.98, Porto Alegre, Justiça Federal de Porto Alegre. Trad. Ingo Wolfgang Sarlet. pp. 1-18.

SENA, Adriano Paes da S. V. *Código Civil Português.* Coimbra: Atlantida, 1954.

SERENI, Angelo Piero. *El Processo Civil en los Estados Unidos.* Madrid: Merla, 1987.

SERRA, Adriano Paes da Silva Vaz. *Código Civil Português.* 6. ed, atual. Coimbra: Atlândida – Livraria Editora, Ltda., 1954.

SILVA, Antônio Paulo C. de Oliveira e. "Fraude à Execução". *Justitia*, São Paulo, ano XXXIV, v. 77, pp. 109-120, 2º trimestre. 1972.

SILVA, Bruno Mattos e. "Fraude à execução, registro imobiliário e boa-fé objetiva". *Revista de Direito Imobiliário*, São Paulo, ano 22, n. 47, pp. 129-134, jul.-dez. 1999.

SILVA, Gustavo Just da Costa e. *Os limites da reforma Constitucional.* Rio de Janeiro: Renovar, 2000.

SILVA, Miguel Moura e. *O princípio do equilíbrio institucional na Comunidade Européia.* Lisboa: Associação Académica da Faculdade Direito, 1998.

SILVA, Nelson Nery Júnior da. "Fraude contra credores e embargos de terceiro". *Revista Ajuris*, Porto Alegre, n. 23, ano VIII, pp. 94-106, nov. 1981.

SILVA, Ovídio A. Baptista da. *Curso de Processo Civil.* v. I. 2. ed. Porto Alegre: Fabris, 1991.

_____________. *Curso de Processo Civil.* v. II. Porto Alegre: Fabris, 1990.

SILVA, Plácido e. *Comentários ao Código de Processo Civil.* vs III, IV e VI. 4. ed. Rio de Janeiro: Forense, 1956.

_____________. *Vocabulário Jurídico.* v. I. 3. ed. São Paulo: Forense, 1973.

_____________. v. I. 15. ed. Rio de Janeiro: Forense, 1999.

SOUSA, Joaquim José Caetano Pereira e. *Esboço de um Dicionário Jurídico Teorético e Prático.* v. II. Lisboa: Tipografia Rollandiana, 1827.

SOUZA, Edgar de. "O registro da penhora do bem imóvel e a fraude à execução". *Jornal Síntese*, Porto Alegre, ano 3, n. 34, pp. 3-5, dez.1999.

SOUZA, Gelson Amaro de. "Fraude à execução e o devido processo legal". *Revista Jurídica*, São Paulo, ano 47, n. 260, pp. 30-36, jun. 1999.

_____________. "Teoria da aparência e a fraude à execução". *Revista Jurídica*, Porto Alegre, ano 49, n. 285, pp. 60-69, jul. 2001.

SZLAROWSKY, Leon Frejda. "Créditos fiscais na falência – Execução Fiscal". *Revista de Processo*, São Paulo, ano VIII, n. 31, pp. 95-117, jul.-set.1983.

TEIXEIRA, Manoel Antônio Filho. *Litisconsórcio, Assistência e Intervenção de Terceiros no Processo do Trabalho.* 2. ed. São Paulo: LTr, 1992.

TEIXEIRA, Sálvio de Figueiredo. "A efetividade do processo e a reforma processual". *Revista Forense*, Rio de Janeiro, v. 325, p. 110, fev.-mar. 1994.

_____________. *Código de Processo Civil anotado.* 5. ed. São Paulo: Saraiva, 1993.

_____________. "Fraude de execução". *Revista Ajuris*, Porto Alegre, Ano XIII, n. 37, pp. 224-237, jul. 1986.

TEPEDINO, Gustavo (Coord.). *Problemas de Direito Civil – Constitucional.* Rio de Janeiro: Renovar, 2000.

THEODORO JÚNIOR, Humberto. "A Fraude de execução e o regime de sua declaração em juízo". *Revista de Processo*, Porto Alegre, n. 102, ano 26, pp. 05-21. abr.-jun. 2001.

_____________. "A fraude de execução e o regime de sua declaração em juízo". *Revista Jurídica*, Porto Alegre, n. 279, ano 48, pp. 05-21, jan. 2001.

_____________. *Código de processo civil anotado.* 3. ed. Rio de Janeiro: Forense, 1997.

_____________. *Comentários ao código de processo civil.* v. IV. Rio de Janeiro: Forense, 1979.

_____________. *Curso de Direito Processual Civil.* v. III. 16. ed. Rio de Janeiro: Forense, 1997.

_____________. "Fraude à execução – penhora da ações e arrendamento da empresa – inconfiguração de fraude". *Revista Jurídica*, Porto Alegre, n. 245, ano XLVI, pp. 63-73, mar. 1998.

______________. *Fraude contra credores.* Belo Horizonte: Del Rey Editora Ltda., 1996.

______________. 2. ed. rev. atual. ampl. Belo Horizonte: Livraria Del Rey Editora Ltda., 2001.

______________. "Fraude contra credores e fraude de execução". *Revista dos Tribunais*, São Paulo, ano 89, v. 776, pp. 11-27, jun. 2000.

______________. *Insolvência Civil.* Rio de Janeiro: Forense, 1980.

______________. *Processo de execução.* 7. ed. rev. ampl. São Paulo: Leud, 1978.

______________. 10. ed. São Paulo: Leud, 1985.

______________. 13. ed. São Paulo: Liv. e Ed. Universitária, 1989.

______________. 19. ed. São Paulo: Ledur, 1999.

TESHEINER, José Maria Rosa. *Elementos para uma teoria geral do processo.* São Paulo: Saraiva, 1993.

TORRENTE, Andrea; SCHLESINGER, Piero. *Manuale di Diritto Privato.* 15. ed. Milano: Dott. A. Giuffrè Editore, 1987.

TORRES, Ricardo Lobo. *Curso de Direito Financeiro e Tributário.* [S.L.]: Renovar, 1996.

VIANNA, Luís Carlos Fagundes. *Revista Jurídica Consulex.* [S.L.]. ano VI, n. 124, pp. 57-58, 15 mar. 2002.

VIDAL, José. *Essai d'une Théorie Générale de la Fraude en Droit Français.* Paris: Dalloz, 1957.

WELTER, Belmiro Pedro. "Fraude à execução". *Revista Jurídica*, Porto Alegre, ano XLV, n. 239, pp. 5-13, set. 1997.

______________. *Fraude de Execução.* 4. ed. ampl. atual. Porto Alegre: Síntese, 1999.

ZAVASKI, Teori Albino. *Comentários ao código de Processo Civil.* v. VIII. São Paulo: Revista dos Tribunais, 2000.

ZENCOVICH, Vincenzo Zeno. *Diritto Privato Comparato – Instituti e problemi.* [S.L.]: Laterza.